Architecture / Design / Education / International Exchange

NICHE

04

Vorwort

Neugier am Ausland und die Kraft, Gelerntes wieder zurückzugeben

Seit vier Jahren nutzen wir die Sommerferien für eine einmonatige Auslandsrecherche und bringen im Jahr darauf NICHE heraus. Jedesmal legen wir die Route für unsere Recherche im Voraus fest, vereinbaren Interviewtermine und besorgen Mitbringsel sowie einen Vorrat der NICHE aus dem letzten Jahr, um sie als Dankeschön zu überreichen. Auf der Reise finden wir neue Hinweise und erfahren Gastfreundschaft. Nach der Rückkehr sortieren wir die recherchierten Daten und erarbeiten bis kurz vor der Publikation weitere Quellen und Material, bis dann im Sommer darauf wieder ein Buch fertiggestellt ist.

Diesmal stellten wir Bruno Taut in den Mittelpunkt. Doch um Taut kennenzulernen, mussten wir auch beim Bauhaus und anderen Stätten deutschen Kulturerbes aus der gleichen Zeit Halt machen. Wir starteten in Berlin und reisten über Dessau, Weimar, Stuttgart, Frankfurt, Essen und Bremen nach Potsdam. Dass Taut einen großen Einfluss auf das Bauhaus ausübte, dass die Kriterien seines künstlerischen Urteilens in Japan vom Deutschen Werkbund stammten und dass der Schriftsteller Mori Ôgai und der Architekt Tsumaki Yorinaka, die beide am Ende des 19. Jahrhunderts in Berlin lebten, miteinander in Kontakt standen, all dies waren große Entdeckungen für uns.

Nachdem der Verein ehemaliger Architekturstudenten der Kogakuin Universität im Oktober 2016 eine Vortragsveranstaltung mit dem wissenschaftlichen Mitarbeiter des Bauhauses Torsten Blume organisiert hatte, wurde im April 2017 ein „Projekt zur Einladung von Verwaltungsbeamten zwecks internationalen Bildungsaustauschs im 21. Jahrhundert" vom Japanischen Kultusministerium bewilligt, so dass Prof. Dr. em. Manfred Speidel von der RWTH Aachen zu einem Vortrag eingeladen werden konnte. Dazu kamen Taut-Forscher und Taut-Interessierte aus ganz Japan zusammen. Wir freuen uns, dass wir bisher nur fragmentarisch vorliegende bzw. mit Unterbrechungen zusammengetragene Forschungsergebnisse nun in diesem Buch zu einem Ganzen zusammenfügen konnten. Wir bedanken uns herzlichst bei den Autoren und Autorinnen sowie Übersetzerinnen für ihre Kooperation. Auch all den freundlichen Menschen, die uns während unserer Recherche in Siedlungen in Berlin und Frankfurt ihre Wohnungen zeigten und Tee anboten, sprechen wir unseren herzlichsten Dank aus. Mit Blick auf das 2019 anstehende 100-jährige Jubiläum des Bauhaus hoffen wir, das dieses Buch die Verständigung zwischen Japan und Deutschland fördern und zum kulturellen Austausch beider Länder beitragen wird.

NICHE

Toshihiko Suzuki

Derzeit Professor an der Fakultät für Architektur der Kogakuin Universität. Vorsitzender des Vereins ehemaliger Architekturstudenten der Kogakuin Universität. Nach Abschluss des M.A.-Kurses Architektur des Graduiertenkollegs für Architektur der Kogakuin Universität Abschluss des Ph.D.-Kurses des Graduiertenkollegs für Architektur der Waseda Universität (ohne Ph.D.-Grad). Danach Anstellungen als Assistenzprofessor an der Abteilung für Produktdesign der Tohoku Universität für Kunst & Design und als Associate Professor an der Abteilung für System Design der Tokyo Metropolitan University. Stellvertretender Vorsitzender des Scandinavian Architecture and Design Institute of Japan (SADI).

Abweichend von der Reihenfolge bei der Nennung der NICHE-Autoren, wird der Familienname dem Vornamen in den einzelnen Artikeln wie in Japan üblich vorangestellt.

NICHE 04

Copyright © 2017 NICHE

Published by Opa Press
55-1101 Neribeicho Kanda Chiyodaku Tokyo 101-0022 Japan
press@atelier-opa.com

All rights reserved.
ISBN 978-4-908390-02-9   C 3052
Printed in Japan

巻頭言

海外への好奇心と学びを還元する力

　毎年夏休みを利用して一か月間の海外取材を断行し、翌年にNICHEを発刊するようになって4年目を迎えた。予め取材ルートを決め、面会の約束を取り付け、前号の『NICHE』とお土産を多めに購入する。そして旅先で新たな手掛かりと知遇を得て、帰国後に取材内容を整理し、出版直前まで文献資料を調査する。こうして翌年夏に書籍が完成する。

　今号はブルーノ・タウトをメインテーマに据えた。しかしタウトを知る前に、同時代のバウハウスやドイツの世界文化遺産を避けて通るわけにはいかない。ベルリンを出発し、デッサウ、ワイマール、シュトゥットガルト、フランクフルト、エッセン、ブレーメンを経て、ポツダムに足を伸ばした。タウトがバウハウスに大きな影響を与えたこと、タウトが日本で下した美的判断の基準がドイツ工作連盟（ヴェルクブント）に由来していること、19世紀にベルリンに暮らした作家の森鷗外や建築家の妻木頼黄の交流があったことは我々にとって大きな発見だった。

　工学院大学建築系同窓会では2016年10月にバウハウス研究員のトルステン・ブルーメ氏を迎えての講演会に続き、2017年4月に文化庁の「新世紀国際教育交流プロジェクト・行政官等受入事業」に採択され、アーヘン工科大学のマンフレート・シュパイデル先生を迎えて講演会を催すことも出来た。日本各地のタウトの関係者や研究者が集い、これまで断片的、断続的にまとめられていた研究内容がこの1冊に包括されたと自負している。執筆者と翻訳者とご協力頂いた皆様に衷心よりお礼を申し上げる。この書籍に名前こそ出てこないが、ベルリンやフランクフルトで集合住宅の調査中に、家を案内し、お茶を出してくれた親切な方々にも感謝を捧げたい。2019年のバウハウス100周年に向けて、この書籍がドイツと日本の相互理解を促進し、さらなる日独文化交流の一端を担うことを願っている。

NICHE 編集長

鈴木 敏彦

工学院大学建築学部教授。建築系同窓会会長。工学院大学大学院建築学専攻修士課程修了。早稲田大学建築学専攻博士課程を経て、東北芸術工科大学プロダクトデザイン学科助教授、首都大学東京システムデザイン学科准教授を歴任。北欧建築・デザイン協会副会長。

NICHE 04 contents

028
057
110
138
148

ドイツ建築探訪！

1 ブルーノ・タウト再考 8

- 10 ブルーノ・タウトとエリカの生涯
- 12 タウトをめぐる思い出　田中辰明×廣瀬正史
- 26 ブルーノ・タウトと少林山達磨寺
- 28 少林山達磨寺　洗心亭
- 32 少林山達磨寺　大講堂
- 36 少林山ブルーノ・タウト・コレクション
- 38 マンフレート・シュパイデル先生と巡る旧日向別邸と上多賀の家
- 40 旧日向別邸
- 48 旧日向別邸インテリアエレメント
- 58 上多賀の家
- 66 <コラム>日本の西／ヨーロッパの東
- 68 タウトと吉田鉄郎
- 76 <コラム>小田川木工所
- 78 ブルーノ・タウトコレクション
- 84 仙台の工芸指導所におけるブルーノ・タウト
- 98 <コラム>エリカ・ヴィティヒとは何者か
- 106 ブルーノ・タウト建築マップ
- 130 ブルーノ・タウト、オリエント、そして日本
- 148 タウト・ハイム
- 160 <コラム>プロジェクト空間 TAUT シュトゥットガルト

2 バウハウスとその時代 164

- 166 クリスタリゼーション
- 176 バウハウスの誕生
- 180 ワイマールからデッサウへ
- 188 デッサウからベルリンへ
- 192 <コラム>バウハウスホテル「人民の家」
- 196 フランクフルトキッチンとゲハーグキッチン
- 210 <コラム>機能的な小菜園クラインガルテンと規格化された小屋ラウベ
- 212 ドイツ光学産業の中心地イエナ
- 216 <コラム>ラチスシェル構造の起源
- 220 モノ博物館　ヴェルクブントのアーカイブ
- 222 ヴェルクブントのドアレバー
- 230 <コラム>デザインの存在感

3 ドイツ派、妻木頼黄と矢部又吉 236

- 238 ベルリンの妻木頼黄と彼をめぐる人々
- 250 ヴィルヘルム・ベックマンの作品を訪ねて
- 254 <コラム>ブルーノ・タウトと矢部又吉
- 258 明治時代の建築における独日関係
- 272 <コラム>森鷗外と妻木頼黄の創作におけるつながり

連載企画　近代建築を支えた建築家の系譜 276

- 277 輝かしき先輩たち⑱　小川建設の創業者、小川清次郎

Reportage zu deutscher Architektur!

1 — Bruno Taut, neu betrachtet 8

- 10 Das Leben von Bruno Taut und Erica
- 12 Erinnerungen an Taut: Tanaka Tatsuaki und Hirose Seishi im Gespräch
- 26 Bruno Taut und der Shôrinzan Daruma-Tempel
- 28 Der Pavillon der Reinigung des Herzens des Shôrinzan Daruma-Tempels
- 32 Die große Halle des Shôrinzan Daruma-Tempels
- 36 Die Bruno Taut Sammlung in Shôrinzan
- 38 Die ehemalige Villa Hyûga und das Haus in Kami-Taga, erläutert von Prof. Manfred Speidel
- 40 Die ehemalige Villa Hyûga
- 48 Elemente der Inneneinrichtung der ehemaligen Villa Hyûga
- 58 Das Haus in Kami-Taga
- 66 West of Japan / East of Europe
- 68 Taut und Yoshida Tetsurô
- 76 Die Tischlerei Odagawa
- 78 Sammlungen zu Bruno Taut
- 84 Bruno Taut im Kôgei-Shidôsho in Sendai
- 98 Wer ist Erica Wittich?
- 106 Karte der Bauwerke von Bruno Taut
- 130 Bruno Taut, der Orient und Japan
- 148 Tautes Heim
- 160 Der Projektraum TAUT in Stuttgart

2 — Das Bauhaus und seine Zeit 164

- 166 Kristallisation
- 176 Die Geburt des Bauhauses
- 180 Von Weimar nach Dessau
- 188 Von Dessau nach Berlin
- 192 Das Bauhaushotel „Haus des Volkes"
- 196 Die Frankfurter Küche und die GEHAG-Küche
- 210 Funktionale Kleingärten und typisierte Lauben
- 212 Jena—Zentrum der optischen Industrie Deutschlands
- 216 Der Ursprung der Gitterschalenstruktur
- 220 Museum der Dinge: Werkbundarchiv
- 222 Türdrücker des Werkbundes
- 230 Präsenz des Designs

3 — Die deutsche Schule: Tsumaki Yorinaka und Yabe Matakichi 236

- 238 Tsumaki Yorinaka und sein Kreis in Berlin
- 250 Eine Inspektion der Werke Wilhelm Böckmanns
- 254 Bruno Taut und Yabe Matakichi
- 258 Deutsch-Japanische Beziehungen in der Architektur der Meiji-Zeit
- 272 Mori Ôgai und Tsumaki Yorinaka: Verbindungen in ihren Werken

182

198

215

244

258

277

ドイツ建築探訪！
Reportage zu deutscher Architektur!

ケーゼグロッケ
Käseglocke

ファグス靴型工場
Fagus-Werk

エッセンのオペラハウス
Aalto-Musiktheater in Essen

ツォルフェアアイン炭鉱業遺産群
UNESCO-Welterbe Zollverein

1 ブルーノ・タウト再考
Bruno Taut, neu betrachtet

2 バウハウスとその時代
Das Bauhaus und seine Zeit

3 ドイツ派、妻木頼黄と矢部又吉
Die deutsche Schule: Tsumaki Yorinaka und Yabe Matakichi

エルンスト・マイ・ハウス
（レーマーシュタッドの集合住宅）
Das Ernst May Haus
(Siedlung Römerstadt)

フランクフルトキッチン
Frankfurter Küche

ウンターリーキシンゲンの教会
Kirche zu Unterriexingen

プロジェクト空間 TAUT
Projektraum TAUT

ヴァイセンホフ・ジードルンク
Weißenhofsiedlung

ヴォルフスブルクの文化センター
Kulturzentrum Wolfsburg

エンデ・ベックマンの住宅
Wohnhaus von Ende und Böckmann

馬蹄形集合住宅
Hufeisensiedlung Britz

バウハウスアーカイブ
Bauhaus-Archiv

Wolfsburg
ヴォルフスブルク

Berlin
ベルリン

Potsdam
ポツダム

Dahlewitz
ダーレヴィッツ

Magdeburg
マクデブルグ

Dessau
デッサウ

Weimar
ワイマール

Jena
イエナ

Probstzella
プロプストツェラ

マクデブルグ旧市庁舎
Das Alte Rathaus von Magdeburg

タウト旧自邸
Das ehemalige Taut Haus

バウハウス校舎
Bauhausgebäude

テルテン集合住宅 ハウスアントン
Haus Anton in der Siedlung Törten

バウハウス大学
Bauhaus-Universität

ツァイス プラネタリウム
Zeiss-Planetarium

イエナ大学
Friedrich-Schiller-Universität Jena

バウハウスホテル「人民の家」
Haus des Volkes

1 ブルーノ・タウト再考

Bruno Taut, neu betrachtet

ブルーノ・タウト（1880-1938）はヴェルクブント・アーキテクト（ドイツ工作連盟の会員の建築家）であった。この視点からタウトとその時代を再考する。「ドイツ工作連盟（ドイチャーヴェルクブント）」とは、大量生産を前提としたインダストリアルデザインを振興する1907年に設立された団体である。タウトは、ヴェルクブント・アーキテクトとして1914年の第1回ドイツ工作連盟ケルン展において「グラスハウス」を発表してドイツ表現派として名を馳せ、さらに1924年から1931年にはベルリンに1万2000戸もの色彩豊かで良質な集合住宅（ジードルンク）を供給し、国際的にも評価されていた。

1933年、ヒトラー政権成立の数日前に自らの身に危険が迫っていることを知り、ベルリンを脱出して日本に渡ることを決意する。エリカ・ヴィティヒ（1893-1975）とともにモスクワ、ウラジオストックを経由し、5月3日、敦賀に到着する。おそらくタウトは日本でも建築の仕事をするつもりだった。

しかし当時の日独関係からして、タウトに建築の仕事が与えられる状況にはなかった。タウトが日本で成し遂げたのは、日本の美をめぐる著作の発表と、工芸デザインの仕事であった。同年、仙台の商工省工芸指導所は『独乙ヴェルクブントの設立とその精神』を発行し、椅子や照明作品の展覧会を東京で開いていた。ここでタウトは感想を乞われて展示品をやっつけ仕事として批判する。それを明文化した「工芸指導所に対する諸提案」にタウトは「ドイツ工作連盟と同じ目標である」と記している。この率直な意見が評価されてタウトは工芸指導所に招聘される。翌1934年、タウトは高崎の実業家の井上房一郎（1898-1993）と出会う。井上はパリに1923年から7年留学して、セザンヌやフランス芸術に多大な影響を受けて帰国したところだった。そして日本の美的工芸品を再評価し、高崎の工業試験場において木工、漆工、染色の生産と販売を広範囲に始めようとしていた。タウトは井上が掲げた芸術と生産性の統合という理想はまさにインダストリアルデザインだと共鳴して、群馬県工業試験場高崎分場にデザインディレクターとして就任する。タウトはふたたびヴェルクブント・アーキテクトとして、高崎において工芸デザイン指導に専心した。

タウトの指導法は明確だった。良いものは良い、悪いデザインは「キッチュ」として白黒をつけた。これはまさにヴェルクブントの発想であった。タウトは「キッチュ」の日本語訳を「いかもの」と知り、その言葉を連発して日本人に美の良し悪しの判断を迫った。そして1936年に日本を去るまでに「いかもの」ではない300種類以上のデザインを日本に残した。その中には昭和天皇への献上品も含まれる。グッドデザインの審美眼を日本人に問うたタウトに、今改めて、ヴェルクブント・アーキテクトゆえの使命感を感じる。

photo: Saitô Sadamu

Bruno Taut (1880-1938) war ein Werkbund-Architekt, d.h. ein Mitglied des Deutschen Werkbundes e.V.; er und seine Zeit sollen deshalb mit Blick auf diese Tatsache neu betrachtet werden. Der Deutsche Werkbund wurde 1907 als Verein zur Förderung industriellen Designs unter den Voraussetzungen der Massenproduktion gegründet. Als Werkbund-Architekt trug Taut 1914 das „Glashaus" zur 1. Werkbundausstellung in Köln bei und machte sich damit als Vertreter des deutschen Expressionismus einen Namen. Zwischen 1924 und 1933 stellte er dann in Berlin bis zu 12.000 Wohnungen in farbenfrohen und hochwertigen Wohnkomplexen (Siedlungen) bereit, die auch international Beachtung fanden.

Wenige Tage vor Hitlers Machtergreifung im Jahr 1933 erfuhr Taut, dass sein Leben in Gefahr sei, und entschied sich, Berlin in Richtung Japan zu verlassen. Gemeinsam mit Erica Wittich (1893-1975) reiste er über Moskau und Wladiwostok und kam am 3. Mai 1933 in Tsuruga an. Es ist anzunehmen, dass Taut auch in Japan als Architekt tätig werden wollte.

Doch die damaligen deutsch-japanischen Beziehungen ließen es nicht zu, dass ihm Bauaufträge übertragen wurden. Tauts Leistungen in Japan umfassen die Veröffentlichung von Schriften über japanische Ästhetik und seine Arbeit zum Handwerksdesign. Ebenfalls 1933 veröffentlichte das Nationale Forschungsinstitut für Industriedesign (Kôgei-Shidôsho) in Sendai das Büchlein *Entstehung und Geist des Deutschen Werkbundes* und veranstaltete eine Ausstellung von Stühlen und Lampen in Tokyo. Als Taut dazu befragt wurde, kritisierte er die Ausstellungsstücke als „flüchtige Hudelei". In seiner kritischen Schrift „Vorschläge für Kôgei-Shidôsho" schreibt er, dass er „dieselben Ziele wie der Deutsche Werkbund verfolgt". In Wertschätzung seiner offenen Meinungsäußerung wurde Taut daraufhin zum Berater des Kôgei-Shidôsho berufen. Im Jahr darauf (1934) lernt Taut den Unternehmer Inoue Fusa'ichirô (1989-1993) aus Takasaki kennen. Inoue hatte ab 1923 sieben Jahre in Paris studiert und war gerade, tief beeindruckt von Cézanne und der französischen Kunst, nach Japan zurückgekehrt. Er brachte stilvollen japanischen Kunstgewerbearbeiten neue Wertschätzung entgegen und begann in der Industrieprüfstätte von Takasaki mit der Produktion und dem Verkauf von Holzwaren, Lackwaren und Farben. Taut verstand Inoues Ideal der Integration von Kunsthandwerk und Produktivität als identisch mit dem des Industriedesigns und wurde Design-Direktor der Industrieprüfstätte der Präfektur Gunma am Standort Takasaki. Damit widmete sich Taut in Takasaki erneut als Werkbund-Architekt ganz der Anleitung handwerklichen Designs.

Sein Lehrstil war eindeutig: Gutes ist gut, schlechtes Design ist „Kitsch", so unterschied er Richtiges von Falschem. Auch dieser Ansatz stammt vom Werkbund. Taut lernte das japanische Wort für Kitsch (ikamono) und nötigte die Japaner durch dessen unablässiges Wiederholen zum ästhetischen Urteil. Als er 1936 Japan verlässt, hinterlässt er über 300 nicht kitschige Designentwürfe. Darunter finden sich auch Gaben an den Shôwa-Kaiser. In Tauts Infragestellung der ästhetischen Urteilskraft der Japaner bezüglich guten Designs spüre ich erneut sein Sendungsbewusstsein als Werkbund-Architekt.

ブルーノ・タウトとエリカの生涯
Das Leben von Bruno Taut und Erica

写真：少林山達磨寺コレクション
Foto: aus dem Besitz der Sammlung des Shôrinzan Daruma-Tempels

ブルーノ・タウトは1880年5月4日、東プロイセンの首都ケーニヒスベルクに生まれる。1884年5月15日、実弟マックス・タウトが生まれる。1900年、ケーニヒスベルクの建築工芸学校に学ぶ。この頃左官を学ぶ。1901年、建築工芸学校卒業。1902年、ハンブルク・アルトナのイノゲバウアー建築事務所に勤務。次に、ヴィーズバーデンのF.M.ファブリーの下で働く。1903-1904年、ブルーノ・メーリングの建築事務所に勤務。1904-1906年、シュトゥットガルトのテオドール・フィッシャーの建築事務所に勤務。1906年、コーリン出身のヘドヴィック・ヴォルガストと結婚。ベルリンに戻る。1908年、建築家ハインツ・ラッセン建築事務所に勤務。1909年、建築家として独立。建築家フランツ・ホフマンと共に「タウト＆ホフマン」共同設計事務所を設立。1910年、ドイツ工作連盟（ヴェルクブント）の会員になる。1913年、ドイツ田園都市協会の主任建築家になる。弟のマックス・タウト（1884-1967）が新たに加わり、設計事務所「タウト兄弟＆ホフマン」を設立。1914年、ケルンの工作連盟博覧会に

Bruno Taut wird am 4. Mai 1880 in Königsberg, der Hauptstadt der Provinz Ostpreußen, geboren. Am 15. Mai 1884 wird sein Bruder Max Taut geboren. Bruno studiert um 1900 an der Königsberger Baugewerkschule, insbesondere Stuckarbeiten. 1901 schließt er die Baugewerkschule ab und nimmt 1902 in Hamburg-Altona eine Stelle beim Architekturbüro Neugebauer an. Danach arbeitet er unter F.M. Fabry in Wiesbaden, von 1903 bis 1904 in Bruno Möhrings Architekturbüro und von 1904 bis 1906 in Stuttgart in Theodor Fischers Architekturbüro. 1906 heiratet er die aus Chorin stammende Hedwig Wollgast und kehrt nach Berlin zurück. 1908 beginnt er in Heinz Lassens Architekturbüro zu arbeiten und macht sich 1909 als Architekt selbstständig. Gemeinsam mit dem Architekten Franz Hoffmann gründet er das Planungsbüro „Taut & Hoffmann". 1910 wird er Mitglied im Deutschen Werkbund und 1913 Hauptarchitekt der Deutschen Gartenstadtgesellschaft. Gemeinsam mit seinem jüngeren Bruder Max Taut (1884-1967) gründet er das Planungsbüro „Gebrüder Taut und Hoffmann". 1914 nehmen sie an der Kölner Werkbundausstellung teil und zeigen dort das „Glashaus", einen Reklamepavillon der Deutschen Glasindustrie. 1915 verweigert Bruno Taut den Wehrdienst und übernimmt dafür den Bau einer Pulverfabrik bei Plaue im Havelgebiet. 1917 wird er für die Deutsche Gartenstadtgesellschaft in Bergisch-Gladbach am Stadtrand von Köln aktiv. Dort lernt er die ihm unterstellte Erica Wittich (1893-1975)

参加しガラス工業組合のパビリオン「グラスハウス」を発表。1915年、従軍を拒否し、ハーウェル川沿いにあるプラウエにある火薬工場関連の建築主任。1917年、ケルン郊外ベルギッシュ・グラドバッハにてドイツ田園都市協会に勤務。職場の部下であり、後の伴侶となるエリカ・ヴィティヒ（1893-1975）と出逢い、同棲。1918年10月24日、エリカとの間に娘のクラリッサが生まれる。正妻ヘドヴィヒの許しを得て、エリカの連れ子エミーとクラリッサを自分の籍に入れる。1921-1924年、マグデブルク市の建築顧問を務める。芸術建築雑誌『フリューリヒト』を創刊、同誌に「色彩宣言」を発表。1924-1932年、「ゲハーグ」ベルリン市住宅供給公社の主任建築家を務める。労働者の健康を考慮した集合住宅に注力し、8年間で12000戸の住宅建築に関わる。1926年、建築家連盟「リング」会員となる。1927年、シュトゥットガルトで行われたドイツ工作連盟のヴァイセンホフ・ジードルンク「住宅展」に出品。1930年、ベルリン工科大学校で住宅と住宅団地計画の客員教授に着任。1931年、モスクワ・インツーリストのホテルコンペに参加。アメリカ建築家協会 AIA 名誉会員に推挙。ベルリンにあるプロイセン・ベルリン芸術アカデミー会員に選ばれる。1932年、モスクワに滞在。モソヴィエト・ホテル、住宅プロジェクトに従事。その後ベルリンに戻る。1933年、ドイツではナチスが政権を掌握。親ソ連派の「文化ボルシェヴィキ主義者」という烙印を押されてタウトは職と地位を奪われる。ドイツに戻って二週間でタウトはエリカと出国する。スイスからパリとマルセイユを経由し、船でイスタンブール、オデッサ、列車でモスクワへ。シベリア鉄道でウラジオストックへ至る。5月3日に日本の敦賀に上陸。上野伊三郎はじめ日本インターナショナル建築会の出迎えを受ける。京都に滞在。自身の誕生日である5月4日、上野伊三郎夫妻の案内で桂離宮を見学し絶賛する。また日光東照宮を見学し「威圧的で親しみがない」と批判。葉山に滞在。伊勢神宮を見学。仙台に滞在し、仙台国立工芸指導所の顧問となる。1934年、東京に滞在。東京帝国大学で講演。8月、高崎の井上房一郎の手引きでタウトとエリカは少林山達磨寺の洗心亭を住まいとする。また、井上の工芸作品のデザイン担当として招かれる。エリカは英語を話し、速記を得意とし、タウトの口述筆記と清書を行った。また、エリカは自由学園にてドイツ料理を教え、『婦人之友』に寄稿して、有能な秘書以上の役目を果たした。1936年冬、秋田と京都を訪ね。大阪の大丸で「ブルーノ・タウト指導工芸品展」を開催。9月、熱海の日向別邸が完成する。10月8日、高崎少林山洗心亭を去る。関釜連絡線でエリカと共に離日。韓国、満州、北京、イルクーツク、モスクワ、オデッサを経由しトルコに到着。イスタンブル芸術アカデミーにて建築部門主任教授、及びトルコ文化省建築研究主任を務める。1938年12月24日、心不全のためイスタンブルにおいて逝去。享年58歳。イスタンブルの墓所エディルカネ・セヒトリギに眠る。ベルリンの新聞に正妻ヘドヴィヒの名前で死亡広告を掲載する。1939年9月、エリカがタウトの遺稿と遺品とデスマスクを少林山達磨寺に持ち寄る。12月24日、エリカと日本の友人が達磨寺に集まり、住職廣瀬大蟲を導師として一周忌の法事を行う。1940年12月、エリカは日本を去る。1975年11月1日、ベルリン、ブリッツの墓地にてエリカ永眠。

kennen, seine spätere Lebensgefährtin, mit der er in eheähnlicher Gemeinschaft lebt. Am 24. Oktober 1918 wird den Beiden eine Tochter, Clarissa, geboren. Mit dem Einverständnis seiner gesetzlichen Ehefrau Hedwig registriert Bruno Taut Ericas Tochter aus erster Ehe, Ammy, und die gemeinsame Tochter Clarissa in seinem Familienregister. Von 1921 bis 1924 ist er als beratender Architekt bei der Stadt Magdeburg angestellt. Er gründet die Kunst- und Architekturzeitschrift *Frühlicht* und veröffentlicht darin seine „Deklaration der Farben" [„Der Regenbogen. Aufruf zum farbigen Bauen"]. Von 1924 bis 1932 ist er als Hauptarchitekt des kommunalen Wohnungsbauunternehmens GEHAG in Berlin tätig. Er konzentriert sich auf Mehrfamilienhäuser, die der Gesundheit von Arbeitern zuträglich sind, und ist innerhalb von 8 Jahren in den Bau von 12.000 Wohneinheiten involviert. 1926 wird er Mitglied der Architektenvereinigung „Ring" und nimmt 1927 in der Weissenhofsiedlung an der Werkbundausstellung „Die Wohnung" teil. 1930 wird Taut Honorarprofessor für Siedlungs- und Wohnungswesen an der Technischen Hochschule Berlin. 1931 nimmt er an einem Wettbewerb für Hotels der staatlichen Touristenbehörde Intourist in Moskau teil. Er wird zum Ehrenmitglied des American Institute of Architects (AIA) vorgeschlagen und zum Mitglied der Preußischen Akademie der Künste in Berlin gewählt. 1932 hält er sich in Moskau auf und arbeitet dort an einem Mossoviet Hotel und einem Wohnungsprojekt. Er kehrt nach Deutschland zurück, wo 1933 die Nationalsozialisten die Macht ergreifen. Gebrandmarkt als sovietophiler „Kultur-Bolschewik" werden ihm Beruf und Stellung genommen. Nur zwei Wochen nach seiner Rückkehr nach Deutschland emigriert Taut mit Erica. Von der Schweiz geht es über Paris und Marseille schließlich mit dem Schiff nach Istanbul, Odessa und von dort mit der Bahn nach Moskau. Mit der Transsibirischen Eisenbahn erreichen sie Wladiwostok. Am 3. Mai landen sie in Tsuruga, Japan. Empfangen werden sie von Inoue Fusa-ichirô und der International Architectural Association of Japan. Sie machen Halt in Kyoto und besuchen an Tauts Geburtstag, dem 4. Mai, geführt von Inoue Fusa'ichirô und seiner Frau, die kaiserliche Villa Katsura, die Taut mit Lob überschüttet. Taut besucht auch den Tôshôgu-Schrein in Nikkô und beschreibt ihn kritisch als „imposant, kommt nicht nahe". Ein Aufenthalt in Hayama. Ein Besuch des Ise-Schreins. Während des Aufenthaltes in Sendai wird Taut Berater des Nationalen Forschungsinstituts für Industriedesign (Kôgei-Shidôsho). 1934 kommt er nach Tokyo und hält Vorlesungen an der Kaiserlichen Universität Tokyo. Auf Inoue Fusa-ichirôs Empfehlung hin ziehen Taut und Erica im August in den Pavillon der Reinigung des Herzens des Shôrinzan Daruma-Tempels in Takasaki ein. Außerdem wird Taut eingeladen, das Design von Inoues Kunsthandwerk zu übernehmen. Da Erica sehr gut Englisch spricht und Stenographie beherrscht, schreibt sie von Taut Diktiertes nieder und erledigt die Reinschrift. Darüber hinaus unterrichtet Erica auch im Jiyû Gakuen deutsche Küche, schreibt für die *Freundin der Frau* und ist so weitaus mehr als eine fähige Sekretärin. Im Winter 1936 besucht Taut Akita und Kyoto. Im Kaufhaus Daimaru von Osaka werden „Unter der Anleitung von Bruno Taut entstandene kunsthandwerkliche Arbeiten" ausgestellt. Im September wird die Villa Hyûga in Atami fertig. Am 8. Oktober verlassen Taut und Erica dann den Pavillon der Reinigung des Herzens in Takasaki und mit der Fähre nach Busan schließlich Japan. Über Korea, die Mandschurei, Irkutsk, Moskau und Odessa gelangen sie in die Türkei. Dort wird Taut Ordinarius der Abteilung für Architektur der Kunstakademie Istanbul und Forschungsleiter des Bereichs Architektur im Türkischen Kultusministerium. Am 24. Dezember 1938 stirbt Taut mit 58 Jahren in Istanbul an Herzversagen. Nun ruht er auf dem Friedhof Edirne Kapi Şehitligi in Istanbul. Seine gesetzliche Ehefrau Hedwig veranlasst die Bekanntgabe der Todesnachricht in Berliner Zeitungen. Im September 1939 bringt Erica Tauts Manuskripte und sonstige Hinterlassenschaften sowie seine Totenmaske in den Shôrinzan Daruma-Tempel. Am 24. Dezember kommt Erica mit Freunden aus Japan zum ersten Jahrestag des Ablebens von Taut für eine von Hirose Daichû durchgeführte buddhistische Totenmesse im Tempel zusammen. Im Dezember 1940 verlässt Erica Japan wieder und stirbt am 1. November 1975 in Berlin. Sie ruht auf dem Friedhof in Berlin-Britz.

タウトをめぐる思い出

Erinnerungen an Taut: Tanaka Tatsuaki und Hirose Seishi im Gespräch

田中 辰明　Tatsuaki Tanaka

お茶の水女子大学名誉教授
Professor Emeritus der Ochanomizu Frauenuniversität

1965 年早稲田大学大学院理工学研究科修了。1965 年 4 月 -1993 年 3 月（株）大林組技術研究所。1971 年 -1973 年 DAAD（ドイツ学術奉仕会）奨学生としてベルリン工科大学ヘルマン・リーチェル研究所留学（客員研究員）。1979 年工学博士（早稲田大学）。1993 年 4 月 -2006 年 3 月お茶の水女子大学生活科学部教授。2006 年ドイツ技術者協会（VDI）よりヘルマン・リーチェル栄誉メダルを授与。2008 年 1 月 17 日　厚生労働大臣より「建築物環境衛生工学の発展」の功績による表彰。現在、お茶の水女子大学名誉教授、（一社）日本断熱住宅技術協会理事長。

著書に『建築家ブルーノ・タウト ―人とその時代、建築、工芸―』（柚本玲と共著）オーム社 2010 年、『ブルーノ・タウト - 日本美を再発見した建築家』中公新書 2012 年、『ブルーノ・タウトと建築・芸術・社会』東海大学出版会 2014 年、他多数

1965 Abschluss des M.A.-Studiums an der Abteilung für Ingenieurwissenschaften des Graduiertenkollegs der Waseda Universität. Von April 1965 bis März 1993 angestellt beim Obayashi Corporation Technical Research Institute. 1971 bis 1973 mit einem DAAD-Forschungsstipendium Gastwissenschaftler am Hermann-Rietschel-Institut der Technischen Universität Berlin. 1979 Verleihung des Grades Dr.-Ing. (Waseda Universität). Von April 1993 bis März 2006 Professor der Fakultät für Haushaltswissenschaft der Ochanomizu Frauenuniversität. 2006 Verleihung der Hermann-Rietschel-Ehrenmedaille des VDI. Am 17. Januar 2008 Verleihung einer Verdiensturkunde für seinen Beitrag zur „Entwicklung der Umwelthygienetechnik von Gebäuden" durch den Minister für Gesundheit, Arbeit und Soziales. Gegenwärtig Professor Emeritus der Ochanomizu Frauenuniversität und Vorstandsvorsitzender der Japanese Association for Housing Thermal Insulation Technology Co.

Veröffentlichungen: mit Yumoto Rei, *Kenchikuka Burūno Tauto: Hito to sono jidai, kenchiku, kōgei* (Der Architekt Bruno Taut: Seine Persönlichkeit und seine Zeit, Architektur und Kunsthandwerk), Ohmsha, 2010; *Burūno Tauto: Nihonbi wo saihakkenshita kenchikuka* (Bruno Taut: Der Architekt, der japanische Ästhetik wiederentdeckte), Chūkō Shinsho, 2012; *Burūno Tauto to kenchiku, geijutsu, shakai* (Bruno Taut zu Architektur, Kunst und Gesellschaft), Tōkai Daigaku Shuppankai, 2014 u.v.m.

2016年11月8日、かつてブルーノ・タウトが滞在した少林山達磨寺の洗心亭にて、廣瀬正史住職と、お茶の水女子大学名誉教授の田中辰明先生にタウトをめぐる思い出を話して頂いた。

Am 8. November 2016 kamen für uns Hirose Seishi, der Hauptpriester des Shôrinzan Daruma-Tempels, in dem Bruno Taut gewohnt hatte, und Tanaka Tatsuaki, Professor Emeritus der Ochanomizu Frauenuniversität, über ihre Erinnerungen an Taut ins Gespräch.

廣瀬 正史　Seishi Hirose

少林山達磨寺 住職
Hauptpriester des Shôrinzan Daruma-Tempels

1977 年駒澤大学仏教学部仏教学科卒業。黄檗山禅堂（専門道場）掛錫（修行）。1981 年少林山達磨寺の住職に就任。2000 年ブルーノ・タウトの映像を作る会に参画。市民活動でブルーノ・タウト生誕 120 周年ドキュメンタリー「知のDNA 夢ひかる刻」を制作。テレビ朝日にて出演、放送。2009 年第 4 回『ブルーノ・タウト賞』を受賞。タウトを温かく迎えたことや、三代にわたり資料の保存に努めたことが評価される。

役職歴　黄檗宗青年僧の会会長。他黄檗宗内外の役職を歴任。現在、黄檗宗大本山万福寺責任役員、黄檗宗東日本協議会会長、日本達磨協会副理事長、世界達摩協会理事、高崎仏教会副会長、社会福祉法人いのちの電話理事・評議員、保護司、他。

著書に『よくわかるだるまさん』チクマ秀版社 2000 年、『迷いがすーっと消えるかきすて禅語帖』キノブックス 2016 年

1977 Abschluss des B.A.-Studiums an der Abteilung für Buddhologie der Fakultät für Buddhologie der Komazawa Universität. Registrierung (Ausbildung) in der Ôbakuzan-Zenhalle (Meditationsübungshalle). 1981 Dienstantritt als Hauptpriester des Shôrinzan Daruma-Tempels. 2000 Beteiligung am „Projektkreis Filmaufnahmen von Bruno Taut", einer Bürgerinitiative, die den Dokumentarfilm „Chi no DNA: Yume hikaru toki" (Die DNA des Wissens: Wenn Träume leuchten) zum 120-jährigen Geburtstag Bruno Tauts produzierte. Rollen und Auftritte bei TV Asahi. 2009 Verleihung des 4. Bruno-Taut-Preises. Die gastfreundliche Aufnahme Tauts sowie die Aufbewahrung von Quellenmaterial über drei Generationen im Tempel wurden damit gewürdigt.
Ämter: Vorsitzender des Vereins Junger Ôbaku-Mönche. Weitere Ämter in- und außerhalb der Ôbaku-Schule. Gegenwärtig: Aufsichtsratsmitglied des Haupttempels (Manpuku-ji) der Ôbaku-Schule, Vorsitzender des Rates der Ôbaku-Schule in Ost-Japan, Stellvertretender Vorsitzender der Japan Daruma Association, Vorstandsmitglied der World Daruma Association, Stellvertretender Vorsitzender des Buddhismus-Vereins Takasaki, Vorstand und Aufsichtsratsmitglied der Sozialen Wohlfahrtskörperschaft Life Line, Bewährungshelfer etc.

Publikationen: *Yoku wakaru Daruma-san* (Daruma für Anfänger), Chikuma Shûhansha, 2000; *Mayoi ga sutto kieru kakisute zengo-jô* (Heft dahingeschriebener Zen-Sprüche, die Zweifel sanft vertreiben), Kinobooks, 2016.

進行：鈴木敏彦、撮影：齋藤さだむ、録音・編集：杉原有紀、浅水雄紀
Organisation: Suzuki Toshihiko, Fotos: Saitô Sadamu, Tonaufnahme/Bearbeitung: Sugihara Yûki, Asamizu Yûki

田中：ブルーノ・タウトは日本に1933年5月3日に敦賀にやって来て、洗心亭に入居した日が1934年8月1日です。実際にはドイツから敦賀に入ってきたのですが、横浜に着いたと、自分の生涯を小説風に日記に書いています。岩波書店から出たタウト『日本の家屋と生活』という本です。ここに来るまではかなり不安がっていた様なことが書いてございますね。しかしここに参りまして、この部屋の簡素な美しさ、それが素晴らしいと最初から言っています。

当時ブルーノ・タウトを受け入れたのは現住職のご祖父様である廣瀬大蟲住職でした。奥様を連れて、それから日記には長女と書いてありますけども実際は次女の敏子様と、三人でこの洗心亭にやってこられて、日本式の非常に丁寧な挨拶をしました。それから非常に打ち解けて、特に敏子様がこの部屋に入って床の間に花を活けたり、お琴を弾いたり、掃除もやって、非常によく面倒を見てくれたと。それで敏子さんをかなり気に入るのです。というもの、敏子さんはブルーノ・タウトがドイツに残してきたクラリッサという娘とたまたま同じ年の生まれであったようですね。

大蟲和尚は大変立派な方だと伺っております。特に日本が原子力発電を始めようとした時には反対して、「電気のある便利な生活よりも貧しい生活でいい。あんなものはいらない」ということを読売新聞の正力松太郎社主に手紙を出したと伺っております。そういった方がおられたから、ブルーノ・タウトをこの時期に招き入れたのではないかと思います。ブルーノ・タウトは亡命者ですから、場合によっては厄介な人間で、断ってしまえばいいものを喜んで受け入れられた。そういったところはたいしたものだと思いますね。

廣瀬：当初はブルーノ・タウトが100日の期限でここに住むことを井上房一郎※1さんと契約したそうです。ドイツの大建築家ということはもう先に知らされていたようでして、そういう素晴らしい方が見えるのでしたら、三ヶ月の間ということもあったと思いますが、是非ご接待しようというつもりで受け入れられたのではないかと思います。

田中：ブルーノ・タウトが洗心亭に住むと、バーナード・リーチや柳宗悦といった大変な著名人が日本の各地から訪れて、12月の末にここにお泊りになっ

Tanaka: Bruno Taut kam am 3. Mai 1933 nach Tsuruga und zog am 1. August 1934 in den Pavillon der Reinigung des Herzens (Senshin-tei) ein. Obwohl er von Deutschland tatsächlich über Tsuruga nach Japan kam, schreibt er in seinem als Roman gefassten Tagebuch über sein Leben, dass er in Yokohama gelandet sei. Ich meine Tauts Buch *Das japanische Haus und sein Leben* (Nihon no kaya to seikatsu), erschienen im Iwanami Verlag. Er schreibt darin auch über seine großen Ängste auf dem Weg bis hierher. Doch als er hier ankommt, ist er von der einfachen Schönheit der Zimmer begeistert und lobt von Anfang an deren Pracht.

Er wurde vom Großvater des heutigen Hauptpriesters, dem damaligen Hauptpriester Hirose Daichû aufgenommen. Seine Ehefrau, seine zweitälteste Tochter Toshiko (im Tagebuch steht zwar älteste Tochter) und er kamen zum Pavillon und statteten ihm zu dritt einen sehr höflichen Vorstellungsbesuch nach japanischem Zeremoniell ab. In der Folge ließ die Förmlichkeit nach. Vor allem Toshiko arrangierte Blumen in der Schmucknische (*tokonoma*) des Zimmers, spielte auf der Koto (japanische Laute), putzte auch fleißig und pflegte das Zimmer mit großer Hingabe. Dadurch machte sich Toshiko sehr beliebt. Toshiko war offensichtlich im selben Jahr geboren wie Clarissa, die Bruno Taut in Deutschland gelassen hatte.

Vom Ehrwürdigen Daichû habe ich nur Gutes gehört. Als Japan mit der Atomenergiegewinnung begann, protestierte er dagegen und schrieb in einem Brief an Shôriki Matsutarô, den Direktor der Zeitung *Yomiuri*: „Ein ärmliches Leben ist besser als ein bequemes Leben mit Elektrizität; so etwas brauchen wir nicht." Es ist sicher seiner Persönlichkeit zu verdanken, dass er Bruno Taut damals hierher einlud. Als Flüchtling konnte Taut unter Umständen zur Belastung werden, doch der Ehrwürdige Daichû nahm ihn, obwohl er ihn auch ohne Weiteres hätte abweisen können, mit Freuden auf. Ich finde, das ist eine große Leistung.

Hirose: Zunächst schloss Bruno Taut mit Inoue Fusa'ichiro[1)] einen Mietvertrag über 100 Tage. Da schon im Voraus bekannt war, dass es sich um einen großen deutschen Architekten handelte, vermute ich, dass Inoue eine solch herausragende Persönlichkeit nach der Ankunft, und es ging ja zunächst nur um drei Monate, unbedingt freundlich empfangen wollte.

Tanaka: Nach Bruno Tauts Einzug in den Pavillon kamen Berühmtheiten wie Bernard Leach und Yanagi Muneyoshi aus allen Ecken des Landes zu Besuch, blieben Ende Dezember hier auch über Nacht und diskutierten Tauts Kunsttheorie, Philosophie sowie allgemeine Themen. Am nächsten Tag

て、タウトと芸術論、哲学、一般のことを話し合ったと。翌日には井上房一郎さんが参加しています。また、高崎でもだいぶ仕事をしていた建築家のレーモンド夫妻もここを訪ねています。

廣瀬：お寺に大蟲和尚が書き留めたものには「世界各国のいろいろな方が見えるので驚いている。やはりすごい建築家だ」という記述がありました。

田中：タウトの日記には「たくさんの方がここを訪れ、そうかと思うと全く客が来ない日もあった。それを閑居である」と書いてあります。サンクトペテルブルグの貴族の出身で亡命のような形で日本に来た、ロシアのブブノア夫人とは東京に行くと会ったり、こちらで一緒に散歩をしたりということも書いてあります。ワルワーラ・ブブノワは東京では早稲田大学の露文科で非常勤講師としてロシア語を教えており、あまり安定した生活ではなかったようです。タウトと通じる表現主義の素晴らしい絵や版画作品を残し、それが今では早稲田に寄付されています。

廣瀬：タウトがブブノワさんと会うときは、エリカもなにか遠慮していたくらい、お二人は仲が良くお気が通じていたという話を水原徳言※2さんから聞いております。

田中：ブルーノ・タウトから見るとブブノワ夫人がさらに知的な人間だという風に映ったのかもしれませんね。それと、洗心亭にいたときにタウトは当然のことながら故郷ドイツを思っていたわけです。タウトが洗心亭に来たのが8月1日という非常に暑い時期で、ドイツ人には

1934（昭和9）年9月9日、ブルーノ・タウト夫妻歓迎会
Am 9. September 1934 bei der Begrüßungsfeier für Bruno Taut und seine Lebensgefährtin.

歓迎会後、講堂前の石垣に上って記念写真。左からタウト、エリカ、廣瀬敏子、大蟲和尚、儘田郁彦
Erinnerungsfoto nach der Begrüßung an der Steinmauer gegenüber der Haupthalle. V. l. n. r. Bruno Taut, Erica, Hirose Toshiko, der Ehrwürdige Daichû und Mamada hiko

gesellte sich Inoue Fusa'ichiro zu ihnen. Auch der Architekt Antonin Raymond, der einige Aufträge in Takasaki angenommen hatte, und seine Ehefrau kamen zu Besuch.

Hirose: In den Aufzeichnungen des Ehrwürdigen Daichû findet sich die Notiz: „Ich bin überrascht, dass Gäste aus aller Herren Länder zu Besuch kommen. Das ist wahrlich ein großer Architekt."

Tanaka: In Tauts Tagebuch steht: „Wenn manchmal auch unglaublich viele Gäste zu Besuch kommen, so gibt es doch auch Tage, an denen niemand vorbeischaut. Wir leben in Abgeschiedenheit." Dort steht auch, dass er die aus einer adligen Familie in Sankt Petersburg stammende und nach Japan emigrierte Russin Varvara Bubnova traf, wenn er nach Tokyo fuhr bzw. hier mit ihr spazieren ging. Varvara Bubnova unterrichtete in Tokyo als Teilzeit-Lektorin Russisch an der Abteilung für russische Literatur der Waseda Universität und verfügte über einen nicht allzu gesicherten Lebensunterhalt. Sie hinterließ prächtige Gemälde und Drucke im expressionistischen Stil, dem auch Taut zugeneigt war; sie befinden sich heute im Stiftungsbesitz der Waseda Universität.

Hirose: Von Mihara Tokugen[2)] habe ich gehört, dass Taut und Bubnova einander so gut verstanden, dass Erica sich zurück zog, wenn sich Taut mit Bubnova traf.

Tanaka: In Bruno Tauts Augen mag Frau Bubnova eine wesentlich intellektuellere Persönlichkeit gewesen sein. Außerdem hat Taut während seiner Zeit im Pavillon natürlich oft an seine Heimat Deutschland gedacht. Es war eine sehr heisse Jahreszeit, als Taut am 1. August am Pavillon ankam. Ich glaube, Deutsche ertragen die Sommerhitze in Japan nur schwer. Er beschreibt den Wandel der vier Jahreszeiten mit ihren

左からエリカ、久米夫人、井上房一郎、久米権九郎、タウト、ブブノワ
タウトの会製作のDVD『夢ひかる刻』より
V. l. n. r. Erica, Frau Kume, Inoue Fusa'ichirô, Kume Gonkurô, Bruno Taut, Varvara Bubnova

日本の暑さが大変だったと思いますが、移ろい行く四季のそれぞれの景色を丁寧に日記に書いています。

廣瀬：そうですね。街の風景とここから見える田園風景や自然から、安らぎや懐かしさを心に思い浮かべたのではないかと思います。この地域では人とすれ違うときに「こんばんは」「こんにちは」と挨拶をしていました。日本人の礼の仕方が非常に丁重だということで、タウトは非常に感激しているわけです。タウトは「散歩の途中で『こんばんは』と勝手に農家に入る」と地元の人たちが言っています。昼間でも「こんばんは」と言いながら入っていって、床柱をなでたり、梁を見たり、建築家だからどこに行っても家の造りに興味があったのでしょう。日本の建築は曲がったものも活かしてうまく使っていました。この辺りには古い建物も残っていたからよく観察したようです。

田中：タウトは日本語があまり達者ではないので、みんなに「ダンケ」と言ったので、この村にはありがとうのドイツ語がずっと伝わったそうですね。

廣瀬：我々も小さい頃はダンケと言う言葉だけは知っていました。またこの地域では皆で「タウトさん」「エリカさん」と親しみをこめて呼んでいました。

田中：ブルーノ・タウトもエリカもここでさびしいであろうということで、大蟲和尚が小学生を呼んで演芸会を開いてそれをタウトが非常に喜んだそうですね。

廣瀬：ここに来て一月ほど経った頃、昭和9年9月9日に、もう故郷に帰れないタウトを皆で慰めようとしたのだと思います。講堂で小学生が歌と大人顔負けの優雅な踊りを見せたといって非常にほめておりましたね。タウトが亡命さながらにやって来て帰れないというのを皆ある程度分かっていたようですね。

田中：タウトは旅人だったのではないかと思われます。ここには、ひと時の宿として住んでいたのではないでしょうか。タウトは今ではロシア領になった、ドイツの東プロシアのケーニヒスベルクの出身です。大人になってベルリンに出てきて、シュトゥットガルトのテオドール・フィッシャー※3という有名な建築家のところで修業をして、それからベルリンで自分の設計事務所を開きました。モスクワに行って仕事をして、ベルリンに戻り、日本に来ました。そしてさらにトルコへ行ってしまいました。タウトは日本にいる間は建築の仕事が出来なかったも

jeweiligen Landschaften sehr eingehend in seinem Tagebuch.

Hirose: Ja, vermutlich haben die Umgebung des Ortes, die Feld- und Gartenlandschaften sowie die Natur Ruhe und Heimweh in seinem Herzen geweckt. Wenn er in der Umgebung Menschen begegnete, dann grüßte er sie mit „Konbanwa" (Guten Abend!) oder „Konnichiwa" (Guten Tag!). Taut war von der überaus höflichen Art und Weise des Grüßens der Japaner tief gerührt. Die Menschen vor Ort sagen, Taut „betrat auf Spaziergängen mit einem ‚Guten Abend!' nach Belieben Bauernhäuser". Auch am hellerlichten Tage „Guten Abend!" sagend trat er ein, strich mit der Hand über die Pfosten der Schmucknische, betrachtete die Balken; als Architekt interessierte er sich, wohin er auch kam, für den Aufbau der Häuser. Auf geschickte Weise bringt japanische Architektur auch ungerade Elemente zur Geltung. Und da in der hiesigen Gegend viele alte Häuser erhalten waren, gab es für ihn viel zu beobachten.

Tanaka: Da Taut das Japanische nicht wirklich beherrschte, sagte er zu allen „Danke!". Dadurch hat sich das deutsche „Danke" in diesem Dorf über Generationen erhalten.

Hirose: Auch wir kannten als Kinder schon das Wort „Danke". Alle hier in der Gegend riefen ihn und seine Frau in vertrautem Ton „Taut-san" (Herr Taut) bzw. „Erica-san" (Frau Erica).

Tanaka: Aus der Vermutung heraus, dass Bruno Taut und Erica sich hier recht einsam fühlten, rief der Ehrwürdige Daichû Grundschüler zusammen und organisierte einen kulturellen Abend, über den sich Taut sehr freute.

Hirose: Das war ungefähr einen Monat nach seiner Ankunft hier, am 9. September 1934. Ich denke, sie wollten Taut, der nun nicht mehr in seine Heimat zurück konnte, gemeinsam trösten. Er äußerte sich überaus lobend über den Gesang und die anmutigen Tänze, mit denen die Grundschüler in der Tempelhalle die Erwachsenen zum Staunen brachten. Sie alle hatten wohl in gewissem Maße verstanden, dass Taut als Emigrant gekommen war und nicht mehr nach Hause zurückkehren konnte.

Tanaka: Es scheint, dass Taut ein Weltreisender war. Und für eine gewisse Zeit hat er eben hier gewohnt. Taut stammt aus Königsberg im ehemals deutschen Ostpreußen, das jetzt zu Russland gehört. Als Erwachsener kam er nach Berlin, lernte beim berühmten Stuttgarter Architekten Theodor Fischer[3] und eröffnete dann in Berlin ein eigenes Architekturbüro. Er ging für einen Auftrag nach Moskau, kehrte nach Berlin zurück und kam nach Japan. Später ging er dann in die Türkei. Da Taut in Japan seinem Beruf als Architekt nicht nachgehen konnte, sprach er selbstironisch von den „Ferien des

のですから、「建築家の休日」と言う風に自嘲しましたが、タウトにとっては本当に貴重な時間だったのではないかと思われますね。ドイツにいる間は建築の仕事が忙しくて、日記を書いたり文章を書いたり出来なかったのですが、洗心亭に落ち着くことによってあれだけの著作物を残して、多くの人に影響を与えました。タウトが書いた『日本美の再発見』は現在も岩波新書から出ておりますが、私は高等学校の時に読んで、生意気にも建築の仕事とは素晴らしいなと思いまして、それで建築の道に進みました。

廣瀬：タウトの導きですね。

田中：1971年から３年間ベルリン工科大学に留学いたしました。ベルリンには非常にたくさんの有名建築があります。よく私の知人が訪ねてくるので、三時間コース、半日コース、一日コースを設定して案内しました。私の恩師、建築意匠の武基雄先生が訪ねてこられたことがあります。「ブルーノ・タウトが日本に来た時に早稲田大学と東京大学で集合住宅論の講義を受けた」と言うのです。日本には当時長屋くらいしかない時代でした。感銘を受けた武先生が、ベルリンに来られて「ブルーノ・タウトの建築物を見たい」と言われました。それはオンケルトムズヒュッテという集合住宅でした。ブルーノ・タウトはベルリンにたくさん建物を残していると武先生から伺いまして、それから暇があると写真を撮って歩きました。残念ながら当時のフィルム写真にはカビが生え変色してしまいました。もう一回デジタルカメラで撮り直しております。また、私がタウト作品の

Architekten". Dennoch war es für Taut eine sehr wertvolle Zeit. In Deutschland war er als Architekt so eingespannt, dass er kein Tagebuch führen oder Texte schreiben konnte. Nachdem er im Pavillon der Reinigung des Herzens zur Ruhe gekommen war, hinterließ er ein große Menge an Schriften und beeinflusste damit viele Menschen. Tauts Buch *Die Wiederentdeckung japanischer Ästhetik* (Nihon-bi no saihakken) ist auch heute noch bei Iwanami erhältlich. Ich habe es während meiner Oberschulzeit gelesen und mir, begeistert vom Arbeitsgebiet der Architektur, erlaubt, selbst den Weg der Architektur einzuschlagen.

Hirose: Taut hat Sie also geführt…

Tanaka: Ab 1971 habe ich ein dreijähriges Auslandsstudium an der Technischen Hochschule Berlin absolviert. Berlin hat viele berühmte Bauwerke. Wenn Bekannte zu Besuch kamen, habe ich sie oft in 3-stündigen, halbtägigen oder ganztägigen Rundgängen herum geführt. Auch mein verehrter Lehrer (*onshi*) und Spezialist für Architekturdesign, Prof. Take Motoo, ist zu Besuch gekommen. Er sagte: „Als Bruno Taut nach Japan kam, habe ich seine Vorlesungen über die Theorie der Wohnkomplexe an der Waseda Universität und der Kaiserlichen Universität Tokyo gehört." In Japan gab es zu dieser Zeit lediglich tief auslaufende, einstöckige Reihenhäuser mit schmaler Front (*nagaya*). Prof. Take war so beeindruckt, dass er bei seiner Ankunft in Berlin verkündete: „Ich will Bauwerke von Bruno Taut sehen." Er wollte die Siedlung Onkel Toms Hütte sehen. Von Prof. Take hörte ich, dass Bruno Taut viele Bauwerke in Berlin entworfen hatte. Und wenn ich dann etwas Zeit hatte, ging ich spazieren und machte Fotos. Leider hat sich ein Schimmelpilz in die alten Filme gefressen und sie verfärbt. Darum bin

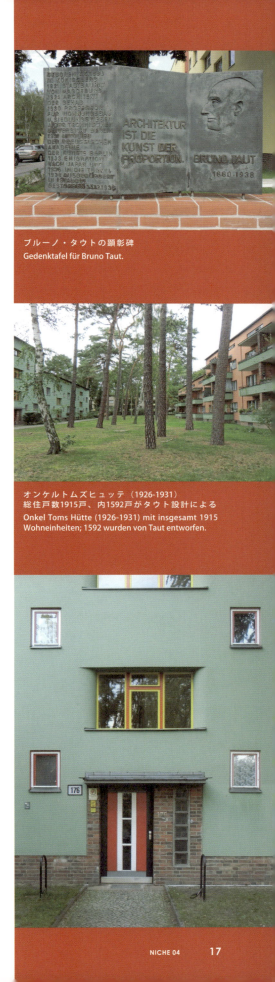

ブルーノ・タウトの顕彰碑
Gedenktafel für Bruno Taut.

オンケルトムズヒュッテ（1926-1931）
総住戸数1915戸、内1592戸がタウト設計による
Onkel Toms Hütte (1926-1931) mit insgesamt 1915 Wohneinheiten; 1592 wurden von Taut entworfen.

撮影を始めたころは、本当に汚い状態が随分多かったのですが、ベルリンの建築家ヴィンフリード・ブレンネ※4さん等のご努力で、タウトの建築物の修復作業が進んで綺麗になっていきました。

廣瀬：田中先生はダーレヴィッツにあったブルーノ・タウトの自邸にはいらっしゃいましたか。

田中：はい。何度も行きました。丸いケーキを四つに切った扇子のような格好をした住宅です。外がチャコールグレーに塗ってあり、中はえんじ色やら青や黄色など原色をつかったカラフルな住宅です。タウトは「少林山はダーレヴィッツである」と日記に書いていますね。それほど、洗心亭での生活を気に入ったのではないかと思います。そしてタウトは洗心亭にいるときに熱海の日向別邸の構想を練っていたわけです。この内装が実はダーレヴィッツの住宅とかなり共通点があるのです。すなわち色がそっくりで、洋間は海老茶、臙脂といったほうがいいか、赤っぽいワインレッドというか表現が難しいのですが、それで塗装されています。それと洋間の段々に腰をかけて相模湾を見渡すという仕掛けが、ダーレヴィッツの住宅にある段々に座って大きなガラス窓を通して森をみるような仕掛けと共通点があります。

廣瀬：ここでそういうのを思い出しながら構想を練っていったわけですね。

田中：そうですね。日向別邸は日本に今残っている唯一の作品で、イスタンブールにいく直前に竣工しました。だから、確かに建築家の仕事が当時できないにしろ、思いをめぐらし、本を書き、たくさんの本をここで読んでいました。驚くことに『徒然草』を読んで、鴨長明の『方丈記』を英訳からドイツ語に訳しました。ドイツ語をよく理解した上野伊三郎※5と、オーストリア人のリチ夫人に丁寧にチェックしてもらったということを書いています。共通しているのは簡素な美しさということでしょうか。以前、ドイツ文化センターのブルーノ・タウトに関する講演会へご住職さんにいらしていただきました。ブルーノ・タウトが岩波書店から『画帖桂離宮』と言う本を出しております。それに「Kunst ist Sinn」、芸術は意味だということと、簡素な美しさがいいのだと記しています。「伊勢神宮にしろ、桂離宮にしろその簡素の美しさの極みであると。一方で、日光の東照宮をキッチュといって嫌ったわけです。そし

ich jetzt dabei, mit einer Digitalkamera alles noch einmal zu fotografieren. Als ich damals mit dem Fotografieren von Tauts Bauwerken begann, befanden sich viele von ihnen in sehr ungepflegtem Zustand, doch dank der Bemühungen des Berliner Architekten Winfried Brenne[4)] kam die Restaurierung von Tauts Bauwerken gut voran und sie sind heute wieder schön anzusehen.

Hirose: Prof. Tanaka, waren Sie auch im Taut Haus in Dahlewitz?

Tanaka: Ja. Sogar mehrmals. Das Wohnhaus hat die Form eines Fächers, der wie ein Viertel aus einem runden Kuchen geschnitten ist. Von außen ist das Haus anthrazitfarben gestrichen, innen in Primärfarben wie karminrot, blau und gelb gehalten. In seinem Tagebuch schreibt Taut ja: „Shôrinzan ist Dahlewitz." So sehr hat ihm das Leben im Pavillon der Reinigung des Herzens gefallen. Während seines Aufenthaltes im Pavillon feilte er auch an seinen Plänen für die Villa Hyûga in Atami. Deren Innengestaltung hat übrigens viele Gemeinsamkeiten mit seinem Haus in Dahlewitz. Es hat dieselben Farben; das europäische Zimmer ist garnelenteefarben (*ebicha*), oder besser karminrot, d.h. in einem schwer zu erklärenden Weinrot gestrichen. Der Aufbau des europäischen Zimmers, in dem man auf der Treppe sitzend über die Sagami-Bucht schauen kann, entspricht der Treppe in Tauts Haus in Dahlewitz, von der man durch ein großes Fenster auf den Wald blickt.

Hirose: Taut hat sich also hier bei seiner Planung in Shôrinzan an diese Dinge erinnert.

Tanaka: Genau. Die Villa Hyûga ist das einzige heute erhaltene Bauwerk von Taut in Japan und wurde kurz vor seiner Abreise nach Istanbul fertiggestellt. Doch auch wenn er damals nicht als Architekt aktiv werden konnte, so dachte er doch über vieles nach, schrieb Bücher und las viel. Überraschenderweise las er das mittelalterliche *Tsurezuregusa* (Betrachtungen aus der Stille) und übersetzte das *Hôjôki* (Aufzeichnungen aus meiner Hütte) von Kamo no Chômei aus dem Englischen ins Deutsche. Er schreibt dazu, dass die Übersetzung von dem im Deutschen bewanderten Ueno Isaburô[5)] und der Österreicherin Felice Lizzi Rix aufmerksam durchgesehen wurde. Beiden Werken ist eine schlichte Ästhetik gemein. Vor einiger Zeit waren Sie ja unser Gast bei einer Vortragsveranstaltung zu Bruno Taut im Goethe-Institut. Bruno Taut hat bei Iwanami das Buch *Gedanken über Katsura* (Gachô Katsura Rikyû) herausgebracht. Darin schreibt er: „Kunst ist Sinn," und dass schlichte Ästhetik zu bevorzugen sei. Ob Ise-Schrein oder Katsura, beide seien der Inbegriff der schlichten Ästhetik. Den Tôshôgu-Schrein in Nikkô dagegen lehnte er als Kitsch ab. Und

て洗心亭で生活できることを非常に喜んでいました。

廣瀬：こういう場所だからこそ、ね、日本的な発想や、日本人の文化の根底にあるものを感じ取っていたところがあるのかなと思いますね。

田中：タウトは非常に鋭い観察眼を持って、ドイツにはない床の間の絵をいくつかの本に発表しています。一枚薄い間仕切りを置いて、床の間の裏側が生活の場の厠であるのは日本の素晴らしいところであると。ブルーノ・タウトは常に平和主義者でした。表と裏を当時の世の中の動きに例えて、今裏側が活動しすぎて戦争に向かっていこうとしていると批判しました。現在ではロシア領になりましたが、タウトの出身地のケーニヒスベルクから出たイマヌエル・カントという哲学者は、永久平和の本を出し「とにかく戦争は絶対にいけない」と説きました。その思想をブルーノ・タウトはずいぶん受け継いで、洗心亭にいる時にもカントの言葉をドイツ語で短冊に書いて色んな方に配りました。それが達磨寺に残っています。「Der bestirnte Himmel über mir, und das moralische Gesetz in mir」「星の輝ける大空は我が上に、道徳的規範は我が内に」といった言葉で、非常に気に入っていたようです。

廣瀬：そうですね。このお寺の本堂では北極星をお祀りしています。北極星を中心にして全ての星が運行している、それが我々の上にある。宇宙信仰といいますか、真理そのものが宇宙にゆきわたっているということを理解していたのかと思います。そして内なる道徳律というの

ダーレヴィッツのブルーノ・タウト旧自邸（1926-1927）平面図
Das ehemalige Taut Haus in Dahlewitz (1926-1927), Grundriss.

❶ガレージ ❶Garage
❷貯蔵室 ❷Speicher
❸洗濯室 ❸Waschküche
❹石炭庫 ❹Kohlelager
❺流し場 ❺Spüle
❻厨房 ❻Küche
❼居間 ❼Wohnzimmer
❽小部屋 ❽Kleines Zimmer

上：四分の一円弧状の東側外観
下：熱海の旧日向邸を思わせる居間
Oben: Blick auf die gewölbte Ostseite des Kreisviertels.
Unten: Das an die Villa Hyūga in Atami erinnernde Wohnzimmer.

er war sehr froh darüber, dass er im Pavillon der Reinigung des Herzens wohnen durfte.

Hirose: Ich denke, es ist diesem Ort zu verdanken, dass er erspüren konnte, was dem Denken und der Kultur der Japaner zugrunde liegt.

Tanaka: Taut hatte ein äußerst scharfes Auge und berichtete in verschiedenen Büchern über die Bilder in der Schmucknische, die es in Deutschland nicht gab. Die Großartigkeit Japans bestünde darin, dass sich, nur durch eine dünne Wand abgetrennt, hinter der Schmucknische die Toilette als Ort des täglichen Lebens befinde. Taut war auch entschiedener Pazifist. Er verglich Vorder- und Rückseite (*omote/ura*) mit der damaligen Welt und kritisierte, dass momentan die Rückseite zu aktiv sei und auf einen Krieg zusteuere. Der ebenfalls aus Tauts Geburtsort, dem heute russischen Königsberg, stammende Philosoph Immanuel Kant argumentierte in seinem Buch *Zum ewigen Frieden*: „Fest steht, Krieg ist inakzeptabel." Bruno Taut übernimmt viel von Kants Denken, und während seines Aufenthaltes im Pavillon der Reinigung des Herzens schreibt er deutsche Zitate von Kant auf Papierstreifen und verteilt sie an alle möglichen Leute. Solche Streifen sind im Daruma-Tempel noch erhalten. „Der bestirnte Himmel über mir, und das moralische Gesetz in mir," diese Worte scheinen im besonders gefallen zu haben.

Hirose: Richtig. In der Haupthalle des Tempels wird der Polarstern verehrt. Alle Sterne bewegen sich um den Polarstern als Zentrum, und das über uns. Wir können es Glaube ans Universum nennen. Ich denke, er hat sehr gut verstanden, dass sich die Wahrheit als solche durchs ganze Universum erstreckt. Im Buddhismus wird das innere, moralische Gesetz Buddha-

は、仏教では仏性といって、それぞれに仏があると。カントの言葉と共通しているという喜びを言葉としてここに残したわけですよね。また、大蟲和尚は洗心亭で掛け軸を時々変えては、「玄風宇宙に弥る」教えの風が宇宙にみなぎるという、日本人でも良く分からない言葉を身振り手振りで解説したらしいですね。大蟲和尚とタウトは言葉は通じなくても、毎日二人で昼食を食べて、大声で笑っていたそうです。「何で笑っているのか不思議だ」と敏子おばさんがよく話していました。敏子は女学校を出ているのである程度は英語が出来たらしいです。

田中：現在でいう高崎女子高等学校ですね。進学校の有名女子高で、実は私の大学にもずいぶん卒業生が入学してまいります。洗心亭から見る空は非常に晴れて、いつも明るいとのことですから、おそらく星も良く見えたのだと思いますね。

廣瀬：そうですね、このあたりは空っ風が吹いて冬場は乾燥し、雨と雪が少ないです。日照時間は非常に長いところです。タウトは喘息気味なので、晩御飯はエリカがお手伝いさんと二人で外で火を起こして、いろいろ煮焚きしたらしいですね。

田中：タウトは最初に台所を見てずいぶん驚いたようですね。日記などもタウトの口述をエリカがここで書いたのですね。ブルーノ・タウトはこの机を非常に気に入って、熱海の旧日向別邸でも同じものを使っています。ブルーノ・タウトは1936年にここを去るわけですけれども、実はベルリンオリンピックがあった年です。日本では1940年にオリンピック開催が決まっていました。ブルーノ・タウトは他人の言葉を使ってはいますが「愚民化する」と批判しています。ヴェルナー・マルヒがベルリンに建てた競技場はナチス建築と呼ばれました。聖火リレーと称してランナーに近隣の国を走らせて地理を調査して戦争に使ったこともありました。日本が戦争に向かっていくことを嘆き、ここから浅間山が爆発したのを見て「地球が怒っている」と言っていました。

廣瀬：タウトには日本への憧れというのがドイツ時代からあったのでしょうか。

田中：そのようですね。彼が青春時代を過ごしたコリーンと言う芸術家が集まった土地がベルリンの郊外50キロほど北にあります。そこの娘たち、実はドイツにおいてきた正妻ヘドヴィックとその姉

Natur (*busshô*) genannt und besagt, dass in jedem Menschen ein Buddha steckt. Taut hinterließ hier auf dem Papier seine Freude über die Parallele zu Kants Worten. Beim Wechseln des Rollbildes in der Schmucknische des Pavillons versuchte der Ehrwürdige Daichû auch den Ausdruck „der Wind der Lehre durchdringt das Universum" (*genpû uchû ni wataru*), den selbst Japaner kaum verstehen, mit Händen und Füßen zu erklären. Obwohl der Ehrwürdige Daichû und Taut einander mit Worten nicht verstanden, aßen sie täglich gemeinsam zu Mittag und brachen oft in lautes Gelächter aus. „Ich wüßte zu gern, worüber sie lachen," sagte Toshiko immer wieder. Da Toshiko eine Frauenschule absolviert hatte, konnte sie einigermaßen Englisch.

Tanaka: Die heutige Takasaki Mädchenoberschule, nicht wahr? Das ist eine berühmte Mädchenoberschule, die auf die Universität vorbereitet und von der auch viele Absolventinnen an meine Universität kommen. Der Himmel über dem Pavillon ist extrem wolkenlos und eigentlich immer klar, so dass er die Sterne vermutlich sehr gut sehen konnte.

Hirose: Das stimmt. In dieser Gegend weht ein trockener Wind und die Winter sind sehr niederschlagsarm, Regen und Schnee fallen nur selten. Dazu ist die tägliche Sonnenscheindauer sehr lang. Da Taut zu Asthma neigte, machten Erica und zwei Haushilfen immer draußen Feuer für das Abendessen und kochten dort.

Tanaka: Als Taut die Küche zum ersten Mal sah, war er offensichtlich sehr überrascht. Erica hat diese täglichen Ereignisse und Tauts Äußerungen schriftlich festgehalten. Bruno Taut mochte diesen Tisch hier besonders gern und verwendete das gleiche Modell auch in der ehemaligen Villa Hyûga in Atami. Er geht 1936, zum Zeitpunkt der Olympischen Spiele in Berlin, von hier fort. Damals stand schon fest, dass die Olympischen Spiele 1940 in Japan stattfinden würden. Mit den Worten eines Anderen kritisierte Bruno Taut die „Verdummung des Volkes", deren Einfluß sich verschiedentlich zeigte. So wurde das von Werner March gebaute Olympiastadion in Berlin „Nazi-Architektur" genannt. Unter dem Vorwand des olympisches Fackellaufs erkundeten Läufer die geografischen Gegebenheiten der Nachbarländer – die Daten wurden dann im Krieg verwendet – und die Spiele wurden mit dem Hitlergruß eröffnet. Taut beklagte, dass Japan sich auf einen Krieg zu bewegte und als er dann den Asama-Vulkan ausbrechen sah, sagte er: „Die Erde zürnt."

Hirose: Begeisterte Taut sich eigentlich schon in Deutschland für Japan?

Tanaka: In der Tat. Chorin, in dem er seine Jugend verbrachte und das damals

妹達を思い出したことも日記に書いてあります。コリーンでタウトはヘドヴィックと結婚しました。そこに今で言う農林省から派遣された北村という技師がいて、造林技術を勉強していたらしいのです。その人から浮世絵を勉強したり、日本文化を紹介されたりして日本に憧れるようになったと書いています。また、日本には、タウトにとって有能な秘書のようなエリカという伴侶を連れてきました。日記でも何でも夫人と書いてありますけれども、籍は入っていない伴侶で、タウトとの間にクラリッサと言う娘がいました。パウル・シェーアバルトという幻想的な詩人で、「ガラス建築」をタウトに示唆した人に憧れているがために、ブルーノ・タウトは自分の娘にもその小説の主人公の名前をつけました。クラリッサはもう亡くなりましたが、スザンネ・キーファ・タウトという娘さんがまだ居られるのです。何回か訪ねて行った折に「ぜひお祖母さんとお祖父さんが住んだ洗心亭と、遺作である日向別邸に行きたい」と言うので、何回もいらっしゃいと言ったのですが、病気になったりして今日に至っています。もう、80歳ぐらいだと思います。一度、ここの小さい達磨をお持ちしたことがありまして、意味を説明するのが非常に難しかったですね。大蟲和尚は、火災があって荒れていたこのお寺を再興に来られた方ですね。本当は別のお寺の住職になるはずだったのですが、そこには跡継ぎが出来たのでこちらに来て、現在のような立派なお寺にする礎を築きました。その時にやはり達磨を売ったそうなのです。それに対し

viele Künstler anzog, befindet sich ca. 50 km nördlich von Berlin. Im Tagebuch schreibt er von seinen Erinnerungen an die Mädchen dort, d.h. seine gesetzliche Ehefrau Hedwig, die er in Deutschland gelassen hatte, und ihre Schwestern. In Chorin heiratete Taut Hedwig. Dort weilte auch ein Ingenieur namens Kitamura, der vom Ministerium für Forst- und Landwirtschaft entsandt worden war und Aufforstungstechnologie studierte. Taut schreibt, dass er von ihm in die Kunst der Ukiyo-e (Holzschnitte, wörtlich „Bilder der fließenden Welt") und in japanische Kultur eingeführt wurde und Japan zu bewundern begann. Nach Japan bringt er als fähige Sekretärin seine Lebensgefährtin Erica mit. Im Tagebuch nennt er sie zwar wiederholt seine Frau, doch die beiden waren nicht rechtskräftig miteinander verheiratet; mit ihr hatte er eine Tochter, Clarissa. Da Taut auch den visionären Dichter Paul Scheerbart, der ihn zur „Glasarchitektur" inspirierte, bewunderte, gab er seiner Tochter den Namen einer Heldin aus dessen Roman. Clarissa ist bereits verstorben, aber ihre Tochter Susanne Kiefer-Taut lebt noch. Da sie bei jedem meiner Besuche sagte: „Ich möchte unbedingt den Pavillon der Reinigung des Herzens sehen, in dem Oma und Opa gewohnt haben, und sein hinterlassenes Werk, die Villa Hyûga," antwortete ich: „So oft Sie wollen!" Doch dann wurde sie krank und es wurde nichts daraus. Sie muss jetzt schon um die 80 sein. Einmal habe ich ihr einen kleinen Daruma mitgebracht; es war ungemein schwierig die Bedeutung der Figur zu erklären. Der Ehrwürdige Daichû war damals zum Wiederaufbau des durch ein Feuer verwüsteten Tempels hierher gekommen. Eigentlich sollte er in einem anderen Tempel Hauptpriester werden. Doch da sich dort doch noch ein Nachfolger fand, kam er hierher und legte den Grundstein für

トルコの自邸にて娘クラリッサとブルーノ・タウト
Bruno Taut mit seiner Tochter Clarissa in ihrem Haus in der Türkei

旧日向別邸（1935）平面図
Die Villa Hyûga (1935), Grundriss.

① 便所 / ① Toilette
② 洗面所 / ② Badezimmer
③ 広間 / ③ Wohnzimmer
④ 倉庫 / ④ Speicher
⑤ アルコーブ / ⑤ Alkoven
⑥ 社交室 / ⑥ Gesellschaftszimmer
⑦ 洋間 / ⑦ Europäisches Zimmer
⑧ 上段 / ⑧ Obere Ebene des Zimmers
⑨ 日本間12畳 / ⑨ Japanisches 12-Matten-Zimmer
⑩ 上段 / ⑩ Obere Ebene des Zimmers
⑪ 日本間 5畳半 / ⑪ Japanisches 5,5-Matten-Zimmer
⑫ 洗面所 / ⑫ Badezimmer
⑬ ベランダ / ⑬ Veranda

洋間から上段を望む。色彩や段を用いてることなどがタウトが自ら設計し日本へ脱出するまで住んでいたダーレヴィッツの旧自邸と酷似している。

Blick vom europäischen Zimmer auf die obere Stufe. Die Verwendung der Farben und Treppenstufen ist dem von Taut selbst entworfenen Taut Haus, in dem er bis zu seiner Flucht nach Japan wohnte, auffallend ähnlich.

てやっぱりブルーノ・タウトはちょっと批判的でした。

廣瀬：お守りとかお札を売らなくてはいけないのは、本来の形じゃないと。

田中：ブルーノ・タウトはプロテスタントの家に生まれて、二つほど有名なプロテスタントの教会を改修しました。カトリックだったものをプロテスタントに改修して、内装工事などをしたわけです。カトリックは実は護摩などを売っており、それを宗教改革者のマルチン・ルターが批判したわけです。ドイツでは教会税があり、教会が特に商売をしなくてもお金が入ってきます。日本ではそういう仕組みが無いので、お寺は自活する方法を考えなくてはなりません。タウトは大蟲和尚について「ふんどし一本で子どもたちの散髪をしているのが非常に素晴らしい」ということも日記に書いていました。

廣瀬：人間的な面を見たわけでしょうね。多分その10歳くらいの子どもは私の父親です。人の家の子の散髪はしないでしょうから。

田中：タウトは常にルポライターだったような感じを受けますね。ブルーノ・タウトが憧れた日本人は鴨長明にしろ、松尾芭蕉にしろ、旅行しながら書いていたところで共通点があるのではないでしょうか。

廣瀬：あまり西には行ってないですね。

田中：下関から出国していますが、実際に見聞したのは大阪までが限界ですね。それから向こうには行ってないですよね。この間、工学院大学へバウハウスの学芸員であるトルステン・ブルーメ※6さんが来られて講演されました。ブルーメさんがいろいろ調べてみると、日本では工作連盟と呼んでいるヴェルクブントという団体でブルーノ・タウトが先に会員になっていて、ヴァルター・グロピウスもそこの会員になって、おそらくそこで切磋琢磨したアイデアがバウハウスとなって生まれたのではないかと講演されていました。ブルーノ・タウトが活躍した時代と、バウハウスが活躍した時代は時期的に一致しています。しかし、ブルーノ・タウトがバウハウスで講義したことはありません。おそらくグロピウスからいうと、タウトはあまりにも偉い人でバウハウスが掻きまわされてしまうのではないかと考えたわけです。実はバウハウスは工芸が得意でした。けれども、ブルーノ・タウトはドイツにいる間は建

den heutigen, herrlichen Tempel. Und zu diesem Zwecke verkaufte er Daruma-Figuren. Das sah Bruno Taut eher kritisch.

Hirose: Eigentlich sollte es nicht notwendig sein, Talismane und Glückbringer zu verkaufen...

Tanaka: Bruno Taut stammt aus einer protestantischen Familie und bewerkstelligte auch die Umbauarbeiten an zwei berühmten protestantischen Kirchen. Er wandelte ehemals katholische Kirchen in protestantische um und führte Renovierungsarbeiten des Innenraums durch. Die Katholischen Kirche verkaufte ja Ablassbriefe und dergleichen und der Reformator Martin Luther kritisierte dies. In Deutschland gibt es die Kirchensteuer, so dass Kirchen auch ohne eigenes Gewerbe über ein Einkommen verfügen. Da es in Japan ein solches System nicht gibt, müssen die Tempel selbst einen Weg finden, für ihren Unterhalt zu sorgen. Taut schreibt in seinem Tagebuch über den Ehrwürdigen Daichû: „Er schert den Jungens den Kopf, der Junge kniet und der Vater ist ganz nackt, bis auf einen Schurz."

Hirose: Er sah seine menschliche Seite, denke ich. Wahrscheinlich ist das ungefähr zehnjährige Kind mein Vater gewesen. Kindern aus anderen Familien wird er wohl kaum die Haare geschnitten haben.

Tanaka: Mir scheint, dass Taut immer auch als Reiseberichterstatter agierte. Darin hatte er etwas mit den von ihm verehrten Japanern wie Kamo no Chômei oder Matsuo Bashô gemein, die während ihrer Reisen schrieben.

Hirose: Aber weit in den Westen ist er nicht gereist.

Tanaka: Er hat das Land zwar von Shimonoseki aus verlassen, doch richtig erkundet hat er es höchstens bis Osaka. Weiter westlich ist er nicht gekommen. Vor einiger Zeit kam Torsten Blume[6], Kurartor des Bauhaues, für einen Vortrag an die Kogakuin Universität. Blume berichtete über seine Nachforschungen, denen zufolge Bruno Taut noch vor Walter Gropius Mitglied im Werkbund wurde, und äußerte seine Vermutung, dass die dort fleißig erarbeiteten Ideen das Bauhaus hervorgebracht haben. Die Zeit, in der Bruno Taut aktiv war, überschneidet sich mit den Aktivitäten des Bauhauses. Dennoch hat Bruno Taut nie im Bauhaus gelehrt. Aus der Perspektive von Gropius könnte man sagen, dass er Sorge hatte, das Bauhaus könnte durch den gar zu berühmten Taut durcheinander gewirbelt werden. Die Spezialisierung des Bauhauses lag ja im Kunsthandwerk. Während seiner Zeit in Deutschland war Bruno Taut mit Bauaufträgen so beschäftigt, dass er gar nicht zum Kunsthandwerk gekommen sein sollte. Erst als er hier nach Takasaki kam, unterrichtete er Kunsthandwerk.

築の仕事が忙しくて、工芸はやっていなかったはずです。そしてこちら高崎に来て工芸を教えました。井上房一郎さんに資金を出してもらい、ここ高崎に日本のバウハウスを作るといった構想もかなり出来ていたみたいです。

廣瀬：そうですね。建築工芸学校を作ろうとして、縁も作ろうとしたのでしょうね。

田中：結局、資金的に成り立たないとして計画がだめになり、ブルーノ・タウトは非常に落胆します。ですからタウトはグロピウスの上を行く建築家だったと見ていいのではないでしょうか。世界の四大建築家と言うと、ル・コルビュジエとフランク・ロイド・ライト、そしてバウハウスの初代校長のグロピウスと、最後の校長のミース・ファン・デル・ローエです。バウハウスでは、有名画家のパウル・クレーやカンディンスキー、そのほかヨハネス・イッテンという画家でもあり美術教育者が教えていました。「絵を描くのは才能ではなくて教育すればある程度まで行く」というのがイッテンの考えだったようです。そんな背景が影響しあったところで、タウトが来日しました。大蟲和尚に迎えられて、気に入って100日の予定が二年二ヶ月滞在しました。一方で政治に翻弄されたということもあるでしょうね。二・二六事件が起きて、余り新聞で報道されないことを心配して、「日本はどちらへ向かっていくのであろう。やはり日本を出なくてはいかん」という気持ちが段々高まってきたのでしょう。1936年10月8日に辞去して、1936年10月15日にイスタンブールに向かって旅立ちます。

日本間上段番頭台脇のライティングデスク
Schreibtisch in der seitlich abgeteilten Hausverwaltertheke auf der oberen Ebene des japanischen Zimmers.

Er hatte bereits weit vorangeschrittene Pläne für den Aufbau eines japanischen Bauhauses in Takasaki, für das er Kapital von Inoue Fusa'ichirô erbeten hatte.

Hirose: So ist es. Er versuchte eine Schule für Architektur und Kunsthandwerk aufzubauen und persönliche Verbindungen zu knüpfen.

Tanaka: Als der Plan letztendlich aus Mangel an Kapital scheiterte, war Bruno Taut am Boden zerstört. Darum können wir in Taut in der Tat einen Architekten sehen, der Gropius noch übertraf. Le Corbusier, Frank Lloyd Wright, der erste Direktor des Bauhauses, Gropius, und Mies van der Rohe, dessen letzter Direktor, sind vier bedeutende Architekten der Welt. Im Bauhaus waren berühmte Maler wie Paul Klee und Kandinsky, aber auch der Maler und Kunstpädagoge Johannes Itten aktiv. Itten war der Ansicht, dass die Malerei nicht allein von der Begabung abhängt, sondern zu einem bestimmten Maße durch Ausbildung vorangebracht werden kann. Taut kam zu einer Zeit nach Japan, als sich diese verschiedenen Akteure in Wechselwirkung befanden. Hier wurde er vom Ehrwürdigen Daichû willkommen geheissen und ins Herz geschlossen, so dass aus den geplanten hundert Tagen ein Aufenthalt von zwei Jahren und zwei Monaten wurde. Andererseits wurde er Spielball der Politik. Als der Putschversuch vom 26. Februar 1936 in den Medien kaum Beachtung findet, verstärkt sich seine Sorge darüber, wohin sich Japan nun eigentlich bewege und dass er wohl doch das Land verlassen müsse. Am 8. Oktober 1936 nimmt er Abschied und bricht am 15. Oktober nach Istanbul auf.

Hirose: Nach dem Putschversuch vom 26. Februar schrieb er vorübergehend nichts in sein Tagebuch. Mag sein, dass er zu geschockt war. Als Taut am 8. Oktober von hier abreiste, wartete gleich vor dieser Treppe hier unten

エリカがタウトの文書を清書した、洗心亭の折り畳みのライティングデスク
Hochklappbarer Schreibtisch (Sekretär) aus dem Pavillon der Reinigung des Herzens, an dem Erica Tauts Texte Korrektur zu lesen pflegte.

廣瀬：日記も二・二六事件の頃から一時は書かれていません。それだけショックだったのかもしれないですね。タウトが10月8日に旅立つとき、すぐこの階段の下まで迎えの車が来たそうです。しかしそこで乗らないで、わざわざ橋を渡って、たくさんの人が見送りしてくださる藤塚の街まで歩いて行ったのですね。村人たちが総出で「タウトさんバンザイ！エリカさんバンザイ！」とやったら、タウトが今度は「八幡村バンザイ！少林山バンザイ！」と言い、それでみんな感激して、拍手もして、わっと盛り上がったそうです。この近くで災害や洪水があると、タウトはそんなに裕福ではないのに、ドイツから持ってきたお金を切り崩して、お見舞いとして被害にあった全戸にブリキのバケツを配りました。「残った物は特に貧しい人に差し上げて」と地元に預けたということです。普段のお付き合いがあったからこそのお見送りなのでしょうね。

田中：やがてブルーノ・タウトが下関から関釜連絡船に乗って朝鮮を渡ってイスタンブールへ行く時も、敏子様は横浜まで泣きながら送っていったということが日記に書いてございますね。タウトはイスタンブールに行き二年ぐらいで過労のために亡くなります。ブルーノ・タウトが若くして亡くなってしまって非常に残念です。タウトの死後にエリカが途中で拘束されたりしながら、全ての遺品とデスマスクを日本に持って帰ってきて少林山に収めました。そのおかげで篠田英雄先生が日記を翻訳されて、その他の本もかなり日本で出版されるようになりました。エリカの貢献はすごいですね。

廣瀬：エリカは高崎では水原徳原先生のところにお邪魔して生活していたようです。そして一度は敏子の嫁ぎ先の桐生まで行ったということです。

田中：後に敏子様のお嬢様が建築家になられたということは、やはり間接的にブルーノ・タウトの影響があったのではないでしょうか。

廣瀬：今は桐生でご主人と一緒に建築をされています。

田中：今日、ブルーノ・タウトとエリカが二年ほど住んでいた洗心亭で、住職と対談させて頂けるなんて本当に光栄でございました。

ein Wagen auf ihn. Doch er stieg nicht ein, sondern ging zu Fuß über die Brücke und weiter bis in den Ortsteil Fujizuka, wo viele Menschen zu seiner Verabschiedung aus den Häusern gekommen waren. Die Dorfbewohner riefen: „Taut Banzai! Erica Banzai!" (Lang lebe Taut! Lang lebe Erica!) und Taut antwortete: „Lang lebe das Dorf Yawata! Lang lebe Shôrinzan!" Davon waren die Dorfbewohner so beeindruckt, dass sie begeistert klatschten. Wann immer es in der Nähe ein Feuer oder ein Hochwasser gegeben hatte, hatte Taut, der selbst nicht gerade reich war, von seinem aus Deutschland mitgebrachten Geld Blecheimer besorgt, die er dann als Zeichen seiner Anteilnahme an betroffene Familien verteilte. Mit den Worten: „Gebt die, die übrig sind, den besonders Armen!" übergab er sie an die Gemeinschaft vor Ort. Es war wegen dieser alltäglichen Begegnungen mit den Menschen, dass sie ihn so herzlich verabschiedeten.

Tanaka: Im Tagebuch steht auch, dass Toshiko ihn weinend bis Yokohama brachte, bevor Bruno Taut in Shimonoseki eine Fähre nach Busan bestieg und über Korea nach Istanbul reiste. In Istanbul angekommen, verstirbt er nach zwei Jahren an Erschöpfung. Es ist sehr bedauerlich, dass Bruno Taut so jung verstarb. Wie Erica ihm unterwegs versprochen hatte, brachte sie nach seinem Tod alle seine Hinterlassenschaften und seine Totenmaske nach Japan zurück und übergab sie dem Shôrinzan-Tempel. Dank ihrer Bemühungen hat Prof. Shinoda Tauts Tagebücher übersetzt und es konnten viele weitere Bücher von ihm in Japan publiziert werden. Ericas Beitrag ist wirklich beeindruckend!

Hirose: In Takasaki kam Erica bei Prof. Mihara Tokugen unter und lebte eine Weile dort. Und einmal hat sie sich auch bis nach Kiryû aufgemacht, wo Toshiko arbeitete.

Tanaka: Dass Toshiko später einen Architekten heiratete, lässt sich sicher indirekt auf den Einfluss von Bruno Taut zurückführen.

Hirose: Heute ist sie gemeinsam mit ihrem Mann in Kiryû als Architektin tätig.

Tanaka: Es war mir wirkliche eine große Ehre, mit Ihnen hier im Pavillon der Reinigung des Herzens plaudern zu dürfen, in dem Bruno Taut über zwei Jahre gewohnt hat!

※１　井上房一郎（1898-1993）群馬県出身の実業家。高崎観音、群馬音楽センター、高崎哲学堂を建設した。タウトやレーモンドを支援した。
※２　水原徳言（1911-2009）タウトの唯一の弟子。井上工芸研究所にてタウト工芸作品のために働いた。タウトの死後はタウトの言説を近くで知る者として展覧会や書籍に言葉を寄せている。
※３　テオドール・フィッシャー（1862-1938）ドイツ工作連盟の初代会長を務めた建築家。代表作にミュンヘンの公共住宅、イエナ大学本館、シュトゥットガルト美術館。
※４　ヴィンフリード・ブレンネ（Winfried Brenne）建築家。ベルリンにあるタウト建築の色彩の修復、ユネスコ世界遺産文化遺産登録に尽力した。
※５　上野伊三郎（1892-1972）「日本インターナショナル建築会」の会長。タウト来日時に入国ビザを手配し、タウトを全面的に支援した。
※６　トルステン・ブルーメ（Torsten Blume）バウハウスのキュレーターであり研究員。タウトが提唱する「都市のクリスタリゼーション」がバウハウスに影響を与えたことを講演した。

1) Inoue Fusa'ichirô (1898-1993), aus der Präfektur Gunma stammender Architekt. Bauwerke: die Kannon von Takasaki, das Gunma Musik-Zentrum, die Philosophie-Halle von Takasaki (ehemalige Villa Inoue). Er unterstützte Taut und Raymond.
2) Mihara Tokugen (1911-2009), Tauts einziger Schüler. Er assistierte in Inoues Forschungsinstitut für Kunsthandwerk bei Tauts kunsthandwerklichen Arbeiten. Nach Tauts Tod trägt er als naher Zeitzeuge zu Ausstellungen und Publikationen bei.
3) Theodor Fischer (1862-1938), Architekt und 1. Vorsitzender des Werkbundes. Bedeutende Bauwerke: Gemeinschaftswohnbauten in München, Hauptgebäude der Friedrich-Schiller-Universität Jena, Kunstgebäude am Schlossplatz in Stuttgart.
4) Winfried Brenne. Architekt, der sich intensiv für die farbliche Restauration der Bauwerke Tauts in Berlin und ihre Eintragung ins Unesco Weltkulturerbe eingesetzt hat.
5) Ueno Isaburô (1892-1972). Vorsitzender der Internationalen Vereinigung für Architektur in Japan. Er besorgte Taut das Einreisevisum für seinen Japanaufenthalt und unterstützte ihn, wo er nur konnte.
6) Torsten Blume ist wissenschaftlicher Mitarbeiter und Kurator des Bauhauses und sprach über den Einfluss von Tauts „Kristallisation der Stadt" auf das Bauhaus.

参考文献
田中辰明、庄子晃子『ブルーノ・タウトの工芸―ニッポンに遺したデザイン』LIXIL 出版、2014 年
田中辰明『ブルーノ・タウトと建築・芸術・社会』東海大学出版会、2014 年
田中辰明、柚本玲『建築家ブルーノ・タウト―人とその時代、建築、工芸―』オーム社、2010 年
広瀬正史『―寺報― 福 FUKU 第 31 号』少林山達磨寺、1995 年
ブルーノ・タウト『日本の家屋と生活』篠田英雄訳、岩波書店、1966 年

Literaturhinweise
Tanaka Tatsuaki, Shôji Teruko, *Burûno Tauto no kôgei: Nippon ni nokoshita dezain* (Bruno Taut und das Kunsthandwerk: In Japan hinterlassenes Design), LIXIL Shuppan, 2014.
Tanaka Tatsuaki, *Burûno Tauto to kenchiku, geijutsu, shakai* (Bruno Taut zu Architektur, Kunst und Gesellschaft), Tôkai Daigaku Shuppankai, 2014.
Tanaka Tatsuaki, Yumoto Rei, *Kenchikuka Burûno Tauto: Hito to sono jidai, kenchiku, kôgei* (Der Architekt Bruno Taut: Seine Persönlichkeit und seine Zeit, Architektur und Kunsthandwerk), Ohmsha, 2010.
Hirose Seishi, *Jihô Fuku* (Tempelnachrichten Glück) Nr. 31, Shôrinzan Daruma-ji, 1995.
Bruno Taut, *Nihon no kaya to seikatsu* (Das japanische Haus und sein Leben), übersetzt von Shinoda Hideo, Iwanami Shoten, 1966.

少林山建築工芸学校
1934年、大講堂には建築を志す学生たちが何人も居住して、タウトの指導に従って製図作業をする設計室と化していた。タウトは学生たちが薄暗い堂内で採光に苦労している事を考え、桂離宮・古書院の採光を参考にし、壁面を欄間にするなどの大講堂の改造設計図を書き残した。
この改造計画は後に修正箇所はあったものの採光などの点はそのまま採用され1960年に改修された。1934年12月には少林山建築工芸学校の構想案がまとまるが残念ながら実現できなかった。

Die Shôrinzan Schule für Architektur und Kunsthandwerk
1934 wohnten mehrere Studenten, die sich für Architektur begeisterten, in der großen Halle und verwandelten diese in ein Planungsbüro, in dem sie unter Tauts Anleitung Entwürfe anfertigten. Taut, der die Studenten in der halbdunklen Halle um Licht ringen sah, hinterließ einen Umbauentwurf für die große Halle, in welchem er nach dem Vorbild der Lichtgewinnung im Koshoin von Katsura Wände durch Raumteiler aus Holzgittern ersetzte. Mit einigen Änderungen, in Bezug auf die Lichtgewinnung jedoch dem Original entsprechend, wurde dieser Entwurf beim Umbau 1960 zugrunde gelegt. Im Dezember 1934 vollendete Taut einen Planungsentwurf für die Shôrinzan Schule für Architektur und Kunsthandwerk, der jedoch leider nicht realisiert werden konnte.

1976年３月28日、トルコ・イスタンブールのタウトの墓を訪ねた水原徳言
Mihara Tokugen am 28. März 1976 an Tauts Grab in Istanbul (Türkei)

日本に届けられた石膏製のデスマスク
Die nach Japan gebrachte Totenmaske aus Gips

タウトの改造計画に基づいて改修された当時の大講堂（1960）
Die nach Tauts Entwurf umgebaute große Halle des Tempels (1960).

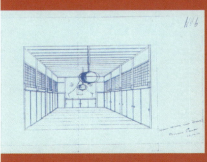
タウトの改造計画設計図の大講堂の内観透視図
Perspektivische Zeichnung des Innenraums der großen Halle aus Tauts Umbauentwurf.

ブルーノ・タウト と少林山達磨寺

Bruno Taut und der Shôrinzan Daruma-Tempel

(『タウトの思惟の道』少林山達磨寺しおりより)　　(aus der Broschüre *Tauto no shii no michi* (Tauts Gedankenpfade))

1 石段 Steintreppe

本堂に続く表参道の大石段。タウトはこの石段を往復し、群馬県工業試験場高崎分場や川向うまで散歩に出かけた。

Die große Steintreppe führt zur Haupthalle. Wenn Taut sich zur Ortsfiliale Takasaki des Kôgei-Shikenjo der Präfektur Gunma oder zu Spaziergängen an der gegenüberliegenden Seite des Flusses auf den Weg machte, dann ging und kam er über diese Steintreppe.

3 放生池 Fischteich

タウトはこの池の鯉を良く眺めていた。

ABCDEFGHIJKLMNOPQRSTUVWXYZABC
DEFGHIJKLMNOPQRSTUVWXYZABCDEF
GHIJKLMNOPQRSTUVWXYZABCDEFGHIJ
KLMNOPQRSTUVWXYZABCDEFGHIJKLM
NOPQRSTUVWXYZABCDEFGHIJKLMNOP
QRSTUVWXYZABCDEFGHIJKLMNOPQRS
TUVWXYZABCDEFGHIJKLMNOPQRSTUV
WXYZABCDEFGHIJKLMNOPQRSTUVWXY
ZABCDEFGHIJKLMNOPQRSTUVWXYZ

5 洗心亭 Pavillon der Reinigung des Herzens (*Senshintei*)

タウトは若い頃から日本に憧れ、鴨長明の『方丈記』を読み、芭蕉の草案をしのび、狭いながらも自然に恵まれたこの洗心亭の生活を楽しんだ。

Taut interessierte sich seit seiner Jugend für Japan, las das *Hôjôki* (Aufzeichnungen aus meiner Hütte) von Kamo no Chômei, dachte an Bashos strohgedeckte Hütte (sôan) und erfreute sich am wenngleich etwas beengten, so doch reichlich mit Natur gesegneten Leben im Pavillon.

7 観音堂 Kannon-Halle

タウトは少林山で一番古いこの観音堂が好きだった。よく彫刻のある柱をさすっていたという。

Die Kannon-Halle ist das älteste Gebäude in Shôrinzan; Taut mochte sie besonders. Er strich gern mit der Hand über die mit Schnitzereien versehenen Pfosten.

2 鐘楼 Glockenturm

タウトは鐘楼から聞こえる梵鐘の音を「少林山の聲」と表現し、画帳に描いた。

Taut nannte den Ton der vom Glockenturm erklingenden Tempelglocke „Shôrinzans Stimme" und beschrieb ihn in seinem Notizheft.

4 講堂 Tempelhalle

1934年9月9日当時の住職・大蟲和尚の発案で、タウトとエリカを慰めようと、八幡小学校高学年の女生徒による歓迎会が行われた。

Hier wurde am 9. September 1934 auf Initiative des damaligen Hauptpriesters, des Ehrwürdigen Daichû, durch Schülerinnen der oberen Jahrgänge der Yawata-Grundschule eine Begrüßungsfeier abgehalten, die Taut und Erica trösten sollte.

6 百庚申 Hyakkôshin

タウトは庚申塔を懺悔の記念碑と理解していた。

Taut verstand die Pagoden des taoistischen Kôshin-Glaubens als Gedenksteine der Buße.

8 霊符堂 Halle der Talismane (*Reifudô*)

タウトは敬愛するカントを通じて東西文化の同一性を少林山に見出した。

Über seinen geliebten Kant fand Taut in Shôrinzan Gemeinsamkeiten östlicher und westlicher Kultur.

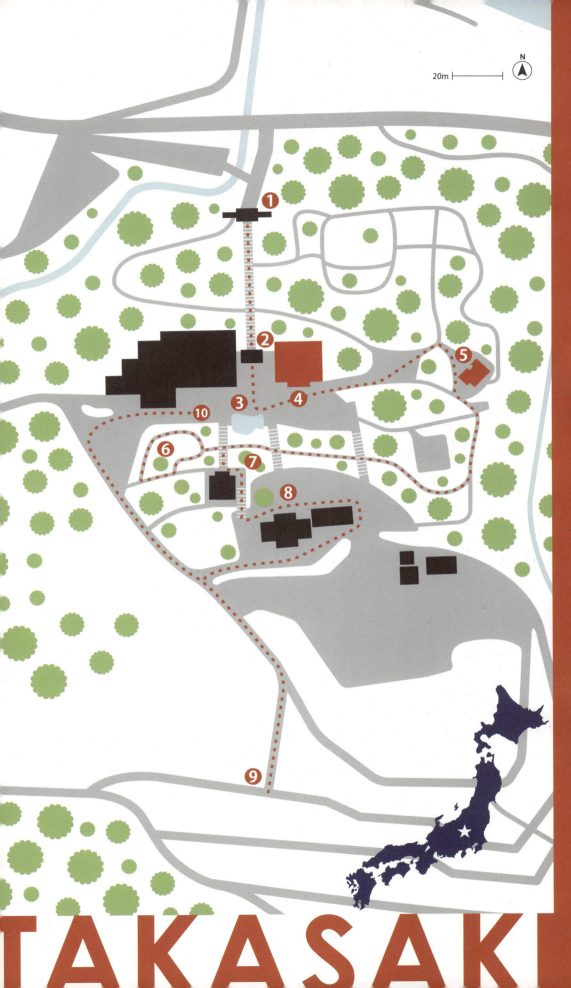

「タウト思惟の径」の案内板は、少林山の境内10か所にある。当時の写真からタウトが散策し物思いに耽っていた場所を選び、2003年にブルーノ・タウトの会が案内板を設置した。

Auf dem Gelände von Shōrinzan gibt es zehn Informationstafeln mit dem Titel „Der Durchmesser von Tauts Denken". Der Bruno-Taut-Verein wählte dazu anhand von historischen Fotos Orte aus, an denen Taut spazierte und seinen Gedanken freien Lauf ließ. Die Tafeln wurden 2003 aufgestellt.

9 浅間山遠望
Aussicht auf den Asama-Berg

タウトはここに立って、西の方角に見える浅間山の噴火を見ながら、遥か西方の故郷ドイツや日本の軍国化を嘆いていた。

Hier stand Taut und beobachtete den Ausbruch des Asama im äußersten Westen. Dabei beklagte er die Militarisierung in Japan sowie in seiner noch weiter im Westen liegenden Heimat Deutschland.

10 瑞雲閣
Pavillon der glücksverheißenden Wolken (*Zuiunkaku*)

1936年10月8日、タウトが少林山を去る時、八幡村の皆から「タウトさん萬歳！エリカさん萬歳！」と萬歳で送られて、タウトは「八幡村萬歳！少林山萬歳！」と返した。

Als Taut Shōrinzan am 8. Oktober 1936 verließ, wurde er hier von den Bewohnern Yawatas mit „Taut Banzai! Erica Banzai!" (Lang lebe Taut! Lang lebe Erica!) verabschiedet. Taut antwortete seinerseits: „Lang lebe das Dorf Yawata! Lang lebe Shōrinzan!"

TAKASAKI

少林山達磨寺
洗心亭

**Der Pavillon der Reinigung des Herzens
des Shôrinzan Daruma-Tempels**

洗心亭は、少林山達磨寺境内の東隅にあって、六畳・四畳半二間のこぢんまりとした木造平屋の建物である。もともとこの建物は、大正時代に碓氷郡八幡村の産業組合の指導のために来村した、東京帝国大学教授の佐藤寛治博士の別荘として建てられたものであるが、世界的な建築家であり工芸家であるブルーノ・タウト氏が、日本に滞在した期間の大部分を過ごした場所として群馬県指定史跡となった。(群馬県教育委員会、高崎市教育委員会による洗心亭の案内板より)

Der Pavillon der Reinigung des Herzens befindet sich in der östlichen Ecke des Geländes des Shôrinzan Daruma-Tempels; er ist ein kleines, aber feines, einstöckiges Holzhaus mit zwei Zimmern (ein 6-Matten-Zimmer und ein 4,5-Matten-Zimmer). Ursprünglich war es in der Taishô-Zeit für Dr. Satô Kanji, Professor der Kaiserlichen Universität Tokyo, der zur Leitung der Produktionsgenossenschaft von Usui-gun, Yawata-mura das Dorf besuchte, war, als Sommerhaus gebaut worden. Als Ort, an dem der international anerkannte Architekt und Künstler Bruno Taut die meiste Zeit seines Aufenthalts in Japan verbrachte, wurde der Pavillon von der Präfektur Gunma als historische Stätte designiert. (Siehe Informationstafel zum Pavillon der Reinigung des Herzens)

photo: Saitô Sadamu

ブルーノ・タウトは高崎市内の実業家、井上房一郎氏の紹介で少林山達磨寺境内にある洗心亭に居を構えることになった。1934年8月1日（水）の日記に初めて訪れたことを記し、8月3日（金）の日記に洗心亭の印象を記した。

「洗心亭は木立に蔽われた丘腹に位置して、村落と川（碓氷川）とを臨み、廣潤な平野を俯瞰する景勝の地を占めている、平野には桑畑と稲田と散在する村落、——えもいわれず心を楽しませる風景だ。洗心亭はささやかな小屋であるが、部屋からの眺めは実に素晴らしい。洗心亭に着いた当日は、途端にこの美しい風光にすっかり心を奪われて、慣れぬ田舎住いをこれからどう暮したらよいものかなどという思案をまるきり忘れてしまう位であった」

以降、タウトは度々日記の中で洗心亭を讃えている。翌年の1935年の3月8日（金）の日記でも、次のように記している。

「東京からここへ帰ってくると、またしても少林山の美を讃えたくなる、——連山、白雪を戴き噴煙を靡かせている淺間山（この山は自然の床の間に置かれた香爐さながらだ）、野梅、冬陽。だがこれらの美はもう私達自身の一部に成り切っている、それだから事々しい讃美の言葉はもはや無用であろう。雪を戴いた赤城山は、午前の太陽が暖く差込む洗心亭のすぐ真近かに白く輝いている、——何もかも私達の裡に生きているのだ。いや、自然ばかりではない、私達の裡には親切な人達の温い心もまた生きているのである。すぐれた仕事をするには、これら一切のものを自己の屋裡に蔵していることが必要なのだ。洗心亭の生活は、住居そのものにしてからが、東京とは雲泥の相違である、ここに比べると、東京ではまるで穴倉の生活だ（親切な人達がいることは別として）、少林山は曾てのダーレヴィッツに似ている、ただもっと大らかで明澄だ」

タウトにとって洗心亭は、必ずしも満足のいくものではなかった日本滞在の日々の中で、最も心休まる居場所だったといえるだろう。

Bruno Taut zog auf Empfehlung von Inoue Fusa'ichirô, einem Unternehmer aus Takasaki, in den Pavillon der Reinigung des Herzens auf dem Gelände des Shôrinzan Daruma-Tempels. Am 1. August 1934 berichtet er in seinem Tagebuch von seinem ersten Besuch, am 3. August beschreibt er seinen Eindruck vom Pavillon. „Lage am Waldabhang über Dorf und Fluß am Aussichtspunkt zur Ebene mit Maulbeeren und Reis und eingestreuten Dörfern reizend,- unbestreitbar. Ebenso das kleine Haus: der Blick aus dem Zimmer ist das schönste Bild, und ich selbst am ersten Tage ganz gefangen, trotzdem ich gerade das Praktische besprechen wollte." (In der dt. Ausgabe, Bd. 2, S. 186)

Auch danach lobt Taut den Pavillon immer wieder in seinem Tagebuch. Ein Jahr später schreibt er am 8. März 1935 Folgendes:

„Nun [zurück aus Tokyo] kann ich wieder die Schönheit von Shorinzan besingen mit den Bergen, dem weißen Asama, dem Weihrauchgefäß im Tokonoma des Äthers, den vielen wilden Pflaumenblüten, der Sonne. Aber die Schönheit ist schon so ein Teil von uns selbst, daß Sagen und Singen aufhört. Der Akagi mit seinem Schnee oben strahlt so nahe in unser in der Vormittagssonne offenes Haus— es lebt alles in uns. So auch die lieben Menschen. Man muß das alles unbewußt in sich tragen, um überhaupt arbeiten zu können. Dieser Gegensatz zu Tokio, schon im Haus, dort das Kellerartige und doch mit den sehr lieben Menschen, hier ... Wie einst Dahlewitz zu Berlin, nur grandioser, klarer." (In der dt. Ausgabe, Bd. 3, S. 41-42)

Auch wenn der Pavillon der Reinigung des Herzens nicht in jeder Hinsicht zufriedenstellend war, so lässt sich doch sagen, dass er hier während seines Aufenthaltes in Japan am ehesten innerlich zur Ruhe kam.

洗心亭、六畳間から四畳半をのぞむ

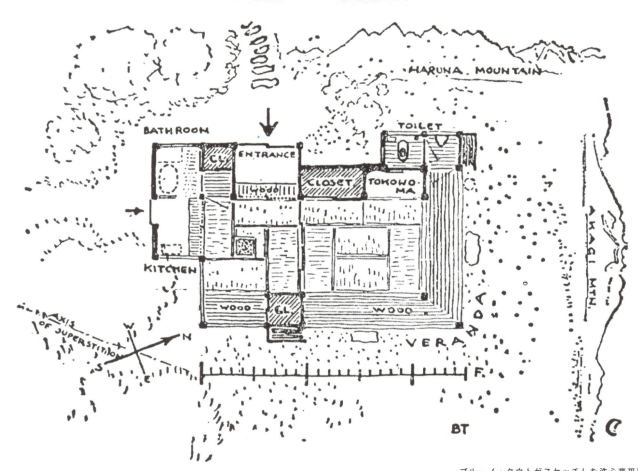

ブルーノ・タウトがスケッチした洗心亭平面図
Von Bruno Taut gezeichneter Grundriss des Pavillons der Reinigung des Herzens.

少林山達磨寺
大講堂

Die große Halle des Shôrinzan Daruma-Tempels

1995年改修後の現在の講堂の外観

photo: Saitô Sadamu

大講堂は先々代にあたる少林山達磨寺の第16代大蟲弘呑大和尚によって1927年に建立された。1934年、タウトは大講堂の改造設計図を書き残し、本堂はこの改造計画に沿って1960年に改修された。しかし、構造上の問題があり、1995年に元の形に改修された。1934年12月には少林山建築工芸学校の構想案「タウト学校案」がまとまるが残念ながら実現することができなかった。（少林山寺報『福』第31号より）

Die große Halle wurde 1927 vom Ehrwürdigen Daichû Kôdon, dem 16. Hauptpriester des Shôrinzan Daruma-Tempels, d.h. in der vorletzten Generation, erbaut. 1934 hinterließ Taut Zeichnungen für einen Umbau der großen Halle, auf deren Grundlage sie 1960 renoviert wurde. Aufgrund von Problemen in der Konstruktion wurde sie jedoch 1995 in den ursprünglichen Zustand zurückversetzt. Im Dezember 1934 erstellte Taut außerdem einen Vorschlag für die Shôrinzan Schule für Architektur und Kunsthandwerk, der jedoch leider nicht realisiert werden konnte. (Shôrinzan Jihô Fuku (Shôrinzan Tempelnachrichten Glück) Nr. 31)

タウトの改造計画に基づいて改修された当時の大講堂（1960）
Die nach Tauts Vorschlag umgebaute Haupthalle (1960)

1995年改修後の現在の講堂の内観
Das Innere der Halle nach den Umbaubauarbeiten von 1995

断面図 Schnittzeichnung

改造計画設計図
Entwurf für das Umbauprojekt

正面図　Aufriss

堂内透視図の製図は河裾逸美によるが、照明器具はタウト自身のデザインであり1934年10月23日の日付と署名、そして「廣瀬氏に感謝の意をもって」と添え書きがある。（少林山寺報『福』第31号より）

Die perspektivische Zeichnung des Inneren der Halle wurde von Kawazuso Itsumi erstellt, die Lampen jedoch von Taut selbst entworfen und am 23. Oktober 1934 von ihm signiert. Taut fügte noch hinzu: „Voller Dankbarkeit an Herrn Hirose" (Shôrinzan Jihô *Fuku* (Shôrinzan Tempelnachrichten *Glück*) Nr. 31).

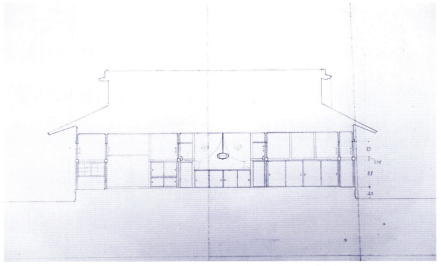

断面図　Schnittzeichnung

堂内透視図　Perspektivische Zeichnung des Innenraums

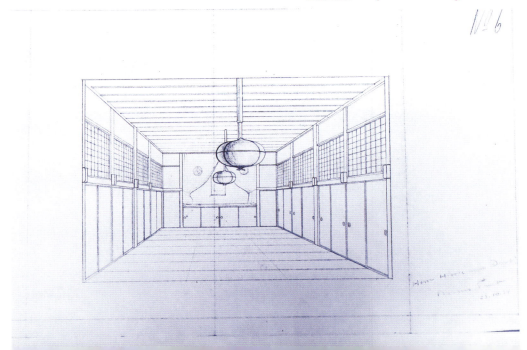

少林山
ブルーノ・タウト コレクション

Die Bruno Taut Sammlung in Shôrinzan

緑の椅子 **Grüner Stuhl**
W/D/H：423/430/808
重さ Gewicht：2.23kg

レストランチェア **Restaurant-Stuhl**
W/D/H：430/560/827
重さ Gewicht：6.09kg

石膏のデスマスク **Totenmaske aus Gips**

アームチェア **Sessel**
W/D/H：519/647/705
重さ Gewicht：7.75kg

スタンプ **Stempel**

竹製ハンガーラック **Kleiderständer aus Bambus**
W/H：535/1090
重さ Gewicht：3.21kg

漆塗フルーツ皿 **Lackierter Früchteteller**
W/H：169/20
重さ Gewicht：0.19kg

ペーパーナイフ（4本）**Brieföffner (4 Stück)**
W/D：193-226/7-18
再製作 Nachbildung

カッティングボード **Schneidbrett**
W/H：265/131
重さ Gewicht：0.15kg

ペーパーナイフ **Brieföffner**
W/D：270/250
オリジナル Original

木製可変本立て Größenverstellbare Buchstütze aus Holz
W/D/H：50-768/215/170
重さ Gewicht：0.89kg

ぬいぐるみ Plüschtiere
再製作途中 während der Nachbildung

ペン皿（インク皿）Stiftschale (Tintenschale)
W/D/H：210/134/57
重さ Gewicht：0.47kg

ペン皿 Stiftschale
W/D/H：236/109/17
重さ Gewicht：0.70kg

竹製平籠 Tablett aus Bambus
W/D/H：370/363/57
重さ Gewicht：0.21kg

竹細工筆立て Aus Bambus gearbeiteter Pinselständer
W/H：105/**140**
重さ Gewicht：0.40kg

竹細工籠 Aus Bambus gearbeiteter Papierkorb
W/H：175/270
重さ Gewicht：0.38kg

竹製ライトスタンド Stehlampe aus Bambus
W/H：460/510
重さ Gewicht：3.21kg

ブローチ Brosche
W/D：38/25

ガラスの積み木 Glasbausteine

マンフレート・シュパイデル先生と巡る旧日向別邸と上多賀の家

Die ehemalige Villa Hyûga und das Haus in Kami-Taga, erläutert von Prof. Manfred Speidel

熱海市春日町の海を臨む斜面に建つのは木造2階建ての「旧日向邸」である。ブルーノ・タウトが手掛けた地下室は2006年に国から重要文化財の指定を受けた。和と洋が独特に混ざり合う空間は人々を惹きつけてやまない。近くには日向が山中からこの地に移築させた「上多賀の家」という古民家もあり、そこは現在蕎麦処として有名だ。何度も来ているというシュパイデル先生に、旧日向邸の要所を解説してもらった。

Das zweistöckige Holzhaus, das an einem Hang dem Meer von Atami-shi, Kasuga-chô, zugewandt steht, heißt „ehemaligeVilla Hyûga". 2006 wurde das von Bruno Taut entworfene und ausgeführte Untergeschoss des Hauses vom Staat zu einem wichtigen Kulturerbe erklärt. Die Räume, die Japanisches und Europäisches auf einzigartige Weise miteinander verbinden, faszinieren die Menschen nach wie vor. In der Nähe von Atami befindet sich auch das Haus in kami-Taga, ein Bauernhaus, das Herr Hyûga 1935 aus den Bergen hier für sich hat wieder aufbauen lassen, und das heute ein bekanntes Soba-Restaurant ist. Professor Speidel, der schon öfters hier war, hat für uns die wichtigsten Elemente der Villa Hyûga erklärt.

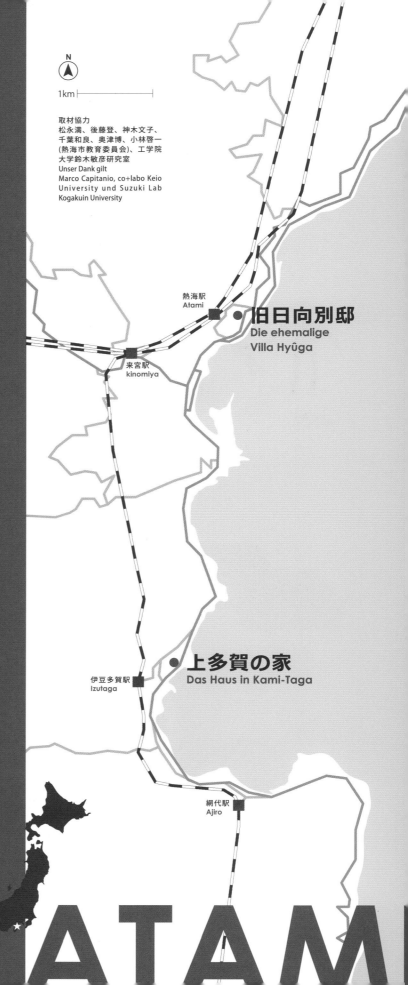

取材協力
松永満、後藤登、神木文子、千葉和良、奥津博、小林啓一（熱海市教育委員会）、工学院大学鈴木敏彦研究室

Unser Dank gilt
Marco Capitanio, co+labo Keio University und Suzuki Lab Kogakuin University

マンフレート・シュパイデル
Manfred Speidel

1938 年　ドイツ、シュトゥットガルト生まれ
1965 年　シュトゥットガルト工科大学建築学科卒業、工学修士
1965 年　ウルム造形大学にて講師、専門は近代建築の歴史と批判
1965-1975 年　早稲田大学吉坂隆正研究室に在籍、都市建築の講座を担当する傍ら研究
1973 年　工学博士（早稲田大学）、博士号請求論文 "Semiotic considerations on man-made environment" 邦題『人工環境における記号論的問題』
1975-2003 年　アーヘン工科大学教授、教育・研究分野：建築理論、専門は近代建築史、建築人間学、実験的ローム建築
1980-1987 年　ヨーロッパ弓道連盟の共同創設者、会長、副会長を歴任
1983 年　ドイツ・デュッセルドルフにて日本建築の展覧会を開催
1986-1994 年　ユネスコのプロジェクト、世界のアールヌーボー建築保存の学術コーディネーター
1988 年より　ブルーノ・タウト著作のドキュメンテーションおよび出版。主著に "Das japanische Haus und sein Leben" (1997)、"Bruno Taut, Ich liebe die japanischeKultur" (2003)、"Ex Oriente Lux" (2007)
1994 年　「ブルーノ・タウト 1880-1938 展」を東京・セゾン美術館、京都国立近代美術館にて監修
1995 年　同展覧会をドイツ・マグデブルクで開催
1997 年より　ケルンの日独文化関係促進財団 (JaDe) の理事
2005 年 9 月　「日本におけるドイツ 2005/2006」（「ドイツ年」）の一環としてのシンポジウム：神戸大学 COE プログラム「安全と共生のための都市空間デザイン戦略」主催、「日独百年の建築・都市計画における相互交流 Dreams of the Other 彼岸の夢 ―桂、バウハウス、ブルーノ・タウトから新しいエコロジーへ―」参加
2006 年-　ドイツ、アーヘン独日文化協会理事
2007 年 2 月より 5 月　青山、ワタリウム美術館にて「ブルーノ・タウト展　アルプス建築から桂離宮へ」監修

1938　geboren in Stuttgart
1965　Diplom-Ingenieur der Fakultät für Architektur an der Technischen Hochschule in Stuttgart
1966　Dozent an der Hochschule für Gestaltung in Ulm für das Fach "Geschichte und Kritik der modernen Architektur"
1966-75　in Japan. Forschungsstudent am Lehrstuhl für Städtebau der Waseda Uni-versität in Tokyo unter Prof. Takamasa Yoshizaka
seit 1966　Kyudo, Japanisches Bogenschießen
1973　Promotion mit dem Thema: „Semiotic Considerations on Man-made Environ-ment" an der Waseda Universität.
1975-2003　Lehr- und Forschungsgebiet Theorie der Architektur an der RWTH Aachen mit den Schwerpunkten: Geschichte der modernen Architektur, Architekturanthropologie, Experimenteller Lehmbau
1983　Ausstellung Japanische Architektur im Stadtmuseum Düsseldorf
1986-1994　Wissenschaftlicher Koordinator des UNESCO Projektes zur Erhaltung von Jugendstilarchitektur in Europa
seit 1988　Dokumentation und Herausgabe des literarischen Werkes von Bruno Taut, u.a.: „Das japanische Haus und sein Leben" (1997), „Bruno Taut, Ich liebe die japanische Kultur" (2003), Ex Oriente Lux" (2007)
1994　Ausstellung „Bruno Taut. Natur und Fantasie" im Sezon Museum, Tokyo, und im Museum of Modern Art in Kyoto, 1995 in Magdeburg
seit 1997　im Vorstand des Fördervereins japanisch-deutscher Kulturbeziehungen (JaDe), Köln, e.V.
2005　Symposium im Rahmen des Deutschlandjahres in Japan: „Dreams of the Other. A Hundred Years of Japanese Architecture and German Town-planning in a Mutual View"
2006　Vorstand der Deutsch-Japanischen Kulturgesellschaft Aachen
2007 Feb.- Mai　Ausstellung im Museum Watarium, Aoyama, Tokyo: Bruno Taut, Die Rolle der Kunst in der Gesellschaft.

旧日向別邸
Die ehemalige Villa Hyûga

タウトは1933年に来日し、ほどなくして日本の第一印象を一冊の本にまとめた。1934年、それは『ニッポン―ヨーロッパ人の眼で見た』と題して出版され、これにより彼は一躍有名になった。生活の糧は日用品や家具のデザインで得ることができた。彼のデザインしたものは高崎で製作され、東京、銀座のミラテスという店で販売されていた。1935年4月、タウトの著書を高く評価した外務省の文化局長の柳沢健が、芸術的かつ文化的な野心を持つ豊かな実業家であった日向利兵衛にタウトを紹介し、建築をタウトに任せるよう提案した。日向は東京に家を持ち、箱根には週末の家を、さらに熱海には1933年に渡邉仁が設計した日本家屋を所有していた。日向は地下に社交室を作りたいと考えていたが、清水組が提案したコンクリート構造の地下室には風が通らないので、未完成のままあきらめていた。そこで日向は「夏向きの涼しげな社交室」をタウトに依頼した。

1933 war Taut in Japan angekommen und schrieb bald ein Buch über seine ersten Eindrücke. 1934 erschien es unter dem Titel Nippon mit europäischen Augen gesehen. Es machte ihn unmittelbar berühmt. Seinen Lebensunterhalt konnte er mit dem Entwurf von Gebrauchsgegenständen und Möbeln bestreiten, die in Takasaki hergestellt und im Geschäft Miratiss auf der Ginza in Tokyo verkauft wurden. Im April 1935 stellte ihn Yanagisawa Takeshi, Leiter der Abteilung Kultur des Außenministeriums und Bewunderer von Tauts Schriften, dem künstlerisch und kulturell engagierten Unternehmer Hyûga Rihei vor und regte an, dass man Taut ein Bauprojekt überlasse. Hyûga hatte ein Haus in Tokyo, ein Haus für das Wochenende in Hakone und eines in Atami, das 1933 von Watanabe Jin entworfen worden war. Hyûga wollte dort im unfertigen Untergeschoss Gesellschaftsräume hinzufügen, aber der schlichte Entwurf der Baufirma Shimizu befriedigte ihn nicht. Nun bat er Taut um die Einrichtung von Räumen für den Sommer, deren Funktion Taut bestimmen konnte.

photo: Saitô Sadamu

旧日向邸は相模湾と初島に臨む高台に建つ。斜面地のため始めにRC構造の人工地盤を作り、その上に芝を敷いた日本庭園と日本家屋の上屋がある。タウトは地下の斜面側を幅4メートル拡張し、階段の空間を作り上げた。

Die ehemalige Villa Hyûga steht auf einer Anhöhe über der Sagami-Bucht mit Blick auf die Insel Hatsushima. Wegen der Hanglage wurde ein Stahlbetonfundament errichtet, auf dem sich ein japanischer Garten mit ausgelegtem Rasen und das zweigeschossige japanische Wohnhaus befinden. Taut verbreiterte die Hangseite des Untergeschosses um 4 m und schuf einen abgestuften Raum.

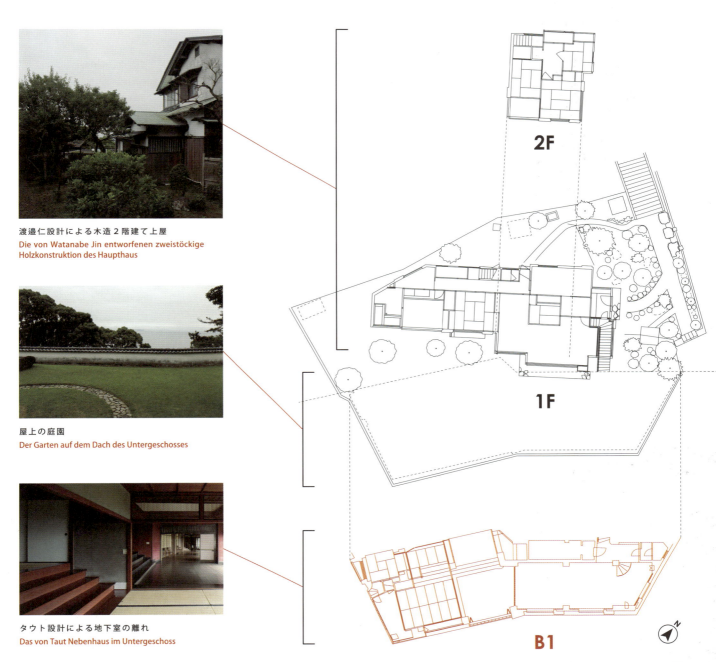

渡邉仁設計による木造2階建て上屋
Die von Watanabe Jin entworfenen zweistöckige Holzkonstruktion des Haupthaus

屋上の庭園
Der Garten auf dem Dach des Untergeschosses

タウト設計による地下室の離れ
Das von Taut Nebenhaus im Untergeschoss

日本間5畳半から4畳半の上段を望む
Blick vom japanischen 5,5-Matten-Zimmer auf die 4-Matten-große obere Ebene

日本間12畳から上段を望む
Blick vom japanischen 12-Matten-Zimmer auf die obere Ebene

洋間から上段を望む
Blick vom europäischen Zimmer auf die obere Ebene

洗面所から日本間5畳半を望む
Blick vom Waschraum auf das japanische 5,5-Matten-Zimmer

地下室
Untergeschoss

日本間12畳からベランダを望む
Blick vom japanischen 12-Matten-Zimmer auf die Veranda

❶ 便所　　❶ Toilette
❷ 洗面所　❷ Waschraum
❸ 広間　　❸ Empfangsraum
❹ 倉庫　　❹ Speicher
❺ アルコーブ ❺ Alkoven
❻ 社交室　❻ Gesellschaftszimmer
❼ 洋間　　❼ europäisches Zimmer
❽ 上段　　❽ obere Ebene
❾ 日本間12畳 ❾ japanisches 12-Matten-Zimmer
❿ 上段　　❿ obere Ebene
⓫ 日本間5畳半 ⓫ japanisches 5,5-Matten-Zimmer
⓬ 洗面所　⓬ Waschraum
⓭ ベランダ ⓭ Veranda
⓮ 居間　　⓮ Wohnzimmer
⓯ 屋上庭園 ⓯ Japanischer Garten auf dem Dach des Untergeschosses

社交室からアルコーブを望む
Blick vom Gesellschaftszimmer auf den Alkoven

社交室から広間を望む
Blick vom Gesellschaftsraum auf den Empfangsraum

社交室への階段
Treppe zum Gesellschaftsraum

広間から階段を望む
Blick vom Empfangszimmer auf die Treppe

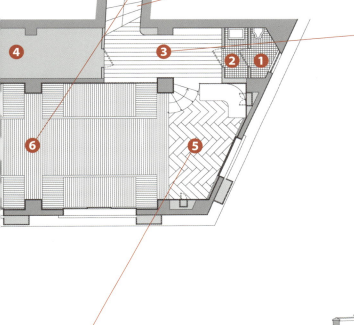
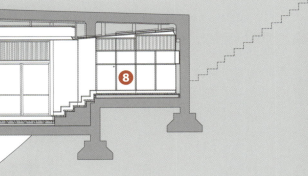

図面製作：マルコ・カピタニオ
Grundrisserstellung: Marco Capitanio

タウトは三つの空間を音楽で比較した。1936年9月20日の日記に書いてある。「全体として明快厳密で、ピンポン室（或は舞踏室）、洋風のモダンな居間、日本座敷及び日本風のヴェランダを一列に並べた配置は、すぐれた諧調を示している。いささか古めかしい言い方をすれば、ベートーヴェン、モーツァルト、バッハだ」

シュパイデル先生は言う。不規則な波のように電球が天井から下がるダンスホールはモーツァルト。全部の照明が点くとダンスの軽やかな雰囲気が伝わるだろう。天井の板は斜めの模様となり、遊び心がある。窓側の萩のすだれがソフトな影を作り出す。赤い絹を張ったリビングルームがベートーヴェン。色彩がうるさい。ベートーヴェンの曲のように悲壮感があり、堂々としている。クリアなガラスをさえぎるものは何もない。全部の扉を空け放ち、アリーナの階段に座ると海が良く見える。　簡素で静かな和室がバッハ。日本間12畳のわかりやすい構造と隣室の広いニッチから、和室はフーガの主題に喩えられるかもしれない。

タウトは、長押の奥にある立派な床の間の横に階段とライティングデスクを備えた深いニッチを置くことで、伝統的な日本の応接間に変化をつける。その一方、西側と南側の障子を閉めると光は柔らかく、静かな茶室となり、谷崎純一郎の陰翳礼讃を思わせる。

タウトは吉田鉄郎およびその事務所と考え得る最上のプランを設計し、プロポーションを実現した。しかし、工事開始後の1935年7月に、日向は上多賀の家を改修し「こちらの家には住むのではなくゲストに見せるために使う」と言った。タウトは皮肉を込めて書いている。「こうやって老人は暇つぶしをするのだ」だが、これでタウトはすっかりやる気になった。

Taut vergleicht die drei Räume mit Musik. In seinem Tagebuch schreibt er am 20. September 1936: „Heiter, ruhig, ernst,

streng – so ist die Skala von: Pingpong- oder Tanzraum, moderner Wohnraum, japanischer Wohnteil und japanische Veranda. Altmodischer ausgedrückt: Mozart, Beethoven, Bach."

Speidel: Der Tanz- oder Tischtennisraum, in dem Glühbirnen in unregelmäßigen Wellen von der Decke herab hängen, sind „Mozart". Wenn alle Lampen leuchten übertragen sie die beschwingte Atmosphäre des Tanzes. Die Deckentäfelung ist schräg gemustert und wirkt verspielt. Die Buschklee-Einlagen der Glastüren werfen weiche Schatten.

Die mit bordeaux-roter Seide tapezierte Wohnhalle ist „Beethoven". Die Farbe ist stark und der große, nur wenig, aber fein gegliederte Raum wirkt erhaben. Die Stufen sind wie eine Arena, die durch das klare Glas der äußeren Faltwand den Blick auf das blaugrüne Meer freigeben.

Das schlichte und stille japanische Zimmer ist „Bach". Es mag in seiner klaren Struktur des 12-Tatami-Hauptraumes und der breiten Nische des Nebenraumes vielleicht mit den Themen einer Fuge verglichen werden.

Taut variiert den traditionellen japanischen Empfangsraum, indem er neben das großzügige Tokonoma hinter einem durchlaufenden Nageshi-Holz eine tiefe Nische mit Stufen und Schreib-Kanzel setzt, während mit geschlossenen Shôji-Schiebetüren an der West- und Südseite ein gedämpftes Licht und ein stilles Teezimmer entsteht, das an Tanizaki Jun-ichirôs *Lob des Schattens* denken lässt.

Taut glaubte mit Yoshida Tetsurô und dessen Planungsbüro einen bestmöglichen Entwurf geschaffen zu haben. Doch nach Beginn der Bauarbeiten am 3. Juli 1935 sagte Hyûga, er werde ja das Bauernhaus in Taga einrichten und „die neuen Räume seien ‚nur zum Zeigen'". Taut mit Ironie: „So vertreibt sich ein alter Mann seine Zeit." Aber das hat Taut erst recht angespornt.

赤い絹を張った部屋に、タウトは1メートルの高さに5段の階段を作りつけた。タウトにとって階段には3つの価値があった。「階段とは人々が自由な場所に座り、海の眺めを楽しめる場所だ」と記している。

1．アリーナ効果。窓から8メートル奥まった高い場所から遠くの海を良く見ることができる。

2．自由な配置。アリーナはベンチに代わる家具となる。椅子とテーブルの自由な配置は、タウトにとって自由な社会の象徴だった。

3．ズボンの座り皺を防ぐ効果。着物に代わりズボンを履いた日本人が畳に座ると膝に皺がついた。タウトは9月30日の日記に「チャップリン！タウトはこれを日本で知ったのか？」としるしイラストを描いた。しかし階段に座れば座り皺は生じない。

In dem mit roter Seide tapezierten Raum konstruierte Taut eine Treppe mit fünf Stufen als eine Art "Sitz-Möbel" von insgesamt 1 m Höhe.Sie erfüllte für Taut drei Funktionen:

1．Sie ermöglicht einer Gesellschaft die freie Verteilung im Raum und gleichzeitig jedem einzelnen den Blick auf das Meer. Sie ist das Symbol einer freien Gesellschaft.

2．Sie bildet eine Art Arena: 8 Meter vom Fenster entfernt sieht man das Meer vom erhöhten Platz aus besonders gut.

3．Man kann auf dem Boden sitzen und doch Falten in den Hosen vermeiden. Das Hocken auf Tatami-Matten verknittert die Hosenkleidung an den Knien. Im Tagebuch vom 18. September 1933 zeichnete er eine Karikatur und kommentierte: „Heilger Chaplin! Ob Chaplin seinen Typ aus Japan hat?" Beim Sitzen auf der Treppe entstehen keine Falten.

壇上の椅子2脚はタウトの設計ではない
Die beiden Stühle auf der oberen Ebene wurden nicht von Taut entworfen.

旧日向別邸インテリアエレメント

Elemente der Inneneinrichtung der ehemaligen Villa Hyûga

安楽椅子 **Sessel**
W/D/H/SH：650/660/730/440

木の椅子 **Holzstuhl**
W/D/H/SH：405/395/820/425
重さ Gewicht：2.81Kg

高照明 **Stehlampe**
W/D/H：332/332/1610
重さ Gewicht：3.99kg

テーブル **Tisch**
W/D/H：341/341/615
重さ Gewicht：2.12Kg

ランプ **Lampe**
W/D/H：177/177/620
重さ Gewicht：1.53Kg

行灯 **Andon(Laterne)**
W/D/H：197/197/660
重さ Gewicht：1.47Kg

行灯 **Andon(Laterne)**
W/D/H：347/347/937
重さ Gewicht：1.62Kg

竹の隠し収納庫
Verstecktes Staufach aus Bambus

欄間の縦格子
Senkrechtes Gitterwerk der

社交室に降りる階段の手摺
Bambusgeländer an der Treppe zum Gesellschaftsraum

社交室の竹格子
Bambusgitter im Gesellschaftsraum

社交室裸電球
Nackte Glühbirnen im Gesellschaftsraum

蔀戸
Herunterklappbare Fensterläden (shitomido)

社交室への階段
Treppe zum Gesellschaftsraum

ライティングデスク
Schreibtisch

折れ戸
Falttüren

安楽椅子
Sessel

復元すべきソファ
Das zu restaurierende Sofa

W/D/H/SH：650/660/730/440

タウトは清水組の計画を見直し、トイレとワードローブを部屋から1メートル高いレベルに設けた。ダンスホールに降りる階段の横にはソファを設けて静かなコーナーを作った。これは賑やかなダンスホールとの対比になっている。私が以前に撮った写真にはソファも、ストライプの布で覆った椅子も写っているが、10年ほど前からソファがなくなってしまい、椅子の布地も違うものが使われている。角のソファは必ず復元しなければならない。製作を鈴木先生に託す。

Taut überarbeitete Plan der Firma Shimizu und plazierte die Toilette sowie die Garderobe am Fuss der Zugangstreppe auf einer um einen Meter höheren Ebene als die Räume. An der Seite der von dort zum Tanzraum hinunter führenden Wendeltreppe schuf er eine ruhige Ecke, die mit einem Sofa bestückt wurde. Diese steht im Kontrast zum geselligen Tanzraum. Auf alten Fotos sieht man das Sofa und in gestreiftem Stoff bezogene Sessel. Doch vor ca. 15 Jahren verschwand dieses Sofa und die Sessel sind anders bezogen. Dieses Ecksofa sollte unbedingt wiederhergestellt werden. Es gibt der Ecke ihren räumlichen Sinn. Ich wünsche mir, dass Professor Suzuki die Rekonstruktion übernimmt.

木の椅子
Holzstuhl

W/D/H：341/341/615
重さ Gewicht：2.12Kg

テーブル
Tisch

高照明
Stehlampe

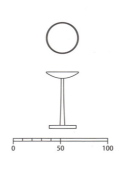

W/D/H/SH：405/395/820/425
重さ Gewicht：2.81Kg

W/D/H：332/332/1610
重さ Gewicht：3.99kg

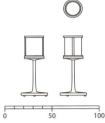

行灯

Andon (Laterne)

W/D/H：197/197/660
重さ Gewicht：1.47Kg

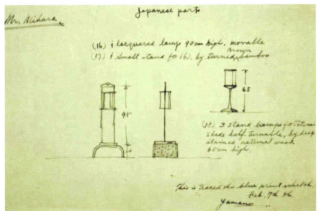

W/D/H：347/347/937
重さ Gewicht：1.62Kg

現存する照明とスタンドは『ブルーノ・タウトの工芸と絵画第 32 回企画展』（群馬県立歴史博物館、75 ページ、1989 年）にある水原徳言に宛てたコメントに一致する。（16）持ち運び可能な 90㎝ 高さの塗りの行灯（17）茶色い竹製の小さなスタンドと書いてある。スケッチ左と中央の図のように照明をスタンドに乗せて高くして、椅子に座った時などに使ったのだろう。スケッチ右の（18）65㎝ 高さのランプは、5 畳半の日本間にある。

Die heute erhaltene Laterne und der Ständer stimmen mit Tauts Kommentaren an Mihara Tokugen aus *Brûno Tauto no kôgei to kaiga dai 32 kai kikakuten* (32. Projektausstellung von Bruno Tauts Kunsthandwerk und Zeichnungen, Gunma Prefectural Museum of History, 1989, S. 75) überein. Er zeichnet (16) eine tragbare, lackierte Laterne von 90 cm Höhe (17) und einen kleinen, braunen Ständer aus Bambus. Wie links und in der Mitte der Skizze zu sehen ist, wurde die Laterne auf den Ständer gestellt, wenn man sie auf einem Stuhl sitzend benutzen wollte. Die in der Skizze rechts gezeichnete (18) 65 cm hohe Lampe befindet sich im japanischen 5,5-Matten-Zimmer.

ランプ
Lampe

タウトの設計ではない
Nicht von Taut entworfen.

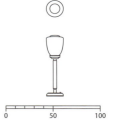

W/D/H：177/177/620
重さ Gewicht：1.53Kg

社交室裸電球
Nackte Glühbirnen im Gesellschaftsraum

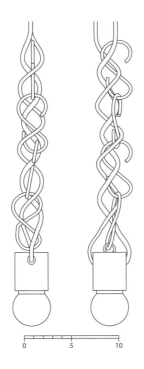

社交室への階段
Treppe zum Gesellschaftsraum

竹の隠し収納庫
Verstecktes Staufach aus Bambus

蔀戸
しとみど
Herunterklappbare Fensterläden (*shitomido*)

社交室の竹格子
Bambusgitter im Gesellschaftsraum

ライティングデスク
Schreibtisch

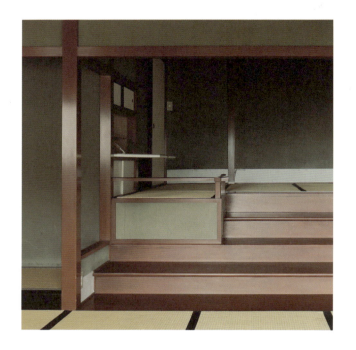

タウトは考え得る最上のプランを吉田鉄郎およびその事務所と設計し監修した。後に1936年の『アサヒグラフ』で吉田は熱海の日向邸を紹介し、タウトによる現代日本の厳密な分析の「結晶化」とみなしている。タウトは機能の異なる3つの部屋を実現した。西洋式のダンスや卓球のための部屋、大きな階段のあるサロン、静かに過ごすための和室である。この空間の連なりは、私にはまるで、異なる家が連なった古いヨーロッパの曲がりくねった通りのように感じる。タウトは地形に合わせ空間的な発明を行った。斜面側に幅を広げ、教会建築で言うところの翼廊を設けた。写真手前の床が高くなった和室では4段、中央の部屋には5段の階段がある。後に同じことを山本理顕は横浜の石井邸（STUDIO STEPS）で、レム・コールハースはロッテルダムのクンストハル美術館で実現している。

Taut erstellte mit Yoshida Tetsurô und dessen Büro einen optimalen Bauplan. Im Oktober 1936, stellt Yoshida die ehemalige Villa Hyûga im *Asahi Graph* vor und betrachtet sie als „Kristallisation" von Tauts präziser Analyse des gegenwärtigen Japans. Taut realisierte drei Räume mit verschiedenen Funktionen. Ein europäisches Zimmer für Tanz oder Tischtennis, einen Salon mit einer großen Treppe und ein japanisches Zimmer für ruhige Stunden. Die drei Räume haben unterschiedlichen Charakter und unterschiedlichen „Stil". Ich möchte diese Aneinanderreihung von Räumen mit dem Eindruck einer gekrümmten Gasse im alten Europa vergleichen, in der sich unterschiedliche Häuser aneinander reihen. An die Beschaffenheit des Grundstücks angepasst erfand Taut hier eine neue Art von Raum. Er verbreitert die Hangseite und schafft einen zum Sitzen benutzbaren Stufenraum. Erst in den 1970er Jahren realisieren Yamamoto Riken im Haus Ishii (STUDIO STEPS) in Yokohama und Rem Koolhaas in den 1980ern mit der Kunsthal in Rotterdam solche Stufenräume. Zugleich wird die enge Raumflucht, hier in der Mitte wie zu einem Querschiff erweitert und der Blick um 90° gedreht zum Meer hin ausgerichtet.

欄間の縦格子

Senkrechtes Gitterwerk der *Ranma*

上多賀の家
現 蕎麦処「多賀」

**Das Haus in Kami-Taga
Heute: Soba-Restaurant „Taga"**

取材協力
渡邉（蕎麦処多賀）

日向利兵衛はこの辺りに二つの別邸を作った。一つは熱海の旧日向邸、もう一つは上多賀に山中の農家を移築して作った「多賀の家」である。そしてタウトにはこの家の近くの民家を借りて工事期間中に住まわせた。タウトが現地の大工に作らせた家具が、蕎麦屋となった家屋の二階に残されている。

Hyûga Rihê ließ in dieser Gegend zwei Häuser errichten. Eins ist die ehemalige Villa Hyûga in Atami, das andere ein aus den Bergen nach Kami-Taga verlegtes Bauerhaus namens „Haus in Kami-Taga". Für Taut mietete Hyûga ein Bauernhaus in der Nähe an, in dem dieser während der Umbauarbeiten wohnte. Die Möbel, die Taut von einem lokalen Zimmermann anfertigen ließ, stehen noch heute im 1. Stock des zum Soba-Restaurant gewordenen Hauses.

photo: Saitō Sadamu

趣のある一階では蕎麦を食べる客でにぎわう。二階の見学は予約が必要だ。椅子の座面の板は1枚ずつ銅線でゆるく留めてある。座ると加重に応じてたわみ、クッションの効果がある。精巧な仕事から当時の多賀の大工の腕の良さを実感できる。

Im geschmackvollen Erdgeschoss drängen sich Gäste, die Soba essen. Zur Besichtigung des 1. Stockes ist eine Voranmeldung nötig. Die Bretter der Sitzfläche der Stühle sind einzeln mit Kupferdraht befestigt. Setzt man sich darauf, krümmen sie sich je nach Gewicht und wirken wie ein Kissen. An der präzisen Arbeit lässt sich das Geschick der damaligen Zimmerleute von Taga direkt erfühlen.

上多賀の家と家具についての記述を抜粋する。
（『日本　タウトの日記　1935－1936年』篠田英雄訳、岩波書店より）

1935年7月19日（金）　熱海着。バスで多賀に着く。

1935年7月21日（日）　私達の借りた上多賀の家は静かな入江に臨んでいる。日向氏もすぐ近くに仮住居していて、夏の別荘にする為に山中の農家をここへ移築中である。近所は漁師や農民の家ばかりだ。

1935年7月26日（金）　いま日向氏、避暑用の別荘にする為に農家（これはもと山地の地主のものであった）、個々へ移築しているが、こういう趣味はとくに近来の流行らしい。ともあれ大工達が、切込んである用材を巧みに組立ていく様を眺めているのは、なかなか楽しいものだ、それにしてもまた随分むつかしい仕事だと思う。巨大な梁は、まるでそれだけが宙に横たわっているような印象を与える、中央部に太い柱が二、三本あるきりで、外方の柱などはマッチの軸のように細い。とにかく古い家屋を移築する過程は、そばで見ているだけでも面白いものだ、それにまたここで働いている大工さんは、みなひどく気のいい人ばかりである。日向氏は、金持ちにしては気持ちのいい人柄である、―だがとかくお金持ちというものは！　この人でさえ、建築家を視ることあたかも靴磨きの如くである。私の熱海でも『建築』も、どうやら『覚束ない』ものになりそうだ。

1935年7月27日（土）　日向氏の移築家屋の上棟式が行われた。棟の上には、青竹に弦を張り矢を番えた大きな弓矢の飾り物を仕立て、傍らに神道の御幣が立ててある。その下で大工や鳶職が酒を飲み、歌ったり踊ったりするのである。

1935年8月19日（月）　日向氏が上多賀海岸へ移築中の家を見ていると、日本のすぐれた伝統的手工が、もうすっかり堕落してしまったという感を深くする。例えば、藁葺屋根の二つの傾斜面が接する箇所（谷）を藁で凹形に葺き合わせないで、この部分の藁を谷に沿って切り落とし、下にブリキ板を当てがっている。竹を横に並べた屋根棟は確かに見事であるが、棟の両端に付した千木風の飾りはもういかものである。また建築的な意味での構造らしいものは何処にも見当たらない。大工は、日向氏を安心させる為に巨大な（せいが四十センチ、厚さが三十センチもある）梁の両隅と柱とを薄い板金で繋ぎ、ネジで締めつけている。諸方を筋交い材で補強してあるけれども、これはやがて壁を塗り終えると取り払われるのである。しかしこの薄い壁が、構造といえるだろうか、建築主が自分で指図したという箇所にしても、まるで児戯に等しいものだ。古い家を移築するにも、やはり建築家が必要だということは、これによっても明白である。

1935年8月7日（水）　日本語の『建築』と言う言葉は、『建』が垂直に立てること、『築』が水平に築くことを意味する、すると『建築家』は、構造家という方が当たっているようだ。また主たる大工は『棟梁』と呼ばれているが、これは『棟木』と『梁』の意である、だから大工という語は具象的である。（中略）いま多賀の大工に頼んで、椅子とテーブルとを松材で造らせている。もともとここに滞在している間だけの使用に供するつもりであるが、日向氏は私達が多賀を引き上げる際には、これを自分に譲ってほしいと言っている。例の田舎家の広間に使いたいのだそうである。私も近頃は、家具の設計ばかりを職とするようになった。

Die Beschreibung des Hauses in Kami-Taga und seiner Möbel folgt Ausschnitten aus Tauts Tagebuch.
Nihon: Tauto no nikki 1935-1936 (Bruno Taut in Japan: Das Tagebuch 1935-1936), übersetzt von Shinoda Hideo, Iwanami Shoten. (Deutsche Ausgabe Bd. 3)

19. Juli 1935 (Fr): "Am 19. also nach Atami. Von da mit dem Bus nach Taga…" (S. 121)

21. Juli 1935 (So): "…, wo wir jetzt an der stillen Bucht leben. Herr Hiuga nahebei; er läßt ein Bauernhaus hier für sich zum Sommeraufenthalt aufbauen. Nahe bei den Fischern und Bauern." (S. 121)

26. Juli 1935 (Fr): "Herr Hiugas Bauernhaus (eigentlich das eines Landsbesitzers aus dem Gebirge) wird mit Eifer aufgebaut. Schön zu sehen, wie geschickt, wie klug und wie aufeinander eingespielt die Zimmerleute arbeiten. Sehr schwer. Ganz riesenhafte Balken schweben sozusagen in der Luft, nur in der Mitte ein paar starke Pfosten, die äußeren wie Streichhölzer. Max wird sich wundern. Hochinteressant, den Aufbau eines alten Hauses so in der Nähe zu verfolgen. Wenn die Leute wüßten, wie groß meine Neigung für sie ist. Herr Hiuga, der Reiche, nett, aber – nun ja! Reich. Auch er sieht im Architekten einen Stiefelputzer. Was aus meinem „Bau" wird, erscheint mir mehr als zweifelhaft." (S. 122)

27. Juli 1935 (Sa): "Heute Richtfest bei Herrn Hiuga. Auf dem First ein großer Bambusbogen mit Pfeil und an einer niedrigen Stange weißes Shintopapier. Die Arbeiter aßen und zechten, sangen; als wir nach dem Baden da waren, tanzte einer…" (S. 123)

18. August 1935 (Mo): "Bei dem alten Bauernhause, das sich Herr Hiuga hier am Strand aufbauen läßt, schon manches gute Handwerk verdorben: Kehle des Strohdachs nicht rund ausgedeckt, sondern verzinktes Eisenblech(!) unter die abgeschnittenen Strohlagen gelegt; der schöne Bambusfirst „verziert" mit Kitschkreuzmuster. Die „Konstruktion" ein Witz. Zur Beruhigung des alten Herrn schraubt der Unternehmer dünnes Bandeisen in die Ecken riesig schwerer Balken (40-45 cm hoch und 30 dick); jetzt hat er innen alles provisorisch versteift, mit Diagonalhölzern, die aber bald herausgenommen werden. Soll die dünne, zwischen die Pfosten gespannte Putzwand, die Funktion übernehmen? Vieles die reine Kinderei, auch was der Bauherr selbst anordnet. Man sieht, selbst beim Wiederaufbau eines alten Hauses ist der Architekt nötig (Frage: was für einer?)." (S. 131)

7. August 1935 (Mi): "Der Ausdruck für Architekt „Kenchiku" bedeutet wörtlich: Vertikal-Horizontal [ken errichten, chiku bauen, aufbauen], also mehr Konstrukteur, Zeichner. Der frühere Ausdruck „Toryo" von To = Firstpfette, ryo = Balken, enthielt also mehr Praktisches, war mehr „Meister" – heute für Unternehmer. … Hier für unser Haus in Taga habe ich den Zimmermann kieferne Stühle und schweren Tisch machen lassen, was Herr Hiuga in der Halle des Bauernhauses nachher verwenden will. Arbeite so endlich an Möbeln in richtigen Maßen." (S. 127f.)

行灯
Andon (Laterne)

タウトの設計ではない
Nicht von Taut entworfen.

W/D/H：260/260/954
重さ Gewicht：0.80Kg

机
Tisch

W/D/H：870/1700/690

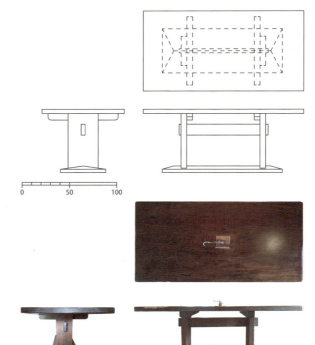

椅子 1
Stuhl 1

W/D/H/SH：550/545/765/355
重さ Gewicht：5.69kg

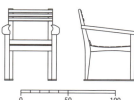

椅子 2
Stuhl 2

W/D/H/SH：417/472/744/354
重さ Gewicht：3.03Kg

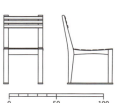
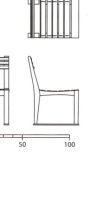

日本の西／ヨーロッパの東

West of Japan / East of Europe

マルコ・カピタニオ
Marco Capitanio

column 1 — 01

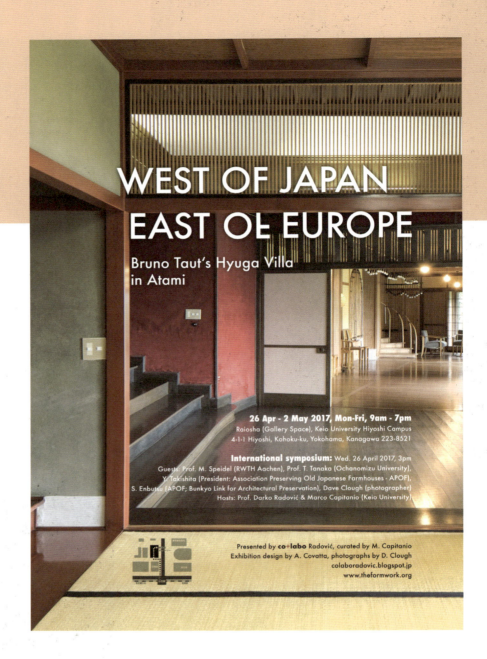

「West of Japan / East of Europa』展はブルーノ・タウトが日本で手掛けた中で唯一現存するプロジェクト、すなわち、東京近郊の熱海に1936年に建てられた旧日向別邸に捧げられている。着想とその実現には東京の慶応義塾大学ラドヴィッチ研究室co+laboとベネツィアのベネツィア建築大学（IUAV）とザ・フォームワーク協会（The Formwork）の後援を受けた。ブルーノ・タウトの作品はヨーロッパ的視点を残しつつも、日本建築に対する彼個人の深い省察を体現している。その結果、異文化混合の独特な建築例となっており、完成当時は、ヨーロッパで主流だったモダニズムとも現地日本の建築様式とも矛盾するものだった。旧日向別邸の緻密で詳細な設計図面とアメリカ人建築写真家デイヴィット・クラフ（David Clough）による大判の写真が、タウトの観念世界に光を当てている。そこからわかるのは、タウトが比率と適正というコンセプトについて熟考していたことで、このコンセプトは家屋の外見上のあらゆる特徴、特にその物質性と雰囲気に

はっきりと現れている。

東／西

旧日向別邸のデザイン、それは日欧の美学と感性のハイブリッドであり、日本という異文化の中で活動した外国人としてのタウト自身の体験との関連において読み解くことができるが、広い意味では東西の関係を具象化したものとも理解できる。それは、タウト自身が次のように記していることからもわかる。「今日どこの国でも陽は上り、そして、沈む。地球のどの地点をもって一日の始まりとするかはまったくの恣意だ。どの国も東であり、どの国にもその国から見た東がある。［…］ヨーロッパ人として私は日本の文化を愛しており、だからこそ私はヨーロッパ人として、それが愛するにふさわしいものであり続けてほしいと願う」（Taut 2011:191,196）

この観点からすると、旧日向別邸はインスピレーションの宝庫だ。1936年9月に完成したのだから、我々の展覧会は同時に別邸築80年を祝うことにもなったわけだ。サイズこそコンパクトだが、タウトのこの作品には現在でもなお重要な、いくつかの建築上の問題と実験的試みがはっきり示されていると思う。彼の業績を記録するという目的と併せて、我々の研究が活発な議論を呼び起こすと同時に東西の橋渡しの役目を果たすことを希望している。

2016年秋のベネツィアを皮切りに、展覧会は2017年、東京、蘇州、ミラノを巡回する。

Die Ausstellung "West of Japan / East of Europe" ist dem einzigen erhaltenen Projekt Bruno Tauts in Japan gewidmet, der Villa Hyûga von 1936 in Atami in der Nähe von Tokyo. Idee und Umsetzung standen unter der Schirmherrschaft und wurden mit der Unterstützung von co+labo radović, der Keio Universität in Tokyo und der Verein The Formwork an der IUAV Universität in Venedig realisiert. Bruno Tauts Werk entspringt einer tiefen persönlichen Reflexion über die japanische Architektur, wenngleich aus europäischer Perspektive. Das Ergebnis ist ein einzigartiges Beispiel einer interkulturellen Mischform, die zum Zeitpunkt der Fertigstellung zur Mainstream-Moderne in Europa ebenso wie zur architektonischen Sprache vor Ort in Japan im Widerspruch stand. Ausführliche, detaillierte Pläne der Villa Hyûga und großformatige Fotografien des amerikanischen Architekturfotografen David Clough bringen Licht in Tauts Gedankenwelt: Reflektionen über Konzepte von Proportion und Angemessenheit, die sich in allen Aspekten des Gebäudes manifestieren, vor allem in seiner Materialität und Atmosphäre.

Ost / West

Der Entwurf der Villa Hyûga, ein Hybrid aus japanischer und europäischer Ästhetik und Sensibilität, kann einerseits im Bezug auf Tauts eigene Erfahrung als Ausländer in Japan, der in einer ihm fremden Kultur tätig war, gelesen werden, aber auch im weiteren Sinne als Verbildlichung des Verhältnisses zwischen Ost und West. Wie Taut selbst schrieb, "Heute geht in jedem Lande die Sonne auf und unter; an welchem Punkt der Erde man den Beginn der Zeitrechnung ansetzt, ist reine Willkür. Jedes Land ist Osten und hat seinen Osten [...]. Als Europäer liebe ich Japans Kultur und habe deshalb als Europäer den Wunsch, dass sie liebenswert bleiben möchte." (Taut 2011: 191, 196)

Von diesem Standpunkt aus bietet die Villa Hyûga einen Schatz an Inspiration. Da sie im September 1936 fertiggestellt wurde, feiert unsere Ausstellung gleichsam das 80-jährige Jubiläum der Villa. Trotz der kompakten Größe des Entwurfs glauben wir, dass dieses Werk Tauts einige architektonische Fragen und Experimente aufzeigt, die noch heute relevant sind. Neben der dokumentarischen Absicht hoffen wir, dass unsere Forschung lebendige Debatten auslösen und gleichsam als kulturelles Bindeglied zwischen Ost und West fungieren kann.

Nach der Eröffnung im Herbst 2016 in Venedig wird die Ausstellung im Laufe des Jahres 2017 weiter nach Tokyo, Suzhou und Mailand ziehen.

参考文献
Taut, B., M.Speidel (Ed.) Japans Kunst mit europäischen Augen gesehen（ヨーロッパ人の目で見た日本の芸術） Berlin, Gebrüder Mann Verlag 2011年

Literaturhinweise
Taut, B., M. Speidel (Ed.), *Japans Kunst mit europäischen Augen gesehen* Berlin: Gebrüder Mann Verlag 2011.

マルコ・カピタニオ
Marco Capitanio

イタリア、コモ出身。スイス、ドイツ、中国の大学で建築と都市設計を学ぶ。建築家として3年間の実践的経験を積んだのち、東京で都市周辺における生活の質というテーマで博士論文を執筆するため日本に移り住むことを決意した。
M.Arch. + M.Sc. Urban Design
PhD Candidate, RA GESL Program
School of Science and Technology, co+labo, Keio University
Marco kommt ursprünglich aus Como (Italien). Er hat Architektur und Städtebau in der Schweiz, Deutschland und China studiert. Nach drei Jahren praktischer Erfahrung als Architekt entschied er sich zu einem Umzug nach Japan, um in Tokyo an seiner Doktorarbeit zum Thema Lebensqualität in der urbanen Peripherie zu arbeiten.

熱海ホテルズの集合写真：左から山野富佐夫、ブブノア、島田夫人、タウト、吉田鉄郎、島田撰、ゴロフシチコフ、高村鍵造、水原徳言、エリカ（NTTファシリティーズ所蔵）

Foto for einem Hotel in Atami: v. l. n. r. Yamano Fusao, Bubnova, Frau Shimada, Taut, Yoshida Tetsurô, Shimada Sen, Golovshchikov, Takamura Kenzô, Mihara Tokugen, Erica (im Besitz von NTT Facilties)

タウトと吉田鉄郎

日向別邸の実現を中心に

Taut und Yoshida Tetsurô

Unter besonderer Berücksichtigung der Realisierung der ehemalige Villa Hyûga

土屋 和男
Kazuo Tsuchiya

吉田 鉄郎　Tetsurô Yoshida

1894	5月18日富山県旧福野町（現在の南砺市）生まれ。旧姓・五島、五人兄弟の三男。
1919	東京帝国大学を卒業し、通信省に入省
1925	検見川無線送信所を竣工
1931	視察のため1年間の欧米出張 東京中央郵便局を竣工
1935	ドイツ語版「日本の住宅」をドイツで出版
1939	大阪中央郵便局を竣工
1944	通信省辞職
1946	日本大学教授となる
1949	脳腫瘍発病
1956	9月8日逝去（62歳）

1894	geb. am 18. Mai in Fukuno-machi (heute Nanto-shi) in der Präfektur Toyama. Geburtsname: Gotô, 3. von 5 Söhnen
1919]	nach Abschluss der Kaiserlichen Universität Tokyo Anstellung beim Ministerium für Kommunikation (Teishin-shô)
1925	Fertigstellung des Telegraphenamtes von Kemigawa
1931	einjährige Inspektionsreise nach Europa und Amerika Fertigstellung der Hauptpost von Tokyo
1935	Veröffentlichung von *Japanische Wohnhäuser* in Deutschland
1939	Fertigstellung der Hauptpost in Osaka
1944	Ausscheiden aus dem Ministerium für Kommunikation
1946	Professor an der Nihon Universität
1949	Gehirntumor-Erkrankung
1956	gest. am 8. September (im Alter von 62 Jahren)

日向別邸の協力者

　ブルーノ・タウトが熱海に設計した旧日向別邸の建築資料は、株式会社NTTファシリティーズが所蔵している。なぜか。この資料は建築家、吉田鉄郎の旧蔵で、吉田の日本大学での教え子であった矢作英雄が保管してきたものである。それが2010年5月、矢作と交流の深かった喜多幸次郎（電信電話局OB）を通じて、NTTファシリティーズに運び込まれ、その1か月後に矢作は他界した。吉田は旧逓信省で多くの仕事をした建築家であり、NTTファシリティーズはその流れを受け継ぐ組織である。かつて、電信電話局は郵便局とともに逓信省の管轄下にあり、逓信省は吉田をはじめとして、岩本禄、山田守らモダニズム胎動期の建築家を輩出してきたのであった。

　では次に、旧日向別邸の建築資料がなぜ吉田鉄郎の旧蔵品のなかにあるのか。それはタウトの日本での設計にあたって、吉田鉄郎が助力したからである。吉田は自身のほか逓信省の部下を使って、日向別邸の実施設計、監理に従事したのであった。例えば、タウトの日記には次のようにある。

　日向邸の図面を持って吉田氏のお宅を訪ねた、奥さんや息子さんにもお会いした。夥しい蔵書のある書斎でご飯をご馳走になる。そうしているうちに、吉田氏が予め打合せておいてくれた五人の建築家が来た、そのうちの二人がこの前の日曜日に熱海へ行って、日向邸の建築現場を正確に測量してくれたのである。この若い建築家達が、今度の仕事の協力者で、主として建築図面を描いてくれることになっている。私はこの人達を信頼してよさそうだ。細部について詳しい打合わせをしたが、みな良心的な人達で、十分な技術的知識をもち、趣味の点でも申分がない、恐らく現在求め得る最良のメンバーであろう、日向氏も喜んでくれると思う。吉田氏とは、話が実によく通じる、京都の上野君とまったく同様である。すぐれた人達は、どこでもすぐれているのだ。若い協力者達は、これから四、五週間手伝ってくれるそうだ。（1935年5月9日（以下『タウトの日記』からの引用）

　タウトの日記を一読したことがある人なら、この文面が最大級の褒め方をしていることがわかるであろう。日記では高名な人物に対してもしばしば辛辣なこと

Mitwirkende beim Umbau der Villa Hyûga

Baupläne und Material des von Bruno Taut geplanten Umbaus der ehemalige Villa Hyûga in Atami werden bei NTT Facilities aufbewahrt. Wieso eigentlich? Diese Quellen wurden zunächst von Yoshida Tetsurô und später von seinem Schüler an der Nihon Universität, Yahagi Hideo, aufbewahrt. Im Mai 2010 wurden sie durch den mit Yahagi in engem Kontakt stehenden Kita Kôjirô (früher beim Telegrafen- und Telefonamt tätig) an NTT Facilities übergeben; einen Monat später verstarb Yahagi. Yoshida wiederum arbeitete als Architekt viel für das ehemalige Ministerium für Kommunikation (Teishin-shô), dessen Aufgabenbereiche heute NTT Facilities übernimmt. Als das Telegrafen- und Telefonamt und die Post noch gemeinsam dem Ministerium für Kommunikation untergeordnet waren, brachte dieses Ministerium Architekten des frühen Modernismus wie Yoshida, Iwamoto Roku und Yamada Mamoru hervor.

Aber warum bewahrte Yoshida Tetsurô zunächst die Baupläne für die ehemalige Villa Hyûga auf? Das kommt daher, das Yoshida Taut bei seinen Planungen in Japan unterstützte. Yoshida beauftragte darüber hinaus auch seine Untergebenen beim Telegrafen- und Telefonamt mit der Planung, Realisierung und Aufsicht der Bauarbeiten an der Villa Hyûga. In Tauts Tagebuch heißt es dazu:

„Gestern meine Zeichnungen für Hiuga nach Tokio gebracht. Bei Yoshida, Frau, Sohn. Er sehr lieb, Essen mit ihm in seinem Arbeitszimmer mit den vielen Büchern. Dann kamen fünf junge Mitarbeiter von ihm, z.T. um mich kennenzulernen. Zwei, Herr Ieda und Homma, waren Sonntag in Atami, haben sehr korrekt aufgemessen. Sie werden die Zeichnungen ausarbeiten. Ich habe Vertrauen. Die eingehende Unterhaltung über alle Details war sehr gewissenhaft, mit guten technischen und geschmacklichen Kenntnissen. Herr Hiuga kann sich freuen. Er bekommt so vielleicht das denkbar Beste. Ich auch. Mit Yoshida ein ähnlich gutes Einverständnis wie mit Ueno. Die beiden sind die Besten. Die jungen Leute haben für vier bis fünf Wochen Arbeit." (Tagebucheintrag vom 9. Mai 1935, in der dt. Ausgabe Bd. 3, S. 71)

Wer Tauts Tagebuch einmal gelesen hat weiß, dass dieser Text als höchstes Lob verstanden werden muss. Der Text zeigt Tauts vollstes Vertrauen, da er sonst auch über hohe Persönlichkeiten bissige Kommentare schreibt. Desweiteren erweckt er den Eindruck eines Planungbüros mit Taut als Repräsentanten und Yoshida als Geschäftsführer. Tauts Klagen über das Unverständnis des Bauherren Hyûga Rihê bezüglich des Honorars (Tagebucheinträge vom 3. Juli und 16. August 1935) zeigen, dass Yoshida und seine Untergebenen ohne nennenswerten Lohn aufopferungsvoll

を書いているタウトが、全面的な信頼を寄せている様子が表れている。さながらタウトを代表、吉田を番頭とする設計事務所の観がある。タウトが施主である日向利兵衛の設計料に対する無理解を嘆いていることからすると（1935年7月3月、8月16日）、ろくな報酬もなく吉田とその部下達が献身的に働いたことがわかる。また、そうした待遇にも関わらず、部下を使うことができた吉田の人望もうかがい知れる。ときにタウトは若い協力者達の遅い仕事ぶりを嘆息しながらも）1935年6月10日、20日）、吉田らのおかげで日向邸の設計は進行した。

ちなみに、先の引用中で上野君とあるのは建築家、上野伊三郎のことであり、彼はタウトを日本に招聘した「日本インターナショナル建築会」の代表であった。

上野は有名な来日翌日の桂離宮訪問から常にタウトに同行し、吉田が日向別邸の設計を進めていたときにも、タウトの北陸東北旅行に同行している。タウトは日向別邸竣工の年、1936年に明治書房から刊行された『日本文化私観』の献辞に次のように記している。

東京　吉田鐵郎氏　高崎　上野伊三郎氏　に捧ぐ　ブルーノ・タウト

和風住宅への評価

もちろんタウトと吉田は、こうした信頼関係ができあがる前に、何度も会っている。例えばタウトが初めて東京に来て10日後の日記には次のように記されている。

吉田、山田、谷口の三氏といっしょに建築を観てまわる。吉田氏の東京中央郵便局は非常にすぐれている、震災前の設計だそうだが。吉田氏は最高の力量を具えた建築家であると同時にまた好ましい人物でもある。同氏の建築は極めて即物的だ。（1933年5月28日）

吉田の設計にも人物にも高い評価が下されている。この後に出てくる山田守と谷口吉郎の作品に対してやや欠点を指摘しているのと比べると、そのことはよりはっきりする。また、吉田の代表作ともなる東京中央郵便局について、即物的であることを評価している点も注目される。ノイエ・ザッハリヒカイト（新即物主義）を指しており、当時のタウトの意中と共鳴するところがあったのであろ

an der Villa arbeiteten. Gleichzeitig zeugen sie von Yoshidas Ansehen, der des trotz geringen Lohnes über seine Untergebenen verfügen konnte. Und obwohl Taut die bis spät in die Nacht arbeitenden jungen Mitstreiter bedauerte (Tagebucheinträge vom 10. und 20. Juni 1935), war der Fortschritt der Planungen für die ehemalige Villa Hyûga Yoshida zu verdanken.

Bei dem im obigen Zitat genannten Herrn Ueno handelt es sich übrigens um Ueno Isaburô, Vorsitzenden der Internationalen Vereinigung für Architektur in Japan, der Taut nach Japan eingeladen hatte. Seit Ueno Taut am Tag nach seiner Ankunft in Japan beim Besuch der berühmten Villa Katsura begleitet hatte, wich er nicht mehr von seiner Seite. Auch während Yoshida mit den Planungen für die ehemalige Villa Hyûga beschäftigt war, begleitete Ueno Taut auf einer Reise in den Norden Japans. Taut schreibt deshalb in der Widmung seines 1936 bei Meiji Shobô erschienenen Buches *Nihon Bunka Shikan* (Mein Blick auf die japanische Kultur):

„In Tokyo Yoshida Tetsurô, in Takasaki Ueno Isaburô gewidmet, Bruno Taut"

Tauts Würdigung japanischer Wohnhäuser

Natürlich sind sich Taut und Yoshida mehrfach begegnet, bevor sie eine solch vertrauensvolle Beziehung knüpfen konnten. Zehn Tage nachdem Taut das erste Mal nach Tokyo kam, schreibt er beispielsweise Folgendes in sein Tagebuch:

„Mit Tetsuro Yoshida, Yamada und Y. Taniguchi zusammen. Hauptpost Yoshidas sehr gut, trotzdem Entwurf vor Erdbeben. Yoshida beste Kraft und lieber Mensch (Krayl), sachlich." (Tagebuch eintrag vom 28. Mai 1933, in der dt. Ausgabe Bd. 1, S. 54)

Er schätzt Yoshidas Fähigkeiten als Architekt ebenso hoch wie seine Persönlichkeit. Das wird noch deutlicher, wenn er weiter unten auf Mängel an den Bauwerken von Yamada Mamoru und Taniguchi Yoshirô verweist. Auffallend ist auch, dass er das wichtigste Bauwerk von Yoshida, das Hauptpostamt von Tokyo als „sachlich" lobt. Damit ist die „neue Sachlichkeit" gemeint, mit der er bei Taut vermutlich Sympathien weckte. Zu dieser Zeit besuchten sie auch gemeinsam die von Yoshida entworfene Villa Baba, die bis heute in Ushigome (Tokyo) erhalten geblieben ist.

„Japanischer Teil hervorragend. Eingang! Hauptempfangsräume, kostbares Holz, Wohnhaus, Altenteil, Andachtsräume. Bad sehr einfach, groß, Spiegel nach japanischer Sitte verdeckt. Frau kocht am Herd (das Ganze ein Palast), sehr kostbar. Baukosten vor zwei Jahren 150.000 Yen, Garten 50.000 (Hügel, Steine, Bäume, alles neu). Baba Bankmann. Auch europäische Zimmer sehr gut, nur Holz im Treppenhaus berlinerisch." (Tagebucheintrag vom 28. Mai 1933, in der dt. Ausgabe Bd. 1, S. 54)

う。また、このとき彼らは、吉田の設計で牛込に現存する馬場邸も訪れている。

日本風の部分は特にすぐれている、この玄関！客間には高価な木材が用いてある。隠居部屋、これにつづく仏間。浴室は非常に簡素でかつ広い、鏡台には日本の習慣に従って蔽いがかけてあった。台所では夫人が自分で調理している！（全体がまるで宮殿の感じ）堂々とした邸宅だ。建築費は二年前に十五万円かかったという、また庭（築山、石組、樹木、すべて新たに築いたものである）には五万円を費した。洋間も非常にすぐれている、ただ階段室の用材がベルリン風だ。（1933年5月28日）

吉田が和風の住宅をこなす力量も見抜いている。建築費をメモしているあたりは実務家らしい。吉田は逓信省の官吏であり、モダニズムの旗手であるとの評価が、当時から現在に至るまで一般的であるが、同郷の富山出身の豪商、馬場家の諸住宅を手がけているのである。このように、吉田の設計になる和風住宅に共感したことも、タウトが日向別邸にあたって吉田に協力を求めた一因かもしれない。日向別邸の設計に着手した1935年に吉田がドイツ語で書き、桂離宮と馬場邸の写真が多数挿入された『日本の住宅』は、タウトにとっての和風設計マニュアルとなった可能性すら想像される。

施主と大工

日向別邸は、鉄筋コンクリート造の擁壁の内部につくられた空間という特殊な条件から、不思議な部屋が連続しているが、そのピンポン室の天井には桐の小板が使われている。海辺の地下室という条件を考慮して調湿性にすぐれた桐を選んだのかもしれない。洋間の床のチークや、日本間の檜に漆塗り等も湿度に強い材料、仕上げである。桐板については日記に次のような記述がある。

日向氏は、私が熱海の増築家屋の日本間に桐の天井板を選んだら、そのすばらしい効果を認めながらも、この材料の使用をどうしても肯んじない、安物の下駄を思い出すというのである。同氏は自分でも『迷信』だと言っているが、やはり気になるらしく、吉田（鉄郎）氏に電話をかけて加勢を求めている。（1935年8月17日）

Hier erfasst Taut Yoshidas Fähigkeit, japanische Wohnhäuser zu perfektionieren. Sein Festhalten der Baukosten weist ihn als praxisorientierten Geschäftsmann aus. Yoshida wurde im Allgemeinen schon damals und heute immer noch als Beamter des Telegrafen- und Telefonamtes und gleichzeitige Speerspitze des Modernismus hoch geschätzt. Für den Großkaufmann Baba, der wie er aus Toyama stammte, entwarf Yoshida jedoch auch verschiedene Wohnhäuser. Dass Taut sich für Yoshidas Entwürfe japanischer Wohnhäuser begeisterte, mag einer der Gründe dafür gewesen sein, dass er bei der ehemalige Villa Hyûga um seine Mitarbeit bat. Vorstellbar ist auch, dass Taut, als er 1935 mit dem Entwurf für die ehemalige Villa Hyûga begann, das von Yoshida auf Deutsch geschriebene und mit vielen Fotos der Villa Katsura und der Villa Baba versehene *Japanische Wohnhäuser* (Nihon no jûtaku) als Handbuch japanischer Architektur verwendete.

Bauherr und Zimmermann

In der ehemalige Villa Hyûga reihen sich aufgrund des besonderen Umstandes, dass Raum im Innern von Stützmauern aus Stahlbeton geschaffen wurde, sonderbare Zimmer aneinander. Für die Zimmerdecke des Tischtennis-Raumes wurde eine Vertäfelung aus Paulownienholz verwendet. Das Paulownienholz wurde vermutlich wegen seiner hervorragenden Anpassung an die Luftfeuchtigkeit gewählt, da es sich um ein Untergeschoss-Zimmer in Meeresnähe handelt. Der Boden des europäischen Zimmers wurde mit Teakholz, der des japanischen Zimmers mit feuchtbeständig lackiertem Holz der Hinoki-Scheinzypresse ausgelegt. Zur Paulownienholztäfelung findet sich im Tagebuch folgende Beschreibung:

„Herr Hiuga will durchaus nicht das von mir gewählte Material für die Decke des japanischen Raumes, obgleich auch er es für das beste in der Wirkung hält. Nur weil es bei billigen Getas imitiert wird. Er sagt selbst: Superstition! Da hat er Yoshida zur Hilfe antelefoniert." (Tagebucheintrag vom 17. August 1935, in der dt. Ausgabe Bd. 3, S. 131)

Hier erscheint das Gesicht des ratlos zwischen Taut und dem Bauherrn stehenden Yoshida. Wenige Tage später (am 8. September 1935) schreibt Taut, dass Hyûga „bis auf jene Decke" allem zugestimmt habe; im fertiggestellten japanischen Zimmer wurde die Decke mit gemaserten Platten aus Zedernholz (in „Das Haus in Atami" steht „Urzeit-Zedern") vertäfelt. Im Tischtennis-Raum konnte Taut das Paulownienholz durchsetzen, im japanischen Zimmer setzte sich offensichtlich Hyûga durch.

Taut wusste, dass japanische Wohnhäuser „üblicherweise nach den Wünschen des Bauherren und dem Geschmack des Zimmermanns entstehen" („Das Haus in Atami"). Das war nicht nur theoretisches

タウトと施主の間で困惑する吉田の顔が浮かぶようである。タウトはこの数日後（1935年9月8日）、日向が「あの天井以外はすべて承認した」と書いている。できあがった日本間の天井には杉の杢板（「熱海の家」の解説文には「神代杉」とある）が使われている。ピンポン室では桐を認めさせたが、日本間は押し切られたらしい。

タウトは和風住宅が「建築主の希望と大工の趣味とできまるのが普通」（「熱海の家」）だということを承知していた。それは単に知識としてだけでなく、同時期に進行していた久米権九郎との共同設計になる大倉和親邸で、施主が決めた平面図や色によって不本意な思いをしていたからである（1935年3月4日、11月20日、12月10日）。

日向別邸の施工の際、吉田鉄郎は大工として佐々木嘉平を紹介している（1935年6月10日）。佐々木も吉田と同郷の富山の人で、堂宮大工であった。佐々木についてタウトは次のように記している。

近頃、大工の佐々木さんと二時間ばかり『話した』。佐々木さんは英語をひとこともしゃべれないし、私は日本語をまるきり話せないといってよい。しかしすぐれた建築と同様に、図面と鉛筆とは『国際的』なものであるから、どうやら話を通じさせることができた。佐々木さんは気象 [ママ] のよい慎重な人だ。とにかく今度の仕事を立派に仕上げる（私はそうできると信じている）ためには、少々変妙な日向老人の気持をよく呑込んで、程よく取扱わねばならない。（1935年8月17日）

このように施主への不信を抱きつつも、信頼のおける施工者を得たのだが、多くの建築家が和室の造作は大工に任せていた時代、タウトにとっては大工に対しても勝手にやらせないことが必要だった。だからこそ、吉田の紹介による佐々木が担当することになったのだ。吉田の佐々木に対する役割は、その腕を見込んだ上で、タウトのデザインを忠実に施工させることだったのではないか。腕の利く大工に対しては「やらせない」ことも、デザインを制御する上で大事なことなのだ。

古人の求めしところ

日向別邸の日本間は変わっている。12畳の畳は並行に敷かれた不祝儀敷で、

Wissen, sondern entsprach auch der Erfahrung, die er beim zur gleichen Zeit in Zusammenarbeit mit Kume Gonkurô entworfenen Haus von Ôkura Kazuchika gemacht hatte. Dort hatte er Widerwillen gegen den Grundriss und die Farben empfunden, die der Bauherr gewählt hatte (Tagebucheinträge vom 4. März, 20. November und 10. Dezember 1935). Anlässlich des Baubeginns der ehemalige Villa Hyûga machte Yoshida Taut mit dem Zimmermann Sasaki Kahei bekannt (Tagebucheintrag vom 10. Juni 1935). Sasaki kam wie Yoshida aus Toyama und war Zimmermann für Paläste und Schreine. Über Sasaki schreibt Taut Folgendes:

„Kürzlich habe ich mit seinem [Hyûgas] Unternehmer [dem Zimmermann Sasaki] zwei Stunden „gesprochen": Er kein Wort englisch, und ich fast ebenso japanisch. Aber Zeichnungen und Bleistift sind international wie gute Architektur, und er ist ein netter sorgfältiger Mann. Da die Sache gut wird (ich hoffe), muß ich den komischen alten Kauz sehr psychologisch nehmen." (Tagebucheintrag vom 17. August 1935, in der dt. Ausgabe Bd. 3, S. 131)

Wenngleich er dem Bauherrn Misstrauen entgegen brachte, so hatte er nun doch eine ausführende Hand gefunden, der er vertraute. Zu einer Zeit, in der die meisten Architekten japanische Räume dem Zimmermann überließen, bestand Taut dennoch darauf, dem Zimmermann nicht völlig freie Hand zu lassen. Aus eben diesem Grund entschied er sich für den von Yoshida vorgestellten Sasaki. Yoshidas Aufgabe gegenüber Sasaki wiederum bestand vermutlich darin, dass er zunächst dessen Fähigkeiten korrekt einschätzte und ihn dann dazu brachte, Tauts Design treu umzusetzen. Um die Kontrolle über das Design zu behalten, war es wichtig, selbst einem hochbegabten Zimmermann nicht „freie Hand zu lassen".

Wonach die Alten suchten

Das japanische Zimmer der ehemalige Villa Hyûga ist etwas Besonderes. Es hat zwölf unorthodox nebeneinander gereihte Tatami-Matten, eine zur der Hangseite gelegene Schmucknische (*tokonoma*), daneben eine Treppe mit vier Stufen von unterschiedlicher Breite und an deren Ende eine obere Ebene mit vier Tatami-Matten. Auch die Schmucknische ist alles andere als eine normale Schmucknische. Zwar verfügt sie über einen Zierbalken (*tokogamachi*) an der unteren Vorderkante, doch die normalerweise etwas versetzte Kante der oberen Blende (*otoshigake*) befindet sich auf derselben Höhe wie die oberen Querbalken (*kamoi*) der Schiebetüren bzw. Durchgänge und ist in der selben Weise ausgeführt wie diese. Auch die senkrechten Pfosten der Schmucknische sind mit denselben Pfosten und in derselben rotbraunen Lackierung ausgeführt wie alle anderen Pfosten. Dieses Design wählte Taut bewusst und schrieb dazu:

山側に取られた床の間の横には幅の異なる4つの段があり、その上に4畳半の上段の間がある。そして、床の間も一見、床の間らしくない。床框はあるものの落掛は鴨居と同じ高さ、同じ見付、同じ仕上げである。床柱も他の柱と同じく角柱で、鳶色の漆が施してある。これはタウトが意図的にやったことで、次のように述べている。

特色のある要素の一つは鴨居である。その単純さと最小限度の太さとは、趣味の良さを示す。床柱は一般の柱よりも一糎だけ太く、またすべての木部の角角には気づかれないほどにかすかな面がとつてある。(「熱海の家」)

こうした意匠は、慣習的な見方からは発想しえないことではないだろうか。落掛は鴨居と違うから落掛なのであって、床柱は他の柱と明らかに違うから床柱なのである。そして床柱や落掛が判然としない空間は慣習的な床の間を異化する。タウトは慣習化された技術体系の外側にいて、日本の古典的空間を純粋な眼で見たからこそ、こうした意匠ができたのであり、日向別邸の設計と並行して書かれた「日本の大工」(1935. 9.22) で落掛の高さや色付けに言及している件などを読むと、このことに十分意識的であったのがわかる。そしてこの意識の形成を助けたのが吉田とのやりとりだったのだ (1936 年 9 月 20 日)。タウトは言う。

芸術的観念の自由といふことは、昔の名匠たちが作品の独創性を尊重し、模倣を軽蔑したことを思へば、なほさら日本の古典芸術の精神にそふものといへる。(「熱海の家」)

つまり、慣習的な模倣によるのではなく、(タウトが賞賛していた小堀遠州のような)名匠の自由な独創性に学ぶことが、彼が日本の伝統に見出した精神というわけである。タウトが日向別邸を設計中の時期、日記に記した次の芭蕉の言葉は、これとほぼ同様のことと読める。

古人の跡をもとめず、古人の求める所を求めよ(1935 年 7 月 19 日)

この言葉は、後年、吉田鉄郎がその遺著となった『スウェーデンの建築家』の後書きで、全く同じように引いている。

„Ein besonderes Element sind die Querbalken (*kamoi*). Ihre Einfachheit und minimalste Dicke zeigen guten Geschmack. Die senkrechten Pfosten der Schmucknische sind nur einen Zentimeter dicker als die Querbalken und mit matter Oberfläche versehen, so dass die Eckigkeit der Hölzer das Auge nicht ermüdet." (Aus „Das Haus in Atami")

Auf ein solches Design kommt man wohl kaum mit einer konventionellen Perspektive. Erst die Unterscheidung der Vorderblende (*otoshigaki*) vom Querbalken (*kamoi*) macht die Vorderblende zur Vorderblende, so wie der offensichtliche Stärkenunterschied die senkrechte Pfosten der Schmucknische von anderen Pfosten im Raum unterscheidet. Schließlich verfremdet der Raum mit den als solchen kaum wahrnehmbaren Pfosten und Vorderblende die konventionelle Schmucknische. Tauts klarer Blick von außerhalb des konventionellen technologischen Systems auf den klassischen japanischen Raum befähigte ihn zu diesem Design. Seine Ausführungen zur Höhe und Farbe der Vorderblende in *Japanische Zimmermannskunst* (22. September 1935), das er parallel zu seinen Planungen der ehemalige Villa Hyûga verfasste, zeigen deutlich, dass er sich der bestehenden Konventionen bewusst war. Und dieses Bewusstsein war im Austausch mit Yoshida entstanden (Tagebucheintrag vom 20. September 1936). Taut schreibt::

„Wenn man bedenkt, dass die alten Meister die Kreativität eines Kunstwerks bewunderten und Imitation verabscheuten, dann ist klar, dass die Freiheit der künstlerischen Vorstellung von jeher ein Wesenszug der klassischen Kunst in Japan war." (Aus „Das Haus in Atami")

Damit hat Taut als Wesen der japanischen Tradition nicht konventionelle Imitation, sondern das Lernen von der freien Kreativität berühmter Meister (wie des von Taut bewunderten Kobori Enshû) entdeckt. Während seiner Arbeit an den Entwürfen für die ehemalige Villa Hyûga hielt er im Tagebuch folgende Worte von Matsuo Bashô fest, die diesem Gedanken sehr nahe kommen:

„Man solle nicht studieren, was die Alten machten, sondern was sie suchten." (Tagebucheintrag vom 19. Juli 1935, in der dt. Ausgabe Bd. 3, S. 121)

Diese Worte zitiert Yoshida Tetsurô Jahre später auch im Nachwort seines posthum erschienen Werkes *Suweden no kenchikuka* (Schwedens Architekten). Er denkt dabei ganz offensichtlich an Taut und schreibt im Anschluß daran Folgendes:

„In unserem Land gab es seit frühester Zeit das besondere ästhetische Ideal der Reinheit (*kiyorakasa*), aller Wahrscheinlichkeit nach deshalb, weil es eng mit [dem Ideal] der Genügsamkeit verbunden ist. In

明らかにタウトを意識しており、その後次のように言う。

　わが国には古来、清らかさという特殊な美の観念があり、かつ、それはおそらく、きりつめたものに密接につながっているだろうからである。もっとも合理的な、もっとも経済的な、かつ、清らかな建築は、きわめて日本的である。しかし、それはかつての、斗・肘木式の建築におけるような、日本主義的な色彩はすこしもない。かつて、ブルーノ・タウトは、清らかさを賛美して、日本文化が世界文化に貢献したものだといったが、この種の建築も、日本人のみでなく、世界の人びとに貢献することができるであろう。

　ここで「清らかさ」は「きりつめたもの」、すなわち装飾的な要素を削ぎ落とし、合理性を追求するモダニズムの精神と結びついている。寺社のような古建築を形態だけまねた帝冠様式のようなものではなく、「清らかさ」を継承することで日本＝伝統と世界＝モダニズムが連続する。これがタウトが教えたことであり、それは吉田の辞世でもあった。

タウトの最も近くに

　NTTファシリティーズの所蔵資料に、芝生にタウトが寝転び、その周りを9人が思い思いの姿勢で取り囲んでいる写真がある。背後には海が見える。1936年9月20日、完成した日向別邸を見に行ったとき、熱海のホテルの庭で撮られたという。ここでタウトの最も近くに控えるように座っているのが吉田鉄郎である。他はエリカを含め外国人が3人、日本人が5人いる。このとき吉田は、アサヒグラフの日向別邸に関する記事の取材で訪れたらしく、タウトの完成検分にあわせて日程を組んだのではなかろうか。ドイツ語の堪能な通訳として、また建築の専門家として、タウトの言葉を皆に伝える役割もしたであろう。だからタウトの近くにいるのは当然なのだが、何よりも約1年半にわたって一緒に仕事をした仲間であり、タウトの建築を最もよく理解している自負さえも漂っているようだ。そして吉田がタウトの最良の理解者であり助言者であることは、日向別邸の仕事だけでなく、実はタウトの滞日中の全期間、さらにはそれ以後にも及ぶものであった。

　この写真から1ヶ月足らずでタウトは

höchstem Maße rationale, sparsame und reine Architektur ist der Inbegriff des „Japanischen". Das hat absolut nichts mit nationalistischen Tendenzen gemein, wie man sie etwa in von japanischem Maß und von Sattelholzstrukturen dominierten Architektur der Vergangenheit findet. Vor Jahren lobte Bruno Taut die Reinheit als das, was die japanische Kultur zur globalen Kultur beigetragen habe. Diese Art von Architektur kann nicht nur Japanern, sondern Menschen aus der ganzen Welt dienen."

„Reinheit" und „Genügsamkeit", d.h. das Weglassen aller dekorativen Elemente, werden hier mit der Suche nach Rationalität als dem Wesen des Modernismus verbunden. Nicht durch den „Kaiserkronenstil" (*teikan yôshiki*), der [von den 1920ern bis 1945] die Bauweise alter Tempel und Schreine einfach nur imitierte, sondern durch die Übernahme der „Reinheit" (*kiyorakasa*) entsteht die Verbindung zwischen Japan=Tradition und der Welt=Modernismus. Das hat Taut gelehrt und das waren auch Yoshidas letzte Worte.

In Tauts allernächster Nähe

　Unter den bei NTT Facilities aufbewahrten Materialien befindet sich auch ein Foto, auf dem Taut auf einer Wiese liegt, umgeben von neun Personen in den verschiedensten Posen. Im Hintergrund ist das Meer zu sehen. Darauf steht, dass es am 20. September 1936 auf dem Weg zur fertiggestellten ehemalige Villa Hyûga im Garten eines Hotels in Atami aufgenommen wurde. Hier sitzt Yoshida Tetsurô in Tauts allernächster Nähe. Außer ihm sind drei Ausländer, unter ihnen Erica, und fünf Japaner zu sehen. An diesem Tag fuhr Yoshida für ein Interview der Zeitung *Asahi Graph* über die ehemalige Villa Hyûga nach Atami und koordinierte diesen Termin offensichtlich mit Tauts Abschlussinspektion. Als hervorragender Übersetzer des Deutschen und Fachmann der Architektur hatte er die Aufgabe, Tauts Worte an die ihn umgebenden Personen zu übermitteln. Dadurch saß er natürlich in Tauts Nähe. Andererseits war er zu diesem Zeitpunkt seit über anderthalb Jahren Tauts Mitstreiter in der gemeinsamen Arbeit und sein Gesicht zeigt seinen Stolz darauf, der beste Kenner von Tauts Architektur zu sein. Nicht nur während der Arbeiten an der ehemalige Villa Hyûga, sondern während seines gesamten Aufenthaltes in Japan und darüber hinaus war Yoshida Tauts bester Kenner und Berater.

　Weniger als einen Monat nach der Aufnahme dieses Fotos verließ Taut Japan; er starb zwei Jahre später in der Türkei. 1939 kam dann Tauts Lebensgefährtin Erica noch einmal nach Japan und übergab seinen architektonischen Nachlass an Yoshida. Heute wird dieser Nachlass bei NTT Facilities aufbewahrt.

離日し、それから2年後にトルコで客死する。その後、1939年に秘書であり伴侶であったエリカが再来日し、建築関係の資料を吉田鉄郎に託したのである。これが今、NTTファシリティーズにある。

本稿執筆にあたり、株式会社NTTファシリティーズの皆様にはご高配を賜り、特に吉岡康浩様には所蔵資料およびタウトと吉田の関係について多大なご教示を頂いた。記して感謝申し上げる。

日向別邸の日本間
Das japanische Zimmer in der Villa Hyûga

Während des Schreibens dieses Artikels erhielt ich vielfache Unterstützung durch Mitarbeiter von NTT Facilities und lernte besonders von Yoshioka Yasuhiro viel über das aufbewahrte Material und Tauts Beziehung zu Yoshida. Ihnen allen gilt mein herzlicher Dank!

参考文献
ブルーノ・タウト、篠田英雄訳『日本 タウトの日記』全3巻、岩波書店、1975年（原文との齟齬が明らかになった箇所については修正した）
ブルーノ・タウト、森儁郎訳『日本文化私観』明治書房、1936年
ブルーノ・タウト、吉田鉄郎訳『日本の建築』育生社、1946年（「熱海の家」「日本の大工」所収）
吉田鉄郎『スウェーデンの建築家』彰国社、1957年
吉田鉄郎、近江栄監修、向井覚、大川三雄、田所辰之助共訳『建築家・吉田鉄郎の「日本の住宅」』鹿島出版会、2002年
観音克平「逓信建築家吉田鉄郎の素顔 故矢作英雄氏に託された遺品から その1、その2」『日本建築学会大会学術講演梗概集』2011、2012年
吉岡康浩「ブルーノ・タウトを支えた日本人 エリカ・ビティッヒの忘れ物」旧日向別邸講演会資料、2012年

Literaturhinweise
Bruno Taut, *Nihon: Tauto no nikki* (Bruno Taut in Japan: Das Tagebuch), 3 Bde. übersetzt von Shinoda Hideo, Iwanami Shoten, 1975. (Offensichtliche Fehler im Text der japanischen Ausgabe wurden korrigiert.)
Bruno Taut, *Nihon bunka shikan* (Mein Blick auf die japanische Kultur), übersetzt von Mori Toshio, Meiji Shobô, 1936.
Bruno Taut, *Nihon no kenchiku* (Japanische Architektur), übersetzt von Yoshida Tetsurô, Ikuseisha, 1946; enthält „Das Haus in Atami" und „Japans Zimmermannskunst".
Yoshida Tetsurô, *Suweden no kenchikuka* (Schwedens Architekten), Shôkokusha, 1957.
Yoshida Tetsurô, Ômi Sakae (Hrg.), Mukui Satoru (Ü.), Ôkawa Mitsuo (Ü.), Tadokoro Shinnosuke (Ü.), *Kenchikuka Yoshida Tetsurô no "Nihon no jûtaku"* (Das Buch „Japanische Wohnhäuser" des Architekten Yoshida Tetsurô), Kagoshima Shuppankai, 2002.
Kannon Katsuhira, „Teishin kenchikuka Yoshida Tetsurô no sugao: ko Yahagi Hideo shi ni takusareta ihin kara, sono 1, sono 2" (Das wahre Gesicht des Teishin-Architekten Yoshida Tetsurô: anhand der Hinterlassenschaften aus dem ehemaligen Besitz von Yahagi Hideo, Teil 1/2), in *Nihon Kenchiku Gakkai Taikai Gakujutsu Kôen Kôgaishû*, 2011, 2012.
Yoshioka Yasuhiro, „Burûno Tauto wo sasaeta nihonjin, Erika Bitihhi no wasuremono" (Japaner, die Bruno Taut unterstützten; Von Erica Wittich Zurückgelassenes), Manuskript eines Vortrages in der Villa Hyûga, 2012.

土屋 和男　Kazuo Tsuchiya

1987	東京都立井草高等学校卒業
1992	工学院大学工学部建築学科卒業（初田研究室）
1994	芝浦工業大学大学院工学研究科修士課程建設工学専攻修了
1995	常葉学園短期大学美術・デザイン科助手
2000	芝浦工業大学大学院博士課程地域環境システム専攻修了、博士（学術）
2002	常葉学園大学造形学部造形学科講師
2017	常葉大学造形学部造形学科教授
1987	Abschluss der Igusa-Oberschule der Präfektur Tokyo
1992	Abschluss der Abteilung für Architektur der Fakultät für Ingenieurwissenschaft der Kogakuin Universität (Labor von Prof. Hatsuta)
1994	Abschluss des M.A.-Studiengangs für Bautechnik des Graduiertenkollegs Ingenieurwissenschaft der Shibaura Ingenieurhochschule
1995	Assistent der Abteilung für Kunst und Design der Kurzzeitfakultät der Tokoha Universität
2000	Verleihung des Doktorgrades nach Abschluss des Ph.D.-Kurses für regionale Umweltsysteme des Graduiertenkollegs der Shibaura Ingenieurhochschule
2002	Dozent der Abteilung für Modellierung der Fakultät für Kunst und Design der Tokoha Universität Gegenwärtig Associate Professor der Abteilung für Modellierung der Fakultät für Kunst und Design der Tokoha Universität

小田川木工所

小田川富夫氏に聞く

Die Tischlerei Odagawa

Interview mit Odagawa Tomio

杉原 有紀
Yuki Sugihara

小田川木工所 （群馬県高崎市下佐野町）　Die Tischlerei Odagawa (Shimosano-machi, Takasaki-shi, Gunma-ken)

折り畳み机　1934年9月18日
1934年12月25日の日記に「天皇陛下に献上した書机と玩具とは、陛下のお気に召した」とあるのは、この机のことだろう。タウトと儘田の署名がある。シュパイデル先生に伺った。「折り畳み机はドイツ文化では一般的で、場所を取らず優雅な家具だ。タウトは洗心亭でも作らせたし、旧日向邸でも日本間に用いた」

Hochklappbarer Schreibtisch (Sekretär), 18. September 1934 Im Tagebuch steht am 25. Dezember 1934: „Der Sekretär soll auch dem japanischen Kaiser gefallen haben, ebenso die Spielsachen." Damit ist vermutlich dieser Schreibtisch gemeint. Tauts und Mamadas Unterschriften finden sich darauf Prof. Speidel sagt: „Hochklappbare Schreibtische sind in der deutschen Kultur weit verbreitet, sie sind elegante und platzsparende Möbelstücke. Taut ließ einen für den Pavillon der Reinigung des Herzens anfertigen und verwendet auch einen für das japanische Zimmer in der ehemalige Villa Hyûga."

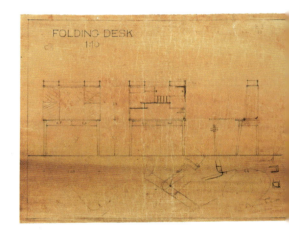

レストラン用のテーブルと椅子
TABLE AND CHAIR FOR RESTAURANT
図面を描いた儘田は家具の責任者としてタウトが洗心亭に来た直後の1934年8月7日から、洗心亭を旅立つ日までしばしば日本版の日記に登場する。シュパイデル先生は自身が監修したドイツ語の完全版の日記を参照し「8月22日の布張りの椅子、9月3日のレストランのダイニングチェアの記述と完全に一致する」と述べた。

Tisch und Stühle für ein Restaurant
Mamada, der die Konstruktionszeichnung erstellte, war für Möbel verantwortlich und taucht vom 7. August 1934, kurz nach Tauts Ankunft im Pavillon der Reinigung des Herzens, bis zum Tag der Abreise von dort immer wieder in Tauts Tagebuch auf. Basierend auf dem von ihm editierten Tagebuch erklärt Prof. Speidel: „Es handelt sich in der Tat um den gepolsterten Esszimmerstuhl aus dem Tagebuch vom 22. August und 3. September."

「1893年に祖父が木工所を創業した。父の勇四朗は自分の家で修行し、ちゃぶ台や指物を作っていたが洋家具を造り始めた。自宅兼工場と、井上房一郎が担当した群馬県工芸試験場高崎分場の工場長だった。父は自分では図面は書かず、製作を担当した。ブルーノ・タウトが洗心亭で座っていた椅子や、ミラテスで販売した家具、ノエミ・レーモンドの家具を作ったと聞いた。良い家具は売り物にしたので、製作記録すら残っていない。椅子は木工のみを担当し、張り屋に預けて生地を張った。当時は柄物やグリーンの別珍を使うことが多かった。今でも工房には沢山のカンナや道具があるが、もう何十年も椅子は作っていない。1937年に父が亡くなり、1991年に箱を整理すると手紙や昭和天皇に献上した『展覧品』の図面を見つけた」NICHE編集部が調べると、ミラテスの社員で家具を担当した山野冨佐夫や、群馬県工芸試験場の儘田郁彦による図面だとわかった。マンフレート・シュパイデル先生に連絡するとタウトの日記と照合し、「タウトは井上のための最初のひと月で主な家具をすべて作った。これまで出版していないテーブルと椅子の図面があるとわかり興奮している」と述べた。

Mein Großvater gründete die Tischlerei 1893. Mein Vater Yûshirô ging zuhause in die Lehre und fertigte niedrige Esstische und Tischlerarbeiten, bevor er mit der Herstellung europäischer Möbel begann. Er war Chef der Werkstatt in seinem Haus und Werkstattleiter der Ortsniederlassung des Kôgei-Shikenjo der Präfektur Gunma in Takasaki, für die Inoue Fusa'ichirô zuständig war. Mein Vater verzichtete bei der Herstellung auf Konstruktionszeichnungen. Ich habe gehört, dass er Tauts Stühle im Pavillon der Reinigung des Herzens, die Möbel, die im MIRATISS verkauft wurden, und Möbel für Noemi Raymond hergestellt hat. Da er alle guten Möbelstücke verkaufte, gibt es nicht einmal eine Liste seiner Arbeiten. Bei den Stühlen fertigte er nur die Holzkonstruktion und gab sie dann in die Polsterei zum Beziehen. Damals wurde viel gemusterter oder grüner Baumwollsamt verwendet. Auch heute gibt es in der Werkstatt noch jede Menge Hobel und Werkzeuge, doch hier werden schon seit zig Jahren keine Möbel mehr hergestellt. Mein Vater starb 1937; als ich 1991 seine Kisten sortierte, fand ich Briefe und Konstruktionszeichnungen von „Ausstellungsstücken" die dem Shôwa-Kaiser überreicht wurden." Recherchen der NICHE-Redaktion ergaben, dass es sich um Konstruktionszeichnungen von Yamano Fusao, der als Angestellter von MIRATISS für Möbel zuständig war, bzw. von Mamada Ikuhiko aus dem Kôgei-Shikenjo in Gunma handelte. Auf unsere Anfrage antwortete Prof. Speidel, nachdem er Tauts Tagebuch befragt hatte: „Im ersten Monat fertigte Taut für Inoue fast alle wichtigen Möbelstücke. Es freut mich in höchstem Maße zu erfahren, dass noch nicht veröffentlichte Konstruktionszeichnungen von Tischen und Stühlen existieren."

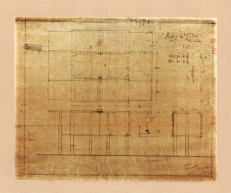

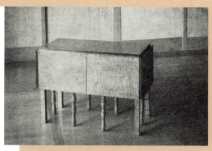

EXTENTION TABLE　1934年9月21日
タウトと儘田の署名がある。シュパイデル先生に伺った。「テーブルの写真から日本の書院造りの違い棚をモチーフに使ったタウトの意図がわかる。製作年月日から考えて日向邸のために作ったわけではないが、1936年9月の日向邸のオープニングにて、タウトはこのテーブルを洋間の階段の上に置いて使った」
写真は『美術と工芸』タウト全集第3巻、篠田英雄訳、1943年より

Ausziehbarer Tisch, 21. September 1934
Er trägt Tauts und Mamadas Signatur. Prof. Speidel erläutert: „Das Foto des Tisches zeigt, dass Taut ihn wie ein *chigai dana* (Stufenkonstruktion von Regalen) aus Samurai-Wohnhäusern verwenden wollte. Dem Herstellungsdatum nach war er nicht für die Villa Hyûga bestimmt, doch bei der Eröffnungsfeier der Villa im September 1936 stellte er den Tisch auf die obere Ebene des europäischen Zimmers."
Aus *Tauto zenshû dai 3 kan: Bijutsu to kôgei* (Tauts Gesammelte Werke Bd. 3: Kunst und Kunsthandwerk), übersetzt von Shinoda Hideo, 1943.

たばこ盆原寸図　1937年6月16日
渡辺力（1912 - 2013）はミラテスで3か月働いた後、群馬県工芸試験場の勤務になった。タウトがいた洗心亭に3か月下宿し、図面を描いた。ヒノキ材で百個と記してある。小田川氏は言う。「水原徳言は小田川木工所でこの図面を見て『トルコのタウトの家で同じものを見た』と言った」

Zeichnung eines Aschenbechers 1:1
Nachdem Watanabe Riki (1912-2013) drei Monate im MIRATISS gearbeitet hatte, wurde er beim Kôgei-Shikenjo der Präfektur Gunma angestellt. Er wohnte drei Monate als Untermieter mit Taut im Pavillon der Reinigung des Herzens und fertigte Konstruktionszeichnungen an. Eine Notiz besagt, dass das Holz der Hinoki-Scheinzypresse verwendet und 100 Stück hergestellt werden sollen. Dazu erklärt Herr Odagawa: „Als Mihara Tokugen die Zeichnung in der Tischlerei Odagawa sah, sagte er, genau so einen Aschenbecher habe er im Haus Tauts in der Türkei gesehen."

Sammlungen

ブルーノ・タウトコレクション

ブルーノ・タウト
関連資料収蔵先

Orte, an denen Material von und
zu Bruno Taut aufbewahrt wird

SENDAI

04 群馬県立歴史博物館
Gunma Prefectural Museum of History

05 少林山達磨寺
Shôrinzan Daruma-Tempel

01 仙台市博物館
Sendai City Museum

02 仙台文学館
Sendai Literature Museum

03 東北歴史博物館
Tohoku History Museum

TAKASAKI

ATAMI

TOKYO

08 旧日向別邸
Die ehemalige Villa Hyûga

09 蕎麦処「多賀」
Soba-Restaurant „Taga"

06 NTTファシリティーズ
NTT Facilities

07 早稲田大学図書館
Bibliothek der Waseda Universität

zu Bruno Taut

01 仙台市博物館

Sendai City Museum

所在地：〒 980-0862 仙台市青葉区川内 26 番地＜仙台城三の丸跡＞
開館時間：9:00-16:45
問合せ先：022-225-3074
収蔵品：タウト指導の照明具規範原型（復元）、椅子規範原型、タウトの日記の挿絵

Anschrift : Kawauchi 26 „Sendai-jō Sannomaru-ato", Aoba-ku, Sendai-shi, 980-0862 Miyagi-ken
Öffnungszeiten : 9:00-16:45
Kontakt : 022-225-3074
Im Besitz : Unter Tauts Anleitung entstandene Mustermodelle von Lampen (rekonstruiert), Mustermodelle von Stühlen, Illustrationen aus Tauts Tagebuch

松島図色紙／タウト筆
Taut, Pinselzeichnung von Matsushima auf Zeichenkarton

タウト指導の椅子の規範原型
Unter Tauts Anleitung entstandenes Mustermodell eines Stuhles

タウト指導の照明具規範原型チームの照明具 3 点
3 unter Tauts Anleitung entstandene Lampen des Teams „Mustermodelle für Lampen"

02 仙台文学館

Sendai Literature Museum

所在地：〒 981-0902 仙台市青葉区北根 2-7-1
開館時間：9:00-17:00
問合せ先：TEL.022-271-3020
収蔵品：タウトの色紙 2 枚

Anschrift : Kitane 2-7-1, Aoba-ku, Sendai-shi, 981-0902 Miyagi-ken
Öffnungszeiten : 9:00-17:00
Kontakt : 022-271-3020
Im Besitz : 2 Zeichnungen von Taut auf Zeichenkarton

色紙／無題（山と民家が描かれている）1934 年 3 月 3 日
Zeichenkarton, ohne Titel (Berge und Bauernhaus), 3. März 1934

色紙／雪の松島　1934 年 3 月 3 日
Zeichenkarton, Matsushima im Schnee, 3. März 1934

Sammlungen

03 東北歴史博物館

Tohoku History Museum

所在地：〒985-0862 宮城県多賀城市高崎 1-22-1
開館時間：9:30-17:00
問合せ先：022-368-0106
収蔵品：写真 2 点

Anschrift : Takasaki 1-22-1, Tagajô-shi, 985-0862 Miyagi-ken
Öffnungszeiten : 9:30-17:00
Kontakt : 022-368-0106
Im Besitz : 2 Fotos

工芸指導所庁舎前でタウトを囲んで記念撮影
Erinnerungsfoto mit Taut in der Mitte vor dem Institutsgebäude des Kôgei-Shidôsho

「工芸指導所開所 5 周年記念展」を訪ねて批評しているタウト（エリカ、そして国井所長、建築家久米権九郎も写っている）
Taut sowie Erica, Direktor Kunii und der Architekt Kume Gonkurô während Tauts Besuch der "Ausstellung zum fünfjährigen Jubiläum des Kôgei-Shidôsho"

04 群馬県立歴史博物館

Gunma Prefectural Museum of History

所在地：〒370-1293 群馬県高崎市綿貫町 992-1
開館時間：9:30-17:00
問合せ先：027-346-5522
収蔵品：井上房一郎寄贈品 38 件 137 点

Anschrift : Watanuki-machi 992-1, Takasaki-shi, 370-1293 Gunma-ken
Öffnungszeiten : 09:30-17:00
Kontakt : 027-346-5522
Im Besitz : 137 Stücke aus 38 Kategorien, gestiftet von Inoue Fusa'ichirô

ブルーノ・タウトの銅造デスマスク
Bruno Tauts Totenmaske aus Bronze

銅製キャンドルスタンド／5 本立
Fünfarmiger Kerzenständer aus Bronze

鉄製ライトスタンド
Eiserne Stehlampe

タウト・井上印
Stempel von Taut und Inoue

ミラテス看板
Entwurf für das Ladenschild von Miratiss

05 少林山達磨寺　宝物館 ブルーノ・タウト資料室

Schatzkammer des Shôrinzan Daruma-Tempels, Materialsammlung zu Bruno Taut

所在地：〒370-0868 群馬県高崎市鼻高町296
問合せ先：027-322-8800
収蔵品：タウト滞在時の写真、デスマスク、洗心亭、石碑、他

Anschrift : Hanadaka-machi 296, Takasaki-shi, 370-0868 Gunma-ken
Kontakt : 027-322-8800
Im Besitz : Fotos aus der Zeit von Tauts Aufenthalt, Totenmaske, der Pavillion der Reinigung des Herzens, Gedenktafel etc.

緑の椅子
Grüner Stuhl

レストランチェア（再制作）
Restaurant-Stuhl

アームチェア
Sessel

06 NTTファシリティーズ 新大橋ビル

NTT Facilities Shin-Ôhashi Building

所在地：〒135-0007 東京都江東区新大橋1-1-8
問合せ先：03-5286-1754　研究開発部　知的財産室
収蔵品：関連手紙7、原稿類10、写真類7、証書2、書籍55、スケッチ類6、図面1、パンフレット7、ポスター1、関連記事28

Anschrift : Shin-Ôhashi 1-1-8, Kôtô-ku, 135-0007 Tôkyô-to
Kontakt : 03-5669-0754 (Abteilung für Forschungsentwicklung, Bereich Geistiges Eigentum)
Im Besitz : 7 Briefe, 10 Manuskripte, 7 Fotos, 2 Urkunden, 55 Bücher, 6 Skizzen, 1 Grundriss, 7 Prospekte, 1 Poster, 28 Artikel

AIA 名誉会員証
AIA-Ehrenmitgliedsausweis

イスタンブール芸術アカデミーの証明書
Urkunde der Akademie der Künste in Istanbul

Sammlungen

07 早稲田大学図書館（特別資料室）

Bibliothek der Waseda Universität Special Collections Room

所在地：〒169-8050 東京都新宿区西早稲田 1-6-1
閲覧方法：特別資料室に事前申請
問合せ先：03-5286-1754
収蔵品：ブルーノ・タウト遺品、関連資料 311 種

Anschrift : Nishi-Waseda 1-6-1, Shinjuku-ku, 169-8050 Tôkyô-to
Zugang : nach Antragstellung im Special Collections Room
Kontakt : 03-5286-1754
Im Besitz : 311 verschiedene Hinterlassenschaften von Bruno Taut sowie weitere Materialien

石の印
Steinstempel

竹の印
Bambusstempel

1934 年の手帳
Notizbuch von 1934

08 旧日向別邸

Die ehemalige Villa Hyûga

所在地：〒413-0005 熱海市春日町 8-37
開館時間：土日祝 9:30-16:00（予約制）
問合せ先：0557-81-2747
収蔵品：照明、家具、什器、内装

Anschrift : Kasuga-chô 827, Atami-shi, 413-0005 Shizuoka-ken
Öffnungszeiten : Sa/So/Feiertage 9:30-16:00 (nach Voranmeldung)
Kontakt : 0557-81-2747
Im Besitz : Lampen, Möbel, Utensilien, Innenausstattung

テーブル
Tische

行灯
Andon (Laterne)

木の椅子
Holzstuhl

zu Bruno Taut

09 上多賀の家（蕎麦処「多賀」）

Das Haus in Kami-Taga (Soba-Restaurant „Taga")

所在地：〒 413-0101 静岡県熱海市上多賀 798
営業時間：11:00-16:00
問合せ先：0557-68-1012
収蔵品：タウト設計の椅子と机

Anschrift : Kami-Taga 798, Atami-shi, 413-0101 Shizuoka-ken
Öffnungszeiten : 11:00-16:00
Kontakt : 0557-68-1012
Im Besitz : Stühle und Tische nach Tauts Entwurf

椅子 1
Stühle1

椅子 2
Stühle2

机
Tische

取材協力
鈴木かおる（仙台市博物館）、本多真紀（仙台文学館）、鷹野光行、相澤秀太郎（東北歴史博物館）、森田真一、右島和夫（群馬県立歴史博物館）、廣瀬みち（少林山達磨寺）、吉岡康浩、堀田渡（NTTファシリティーズ）、本木洋子（早稲田大学図書館）、加藤潔（工学院大学図書館）、大家義樹（タウトの会）、堤洋樹、星和彦（前橋工科大学）

この他に、以下の所蔵先がある。

・群馬県立近代美術館：タウトのデザインによる木製ボタンや傘の竹製の取手等
・東京大学工学部建築学科：「生駒山嶺小都市計画」（1933 年）鳥瞰図スケッチ等
・松戸市立博物館：剣持勇の遺品の中にタウト書簡等
・小田川木工所：タウトの家具のスケッチ等

Darüber hinaus sind folgende Einrichtungen im Besitz von relevantem Material:

・The Museum of Modern Art, Gunma: von Taut entworfene Holzknöpfe, Schirmgriffe aus Bambus etc.
・Abteilung für Architektur der Fakultät für Ingenieurwissenschaft der Staatlichen Universität Tokyo: Skizzen aus der Vogelperspektive zum „Bebauungsplan für die Spitze des Ikomaberges" (1933)
・Matsudo Museum: Briefe von Taut aus dem Nachlass von Kenmochi Isamu etc.
・Tischlerei Odagawa: Möbelskizzen von Taut etc.

仙台の工芸指導所におけるブルーノ・タウト

Bruno Taut im Kôgei-Shidôsho in Sendai

庄子 晃子
Akiko Shôji

１．ブルーノ・タウトが仙台で工芸指導をするに至るまでの経緯
仙台市に日本初の国立工芸指導所を商工省が新設

商工省（現経済産業省）が1928年11月に、我が国の伝統工芸の近代化と東北の産業開発を図るために、仙台市に日本で初めての国立の工芸指導所を設立した（図1）※1。開所式での商工大臣の告示に、「我国在来ノ工芸的手工業ニ対シテ、工業ニ関スル最新ノ科学及技術ヲ応用利用スルコトヲ指導奨励シテ、其ノ製品ヲ海外市場ニ輸出スルニ適当ナラシムルコトハ甚ダ必要デアリ、且ツ産業貿易ノ振興上効果多キモノト云ワナケレバナリマセン」※2 とあり、我が国伝統の工芸産業の近代化を図ることによって輸出を振興し外貨を獲得しようとする国策であったことが分かる。第一部木工、第二部金工、第三部意匠図案、庶務課の三部一課の組織から成り、一万平方メートルの敷地に二階建ての庁舎と三棟の工場、宿舎や寄宿舎などが建っていた（図2）※3。今はその跡地に、「工藝発祥」記念碑が建って往時を伝えている（図3）。

工芸指導所が1933年5月に『獨逸ヴェルクブンドの成立とその精神』を刊行

工芸指導所は、我が国の製造物を輸出し外貨を獲得するという目的を果たすために、調査研究、講習や講演、商品見本の試作や試験研究、委託による製作・加工・図案調整などを行う傍ら、産業界やデザイン界に対して国内外の情報を伝えるセンターとしての役割を担っていた。機関誌『工芸指導』（1929～33年）や『工芸ニュース』（1932～74年）を刊行しながら、随時に『工芸パンフレット』も出版、その第4号

図1　工芸指導所庁舎。仙台市二十人町通10、現宮城野区五輪1丁目4-22
Abb. 1　Das Institutsgebäude des Kôgei-Shidôsho in ehemals Sendai-shi, Nijûninmachi-dôri 10, heute Miyagino-ku, Gorin 1-4-22.

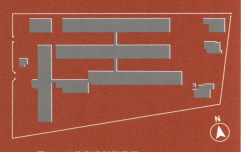

図2　工芸指導所配置図
南北の長方形が2階建ての庁舎、東西の3棟の長方形が木工と金工の工場
Abb. 2　Lageplan des Kôgei-Shidôsho. Das nach Nord-Süd ausgerichtete Rechteck ist das zweistöckige Institutsgebäude, die drei nach Ost-West ausgerichteten Rechtecke die Arbeitshallen für Holz- bzw. Metallverarbeitung.

1. Wie Bruno Taut dazu kam, in Sendai Industriedesign zu unterrichten
Die Gründung des ersten Nationalen Forschungsinstituts für Industriedesign (Kôgei-Shidôsho) durch das Ministerium für Handel und Industrie in Sendai

Im November 1928 gründete das Ministerium für Handel und Industrie mit dem Ziel der Modernisierung des traditionellen Kunsthandwerks und der industriellen Erschließung des Tôhoku-Gebietes (Nordosten der Insel Honshû) in Sendai das erste Forschungsinstitut für Industriedesign in staatlicher Hand (Abbildung 1)1). Während der Eröffnungszeremonie verkündete der Minister für Handel und Industrie: „Die Anleitung und Förderung der Anwendung neuester wissenschaftlicher Erkenntnisse und Technologien aus dem industriellen Bereich auf das traditionelle Kunsthandwerk unseres Landes ist nicht nur dringend notwendig, um dessen Erzeugnisse für den Export in überseeische Märkte anzupassen, sondern zudem eine sehr wirkungsvolle Maßnahme der Förderung der Industrie und des Handels." 2) Hier zeigt sich deutlich, dass die Gründung durch das staatliche Interesse motiviert war, den Export durch Förderung der Modernisierung traditionell-japanischen Kunsthandwerks zu beleben und Devisen zu erwerben. Das Institut bestand aus der Abteilung 1 für Holzverarbeitung, der Abteilung 2 für Metallverarbeitung, der Abteilung 3 für Designentwurf und einer Verwaltungsabteilung für alle drei Bereiche; auf einer Fläche von 10.000 m² wurden ein zweistöckiges Institutsgebäude und drei Arbeitshallen sowie Unterkünfte und ein Wohnheim errichtet (Abbildung 2) 3). Heute steht auf dem ehemaligen Gelände des Instituts ein Gedenkstein für den „Ursprungsort des Industriedesigns" (Abbildung 3).

Veröffentlichung des Heftes *Entstehung und Geist des Deutschen Werkbundes* im Mai 1933 durch das Kôgei-Shidôsho

Um das gesetzte Ziel des Exports japanischer Erzeugnisse und des Erwerbs von Devisen zu erreichen, fungierte das Kôgei-Shidôsho als Zentrums, das über die Landesgrenzen hinweg Informationen aus den Bereichen der Recherche

が1933年5月発行の『獨逸ヴェルクブンドの成立とその精神』であった。前書きで、「今や吾國工藝産業の進展上、工業の工藝化、工藝の産業化が叫ばれ、これが對策につき各方面に研究の歩を進められんとする」ところであるので、「獨逸に於ける此の種運動として最も権威ある獨逸ヴェルクブンドの成立とその精神についての小文を紹介する」と記し、なお「本小冊子は獨逸工作連盟（Der Deutsche Werkbund）の機関誌ディ・フォルム（Die Form）により、当所調査室勤務鈴木道次をして翻訳執筆せしめたものである」と断り、「独逸ヴェルクブンドの組織、活動の状況等については、目下調査研究中にして他日取纏の印刷に附する機會があるであらうことを附記する」と結んでいる。

翻訳を担当した鈴木は、レオナルド・ダ・ヴィンチの研究で有名な児島喜久雄東北帝国大学助教授（後に東京帝国大学教授）のもとで仕事をする東北帝国大学法文学部助手で、隔日工芸指導所に出向いて外国雑誌の翻訳を担当していた。後にタウトの通訳を務めることになる。

さて、本文の最初には、「今日獨逸建築界工藝界の綜合的指導的團體として、その多面的な有意義な活躍に於て世界の一角に毅然たる存在を誇るものは獨逸工作同盟（Der Deutsche Werkbund, DWB）である。それは現在獨逸の構成、工作、生産の方面に関係を有する人々、即建築家、彫刻家、画家、工藝家を始めとし、學者、医者、政治家、経済家より工場主、企業家、更に實際の仕事にたづさはる有能な人々の大部分を網羅して居る」と紹介し、「偶々本ヴェルクブンドが昨年を以て設立二十五周年を迎へ、その設立當時の模様が明らかにされ、その動機、目的に関して暗示される点多き

を知って、その点に就いて参考になるべきことを述べて見たいと思ふ」とし、「この獨逸ヴェルクブンドの基礎確立の経過は今迄獨逸に於ても正確には記述されたものがなかったが機関誌（Die Form）記念号に同議長ペーター・ブルックマンによってこの間の消息が明らかにされるに至った。（中略）次に略述するものは氏の報告に拠ったものである」と断り、内容の紹介に入っている。

「今日獨逸工藝界をリードするヴェルクブンドの成立の契機をなしたものは今を去る二十六年前の一九〇七年に偶々ベルリンの一高等商業学校でなされた建築家ヘルマン・ムテージウス（Hermann Muthesius）氏の演説であったのである。當時ベルリンの商業省の枢密顧問官であった氏はその演説に於て獨逸手工業、並びに獨逸工業に向つて、それが眞の工藝美術と號する限り、

und Forschung, Weiterbildung und Vortragsveranstaltungen, der Prüfung und Erforschung von Produktprototypen und Probearbeiten sowie der Produktion, Bearbeitung und Anpassung von Entwürfen auf Auftragsbasis an den Industrie- bzw. Designssektor weitergab. Es brachte die Zeitschriften *Anleitung des Kunsthandwerks* (*Kôgei Shidô*, von 1929 bis 1933) und *Neues aus dem Kunsthandwerk* (*Kôgei News*, von 1932 bis 1974) sowie sporadisch publizierte *Hefte zum Kunsthandwerk* (*Kôgei Pamphlet*) heraus; Nr. 4 der Letzteren vom Mai 1933 war das Heft *Entstehung und Geist des Deutschen Werkbundes*.

In dessen Vorwort heißt es: „Heute wird in Bezug auf den Fortschritt des Kunsthandwerks und der Industrie eine Ästhetisierung der Industrie und eine Industrialisierung des Kunsthandwerks gefordert. Zur Entwicklung von entsprechenden Maßnahmen wollen wir mit der Forschung in beide Richtungen voran gehen." Deshalb „beschreiben wir hier in aller Kürze die Entstehung und den Geist des Deutschen Werkbundes, der in Deutschland als Bewegung dieser Art höchste Autorität errungen hat."

Weiter heißt es entschuldigend: „Dieses Heft besteht aus Übersetzungen von Texten aus der Zeitschrift des Deutschen Werkbundes *Die Form*, die von Suzuki Michiji aus der Recherche-Abteilung unseres Instituts erstellt wurden," und abschließend: „Da die Recherche und Forschung in Bezug auf die Organisation und den Stand der Aktivitäten des Deutschen Werkbundes noch in vollem Gange sind, fügen wir hinzu, dass sich sicher eine spätere Gelegenheit für den Druck einer Zusammenfassung derselben finden wird."

Der mit der Übersetzung beauftragte Suzuki arbeitete unter dem für seine Studien zu Leonardo da Vinci berühmten Kojima Kikuo, Assistenzprofessor (später Professor) der Kaiserlichen Universität Tôhoku, und war Assistent an der Philosophischen Fakultät derselben. Er fuhr jeden zweiten Tag ins Kôgei-Shidôsho und war dort für die Übersetzung ausländischer Zeitschriften zuständig. Später übernahm er das Dolmetschen für Taut.

Zu Beginn des Textes heißt es dann einführend: „Als umfassende und führende Vereinigung der heutigen deutschen Welt der Architektur und des Kunsthandwerks rühmt sich der Deutsche Werkbund (DWB) in seinen vielfältigen, bedeutenden Aktivitäten einer gefestigten Präsenz an der Weltspitze. Er umfasst den Großteil qualifizierter Akteure, die gegenwärtig in Deutschland mit Kontruktion, Bau und Produktion befasst sind, d.h. von Architekten, Bildhauern, Malern und Kunsthandwerkern über Wissenschaftler, Ärzte, Politiker, Wirtschaftsexperten bis hin zu denen, die direkt in die Produktion involviert sind. ... Im vergangenen Jahr feierte der Werkbund sein 25. Jubiläum und legte aus diesem Anlass die Umstände zur Zeit seiner Gründung offen. Da über Motivationen und Ziele derselben vieles nur angedeutet wird, möchten wir die wichtigsten, zu berücksichtigenden Aspekte darlegen. ... Der Prozess der Gründung und Etablierung des Deutschen Werkbundes wurde zwar auch in Deutschland bisher noch nicht präzise beschrieben, doch wurden die Umstände jener Zeit durch den Vorsitzenden des Bundes, Peter Bruckmann, in der Gedenkausgabe der Zeitschrift *Die Form* erläutert. ... Die anschließende

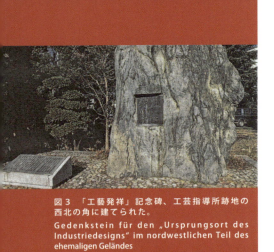

図3 「工藝発祥」記念碑、工芸指導所跡地の西北の角に建てられた。
Gedenkstein für den „Ursprungsort des Industriedesigns" im nordwestlichen Teil des ehemaligen Geländes

図4 商工省工芸指導所試作品展覧会場での記念撮影、中央にタウトとエリカ、間に久米権九郎、向かって右に国井所長、左に蔵田周忠
Abb. 4 Erinnerungsfoto am Austellungsort der Prototypen des Kôgei-Shidôsho: Taut, Erica, Direktor Kunii, Kume Gonkurô, Kurata Chikatada, Mitarbeiter des Kôgei-Shidôsho (aus Kôgei News 2:9, S. 13)

図5 工芸指導所庁舎前でタウトを囲んで記念撮影 宮城県立東北歴史博物館提供
Abb. 5 Erinnerungsfoto mit Taut in der Mitte vor dem Kôgei-Shidôsho

唯々外観をのみ追ってゐる点を大いに非難したのであった。彼は、生産品の構成上のモティーフを一切の考慮なしに唯昔の珠玉の形式から求めることはよいが、同時に強い経済的な考慮をそこに拂うべきを警告したのである。彼は現代の生活や、新らしい習慣や生活から生まれる色々の要求、が必然的に工藝に新らしい精神を、別の形式的完成を求めはしないかと考へてゐたのである」が、「然しムテージウスのこの演説は手工藝界や工業界に強い反對を引越す結果を生んだのである」とし、賛成派の意見として例えば「藝術の方面の人達と商業関係の人達はお互ひに手を結ばなければならない。そしてそれに関聯して仕事をするものは徒弟に至るまで、衷心から、喜びを以てその仕事に参輿し、一般に『良き仕事』を遂行する樣にならねばならぬ。この良き仕事をムテージウスも亦努力してゐるのであ

る」、反対派の意見として「現在の手工藝界、工業界の負ってゐる重荷を説明し、ムテージウスを目してそれを傷けるものである、云はゞ獨逸藝術の敵である」などの、翻訳によって知り得た様々な言動の文言の紹介に努め、「独逸ヴェルクブンドの目的は教育、宣伝並びに當面の問題に対する確乎たる態度を通じて藝術、工業、手工業の共同に於て、工業的製作の高尚化をはかるにあり」とする目的の成立と、1907年ミュンヘンにてドイツ工作連盟の結成、1914年ケルン展、1924年シュトゥットガルト展等に至る論争の経過を紹介した上で、最後に「獨逸ヴェルクブンドは要するに工業の工藝化、機械製作の誠實化をはかって、獨逸生産品を良質なものとし、精彩あらしめ、世界市場に獨逸の存在を確立せんがため、それを解決すべく唯一の路と信じ得る藝術家、工業家、商人の聯結、共同に於て、

Zusammenfassung folgt seinem Bericht." Danach geht der Text zum eigentlichen Inhalt über [Der japanische Text stimmt nicht vollständig mit dem deutschen Original überein].

„Es war eine Rede des Architekten Hermann Muthesius in der neuen Handelshochschule in Berlin im Jahre 1907, d.h. vom letzten Jahr aus gesehen vor 25 Jahren, die den Anstoß zur Gründung des Werkbundes gab, der heute die Welt des deutschen Kunstgewerbes anführt. Er war damals Geheimer Rat im Handelsministerium in Berlin und warnte in seiner Rede das deutsche Handwerk und die deutsche Industrie, soweit sie in das Gebiet des sogenannten Kunstgewerbes gehörten, ernstlich vor der Oberflächlichkeit, mit der sie ihren Erzeugnissen eine sogenannte Stilform gaben. Er prophezeite einen starken wirtschaftlichen Rückschlag, wenn auch weiterhin aus dem Formenschatz vergangener Jahrhunderte gedanken- und skrupellos die Motive für die Gestaltung ihrer Erzeugnisse genommen werden. Er gab zu erwägen, ob nicht das moderne Leben, die neuen Gewohnheiten und Wohnbedürfnisse ganz von selbst eine neue Durchgeistigung und formale Durchdringung und Gestaltung erforderten. ... Was Muthesius in seinen Vorlesungen öffentlich aussprach, erregte starken Widerspruch beim Handwerk und bei der Industrie." Als Meinung seiner Befürworter wird Folgendes genannt: „Künstlerische und kaufmännische Kräfte müssen sich die Hand reichen, und die Hilfsarbeiter bis zum Lehrling herab mit Freude und innerer Anteilnahme führen, um gemeinsam gute Arbeit zu leisten. Dies letzteres erstrebt auch Muthesius." Als gegenerische Position Folgendes: „[Kommerzienrat Sy] entwickelte die Beschwerden des Handwerks und der Industrie und verdammte Muthesius als ihren Schädiger und als Feind der deutschen Kunst." Der Übersetzer bemüht sich, die durch Übersetzung erschlossenen Formulierungen im Disput konkret vorzustellen und nennt das Ziel der Gründung: „Der Zweck des Bundes ist die Veredelung der gewerblichen Arbeit im Zusammenwirken von Kunst, Industrie und Handwerk, durch Erziehung, Propaganda und geschlossene

最上のもの、模範的なものを確実につかまふとする一つの組織であり、これが戦前戦後を通じて獨逸工芸に榮光有らしめてゐるのを事実に見る時、我々は彼らの活動を注目の眼を以て見る必要があらう」と締めくくっている。

ブルーノ・タウトが来日、ドイツ工作連盟の問い合わせを受ける

工芸指導所が『獨逸ヴェルクブンドの成立とその精神』を発行した同じ1933年5月の、3日にブルーノ・タウト（Bruno Taut 1880~1938）が敦賀に上陸し、タウトは4日の誕生日を祝って案内された桂離宮を高く評価したことは有名であるが、鈴木は、タウトが「知人の許に居ると聞き（中略）聯盟の経済的基盤について意見を尋ねた。（中略）それに対し氏から丁寧な回答と入手し得るだけの参考資料を送って頂いた」としている※4。

なお鈴木は、「その折工藝指導所は偶々五周年記念展を三越で開いていたので、是非前（）たえ加けつは私といし欲で見をれそ非掲書）と述べている。その展覧会は9月1日から5日にかけて開催されたので、タウトと工芸指導所の鈴木の手紙のやり取りは、1933年9月上旬にかかっていたと見られ、タウトが熱海に滞在していた時のことであったと言える。このように、工芸指導所側のドイツ工作連盟への強い関心、さらには工芸指導所五周年記念展への案内、これらがタウトと工芸指導所の確実な出会いをもたらしたのであった。

タウトが開所五周年記念工芸指導所研究試作品展覧会を視察

『日本　タウトの日記』※5の9月5日の欄に、タウトは熱海から「自動車で久米氏と東京へいく。（中略）日本橋の三越で商工省工藝指導所の展覧会を観た。さて質のよいものがあるだろうか、―寥々たるものだ、せいぜい二つか三つである。そのほかはいずれも間に合せのやっつけ仕事だ。ヨーロッパ‐アメリカのスケッチ的模倣で『輸出趣味』に終始している。国井所長が私に腹蔵のない意見を求めたので、遠慮なく批評した（なお私の意見は、久米氏と所長との話し合いで、後から書面に認めて送ることにした）。漆塗りの小箱をもらう」との記述があり、タウトの批評が大変手厳しいものであったことが分かる。

工芸指導所員の剣持勇（1912～1971年）の9月7日の日記に、「私達は、四日にドイツベルリン工業大学教授ブルーノ・タウト氏及夫人、久米氏、蔵田周忠氏を迎へる事ができたことは、まことにうれしい。又私に取っては歴史的なモニュメンタルな収

Stellungnahme zu einschlägigen Fragen." Nach dem Bericht über die Gründung des Deutschen Werkbundes 1907 in München, die Kölner Werkbundausstellung 1914 und die Debatte, die die Stuttgarter Ausstellung von 1924 hervor gerufen hatte, schließt der Text mit folgenden Worten: „Kurz gesagt, der Deutsche Werkbund zielt auf eine Ästhetisierung der Industrie und betont die Ehrlichkeit der maschinellen Produktion. Er ist eine Organisation, die im Zusammenschluss und der Zusammenarbeit von Künstlern, Industriellen und Händlern, welche daran glauben, dass die Steigerung der Qualität und Lebendigkeit deutscher Produkte der einzige Weg sind, um Deutschland auf dem Weltmarkt zu etablieren und Probleme zu lösen, das Beste und Vorbildliche sicher zu fassen sucht. Angesichts der Tatsache, dass er vor und nach dem [ersten Welt]krieg dem deutschen Kunsthandwerk zur Ehre verholfen hat, sollten wir seine Aktivitäten aufmerksam verfolgen."

Bruno Tauts Ankunft in Japan und die Anfrage bezüglich des Deutschen Werkbundes

Am 3. Mai 1933, d.h. im selben Jahr, in dem das Kôgei-Shidôsho *Entstehung und Geist des Deutschen Werkbundes* heraus gab, landete Bruno Taut (1880-1938) in Tsuruga. Es ist allgemein bekannt, dass er die Villa Katsura hoch schätzte, durch die er an seinem Geburtstag, dem 4. Mai geführt worden war. Suzuki „hatte gehört, dass [Taut] sich bei einem Bekannten aufhalte ... fragte ihn nach der finanziellen Basis des Bundes ... [und] bekam daraufhin von ihm eine sehr freundliche Antwort und soviel Referenzmaterial, wie er zur Hand hatte."[4)]

Suzuki berichtet: „Da das Kôgei-Shidôsho anlässlich seines fünfjährigen Bestehens damals gerade eine Ausstellung im Mitsukoshi veranstaltete, fügte ich hinzu, dass ich ihm den Besuch dringend empfehle." (Ebenda) Diese Ausstellung fand vom 1. bis zum 5. September 1933 statt, und da der Briefwechsel zwischen Taut und Suzuki vom Kôgei-Shidôsho bis in das erste Drittel des Septembers hinein reicht, ist davon auszugehen, dass Taut damals gerade in Atami weilte. So führten also das starke Interesse des Kôgei-Shidôsho am Deutschen Werkbund und die Einladung zur Jubiläumsausstellung des Kôgei-Shidôsho zur sicheren Begegnung zwischen Taut und dem Institut.

Tauts Begutachtung der Prototypen auf der Austellung zum fünfjährigen Bestehen des Kôgei-Shidôsho

In Tauts Tagebuch vom 5. September[5)] steht über seinen Weg von Atami aus Folgendes: „Nach Tokio mit Kume im Auto ... Dann zur Ausstellung des Staatlichen Forschungsinstituts für Kunstgewerbe [im Warenhaus Mitsukoshi]. Gut?. Nur ganz wenig. Einzelstücke, sonst flüchtige Hudelei, skizzenhaftes Kopieren von Europa-Amerika oder ‚Exportgeschmack'. Direktor wollte meine offene Meinung, habe gesagt. (Später niedergeschrieben für Kumes Verhandlungen mit ihm.) Schenkt eine Lackbüchse." (In der dt. Ausgabe, Bd. 1., S. 110) Hier zeigt sich auch die strenge Schärfe von Tauts Kritik.

Kenmochi Isamu (1912-1971), Angestellter des Kôgei-Shidôsho, schreibt

図6 タウトがデザインしたドアハンドルの木の模型（個人蔵。『仙台市史 特別編3美術工芸』図480より）
Abb. 6 Von Taut entworfene Türdrücker (aus *Kôgei News* 8:4), Modell aus Holz (Privatbesitz, fotografiert für *Sendai Shishi*).

図7 タウトがデザインしたドアハンドルの一部（『仙台市史 特別編3美術工芸』図479より）
Abb. 7 Einige von Taut entworfene Türdrücker (Abb. 479 aus *Sendai-shi-shi tokubetsu hen 3 bijutsu kôgei* (Geschichte der Stadt Sendai Sonderband 3 Kunst und Kunsthandwerk))

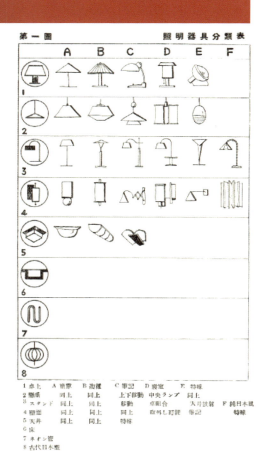

図8 照明器具分類表
Abb. 8 Tabelle zur Kategorisierung von Lampen

穫でもあったのだ。ブルーノ・タウト氏は久米氏の通訳を通じて所長および私に峻烈な又率直な忠告を与へた。タウト氏の批評はすべて完全であり、正しいものであると当然言わないとは言え、忠告としては価値ある言葉であった。」とし、試作品の模様の問題や椅子の設計のことなどの具体的な指摘を列挙し書き留めている※6。この時のタウトの批評は、『工芸ニュース2巻9号』に「ブルーノ・タウト氏の批評―本所研究試作品展覧会に関する―」(1933年、11～13頁) として収録され、「家具は、人間の生活に―仕事に休息に―直接関係ある、そしてそれだけ影響するところが多い、重責の工藝分野として、最も良心的な考慮を必要とする」云々が記されている。展覧会場でタウト夫妻を囲んだ写真も掲載されている (図4)※7。

am 7. September in seinem Tagebuch: „Es war uns eine wirkliche Freude, am 4. den Professor der Technischen Hochschule Berlin, Bruno Taut, und seine Frau, Herrn Kume und Herrn Kurata Chikatada begrüßen zu dürfen. Uns hat diese Begegnung historisch-monumentale Erträge gebracht. Bruno Taut erteilte mir und dem Leiter des Instituts, übersetzt von Herrn Kume, strenge und direkte Ermahnungen. Natürlich muss man sagen, dass Tauts Kritik nicht nur in jeder Hinsicht vollkommen und richtig ist, sondern arch als Ermahnung von Wert sind." Außerdem hält er Probleme der Prototypen und der Konstruktion der Stühle detailliert fest 6). Tauts damalige Kritik wurde in Bd. 2 Nr. 9 der *Kôgei News* unter dem Titel „Bruno Tauts Kritik: Zur Ausstellung von Prototypen unseres Instituts" (1933, S. 11-13) aufgenommen. Dort heißt es u.a.: „Da Möbelstücke in direkter Beziehung zum Leben des Menschen—seiner Arbeit und Freizeit— stehen und schon allein davon stark beeinflusst werden, verlangen sie als ein Bereich des Kunsthandwerks mit großer Verantwortung höchst gewissenhafte Überlegung." Beigefügt ist auch ein Foto von Taut und seiner Frau am Ausstellungsort (Abbildung 4) 7).

2．タウトの工芸指導所に対する諸提案とデザイン指導
1933年9月5日付「工芸指導所のための諸提案」

前項でみた国井所長から求められた「腹蔵の無い意見」は、タウトにより1933年9月5日付 "Vorschläge für Kogei-shidosho(工芸指導所のための諸提案)" として作成され提出された。それは、劍持が日記に記録した工芸ニュースで紹介された個々の試作品についての具体的な指摘ではなく、研究試作品展を見て聞いて理解した国立の指導機関としての工芸指導所の課題と方策について、あるべきあり方を総合的に説いたものである。要約すると、国（工芸指導所）は最高の質の模範的作品を示す、日本的な材料・技術・形の優れた質と近代的製作および国際的習慣・生活形式により発展させる、日本の輸出は商品の優れ

2.Tauts Vorschläge für das Kôgei-Shidôsho und seine Anleitung im Design
Die „Vorschläge für Kôgei-Shidôsho" vom 5. September 1933

Die „offene Meinung", die Kunii, der Direktor des Instituts, im obigen Absatz erbeten hatte, reichte Taut als "Vorschläge für Kôgei-Shidôsho" am 5. September 1933 ein (in der dt. Ausgabe von Tauts Tagebuch, Bd. 1, S. 217-219). Die „Vorschläge" enthalten nicht die von Kenmochi in seinem Tagebuch festgehaltenen und in *Kôgei News* veröffentlichten konkreten Hinweise zu einzelnen Prototypen, sondern umfassende Thesen zu den Aufgaben und Strategien des Kôgei-Shidôsho als eines staatlichen Führungsorgans. Als solches hatte Taut es bei seinem Besuch der Ausstellung verstanden. In Kürze beinhalten die „Vorschläge" Folgendes: Der Staat (das Kôgei-Shidôsho) soll Modelle von höchster Qualität schaffen, die herausragende Qualität von japanischen Materialien, Technologien und Formen durch moderne Produktion

た質により販路を獲得できる、ドイツ工作連盟と同じ目標が樹立されなければならない（注1）という趣旨であった。

国井所長は、外国人を嘱託として迎えるという初の難しい人事を、これをもって商工省および外務省を説得し、年度途中ながらタウトの招聘を実現させた※8。鈴木によれば、「確定を見た折の氏から所長宛礼状には『仙臺に於ける私の任務は決して軽いとは考えません。然し私は私の出来るだけの経験と知識とを提供し、それによって日本の近代製品が、古い偉大な日本の伝統と同格の優良品(クヮリテート)に迄到達するよう最大の努力を致したいと思います』と述べ」たという※4。

なお剣持は、10月7日の日記に、「本日所長に呼ばれ、ブルーノ・タウト氏来所に当たり、第一線に立ち、被指導者として私が選ばれた。（中略）たった三ケ月の間を宜敷く要領よくタウト氏の内容を取り出して呉れ給え」※6と言われたと記している。剣持がタウト係として選ばれ、またタウトの招聘期間が三か月であったことが知られる（注2）。

タウトは、1933年11月10日に東京を発ち、仙台に入った。駅には、国井所長夫妻、児島喜久雄助教授（注3）、タウト係の剣持、通訳の鈴木らが出迎えた。駅前の宿舎となる青木ホテルでお茶を飲み、剣持と鈴木の二人が後に残り、街中で一緒に夕食をとり工芸指導所の現状について話し合い、三越百貨店で彩光会（注4）の展覧会を観てホテルへ。鈴木は「その夜にホテルの一室で、疲れもいとわず、一気に生駒山のプランと透視図を描き上げた」（注5）と証言している※4。

タウトは、工芸指導所嘱託として翌年3月までの短い期間ではあったが、工芸指導所にドイツ工作連盟の良質量産の考え方と製作方法を植え付けていく。タウトを囲んだ工芸指導所庁舎前での写真が残っている（図5）※9。

タウトが工芸指導所で行った事

タウトが工芸指導所を去る二日前に提出した1934年3月5日付 "Bericht über meine bisherige Arbeit für Kogeishidosho-Sendai"（仙台の工芸指導所のための私のこれまでの仕事に関する報告）は、タウト自らが、工芸指導所で行った仕事の全体を、（1）基本計画「大規模なプログラム（Programm）」、（2）金工部、木工部、小物のための個別的なプログラム、（3）国内外の優良品の選択、（4）材料や材料処理や機能についての教育、（5）デザインの実際の仕事、の5項目に整理して全体をまとめているものである※12。

und internationale Lebensformen bzw. Brauchtum weiter entwickeln, so dass er durch die Qualität der Waren neue Handelswege für japanischen Exporte erschließen kann. Dazu müssen die gleichen Ziele wie beim Deutschen Werkbund zu Grunde gelegt werden.FN 1

Trotz der schwierigen, da erstmaligen, Antragstellung für die Einstellung eines Ausländers in Teilzeit konnte Direktor Kunii das Ministerium für Handel und Industrie sowie das Außenministerium überzeugen und die Berufung Tauts sogar noch im laufenden Finanzjahr durchsetzen.8) Suzuki zufolge „schrieb Taut nach der endgültigen Entscheidung in seinem Dankesbrief an den Direktor des : "Ich nehme meine Aufgabe in Sendai keineswegs auf die leichte Schulter. Vielmehr will ich mein Bestes tun, meine Erfahrung und mein Wissen so umfassend wie möglich zu vermitteln und moderne japanische Produkte auf das qualitative Niveau der langen herausragenden japanischen Tradition zu bringen."4)

Darüber hinaus schreibt Kenmochi in seinem Tagebuch am 7. Oktober: „Heute wurde ich zum Direktor gerufen und auserwählt, bei Tauts Ankunft im Institut in der ersten Reihe zu stehen und mich von ihm anleiten zu lassen ... und in nur drei Monaten Tauts hervorragendes Wissen in seinen Kernpunkten zu extrahieren."6) Hier erfahren wir also, dass Kenmochi die Zuständigkeit für Taut übertragen wurde und dieser für drei Monate berufen worden war. FN 2

Am 10. November 1933 begibt sich Taut von Tokyo nach Sendai. Am Bahnhof wird er von Direktor Kunii und dessen Frau, Assistenzprofessor KojimaFN 3, dem für Taut zuständigen Kenmochi und Dolmetscher Suzuki empfangen. Im Aoki Hotel, einer Herberge vorm Bahnhof, trinken sie Tee; Kenmochi und Suzuki bleiben länger und essen mit Taut in der Stadt zu Abend. Sie sprechen über die gegenwärtige Situation des Kôgei-Shidôsho, besuchen eine Ausstellung der Gruppe „Signal" (Saikôkai)FN 4 im Kaufhaus Mitsukoshi und kehren dann ins Hotel zurück. Suzuki bezeugt4), dass er: „in dieser Nacht in einem Zimmer des Hotels ohne Rücksicht auf Erschöpfung voller Energie einen Plan und eine perspektivische Zeichnung des Ikomabergeszeichnete."FN 5

Nur für die kurze Zeit bis zum März des nächsten Jahres in Teilzeit beim Kôgei-Shidôsho angestellt, macht sich Taut daran, diesem den Ansatz und die Produktionsmethoden der qualitativ hochwertigen Massenproduktion des Deutschen Werkbundes einzupflanzen. Von Taut und seinem Kreis ist ein vor dem Institutsgebäude des Kôgei-Shidôsho erhalten (Abbildung 5).9)

Tauts Aktivitäten im Kôgei-Shidôsho

In dem zwei Tage vor seiner Abreise, d.h. am 5. März 1934, eingereichten "Bericht über meine bisherige Arbeit für Kogeishidosho" unterteilt Taut seine Arbeit in folgende fünf Bereiche: (1) das große Programm, (2) Einzelprogramme für die Metall- und Holzabteilung sowie für kleine Gegenstände, (3) Qualitätsauswahl (Auswahl von hervorragenden Modellen aus dem In- und Ausland), (4) erzieherische Arbeit zu Materialbeschaffenheit und -behandlung, (5) praktische Arbeiten (Erarbeitung von Entwürfen).12)

Der Bereich „(1) das große Programm" wurde als „Tauts Vorschläge" am Ende des Buches *Die 30-jährige Geschichte des*

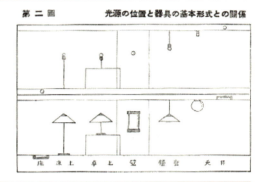

図9　光源の位置と器具の基本形式
Abb. 9　Zusammenhang von Lichtquelle und Lampengrundform

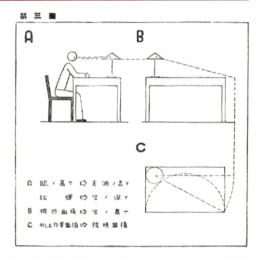

図10　光源の高さ、笠の高さ深さ、被照面積
Abb. 10　Zusammenhang von Höhe der Lichtquelle und Höhe/Tiefe des Lampenschirms und beleuchteter Fläche

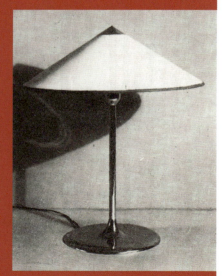

図11　照明具の規範原型研究の成果モデル1・A-1
Abb. 11　Modell 1 A-1 der Mustermodell-Studien zu Lampen

（1）の基本計画「大規模なプログラム」とは、『産業工芸指導所30年史』（1960年）の末尾に「タウトの提案」として収録されよく知られているもので、タウト招聘に寄与した前述の9月5日付の文書「工芸指導所のための諸提案」で述べている「最高の質を有する模範的作品を提示する」が、「工業生産のための規範原型（Mustermodell）の製作」というより具体的な形の専門用語で説明されており、また仕事の行い方は、調査研究や機能実験→設計→工作と進むが、それぞれの段階で批判とやり直しを繰り返し、不都合に気づけば前の段階に戻りやり直し、最後に外部の人々による批判を経て完成に至るとしている。タウトは、この基本計画「大規模なプログラム」は工芸指導所内で受け入れられたとの認識を書き留めている。

（2）の個別的なプログラムとしては、

a）先ず金工部に対して生産のための諸発議と照明具のためのプログラムを提出したとしており、文書としては1933年11月18日付 " Besuch in der Metallwerkstatt (auch Lack) mit den Herren Saito, Ueda und Suzuki"（斎藤、上田、鈴木の三氏と金工［並びに漆工］工場へ訪問）、1933年12月11日付 "Bericht über Metall-Arbeitung"（金工についての報告）、1933年12月13日付 "Lampen"（照明具）があり、

b）木工部に対しても同様のことを実施し、1933年12月11日付 "Bericht über Forschungsarbeit für Möbel"（家具のための研究作業に関する報告）が存在する。

c）小物のための装飾の問題や設計者と職人の関係についての説明をしたとしており、その関係の文書として、1933年12月12日付 "Vorschläge für die Kunstgewerblichen Einzelgegenstände"（個々の工芸品のた

Instituts für Industriedesign (Sangyô Kogei-Shidôsho no 30 nenshi, 1960) aufgenommen und ist hinreichend bekannt. Hierin erklärt er sein Anliegen, „Modelle von höchster Qualität [zu] schaffen", das er bereits in den "Vorschläge[n] für Kôgei-Shidôsho" vom 5. September, die zu seiner Berufung beigetragen hatten, genannt hatte, mit konkreten Fachbegriffen als „Herstellung von Mustermodellen für die industrielle Produktion". Desweiteren legt er in Bezug auf die Arbeitsweise fest, dass man von Untersuchungsstudien bzw. Funktionsexperimenten zum Entwurf und von dort zur Herstellung voranschreiten solle. Auf jeder Stufe sollen Kritik und Reproduktion wiederholt werden und im Falle von Problemen solle man zur vorherigen Stufe zurückkehren. Schließlich solle das Produkt über die kritische Prüfung durch Außenstehende vollendet werden. Taut notiert, dass dieses „große Programm" vom Kôgei-Shidôsho „allgemein angenommen" worden sei.

Im Bereich (2) Einzelprogramme schreibt er, dass er:

a) zunächst einige Anregungen für die Metallabteilung und Programme für die Lampenanfertigung eingereicht habe. Dazu existieren die folgenden Dokumente: "Besuch in der Metallwerkstatt (auch Lack) mit den Herren Saito, Ueda und Suzuki" vom 18. November 1933, "Bericht über Metall-Arbeitung" [sic]vom 11. Dezember 1933 und „Lampen" vom 13. Dezember 1933.

b) In Bezug auf die Holzabteilung verfährt er gleichermaßen. Hierzu existiert der "Bericht über Forschungsarbeit für Möbel" vom 11. Dezember 1933.

c) Er erläutert die Frage des Ornaments für kleine Gegenstände und die Beziehungen zwischen Zeichner und Meister. Dazu liegt folgender Text vor: "Vorschläge für die kunstgewerblichen Einzelgegenstände" vom 12. Dezember 1933. Darüber hinaus gibt es noch eine "Antwort auf die Frage des Direktors", die auf Basis von „(1) das große Progamm" detailliertere Ausführungen enthält.

Der Bereich „(3) Qualitätsauswahl" zielt auf Einholung von Referenzmaterial zu hervorragenden Modellen aus dem In- und Ausland für das Kogei-Shidôsho sowie das Zusammentragen von hervorragenden Modellen aus den traditionellen Werkstätten der Region

めの諸提案）が現存しており、他には"Antwort auf die Frage des Direktors"（所長の質問への回答）があって、これらはすべて（1）の基本計画「プログラム」を基礎としてより具体的に述べているものである。

（3）優良品の選択は、工芸指導所が参考とすべき海外優良製品の資料請求と京阪地区や東京や盛岡の伝統工房訪問による優良工芸品の収集を意味する※13。

（4）材料や材料処理や機能などについてのデザイン理論の指導は、折に触れて実施したのであるが、離任を前に3月5日に行った講演「質の問題」も含まれる。

（5）デザインの実際の仕事とは、金工部のためのタウト自身が設計したドアハンドル15種（図6）※14、（図7）※15、並びに照明具の調査研究やスケッチやモデル（図8〜図11）※16と灰皿や傘立てや衣紋かけなどのスケッチ、木工部のための安くて良い大量生産の椅子の基本形態の調査研究や設計やモデル製作（図12）※17と座面や背もたれや肘を動かすことのできるテストチェア（図13、図14）※18の試作など、剣持勇ら若手所員に対する木製仕事椅子と卓上照明具の機能実験や規範原型の研究と試作の指導を指している。

タウトの「工芸指導所の展覧会のための提案」

タウトは、工芸指導所を去るに当たって、最後の日の1934年3月6日に、"Vorschlag für Ausstellungen von Kogeishidosho"（工芸指導所の展覧会のための提案）を、図も加えながら提出している（図15）※19。

展示内容としては、前述の1934年3月5日付文書で記したすべてを含んでいて、タウト自らが工芸指導所からの出張として伝統工房を訪ねて収集した日本の優良工芸品※13、そして金工部関連の自ら設計したドアハンドル（図6）※14、（図7）※15および若手所員を調査研究の段階から指導して産まれた卓上照明具の規範原型研究の報告（図8〜図10）※16と、同じく木工部関係で剣持ら若手所員との木製仕事椅子の規範原型に研究報告（テストチェア図13、図14※18を含む）、さらには工芸指導所が従来から作り上げてきた多種の試作品など、これらをどのように展示するかの提案である。

タウトは、「ただ原則的にのみ理解されるべき空間の配列、存在する空間の有様に従って配列は非対称的でもありうる」と断った上で、展示空間の真中には内部を金地に仕立てた衝立をコの字型に向かい合わせに置いて、日本の優良な諸工房から収集した最良の品質の諸工芸品を、名工の名前をつけて、軽い白布の上に花瓶や花籠を飾りながら展示することを提案している。

Kyoto/Osaka, Tokyos und Moriokas.13)

Die unter (4) genannte erzieherische Arbeit in Design-Theorie, d.h. Materialkunde und -bearbeitung wurde je nach Gelegenheit gehalten und beinhaltet auch seinen Vortrag zu „Fragen der Qualität" vom 5. März kurz vor seinem Weggang vom Institut.

Der Bereich „(5) praktische Arbeit" bezieht sich auf Tauts eigene Entwürfe von 15 Türdrückern (Abbildungen 6[14]) und 7[15]) für die Abteilung Metallverarbeitung, auf Forschungsarbeiten zu sowie Skizzen und Modelle von Lampen (Abbildungen 8-11)[16], auf Skizzen von Aschenbechern, Schirm- und Kleiderständern, auf Forschungsarbeiten zu bzw. Entwürfe und die Herstellung von Modellen für Elementartypen billiger, guter Massenstühle aus Holz (Abbildung 12)[17], auf seinen Versuchsstuhl (test chair) mit verstellbarem Sitz bzw. Rücken- oder Armlehne (Abbildungen 13 und 14)[18] sowie seine Anleitung junger Mitarbeiter des Instituts wie Kenmochi Yutaka in Funktionsexperimenten und Studien zu bzw. der Herstellung von Mustermodellen von Arbeitsstühlen aus Holz und Tischlampen.

Tauts „Vorschlag für Ausstellungen von Kogeishidosho"

Am letzten Tag vor seinem Verlassen des Instituts, am 6. März 1934, reichte Taut zusammen mit Skizzen seinen „Vorschlag für Ausstellungen von Kogeishidosho" (Abbildung 15)[19]) ein.

In Bezug auf den Inhalt der Ausstellung umfasst der Vorschlag Stücke, die er in seinen Bericht vom Tag zuvor bereits aufgenommen hatte: Die herausragenden kunsthandwerklichen Arbeiten[17], die er auf Dienstreisen während seiner Tätigkeit für das Kôgei-Shidôsho in traditionellen Werkstätten zusammen-getragen hatte, und die von ihm selbst für die Metallverarbeitung entworfenen Türdrücker (Abbildungen 6[14]) und 7[15]) sowie Berichte über die Forschung zu Mustermodellen von Tischlampen, die unter seiner Anleitung von jungen Mitarbeitern des Instituts entstanden waren (Abbildungen 8-10)[16], die Testmodelle von Stühlen von Kenmochi und anderen jungen Mitarbeitern (u.a. Abbildungen 13 und 14[18]), Forschungsberichte über Mustermodelle von Holzstühlen sowie viele andere Prototypen, die das Kôgei-Shidôsho ohne Taut hervor gebracht hatte. Der Vorschlag beschreibt auch, wie sie auszustellen sind.

Taut räumt ein: „Raumanordnung nur im Prinzip zu verstehen. Je nach dem vorhandenen Raum kann sie natürlich auch unsymmetrisch sein." Dann schlägt er vor, in der Mitte des Raumes goldene Wandschirme zu einem U aufzustellen und dort die aus den besten Werkstätten Japans zusammen-getragenen kunsthandwerklichen Arbeiten von höchster Qualität unter Hinzufügung des Namens des Meisters auf leichtem, weißem Stoff zusammen mit Blumenvasen und -körben auszustellen. Den Raum um das U herum sieht er als Bereich, in dem die neuartigen Prototypen, die er zusammen mit jungen Mitarbeitern des Instituts erarbeitet hat, gezeigt werden sollen. Dort soll im hintersten Teil 1) der Versuchsstuhl (test chair), links und rechts davon 2) und 3) jeweils eine silberne bzw. graue, spanische Wand aufgestellt werden. Die Rückseite der goldenen Wandschirme des Us in der Raummitte (2a-2b, 3a-3b) soll

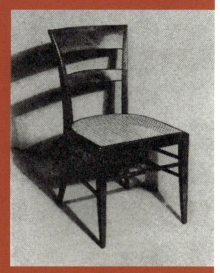

図12　木製仕事椅子の規範原型の研究成果
Abb. 12　Ergebnis der Mustermodell-Studien zu Holzstühlen

図13　試験椅子A
Abb. 13　Versuchsstuhl A

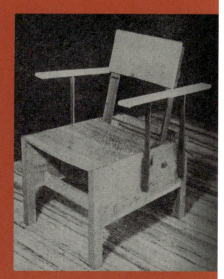

図14　試験椅子B
Abb. 14　Versuchsstuhl B

コの字型の中心を囲む周りの空間は、タウトと若手所員が行なった工芸指導所の新しい方向の試作品を展示するゾーンとし、そのゾーンの一番奥の正面には1テストチェアを展示し、その左右に相称に2および3の銀色ないし灰色の屏風型衝立を設置する。中心のコの字型の金地の衝立の背（2a〜2b、3a〜3b）も銀色ないし灰色とし、屏風型衝立と連動させ、2と2a 2bには金工部関連のタウトのドアハンドルと照明具の規範原型研究の成果、3と3a 3bの系列には木工部関連の家具の研究と木製仕事椅子の規範原型の研究を展示するとする。

さて、一番外側のゾーンの壁および展示台の敷布は黒かあるいは非常に濃い色とし、工芸指導所の通常の試作品を展示し、その一番奥の中央にはそれらの中で最も価値のある試作品を展示するとしている。

以上のように、タウトは展示空間を三重の同心円状にレイアウトし、質の良い日本の優良工芸品を金地の衝立で囲んで中心に展示し、その周りの銀地ないし灰色の衝立に自らデザインしたドアハンドルや若手所員を指導して産まれた照明具と木製仕事椅子の規範原型の研究成果を展示する、一番外側のゾーンには従来からの工芸指導所の試作品を展示するというのである。このように、三重の同心円の中心が金、その周りが銀ないし灰色、周辺が黒あるいは濃い色というように、ゾーン毎に色の変化をもたせ、日本の伝統工芸品のもつ品質への評価と、タウト自らのドアハンドルや若手を指導した規範原型の研究成果は従来の工芸指導所の試作品よりも日本の優良工芸品の質により近いという視点を読み取ることができる。

また、三重の同心円を突き抜ける入り口

in Übereinstimmung mit den spanischen Wänden ebenfalls silberfarben oder grau gehalten sein. Auf den Positionen 2, 2a und 2b sollen als Metallarbeiten Tauts Türdrücker und Forschungsergebnisse zu Mustermodellen für Lampen, auf den Positionen 3, 3a und 3b als Holzarbeiten Möbelstudien und Studien zu Mustermodellen für Stühle ausgestellt werden. Und in der äußersten Zone sollen die Wände und Ausstellungstische mit schwarzem bzw. äußerst dunklem Stoff bezogen und die bisherigen Prototypen des Kôgei-Shidôsho ausgestellt werden; die am besten bewerteten von ihnen in der hintersten Mitte der Raums.

In der oben beschrieben Weise konzipiert Taut den Ausstellungsraum als drei konzentrische Kreise, stellt herausragende japanische kunsthandwerkliche Arbeiten von goldenen Wandschirmen umgeben in der Mitte aus, darum herum vor silbernen bzw. grauen Wandschirmen die von ihm entworfenen Türdrücker und Lampen bzw. Forschungsergebnisse zu Mustermodellen für Holzstühle, die von jungen Mitarbeitern des Instituts unter seiner Anleitung entworfen wurden, und im äußersten Bereich schließlich die bisherigen Prototypen des Kôgei-Shidôsho. Auf diese Weise wechselt die Farbgebung der drei konzentrischen Kreise von Gold in der Mitte, zu Silber bzw. Grau darum herum und Schwarz bzw. eine andere dunkle Farbe im äußersten Kreis. Daraus lässt sich seine Bewertung der Qualität der traditionell-japanischen kunsthandwerklichen Arbeiten ebenso ablesen wie die Tatsache, dass er seine eigenen Türdrücker und die von ihm angeleiteten Forschungsergebnisse junger Mitarbeiter des Instituts zu Mustermodellen für qualitativ näher an den herausragenden japanischen kunsthandwerklichen Arbeiten hält als die bisherigen Prototypen des Kôgei-Shidôsho.

Desweiteren ist auch die gerade Linie, die vom Eingang her die drei konzentrischen Kreise zum Innersten hin durchstößt, von Bedeutung. Vom Eingang betritt man zunächst die von Gold umschlossene Welt des traditionellen Kunsthandwerks in der Mitte, gelangt von dort in die Zone der neueren Prototypen des Kôgei-Shidôsho, in deren Mitte der „test chair" steht. Hinter

から奥に向けてのひとつの直線も意味を持つ。正面入り口から進んで中心部の金地で囲まれた伝統工芸品の世界に入り、そこを出ると工芸指導所の新しい方向の試作品を展示しているゾーンに入り、その中心にテストチェアがあるのである。テストチェアの背後には、従来からの工芸試作品が並んだ中での秀作が展示されている。

なお、図15のⅠは金文字の「工芸指導所」、ⅡとⅢは黒地に白文字で記す説明文（Ⅱは「工芸指導所は品質を生産のための理論として、近代的発展のための基準として採用する」など、Ⅲは「最善の伝統と近代の結合に基づいて新しい日本の生産が成立する」など）である。

タウトはこのように、展示品と空間と色の秩序が明快な展示空間を提案しているのである。このタウトの同心円の展示空間の提案は、スケールを広げるとタウト設計のベルリン市の馬蹄形の集合住宅を思わせるところがあり、興味深い。

ところで、タウトがこの「展覧会の提案」を記した３月６日には、ドアハンドル（図7）は出来上がっていたが、卓上照明具モデル１・Ａ-１（図11）も木製仕事椅子（図12）も製作途中であった。故にテストチェア（図13、図14）がタウト指導の代表として突き当りの中央に置かれたものと思われる。

3. 仙台でのタウトの日々

工芸指導所でのタウトの仕事時間は平日は６時間（朝10時から夕方６時まで。たっぷり２時間の昼休みをとり工芸指導所近辺の宮城野原や薬師堂などを散策）、土曜日は３時間であったという。「一日一日がひどく短い、つまり充実しているのだ。私は頗る勤勉に仕事をしている」（12月１日の日記）。

休日には仙台城址、八木山、東照宮、堤人形工房など市内を巡り、また作並、松島、塩竃、岩沼、白石などへの遠出をして、自然や建築や習俗を観察している。タウトはこれらの思い出を宿に帰ってから日記に認め、色紙に描いた。「夜、宿へ帰ってからすぐに今日の思い出を日本の筆で『色紙』に描いてみる、ー描くというよりは運筆の練習だ、これは仙台に来てから毎日やっている」「自筆の絵を贈ることは、仙台では一つの楽しみでもありまた美俗でもある」（11月18日）。思索、読書、執筆にも励んだ日々であった。

仙台でタウトは三種の印鑑を持った。タウトと片仮名で刻した印（運転手に渡す伝票などに捺すもの、11月18日の日記）、実竹印（仙台や松島の特産の節と節の間も詰まっている実竹製の印で鈴木が贈ったもの、12月１日

---

dem Versuchsstuhl sind dann die besten der bisherigen kunsthandwerklichen Prototypen ausgestellt.

Zu den römischen Ziffern in Abbildung 15 wird erklärt, dass bei I in goldenen Lettern „Kogeishidosho", bei II und III u.a. Folgendes jeweils in weißen Lettern auf schwarzem Grund stehen soll. Bei II: „Kogeishidosho will diese Qualität zur Lehre für die eigene Produktion, zum Massstab für die moderne Entwicklung nehmen." Und bei III .: „Aus der Verbindung des Modernen mit der allerbesten Tradition soll eine neue japanische Produktion entstehen."

In dieser Weise schlägt Taut einen Ausstellungsraum mit klarer und verständlicher Ordnung der Ausstellungsstücke, des Raumes und der Farben vor. Wenn man Tauts Vorschlag eines konzentrischen Ausstellungsraumes in größerer Maßstab überträgt, dann erinnert er interessanterweise an die von ihm entworfene Hufeisensiedlung in Berlin.

Andererseits waren am 6. März, als Taut diesen „Vorschlag für Ausstellungen" verfasste, die Türdrücker (Abbildungen 7) zwar bereits fertiggestellt, die Tischlampen (Abbildung 11) und Holzarbeitsstühle (Abbildung 12) jedoch noch in der Fertigung. Vermutlich hat er aus diesem Grund die Testmodelle von Stühlen (Abbildungen 13 und 14) als stellvertretend für seine Anleitung dem Eingang gegenüber in der Mitte plaziert.

3. Tauts Tage in Sendai

Taut arbeitete wochentags täglich 6 Stunden im Kôgei-Shidôsho (von 10 Uhr morgens bis 6 Uhr abends mit einer reichlichen Mittagspause von 2 Stunden, in der er Miyaginohara oder den Yakushi-Tempel in der Umgebung des Kôgei-Shidôsho zu Fuß erkundete); samstags arbeitete er 3 Stunden: "Hauptsache: die Tage sind fast zu kurz, d.h. gut ausgefüllt. Ich glaube, ich bin sehr fleißig. Und dabei lernt man am meisten." (Tagebucheintrag vom 1. Dezember, in der dt. Ausgabe, Bd. 1., S. 187)

An seinen freien Tagen war er in der Stadt unterwegs und erkundete die Ruinen der Burg Sendai, den Berg Yagiyama, den Tôshôgu-Schrein und Werkstätten für Tsutsuminingyô (kleine bemalte Tonfiguren) oder begab sicher in weiter entfernte Orte wie Sakunami, Matsushima, Shiogama, Iwanuma oder Shiroishi und beobachtete die Natur, Architektur und Lebensgewohnheiten der Menschen. Wieder zurückgekehrt schrieb er seine Erinnerungen ins Tagebuch und zeichnete sie auf Karton: "Abends zu Haus gleich ein paar Reminiszenzen probiert, auf dem japanischen Karton "Shikishi", Skizzen mehr Pinselübung, was ich hier in Sendai fast jeden Abend getrieben habe. ... Schenken ist hier Vergnügen und gute Form, Nein-sagen gibt es nicht." (Tagebucheintrag vom 18. November, in der dt. Ausgabe, Bd. 1, S. 179) Seine Tage verbrachte er auch mit Nachdenken, Lektüre und Schreiben.

In Sendai besaß Taut drei Namensstempel: einen Stempel mit seinem Namen in Katakana-Buchstaben (z.B. für Quittungen an den Chaffeur, siehe Tagebucheintrag vom 18. November 1933), einen "schönen Künstlerstempel aus Bambus" (typisch für Sendai und Matsushima aus Bambus mit einbezogenem Knoten, ein Geschenk von Suzuki, siehe Tagebucheintrag vom

の日記)、石製足裏形印（児島喜久雄が製作してタウトに贈ったもの、2月18日の日記）である。タウトは喜んで自らの色紙画に捺している。タウトの画は篠田英雄訳の『日本　タウトの日記Ⅰ～Ⅴ』※5 の表紙画として活用された。図16の上部に写るⅠ、Ⅱ、Ⅳの三冊が仙台時代のタウトの色紙画である。

4．離任後のタウトと工芸指導所
離任後のタウトが見た試作品

仙台を離れて三か月余りが経った1934年6月28日に、タウトは京都商工会議所で、仙台の工芸指導所と京都の国立陶磁器試験場の共同展覧会を観て、「指導所の作品には僅かながらも改善の跡が見える、全体の約五割がいかもの、三割ないし四割がまず及第というところ、残りの僅かな部分が秀作に属する、その中に私が設計したドアのハンドル、電気スタンド、椅子も入っていた、だがこれとても決して十全とは言えない。私が製作を指導した銀製小盒もなかなかの出来栄えであった。ところで実にすぐれた作品が一、二点ある！驚くべきことだ、これは私が直接指導したものではない。私が指導所に提出した『プログラム』は翻訳され印刷も出来上っている筈だ、いまこう言う優秀な作品に接すると、私の示した『新方針』は漸く具体化され始めたらしい。だがどう考えても馬鹿げているのは、ヨーロッパの作品の夥しい写真である（後略）」と記している（タウトの日記）。タウトは、自ら指導した規範原型研究の成果である卓上照明具モデル1・A-1（図11）および木製仕事椅子（図12）の完成した姿を見たのであった。所員の成長とその実力を評価し、タウトの指導が生き続けていることを実感したようであり、実際その通りであったのである（図17）※20。

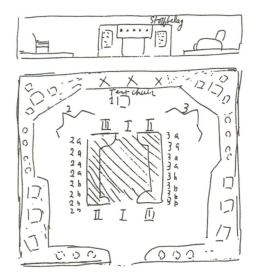

図15　「展覧会の提案」の添え描き図
Abb. 15　Skizze zum „Vorschlag für Ausstellungen"

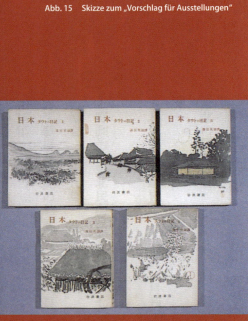

図16　『日本　タウトの日記Ⅰ～Ⅴ』
Abb. 16　*Nihon: Tauto no nikki* (Bruno Taut in Japan: Das Tagebuch), Bde. 1-5

1. Dezember 1933) und "einen in Stein selbst geschnittenen Stempel, Form einer Sohle, soll meine Spur sein, die ich in Japan hinterlasse" (ein Geschenk von Kojima Kikuo, siehe Tagebucheintrag vom 18. Februar 1934). Diesen setzte er mit besonderer Freude auf seine „Shikishi"-Zeichnungen. Zeichnungen von Taut wurden auf den Titelseiten der fünf Bände des von Shinoda Hideo ins Japanische übersetzten Tagebuchs[5)] reproduziert. Die in Abbildung 16 oben zu sehenden Bände I, II und IV zeigen Zeichnungen aus Tauts Zeit in Sendai.

4.Taut und das Kôgei-Shidôsho nach seinem Verlassen des Instituts
Prototypen, die Taut nach seinem Verlassen des Instituts sah

Nachdem Taut am 28. Juni 1934, d.h. etwas mehr als drei Monate nach seinem Verlassen des Instituts, im Konferenzzentrum der Kyotoer Vereinigung für Handel und Industrie eine gemeinsame Ausstellung des Kôgei-Shidôsho Sendai und des Staatlichen Instituts für Keramik Kyoto besucht hatte, schreibt er: "Die Ausstellung von Kogeishidosho zeigt eine leise Verbesserung: Kitsch nur etwa 50 %, Leidliches 30-40 % und das Übrige gut, darunter meine Drücker, Lampen und Stühle- wenn auch noch keineswegs endgültig. Auch meine Silberdose, und dann, o Wunder!, ein, zwei recht gute Stücke - ohne mich entstanden. Meinen Arbeitsbericht haben sie in Übersetzung ganz abgedruckt, bemerkt, daß die neue Linie erst im Anfang sei. Dumm die ewigen Tabellen in dämlicher Photomontage à la Russie." (In der dt. Ausgabe des Tagebuchs, Bd. 3, S. 166) Hier sah Taut also die fertigen Ergebnisse der von ihm angeleiteten Forschung zu Mustermodellen: das Tischlampenmodell 1 A-1 (Abbildung 11) sowie einen Arbeitsstuhl aus Holz (Abbildung 12) Er würdigt den Fortschritt der Mitarbeiter und ihr Geschick und scheint das tatsächliche Fortwirken seiner Anleitung zu spüren (Abbildung 17)[20)].

Die Vorstellung des Deutschen Werkbundes durch den Verantwortlichen des Kôgei-Shidôsho für Forschung zu Mustermodellen

Im Mai 1933 brachte das Kôgei-Shidôsho das *Kôgei Pamphlet* Nr. 4,

工芸指導所規範原型研究担当者によるドイツ工作連盟の紹介

工芸指導所が、1933年5月に工芸パンフレット第4号『獨逸ヴェルクブンドの成立とその精神』を発行して2年もたたない1935年1月と2月に、工芸指導所規範原型研究担当者の名で、タウトの指導による「椅子の規範原型の研究」の報告を『国際建築』11巻1号、同2号に発表した。その中で、3頁にわたり、独逸工作連盟、同盟の目的、同盟結成の動機と原因、同盟の組織と活動（商品委員会、教育問題委員会、集合住宅委員会）という項目で説明がなされていて、工芸パンフレット第4号で「他日改めての報告するであろう」と予告していたとおり、一段と詳しく明快に説明されており、そこにはタウトからの情報提供もあったと推察され、また理論（ドイツ工作連盟の良質生産の理念）と実践（木製仕事椅子の規範原型の研究）を揃えた報告となっているところが注目され、またタウトの指導を受けた剣持勇ら若手工芸指導所員たちの真摯な仕事ぶりを見ることができる。

タウトの指導を受けて……　そして今

国井所長は、「本所の指導事業プログラムを書かれ、又独逸風の厳密な正しい研究試作の方法態度を教えられ、今日までこれらの問題、又はその精神はずっと指導所の凡ゆる方面に生き続いて来ている」「タウトさんは機能や寸法の問題を厳格に云われた半面、美しい形、物の美しさに就いては仲々やかましかった」と語り、またタウトから提案してもなぜ改革が進まないのかと問われても官庁故に難しかったとも話している※11。剣持は、「工芸指導所が生活近代化運動の重要な一環であるとの意識をひとつの伝統として植え付けた」と記し、豊口克平（1905〜1991）は「その具体的な指導によって開眼のチャンスをつかんだ」としている※21。剣持は1955年に、豊口は1960年に、それぞれデザイン事務所を設立し、日本のデザイン界を牽引していく。

工芸指導所跡地の西北に、1970年に剣持勇ら元所員有志が「工藝発祥」碑を建てた（図3）。碑の足元の設立趣旨は、「『見る工藝から使う工藝へ』の指導理念のもとにドイツの建築家ブルーノ・タウトを招き機能実験、規範原型の研究を行うなど、近代デザイン運動を世に先駆けて実践した」と記し、タウトの指導が我が国近代デザインの最初の発展期を形成し、その精神が「見る工芸から使う工芸へ」という理念になり生き続けたことを今日に伝えている（図18）※22。

Entstehung und Geist des Deutschen Werkbundes, heraus; weniger als zwei Jahre später, im Januar und Februar 1935, veröffentlicht der Verantwortliche des Kôgei-Shidôsho für Forschung zu Mustermodellen in *Kokusai Kenchiku* (Architektur International) 11:1-2 seinen Bericht über „Forschung zu Mustermodellen von Stühlen". Darin wird der Deutsche Werkbund auf drei Seiten, wie in *Kôgei Pamphlet* Nr. 4 angekündigt, in den Unterpunkten Ziele des Bundes, Gründe und Motivationen für den Zusammenschluss, Organisation und Aktivitäten (Kommissionen für Produkte, Bildungsfragen und Siedlungen) detailliert und verständlich erklärt. Es ist anzunehmen, dass Taut dazu Informationen beitrug. Zu beachten ist auch dass der Bericht Theorie (das Werkbund-Ideal der qualitativ hochwertigen Produktion) und Praxis (Forschung zu Mustermodellen von Holzarbeitsstühlen) nebeneinander stellt.

Von Taut angeleitet

Direktor Kunii berichtet: „[Taut] schrieb ein Programm für die Leitprojekte unseres Instituts, lehrte den deutschen methodischen Ansatz strenger, korrekter Forschung und Experimente; diese Fragen und der zugrundeliegende Geist leben bis heute in den verschiedenen Bereichen des Instituts fort. ... Taut war einerseits in Bezug auf Fragen der Funktion und Maße sehr streng, andererseits war er ausgesprochen wählerisch bei schöne Formen, der Schönheit der Dinge." Danach gefragt, warum eine Reform trotz der Vorschläge von Taut nicht voran kam, antwortet er, dass staatliche Behörden dies verhinderten.[11)] Kenmochi schreibt: Taut „schuf als eine neue Tradition das Bewusstsein, dass das Kôgei-Shidôsho ein wichtiger Teil der Bewegung zur Modernisierung des Lebens sei," und Toyoguchi Kappei (1905-1991), dass ihm Tauts „konkrete Anleitung die Augen geöffnet habe."[21)] Beide eröffneten ihre eigenes Designbüro—Kenmochi 1955 und Toyoguchi 1960—und wurden tonangebend in der Welt des japanischen Designs.

Im nordwestlichen Teil des ehemaligen Geländes des Kôgei-Shidôsho errichteten Kenmochi und weitere frühere Mitarbeiter 1970 einen Gedenksteins für den „Ursprungsort des Industriedesigns" (Abbildung 3); auf der Erläuterungstafel daneben steht: „Basierend auf dem Leitideal ‚Von der Kunst zum Anschauen zur Kunst für den Gebrauch' lud [das Kôgei-Shidôsho] den deutschen Architekten Bruno Taut ein, Funktionsexperimente und Forschung zu Mustermodellen durchzuführen und ging so praktisch in der modernen Designbewegung voran." Damit vermittelt die Tafel auch heute, dass Tauts Ideal „Von der Kunst zum Anschauen zur Kunst für den Gebrauch" noch immer lebendig ist (Abbildung18)[22)].

図17 タウト離任後もリストに従って着々と進められた木製椅子の規範原型の研究
Abb. 17 Studien zu Mustermodellen für Holzstühle, die auch nach Tauts Weggang weitergeführt wurden

図18 「工藝発祥」記念碑の設立趣旨
Abb. 18 Absichtserklärung über die Errichtung eines Gedenksteins für den „Ursprungsort des Industriedesigns"

明治以来ひたすら西欧追従に急な時流の中で、優れたわが国伝統の工芸に着目し、その近代化をはかり輸出を振興するため、さらには東北の産業開発の一翼をになって昭和三年国立工藝指導所はこの地に創設された。
工藝指導所は工藝を産業の技術として高め、わが国産業工藝の基盤をつくった。また「見る工藝から使う工藝へ」の指導理念のもとにドイツの建築家ブルーノ・タウトを招き機能実験、規範原型の研究を行うなど、近代デザイン運動を世に先駆けて実施した。
まさに近代工藝及びデザイン研究発祥の地であること思い、之を記念し、心あるもの相寄りこの碑を建てる。
　　　　昭和四十五年初夏

参考文献

※1　図1『産業工芸試験所30年史』産業工芸試験所30周年記念事業協賛会、p.16、1960年（ゆまに書房、p.16、2011年）
※2　『産業工芸試験所30年史』産業工芸試験所30周年記念事業協賛会、p.18、1960年（ゆまに書房、p.18、2011年）
※3　庄子晃子「みちのく仙台の国立工芸指導所―本所(昭和3年〜)から東北支所(昭和15年〜)を経て産業工芸試験所東北支所（昭和27年〜42年）への40年」『MIDEC』7号、pp.3-4、宮城県産業デザイン交流協議会、1994年12月
　　　庄子晃子「国立工芸指導所と仙台・宮城」芸術工学会地域デザイン史特設委員会編『日本・地域・デザイン史II』pp.215-217、美学出版、2016年
　　　庄子晃子「産業デザインのはじまり―仙台・商工省工芸指導所、同東北支所の時代」『モダンリビングへの夢―産業工芸試験所の活動から』pp.122-136 武蔵野美術大学美術館・図書館、同造形研究センター、2017年
※4　「タウトと日本の工芸」『工芸ニュース』16巻7号、p.6、1948年7月
※5　『日本　タウトの日記』I〜V、篠田英雄訳、岩波書店、1950年〜54年『剣持勇の世界』第4分冊　その史的背景―年譜・記録　河出書房新社　pp.72-73、1975年
※6　分冊　その史的背景―年譜・記録　河出書房新社　pp.72-73、1975年
※7　図4『工芸ニュース』2巻9号、p.13、1933年9月
※8　国井喜太郎「工藝指導所の歩んできた道」『工芸ニュース』17巻2号、p.6、1949年2月
※9　図5宮城県立東北歴史博物館提供。庄子晃子「工芸指導所初期の人々―ブルーノ・タウトを囲んだ1枚の写真をめぐって」『デザイン学研究特集号』6巻2号、pp.49-51、1999年3月
※10　『タウト全集　第三巻美術と工芸』pp.383-390、育生社弘道閣、1943年
※11　「仙台本所に於ける故ブルーノ・タウト氏を偲ぶ座談会」『工芸ニュース』8巻4号、p.12、1939年1月
※12　庄子晃子「ブルーノ・タウトの1934年3月5日付文書の翻訳と検討『仙台の工芸指導所のための私のこれまでの仕事に関する報告』について」『デザイン学研究』44巻3号、pp.51-58、1997年9月
　　　SHOJI,A. BRUNO TAUT'S WORKS AS AN ADVISER FOR THE NATIONAL INDUSTRIAL ARTS RESEARCH INSTITUTE IN JAPAN-His Theory of Master Models for Industrial Arts and its Practical Guidance, "THE SCIENCE OF DESIGN BULLETIN OF JSSD" Vol. 48, No2, pp.61-68,2001
※13　庄子晃子「ブルーノ・タウトの商工省工芸指導所のための優良工芸品の選定―出張先京都からの2通の手紙の翻訳を通しての検討」『デザイン学研究』45巻1号、pp.55-64、1998年5月
※14　図6タウトがデザインしたドアハンドルの模型『仙台市史特別編3美術工芸』図480より転載
※15　図7タウトがデザインしたドアハンドル『仙台市史特別編3美術工芸』図479より転載
※16　図8－図11「研究資料・卓上照明器具の規範原型製作研究―その基礎寸法決定に関する一面的考察」『工芸ニュース』3巻8号、pp.4-7、1934年9月
　　　庄子晃子「仙台市博物館蔵ブルーノ・タウトの指導照明具4点の復元研究報告ならびに修理報告」『仙台市博物館調査報告』5号、1985年
※17　図12『剣持勇の世界第4分冊その史的背景―年譜・記録』河出書房新社、p.77、1975年
※18　図13、図14「椅子の標準寸法に関する研究1―家具の規範原型製作研究の傍系的調査として、『工芸ニュース』3巻6号、9頁、1934年
※19　図15　庄子晃子「ブルーノ・タウトの1934年3月6日付文書の翻訳と検討『工芸指導所の展覧会のための提案』について」『デザイン学研究』44巻3号、pp.59-64、1997年9月
※20　図17「仙台本所における故ブルーノ・タウト氏を偲ぶ座談会」『工芸ニュース』8巻4号、p.11、
※21　1939年4月『産業工芸試験所30周年史』産業工芸試験所30周年記念事業協賛会、p.253、p.260、1960年（ゆまに書房、p.253、p.260、2011年）
※22　図18『産業工芸試験所40年史』p.108、工業技術院製品科学研究所、1976年

謝辞　資料を提供して頂いた村岡順子氏（仙台市博物館学芸普及室）、小谷竜介氏（東北歴史博物館）に感謝する。

注釈

注1　この1933年9月5日の提案については、『タウト全集第3巻美術と工芸』[※10]に収録されている。タウトは、ドイツ工作連盟が1906年に創設されたと記しているが、1907年が正しく、記憶違いであろう。
注2　所長国井は、「タウト氏は三か月では短いのでもっと長く居りたかった様だった。だがその費用もどう捻出できなかった」と述べている。[※11]
注3　タウトは日記に、「児島氏は、私が仙台にくるについて非常に骨を折ってくれた、立派なドイツ語を話す美学者である」と記している(1933年11月10日)。[※5]
注4　東北帝国大学の学生を中心とした絵画サークルの展覧会で、児島喜久雄（雅号寧生、美学）、太田正雄（雅号葱南、木下杢太郎、医学）、勝本正晃（皓川、法学）、鈴木道次らも出展している(11月10日の日記)[※5]
注5　「指導所で生駒山の小都市計画をつづけても一向差支えないと言ってくれた」(11月11日の日記)。「生駒山の小都市計画を完了、二枚の透視画は絶賛を受けた」(12月1日の日記)[※5]

Literaturhinweise

1) Abb. 1 aus *Kôgei-Shikenjo 30 nenshi* (Die 30-jährige Geschichte des Instituts für Industriedesign), Yumani Shobô, 2011, S. 16.
2) *Kôgei-Shikenjo 30 nenshi* (Die 30-jährige Geschichte des Instituts für Industriedesign), Yumani Shobô, 2011, S. 18.
3) Shôji Akiko, „Michinoku Sendai no Kokuritsu Kôgei-Shidôsho: Honsho (Shôwa 3 nen-) kara Tôhoku Shisho (Shôwa 15 nen-) wo hete Sangyô-Kôgei-Shikenjo Tôhoku Shisho (Shôwa 17 nen - 42 nen) he no 40 nen" (Das Kôgei-Shidôsho in Michinoku Sendai: 40 Jahre vom Hauptsitz (1928-) über die Tôhoku-Filiale (1940-) bis zur Tôhoku-Filiale des Instituts für Industriedesign), in *MIDEC* (Miyagi Industrial Design Exchange Conference) 7 (Dez. 1994), S. 3-4. Dieselbe, „Kokuritsu Kôgei-Shidôsho to Sendai, Miyagi" (Das Nationale Institut für Industriedesign und Sendai, Miyagi), in Geijutsukôgakkai Chiiki Dezain-shi Tokusetu Iinkai (Hrg.), *Nihon, chiiki, dezain shi II* (Japans Geschichte des Designs nach Regionen II), Bigaku Shuppan, 2016, S. 215-217. Dieselbe, „Sangyô dezain no hajimari: Sendai Shôkôshô Kôgei-Shidôsho, dô Tôhoku shisho no jidai" (Die Anfänge des Industriedesigns: Die Zeit des Nationalen Instituts für Industriedesign in Sendai und dessen Filiale in Tôhoku), in *Modân ribingu be no yume: Sangyô Kôgei Shikenjo no katsudô kara* (Der Traum vom modernen Leben: Mit Blick auf die Aktivitäten des Instituts für Industriedesign), Musashino Art University, 2017, S. 122-136.
4) "Tauto to nihon no kôgei" (Taut und Japans Kunsthandwerk), in *Kôgei News* 16:7 (Juli 1948), S. 7.
5) *Nihon: Tauto no nikki* (Bruno Taut in Japan: Das Tagebuch), Bde 1-5. übersetzt von Shinoda Hideo, Iwanami Shoten, 1950-1954.
6) *Kenmochi Isamu no sekai* (Die Welt des Kenmochi Isamu), 4. Heft „Sono shiteki haikei: nenpyô, kiroku" (Historischer Hintergrund: Zeittafel, Aufzeichnungen), Kawade Shobô Shinsha, 1975, S. 72f.
7) Abb. 4 aus *Kôgei News* 2:9 (September 1933), S. 13.
8) Kunii Kitarô, „Kôgei-Shidôsho no ayunde kita michi" (Der Weg des Kôgei-Shidôsho), in *Kôgei News* 17:2 (Feb. 1949), S. 6.
9) Abb. 5 wurde vom Tohoku History Museum bereitgestellt. Shôji Akiko, „Kôgei-Shidôsho shoki no hitobito: Brûno Tauto wo kakonda ichimai no shashin wo megutte" (Personen aus der Anfangszeit des Kôgei-Shidôsho: Zu einem Foto mit Bruno Taut in der Mitte), in *Dezain-gaku Kenkyû* Sonderheft 6:2 (März 1999), S. 45-51.
10) Shinoda Hideo (Ü.), *Tauto zenshû dai 3 kan kôgei to geijutsu* (Gesammelte Werke Tauts Bd. 3 Kunsthandwerk und Kunst), Ikuseisha Kôdôkaku, 1943, S. 383-390.
11) „Sendai honsho ni okeru ko Brûno Tauto shi wo shinobu zadankai" (Podiumsdiskussion im Hauptsitz Sendai in Erinnerung an den verstorbenen Bruno Taut), in *Kôgei News* 8:4 (April 1939), S. 12.
12) Shôji Akiko, „Brûno Tauto no 1934 nen 3 gatsu 5 nichi zuke bunsho no honyaku to kentô: ‚Sendai no Kôgei-Shidôsho no tame no watashi no kore made no shigoto no hôkoku' nitsuite" (Übersetzung und Analyse von Bruno Tauts Schrift vom 5. März 1934: Über den „Bericht über meine bisherige Arbeit für Kôgei-Shidôsho Sendai"), in *Dezain-gaku Kenkyû* 44:3 (September 1997), S. 51-58. Dieselbe, "Bruno Taut's works as an adviser for the National Industrial Arts Research Institute in Japan: His theory of master models for industrial arts and its practical guidance," in *The Science of Design Bulletin of JSSD* 48:2 (2001), S. 61-68.
13) Shôji Akiko, „Brûno Tauto no Shôkô-Kôgei-Shidôsho no tame no yûryô kôgeihin no sentei: Shucchôsaki Kyôto kara no 2 tsû no tegami no honyaku wo tôshite no kentô" (Bruno Tauts Auswahl herausragender kunsthandwerklicher Arbeiten für das Kôgei-Shidôsho: Analyse anhand der Übersetzung zweier aus Kyoto abgeschickter Briefe), in *Dezain-gaku Kenkyû* 45:1 (Mai 1998), S. 55-64.
14) Abb. 6: von Taut entworfene Türdrücker-Modelle entspricht Abb. 480 aus *Sendai-shi-shi tokubetsu hen 3 bijutsu kôgei* (Geschichte der Stadt Sendai Sonderband 3 Kunst und Kunsthandwerk).
15) Abb. 7: von Taut entworfene Türdrücker-Modelle entspricht Abb. 479 aus *Sendai-shi-shi tokubetsu hen 3 bijutsu kôgei* (Geschichte der Stadt Sendai Sonderband 3 Kunst und Kunsthandwerk).
16) Abbildungen 8 -11 aus „Kenkyû shiryô, takujô shômei kigu no kihan gensei seisaku kenkyû: sono kiso sunpô kettei ni kansuru ichimenteki kôsatsu" (Forschungsmaterial, Studie über die Herstellung von Mustermodellen für Tischlampen: Einseitige Betrachtungen zur Festlegung ihrer Grundmaße), in *Kôgei News* 3:8 (September 1934), S. 5-7. Siehe auch Shôji Akiko, „Sendai-shi Hakubutsukan zô Brûno Tauto shidô shômeiki 4 ten no fukugen kenkyû hôkoku narabini shûri hôkoku" (Bericht über die Wiederherstellung und Reparatur von 4 Lampen, die unter Bruno Tauts Anleitung entstanden sind und im Städtischen Museum Sendai aufbewahrt werden), in *Sendai-shi Hakubutsukan Chôsa Hôkoku* (Untersuchungsberichte des Städtischen Museums Sendai) 5 (1985).
17) Abb. 12 aus *Kenmochi Isamu no sekai* (Die Welt des Kenmochi Isamu), 4. Heft „Sono shiteki haikei: nenpyô, kiroku" (Historischer Hintergrund: Zeittafel, Aufzeichnungen), Kawade Shobô Shinsha, 1975, S. 77.
18) Abb. 13 und 14 aus „Isu no hyôjun sunpô ni kansuru kenkyû 1: kagu no kihon genkei seisaku kenkyû no bôkeiteki chôsa toshite" (Studien zu Grundmaßen von Stühlen: Nebenstudien zur Herstellung und Erforschung von Möbel-Mustermodellen), *Kôgei News* 3:6 (Juni 1934), S. 9.
19) Abb. 15 aus Shôji Akiko, „Brûno Tauto no 1934 nen 3 gatsu 6 nichi zuke bunsho no honyaku to kentô: ‚Kôgei-Shidôsho no tenrankai no tame no teian' nitsuite" (Übersetzung und Analyse von Bruno Tauts Schrift vom 6. März 1934: Über den „Vorschlag für Ausstellungen von Kogeishidosho"), in *Dezain-gaku Kenkyû* 44:3 (September 1997), S. 59-68.
20) Abb. 17 aus „Sendai honsho ni okeru ko Brûno Tauto shi wo shinobu zadankai" (Podiumsdiskussion im Hauptsitz Sendai in Erinnerung an den verstorbenen Bruno Taut), in *Kôgei News* 8:4 (April 1939), S. 11.
21) *Sangyô Kôgei Shikenjo 30 nenshi* (Die 30-jährige Geschichte des Instituts für Industriedesign), 1960 (Neuauflage von Yumani Shobô), 2011, S. 253 u. 260.
22) Abb. 18 aus Kôgyô Gijutsuin Seihin Kagaku Kenkyûjo, *Sangyô Kôgei Shikenjo 40 nenshi* (Die 40-jährige Geschichte des Instituts für Industriedesign), 1976, S. 108.

FN 1 Tauts Vorschläge vom 5. September 1933 wurden in *Tauto zenshû dai 3 kan kôgei to geijutsu* (Gesammelte Werke Tauts Bd. 3 Kunsthandwerk und Kunst) [10] aufgenommen. Taut schreibt zwar, dass der Deutsche Werkbund 1906 gegründet worden sei, richtig ist jedoch 1907.

FN 2 Direktor Kunii erklärt: „Weil drei Monate sehr kurz sind, wollte Taut gern länger bleiben, aber die notwendigen Gelder konnten nicht aufgetrieben werden." [11]

FN 3 Im Tagebuch schreibt Taut: "Prof. Kojima von der Universität, der sich hier sehr für mich eingesetzt hat. Ästhetiker mit gutem Deutsch…" (Eintrag vom 10. November 1933, in der dt. Ausgabe, Bd. 1, S. 172) [5].

FN 4 Es handelt sich um eine Ausstellung eines Zeichenzirkels, dessen Mitglieder hauptsächlich Studenten der Kaiserlichen Universität Tohoku waren. Kojima Kikuo (Pseudonym: Neo, Kunststudent), Ôta Masao (Pseudonym: Sônan, Kinoshita Mokutarô Medizinstudent), und Katsumoto Masaakira (Pseudonym: Kôsen, Jurastudent) sowie Suzuki Michiji stellten ebenfalls Werke aus (siehe Tagebucheintrag vom 10. November 1933) [5].

FN 5 Es handelt sich um: „Ausdrückliches Angebot, am Ikoma auch im Büro zu arbeiten." (Tagebucheintrag vom 10. November 1933, in der dt. Ausgabe, Bd. 1, S. 173), und: „Plan für Ikoma fertig, zwei Perspektiven, viel bewundert" (Tagebucheintrag vom 1. Dezember 1933, in der dt. Ausgabe, Bd. 1, S. 186) [5].

庄子 晃子　Akiko Shôji

東北工業大学名誉教授・博士（学術）

1968	東北大学大学院文学研究科修士課程美術史学専攻修了
1978	ハイデルベルク大学美術史研究所に留学。仙台でブルーノ・タウトが指導した照明器具の復元などに携わる
1999	論文博士の学位取得（千葉大学大学院自然科学研究科）、東北工業大学工学部工業意匠学科教授、国井喜太郎産業工芸賞、日本デザイン学会賞
2012	日本基礎造形学会功労賞

現在、東北工業大学名誉教授、近代仙台研究会会長

Prof. Dr. em. des Tohoku Institute of Technology und Vorsitzende des Forschungskreises „Modernes Sendai".

1968	Abschluss des M.A.-Kurses für Kunstgeschichte
1978	des Graduiertenkollegs für Geisteswissenschaft der Tohoku Universität. Auslandsstudium am Institut für Kunstgeschichte der Universität Heidelberg, Beteiligung an der Rekonstruktion von Lampen, die unter Tauts Anleitung im Sendai entstanden sind.
1999	Verleihung des Ph.D.-Grades durch das Graduiertenkolleg für Naturwissenschaften der Universität Chiba, Berufung auf eine Professur an der Abteilung für Industriedesign des Tohoku Institute of Technology, Verleihung des „Kunii Kitarô Preises für Industriedesign" sowie des „Preises der Japanese Society for the Science of Design"
2012	Würdigung mit einer Verdiensturkunde der Japan Society of Basic Design and Art.

エリカ・ヴィティヒとは何者か
Wer ist Erica Wittich?

吉岡 康浩
Yasuhiro Yoshioka

column 1 — 03

エリカ・ヴィティヒ（1893-1975）
Erica Wittich（1893-1975）

ドイツ人建築家ブルーノ・タウトは、1933年5月4日に来日し、1936年10月15日にトルコに向け離日した。ドイツ出国から来日までは吉田鉄郎が訳した『建築と芸術』※1、日本滞在中は篠田秀雄が訳した『日本 タウトの日記』※2を読めば大抵のことは理解できる。しかし、来日の目的や動機などは読み取ることができない。タウトは、なぜ日本に来て三年半も滞在することになったのか。吉田が翻訳した、『建築と芸術』にナチスから追われアメリカへの旅の途中で日本に立ち寄ったとある。しかし、『タウトの日記』に真相は残されていない。戦時色が強い時代ゆえ記されなかったのかもしれない。

真相のすべてを握る人物がいる。タウトといっしょに来日したエリカ・タウト夫人その人である。日本に滞在中にかかわった誰もがタウトの夫人と思っていたが、違っていた。

『建築家ブルーノ・タウトのすべて 1984年』※3
「来日したころの新聞の切抜きを保存してあったものを見ると『エリカ・ヴィティヒ』という印文で、それが後に『エリカ・タウト』と変わっている。日本でそうなったことがわかる。」

秘書、愛人なのかと余計な好奇心や混乱を避けるため、夫人としてすり替えられていた。正妻がドイツにいると知られると、更に厄介である。タウトとエリカもその方が無難と思っていたのであろう。来日から16日後の建築雑誌の取材記事では、エリカ夫人で紹介されていた。

『国際建築 1933年6月号』※4
「1933年5月20日、朝8時半約束の時間に帝国ホテルにタウト教授夫妻を迎えにゆく。齋藤君も間もなく来る」「……エリカ・タウト夫人は植物の専門家である。果樹の栽培が本職だそうだが、高山植物にも詳しい」

エリカ夫人とはいったい何者なのであろう。『ブルーノ・タウトへの旅』※5によると、本名はエリカ・ヴィティヒ（1893-1975）で、タウトの正妻はヘートヴィヒ・タウト（Hedwig 1879-1968）であった。タウトは、第一次大戦中の1916年に徴用を受け、ブランデンブル

Der deutsche Architekt Bruno Taut kam am 4. Mai 1933 in Japan an und verließ es am 15. Oktober 1936 in Richtung Türkei. Über die Zeit zwischen seiner Abreise aus Deutschland und Ankunft in Japan gibt das von Yoshida Tetsurô übersetzte *Architektur und Kunst* (Kenchiku to geijutsu)[1], über seinen Aufenthalt in Japan das von Shinoda Hideo übersetzte *Bruno Taut in Japan: Das Tagebuch* (Nihon: Burûno Tauto no nikki)[2], in groben Zügen Auskunft. Aus diesen beiden Büchern lässt sich jedoch nichts über die Motivation für seine Reise nach Japan entnehmen. Warum ist Taut nach Japan gekommen und dann dreieinhalb Jahre geblieben? Im von Yoshida übersetzten *Architektur und Kunst* heißt es, dass er auf der Flucht vor den Nationalsozialisten auf dem Weg nach Amerika in Japan Halt gemacht habe. In *Tauts Tagebuch* steht zu den wahren Beweggründen jedoch nichts. Vermutlich hat Taut diese aufgrund der zunehmenden Kriegsstimmung dieser Zeit nicht notiert.

Doch es gibt eine Person, die die Wahrheit kennt: Tauts „Frau" Erica Wittich, die gemeinsam mit ihm nach Japan kam. Sie wurde während des gemeinsamen Japanaufenthaltes von allen als Tauts Ehefrau wahrgenommen, was sie in Wirklichkeit jedoch nicht war.

Aus *Alles über den Architekten Bruno Taut*:
„In den erhaltenen Zeitungsausschnitten aus der Zeit nach seiner Ankunft in Japan sieht man wie aus ‚Erica Wittich' später ‚Erica Taut' wird. Das zeigt, dass diese Umdeutung in Japan erfolgte."[3]

Um unnötiges Interesse und Verwirrung darüber, ob sie nun seine Sekretärin oder Geliebte sei, zu vermeiden, wurde sie zu Tauts Frau gemacht. Noch lästiger wäre es gewesen, wenn bekannt geworden wäre, dass seine gesetzliche Ehefrau in Deutschland lebte. Taut und Erica hielten die Umdeutung deshalb wohl für die einfachere Lösung. In einem Artikel, der 16 Tage nach ihrer Ankunft in Japan erschien, wird sie als Ehefrau Erica vorgestellt.

Aus der Zeitschrift *Internationale Architektur* (Kokusai Kenchiku), Juni 1933:
„Am 20. Mai 1933 ging ich wie vereinbart um 8 Uhr 30 ins Imperial Hotel, um Professor Taut und seine Frau zu begrüßen. Wenig später kam auch Herr Satô … Frau Erica Taut ist Botanistin. Ihr hauptsächlicher Arbeitsbereich ist die Kultivierung von Obstbäumen, aber sie kennt sich auch gut in der Alpenflora aus."

Doch wer ist Frau Erica eigentlich? Im Buch *Reise zu Bruno Taut* (Burûno Tauto he no tabi)[5] steht, dass ihr richtiger Name Erica Wittich (1893-1975) und Hedwig Taut (1879-1968) Tauts gesetzliche Ehefrau war. Taut war 1916 im ersten Weltkrieg in eine Schießpulverfabrik in Brandenburg eingezogen worden und lernte dort die ihm unterstellte Erica kennen. Beiden

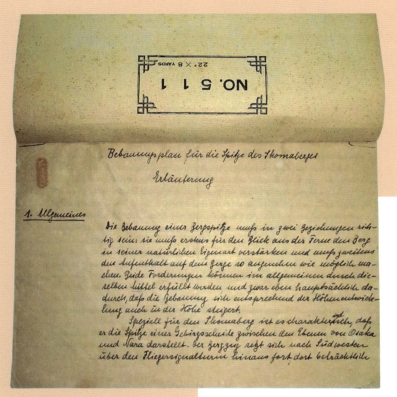

『日本の建築』育成社　第8章　生駒山の小都市計画について

ブルーノ・タウトは大阪電軌株式会社から依頼された生駒山の小都市計画について、1933年10月23日に現地調査した。基本設計の説明書を仙台で1933年12月に執筆した。「山嶺に何かを建築する場合、二つの面で正しくあらねばならない。第一に、遠くからの景観のため、山の自然特性が強調されるようにすること。第二に、山嶺での滞在を出来る限り快適にすること」B5×8枚、筆跡はエリカ夫人。

„Bebauungsplan für die Spitze des Ikomaberges. Erläuterung"
aus Kapitel 8 des Buches *Nihon no kenchiku* (Japans Architektur)
von Bruno Taut

Im Auftrag der Aktiengesellschaft Osaka Denki erkundet Taut am 23. Oktober 1933 das Gelände zur Erstellung eines Bebauungsplanes für die Spitze des Ikomaberges. Die Erläuterungen zum Grundentwurf verfasst er im Dezember 1933 in Sendai. 8 DIN-B5 Blätter in Ericas Handschrift.

国立工芸指導所嘱託(仙台)
タウトの会製作のDVD『夢ひかる刻』より
Aus: DVD „Yume hikaru toki" (Wenn Träume leuchten)

クの火薬製造工場に動員されていたが、その際に部下のエリカと知り合い、二人の間に娘クラリッサ（Clarissa 1918-1998）が誕生した。戦後、タウトはヘートヴィヒに一緒に暮らそうと申し出たが拒絶され、離婚にも応じなかった。

やはり、愛人関係にあったがタウトの秘書としての役割を果たしていたとされる記録が残っている。

『タウトの日記』
「……上野伊三郎氏（京都の建築家で、タウトの友人）がこう述べている、「タウトは、日本における見聞を克明に記しつづけた。眼にとまり耳に挟んだ事物を、直ぐにポケットの小形の手帳に書きとめ、帰宅後それを見ながらエリカ夫人

wird eine Tochter (Clarissa 1918-1998) geboren. Nach dem Krieg lud Taut Hedwig ein, mit ihnen gemeinsam zu wohnen; diese lehnte ab, wollte sich aber auch nicht scheiden lassen.

Es gibt außerdem eine Eintragung, die zeigt, dass sie Aufgaben einer Sekretärin für ihren Geliebten Taut übernahm.

Aus *Tauts Tagebuch*:
Herr Ueno Isaburô (Architekt aus Kyoto und Tauts Freund) sagte Folgendes: „Taut schrieb seine Erfahrungen in Japan gewissenhaft auf. Was ihm zu Augen und Ohren kam, notierte er sofort in einem kleinen Notizheft, das er in der Tasche trug. Nach Hause zurückgekehrt, berichtete er dann seiner Frau Erica anhand der Notizen davon. Diese Aufzeichnungen (d.h. sein Tagebuch) wurden an seinen in Deutschland verbliebenen Bruder Max Taut und Freunde geschickt und wurden zu einer Art Rundbrief ... Im Tagebuch wechseln sich Tauts handschriftliche

に口述した。これらの見聞記（すなわち日記）は、故国に残した実弟マクス・タウトや友人達に送り、一種の回覧状の用を果した」「日記には、タウトの自筆の部分（概ねごく小さい字で認められ、たいへん読みにくい）と、エリカ夫人の清書（いわば楷書風に書かれた大ぶりの字である）とが交っている」

　タウトと知り合った1917年以降、タウトの著者が数多く出版されているのは、エリカが有能な秘書としての役務を果たしていたからであろう。『年輪の記ある建築家の自画像』※6を記した竹内芳太郎は、『タウトの日記』にある日にちの間違いや人違いを指摘していた。それはタウトの錯誤とエリカの口述筆記の単純なミスによるものであろう。

　また、エリカは「婦人之友」でドイツ家庭料理を紹介し、自由学園ホールでドイツ式料理と洗濯の生活講習会を行った。
『婦人之友　1933年11月号』
「ここにエリカの『ドイツ家庭料理』をご紹介できることを本当に嬉しいと思います。エリカのドイツ人らしい、非常に家庭的な、又、経済的なお料理の仕方に沢山、私たちの学ぶことがあるからです」

　タウトがトルコで1938年12月24日に客死した後、再びエリカは来日し、遺稿を篠田英雄と吉田鉄郎に託していた。エリカの入国日は9月とも10月とも記されている。
『タウトの日記』
「エリカ夫人は、1939年9月に、タウトの遺稿ならびに遺品とデスマスクを携えて、再び日本を訪れた」
『建築芸術論』※7
「タウトの没した翌年、即ち1939年10月に再び日本を訪れて知友達に亡夫生前の厚誼を謝し、そのまま一年余り滞在した」

　法要までの数か月は高崎の水原徳言（1911-2009）の自宅に身を寄せていたとされる。

『建築芸術論』
「夫ブルーノは本書に先立ち1935-36に高崎在の少林山で『建築論考』を著しました。……
日本滞在中に、夫はこの国の建築と文化とを熱心に研究致しました。私は当時彼の考察の成熟にいろいろ御援助を賜った日本の友人の方々に亡夫の名において厚く御礼申上げます。1940年2月13日

Eintragungen (zumeist in extrem kleiner und sehr schwer leserlicher Schrift) und die saubere Schrift (in großen Lettern geschrieben) von seiner Frau Erica ab."

Dass viele Schriften von Taut nach 1917, d.h. nachdem Erica ihn kennengelernt hatte, veröffentlicht wurden, ist sicher ihrem Einsatz als fähiger Sekretärin zu verdanken. Der Autor des Buches *Aufzeichnung der Jahresringe: Das Selbstporträt eines Architekten* (Nenrin no ki: aru kenchikuka no jigazô)6), Takeuchi Yoshitarô, verweist auf falsche Datierungen bzw. Namensnennungen in *Tauts Tagebuch*. Diese sind sicher einfach durch Verwechslungen von Taut selbst bzw. Ericas Mitschrift des mündlich Diktierten entstanden.

Außerdem hat Erica in der Zeitschrift *Freundin der Frau* deutsche Gerichte vorgestellt und in der Aula (Myônichikan) der Jiyû Gakuen Universität Hauswirtschaftskurse über deutsche Küche und Wäschewaschen gehalten.

Aus der Zeitschrift *Freundin der Frau* (Fujin no tomo), November 1933:
„Wir freuen uns über alle Maßen, dass wir Ericas ‚deutsche Hausmannskost' hier vorstellen können. Von Ericas vorbildlich deutscher, sehr häuslicher und sehr preisgünstiger Art des Kochens können wir viel lernen."

Nachdem Taut am 24. Dezember 1938 in der Türkei verstorben war, kam Erica noch einmal nach Japan und übergab die von Taut hinterlassenen Manuskripte an Shinoda Hideo und Yoshida Tetsurô. Zu ihrer Wiedereinreise gibt es Quellen, die von September, und solche, die von Oktober sprechen.

Aus *Tauts Tagebuch*:
„Im September 1939 kam Tauts Frau Erica mit seinen Manuskripten und sonstigem Nachlass sowie seiner Totenmaske im Gepäck noch einmal nach Japan."
Aus *Theorie der Architektur und Kunst*7):
„Im Jahr nach Tauts Tod, d.h. im Oktober 1939 kam sie noch einmal nach Japan, überbrachte seine noch zu Lebzeiten ausgesprochenen herzlichen Dankesworte an Freunde und Bekannte und blieb etwas hier über ein Jahr."

Die wenigen Monate bis zur buddhistischen Totenmesse verbrachte sie in Takasaki im Haus von Mihara Tokugen (1911-2009).

Aus *Theorie der Architektur und Kunst*:
„Mein Mann Bruno hatte zuvor während unseres Aufenthaltes im Shôrinzan-Tempel von Takasaki eine *Abhandlung zur Architektur* (Kenchiku ronkô) geschrieben … Während unseres Aufenthaltes in Japan hat mein Mann die Architektur und Kultur des Landes sehr eifrig studiert. Im Namen meines verstorbenen Mannes möchte ich allen Freunden herzlichst danken, die ihn bei der Reifung seiner Beobachtungen unterstützt haben. 13. Februar 1940, Tokyo, Erica Taut."

Mit dem Dreimächtepakt zwischen Japan, Deutschland und Italien, der am

1933年6月2日（金）タウトが東京帝国大学を訪問した時の記念写真
Erinnerungsfoto, aufgenommen während Tauts Besuch an der Kaiserlichen Universität Tokyo am Freitag, dem 2. Juni 1933

東京にて　エリカ・タウト」
1940年9月27日、日本とドイツとイタリアで三国同盟が締結され、ますます軍事色が強くなった。エリカは本国ドイツに帰れないばかりか、日本にも長くはいられない事情があったとしてもおかしくない。

『建築芸術論』
「1940年の暮、エリカ夫人は日本を去る間際に、私にこの翻訳を託した。然し建築に素人である私がまったくその任でないことは最初から明かであったから、この話の出るたびにはっきりお断りした。すると夫人は到頭『ブルーノが生きていたらこの仕事を貴方以外の人に依頼しないでしょう。しかし建築のことについて不審があったら吉田（鉄郎）さんに訊ね

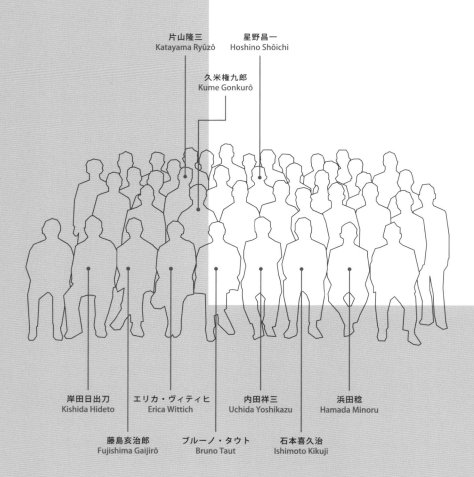

片山隆三　Katayama Ryûzô
星野昌一　Hoshino Shôichi
久米権九郎　Kume Gonkurô
岸田日出刀　Kishida Hideto
エリカ・ヴィティヒ　Erica Wittich
内田祥三　Uchida Yoshikazu
浜田稔　Hamada Minoru
藤島亥治郎　Fujishima Gaijirô
ブルーノ・タウト　Bruno Taut
石本喜久治　Ishimoto Kikuji

27. September 1940 geschlossen wurde, verstärkte sich die Kriegsstimmung weiter. Erica war nun nicht nur die Rückkehr nach Deutschland unmöglich geworden, sondern auch in Japan erlaubten die Umstände vermutlich keinen langen Aufenthalt mehr.

Aus *Theorie der Architektur und Kunst*:
„Als Tauts Frau Erica im Frühjahr 1940 begann, über ihre Abreise aus Japan nachzudenken, beauftragte sie mich mit dieser Übersetzung. Weil aber von Anfang an klar war, dass ich als Laie der Architektur dieser Aufgabe nicht gewachsen sein würde, habe ich, so oft die Rede darauf kam, immer wieder abgelehnt. Schließlich behauptete sie unnachgiebig: ‚Wenn Bruno noch leben würde, würde er niemand anderen darum bitten als Sie. Und wenn Sie bezüglich der Architektur etwas nicht verstehen, können Sie dann nicht Herrn Yoshida (Tetsurô) um Hilfe bitten?' Und da der Abschied nahte und nicht klar war, ob wir einander noch einmal lebend wiedersehen würden,

たらいいではありませんか』と主張して譲らないし、他方お互に生きて再び会えるかどうかも判らない別離が迫っていたので、結局承諾せざるを得なかった」
「……夫人は翌40年12月に東京を去って上海に渡った。出発の際の持ち物は、僅かな手回りの品だけであった」
『タウトの日記』
「エリカ夫人はソ連に入国することを希望し、このためのいわば足がかりとして、『国際的』都市を選んだのであるが、しかし、その期待は空しく、上海を離れることができなかった」

『国際交流物語』※8
「エリカは日本よりの帰途、直接、ソ連に入国することを希望したにもかかわらずそれが実現不可能と判ると日本から上海に渡り、そこから旧ソ連への入国の機会を待った。しかし当時、すでに彼女は日本の官憲の厳しい監視下にあり、上海を脱出することは困難な状況にあった。結局、終戦後、彼女は米軍に保護され、ソ連ではなく、米国経由で当時共産化された東ドイツに帰国した。ここで三つの事実に注目したい。第一は彼女が日本から旧ソ連への入国を希望したこと。第二は実際には戦後、西ドイツではなく、共産党政権下の東ドイツに帰国したこと。第三には、東ドイツ政府より反ナチス者としての特別年金を支給されていたこと。これは東ドイツの共産党政権が戦前における彼女のドイツ国内・日本・トルコ・上海におけるコミンテルンへの貢献を評価した明白な証拠ではないだろうか。前述した通り、1933年5月にエリカはタウトと共に来日したが1936年10月に日本からトルコのイスタンブールへ向かった。タウトたちの日本到着にすこしおくれて、同じ年の1933年9月にリヒャルト・ゾルゲは来日した。彼は名目上ドイツの新聞、フランクフルター・ツアイウング紙の東京特派員として駐日ドイツ大使館に密着しながらソ連のために、対日スパイ活動を開始した。そして1941年10月ゾルゲ・スパイ団は一斉に検挙され、1944年11月にゾルゲの死刑が執行された」

『タウトの日記』
「たぶん46年にアメリカを経て帰国したらしいが、日本のどの知人も、その後の消息を知ることができずにいる。たが夫人は、すでに高齢の筈である。上野氏

blieb mir schließlich nichts anderes übrig, als den Auftrag anzunehmen."
„Tauts Frau setzte im Dezember von Tokyo nach Shanghai über. Bei der Abreise hatte sie nur ihr Handgepäck dabei."
Aus *Tauts Tagebuch*:
„Tauts Frau Erica hoffte auf eine Einreise in die Sowjetunion und wählte deshalb sozusagen als Sprungbrett eine ‚internationale' Stadt, doch ihre Erwartung erfüllte sich nicht und sie konnte Shanghai nicht verlassen."

Aus der *Geschichte des internationalen Austauschs*:
„Erica hoffte auf dem Rückweg direkt in die Sowjetunion einreisen zu können; als sich herausstellte, dass dies nicht realisierbar war, setzte sie von Japan nach Shanghai über und wartete dort auf eine Gelegenheit zur Einreise in die Sowjetunion. Damals stand sie jedoch schon unter strenger Beobachtung japanischer Behörden, so dass es für sie schwierig wurde, aus Shanghai zu entkommen. Nach Kriegsende wurde sie schließlich von amerikanischen Truppen in Gewahrsam genommen und reiste nicht in die Sowjetunion, sondern über Amerika in das zu dieser Zeit kommunistisch gewordene Ostdeutschland zurück. Ich möchte hier drei Aspekte hervorheben. Erstens, dass sie von Japan aus in die Sowjetunion einreisen wollte. Zweitens, dass sie nach Kriegsende nicht nach Westdeutschland, sondern in das unter der Herrschaft der Kommunistischen Partei [korrekt: Sozialistische Einheitspartei Deutschlands] stehende Ostdeutschland zurückkehrte. Drittens, dass sie von der ostdeutschen Regierung als Kämpferin gegen den Faschismus eine Ehrenpension erhielt. Das beweist doch eindeutig, dass das ostdeutsche Regime der Kommunistischen Partei ihren Beitrag zur Komintern vor und während des 2. Weltkrieges in Deutschland, Japan, der Türkei und Shanghai wertschätzte. Wie bereits gesagt, landete Erica zusammen mit Taut im Mai 1933 in Japan, reiste dann aber im Oktober 1936 von Japan ins türkische Istanbul. Etwas später als Erica und Taut, aber noch im selben Jahr kam im September 1933 Richard Sorge in Japan an. Offiziell als Korrespondent der Frankfurter Zeitung in Tokyo stand er in engstem Kontakt mit der Deutschen Botschaft in Japan und begann mit anti-japanischen Spionageaktivitäten für die Sowjetunion. Im Oktober 1941 wurden alle Mitglieder des Spionagekreises um Sorge verhaftet und im November 1941 hingerichtet."8)

Aus *Tauts Tagebuch*:
„[Erica] kehrte vermutlich 1946 über Amerika nach Deutschland zurück, keiner ihrer Bekannten in Japan hat danach wieder etwas von ihr gehört. Damals hatte sie jedoch schon ein höheres Alter erreicht. Herr Ueno besuchte 1958 West-Berlin, erfuhr von Max Taut aber nicht mehr, als dass Tauts Frau Erica in Ostdeutschland wohne."

Wenn Ericas Beitrag zur Komintern den Tatsachen entsprechen sollte,

吉田鉄郎からエリカ宛ての未投函のはがき

東京都杉並区荻窪 1-32　吉田鉄郎より
親愛なるタウト夫人
ヴェヒターさんからあなたの手紙を受け取って以来、すぐに長い時間が過ぎてしまいました。今日まで書くことが出来なかった私を許してください。本当に、私はとても忙しかったのです。（私は受け取ってすぐにあなたの手紙を篠田氏に見せました）あなたが元気だと聞いてとても嬉しかったです。篠田氏と高村氏も元気で、私と家族も元気です。私は教授として日本大学で教えながら、宮内省と通信省に行っています。日に日に陰鬱な気分です。今日は要用のみ。敬具、吉田鉄郎
エリカ・タウト様
上海 舟山路 54/12 国際ユダヤ人機構 , 私書箱 1425

Nicht abgesendete Postkarte von Yoshida Tetsurô an Erica

Tetsuro Yoshida, Suginami-ku, Ogikubo 1-32, Tokyo
Dear Mrs. Taut,
A long time went away so soon, since I received your letter from Mr. Waechter. Please excuse me for the fact that I did not write to you until to-day. Indeed, I was very busy (I showed your letter to Mr. Shinoda, as soon as I received it.) It was a great joy to me to hear that you are well, Mr. Shinoda, Mr. Takamura are well. I and my family also well. I am teaching at Nippon University as professor and at the same time go to the Department of Imperial household and to the Department of Communications. ….. day after day and we feel very gloomy. Today only short.
Yours truly, Tetsuro Yoshida

助監督だった黒澤明が 1941 年に書き上げた脚本『達磨寺のドイツ人』は、日中戦争の影響で映画化されなかった。浦野芳雄の本『ブルーノ・タウトの回想』（写真）を原作にして、タウトと高崎の実在する人物をモデルにし、一部フィクションを入れて作られている。

Das 1941 vom (damaligen) Assistenzregisseur Kurosawa Akira verfasste Drehbuch „Ein Deutscher im Darumaji-Tempel" wurde aufgrund des Zweiten Japanisch-Chinesischen Krieges nicht verfilmt. Es basiert auf Urano Yoshios Essay *Brúno Tauto no kaisô* (Bruno Tauts Erinnerungen; Foto) und erweitert die Darstellung von Taut und weiteren historischen Personen aus Takasaki durch fiktive Elemente.

は 1958 年に戦後のベルリンを訪れたが、マクス・タウト氏ですから、エリカ夫人が東ドイツに居住しているということ以外には、何も知るところがなかった」

エリカのコミンテルンへの貢献が事実なのであれば、タウトが来日した理由もミステリー小説のようでもある。しかし、エリカが苦労して日本にタウトの遺品を持ち込まなければ、ドイツ出国以降のタウトの活動の殆どが忘れ去られていただろう。ナチス政権のドイツ本国にタウトの資料が渡っていたならば、完全に抹消されていてもおかしくはない。謎めいたエリカの日本に対する功績は偉大であったと思う。

NTT ファシリティーズには、タウトの

dann kommen Tauts Beweggründe für seine Reise nach Japan einer Kriminalgeschichte recht nah. Hätte aber Erica nicht trotz aller Hürden Tauts Hinterlassenschaften nach Japan gebracht, dann wären die Aktivitäten Tauts nach seiner Ausreise aus Deutschland sicher längst in Vergessenheit geraten. Selbst wenn Materialien von Taut ins Nazi-Deutschland übermittelt worden wären, so wären sie aller Wahrscheinlichkeit nach vernichtet worden. Die Verdienste der rätselhaften Erica für Japan sind wahrlich nicht zu unterschätzen.

Bei NTT Facilities wird ein Teil der von Taut hinterlassenen Manuskripte und Bücher aufbewahrt, die sich ehemals im Besitz von Yoshida Tetsurô befanden. Da man in der Firma erkannt hat, dass die bloße Aufbewahrung allein nicht ausreicht, hat man mit der Edition der Quellen begonnen. Dazu wiederum müssen die oben umrissenen Rätsel gelöst werden. In

遺稿の一部と書籍を含め、吉田鉄郎が所有していたものを保管している。社ではただ保管するだけでは意味がないので、資料の編纂に着手した。すると、上述のような謎めいたことの解明が必要になった。タウトの周辺には「なぜ」がたくさん潜んでいる。例えば、映画監督の黒澤明もそのうちの一人ではないだろうか。タウトの高崎での活動を『達磨寺のドイツ人』※9と題して脚本を書下ろし、映画化しようとしていた。今回、エリカ夫人を中心にフォーカスをあてタウトを別の角度から編纂してみた。今後、社で保管しているタウト関連資料のアーカイブが、ブルーノ・タウトを研究する方々の一助になれば幸いである。

Tauts Umfeld verstecken sich viele Fragen nach dem Warum. Das betrifft z.B. auch den Filmregisseur Kurosawa Akira. Dieser hat Tauts Aktivitäten in Takasaki in einem Drehbuch unter dem Titel „Ein Deutscher im Darumaji-Tempel" verarbeitet, das er verfilmen wollte. In diesem Artikel habe ich Tauts Frau Erica in den Mittelpunkt gerückt und versucht, Taut aus einer anderen Perspektive zu erfassen. Ich hoffe sehr, dass das Archiv der bei NTT Facilities aufbewahrten Materialien Forschern eine Stütze sein kann, die zu Bruno Taut arbeiten.

column 1—03

参考文献

- ※1 ブルーノ・タウト『建築と芸術』吉田鉄郎訳、雄鶏社、1952年、p.91
- ※2 ブルーノ・タウト『日本 タウトの日記』篠田秀雄訳、岩波書店 1975年、p.2、p.30、p.31
- ※3 水原徳言『建築家ブルーノ・タウトのすべて 芸術とその家族』武蔵野美術大学、1984年、p.38
- ※4 『国際建築 1933年6月号』p.227
- ※5 鈴木久雄『ブルーノ・タウトへの旅』新樹社、2002年 pp.49-51
- ※6 竹内芳太郎『年輪の記 ある建築家の自画像』相模書房、1978年、p.512、p.515
- ※7 ブルーノ・タウト『建築芸術論』篠田英雄訳、岩波書店、1948年、p.1、p.284、p.285
- ※8 松本晃『国際交流物語』丸善出版、2003年、p.285
- ※9 黒澤明『全集黒澤明 第1巻 達磨寺のドイツ人他』岩波書店、1987年
- ※10 吉岡康浩「ブルーノ・タウトを支えた日本人 エリカ・ビティッヒの忘れ物」旧日向別邸講演会資料、2012年

Literaturhinweise

1) Bruno Taut, *Kenchiku to geijutsu* (Architektur und Kunst), übersetzt von Yoshida Tetsurô, Ondorisha, 1952, Im Text folgendes Zitat von S. 91.
2) Bruno Taut, *Nihon: Tauto no nikki* (Bruno Taut in Japan: Das Tagebuch), übersetzt von Shinoda Hideo, Iwanami Shoten, 1975. Im Text folgende Zitate aus Bd. ??, S. 2, S. 30, S. 31.
3) Mihara Tokugen, *Kenchikuka Burûno Tauto no subete* (Alles über den Architekten Bruno Taut), Musashino Bijutsu Daigaku, 1984, S. 38.
4) *Kokusai Kenchiku* (Internationale Architektur), Juli 1933, S. 227.
5) Suzuki Hisao, *Burûno Tauto he no tabi* (Reise zu Bruno Taut), Shinjusha, 2002, S. 49, S. 50, S. 51.
6) Takeuchi Yoshitarô, *Nenrin no ki: aru kenchikuka no jigazô* (Aufzeichnung der Jahresringe: Selbstportrait eines Architekten), Sagami Shobô, 1978, S. 512, S. 515.
7) Bruno Taut, *Kenchiku geijutsu ron* (Theorie der Architektur und Kunst), übersetzt von Shinoda Hideo, Iwanami Shoten, 1948, S. 1, S. 284, S. 285.
8) Matsumoto Akira, *Kokusai kôryû monogatari* (Die Geschichte des internationalen Austausches), Maruzen Shuppan, 2003, S. 285.
9) Kurosawa Akira, *Zenshû Kurosawa Akira dai 1 kan Daruma-ji no doitsu-jin hoka* (Gesammelte Werke von Kurosawa Akira Bd. 1 Der Deutsche vom Daruma-Tempel u.a.), Iwanami Shoten, 1987.
10) Yoshioka Yasuhiro, „Burûno Tauto wo sasaeta nihon-jin Erika Bitihhi no wasuremono" (Japaner, die Bruno Taut unterstützten; Von Erica Wittich Zurückgelassenes), Manuskript eines Vortrages in der ehemalige Villa Hyûga, 2012.

吉岡 康浩　Yasuhiro Yoshioka

1986	福岡大学工学部建築学科卒業 日本電信電話株式会社入社
2008	NTTファシリティーズにて通信建築資料編纂
1986	Abschluss eines B.A.-Studiums an der Abteilung für Architektur der Fakultät für Ingenieurwissenschaft der Universität Fukuoka Anstellung bei der Nippon Telegraph and Telephone Corporation (NTT)
2008	Herausgabe von Quellenmaterial zur Postarchitektur im Auftrag von NTT Facilities

ブルーノ・タウト建築マップ

Karte der Bauwerke von Bruno Taut

タウトの主な建築は、1905年のイエナ大学からはじまり、ウンターリーキシンゲンの教会、ニーデンの教会、ケルンのグラスハウス、マクデブルクそしてベルリンにおけるジードルンクと続く。1933年に日本に渡ると、主に仙台と高崎で工芸デザインを指導し、熱海に別荘を設計した。1936年にトルコに渡ってイスタンブールとアンカラに建築を残した。

Tauts wichtigste Bauwerke beginnen 1905 mit der Universität Jena und erstrecken sich auf die Kirchen in Unterriexingen und Nieden, das Glashaus in Köln sowie Siedlungen in Berlin und Magdeburg. Nachdem er 1933 nach Japan kam, unterrichtete er kunstgewerbliches Design in Takasaki und Sendai und entwarf ein Sommerhaus in Atami. 1936 ging er in die Türkei und hinterließ Bauwerke in Istanbul und Ankara.

監修：田中辰明
Schriftleitung: Tatsuaki Tanaka

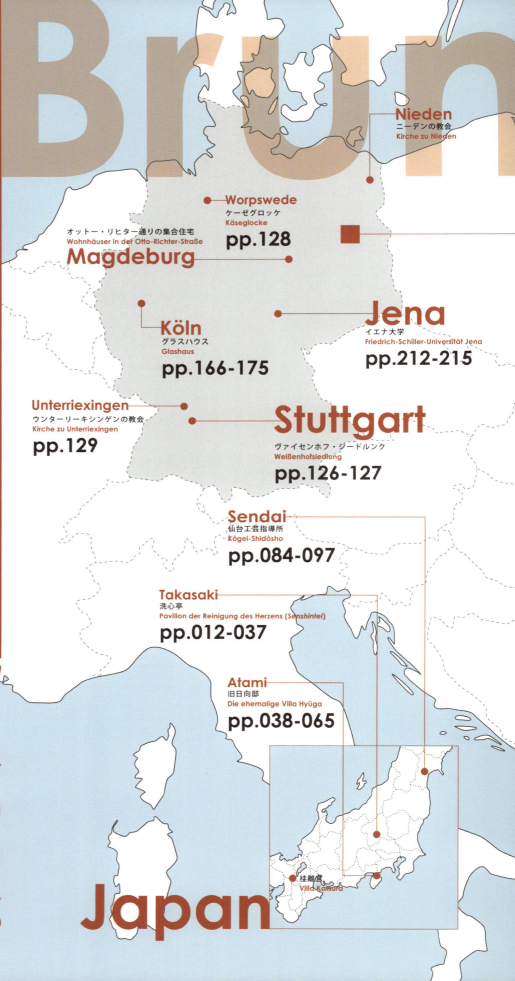

Nieden ニーデンの教会
Kirche zu Nieden

Worpswede ケーゼグロッケ
Käseglocke
pp.128

オットー・リヒター通りの集合住宅
Wohnhäuser in der Otto-Richter-Straße
Magdeburg

Köln グラスハウス
Glashaus
pp.166-175

Jena イエナ大学
Friedrich-Schiller-Universität Jena
pp.212-215

Unterriexingen ウンターリーキシンゲンの教会
Kirche zu Unterriexingen
pp.129

Stuttgart ヴァイセンホフ・ジードルンク
Weißenhofsiedlung
pp.126-127

Sendai 仙台工芸指導所
Kōgei-Shidōsho
pp.084-097

Takasaki 洗心亭
Pavillon der Reinigung des Herzens (Senshintei)
pp.012-037

Atami 旧日向邸
Die ehemalige Villa Hyūga
pp.038-065

桂離宮
Villa Katsura

Japan

Berlin

ベルリンの集合住宅群
Siedlungen in Berlin
pp.108–125

1 コトブサーダム90番地の賃貸・商業建築 コトブサーダム2〜3番地の賃貸・商業建築
2 ライベダンツ邸
3 ベルリン市ジーメンスシュタット地区ノンネンダム通りの賃貸集合住宅
4 ライベダンツ蒸気洗濯工場
5 田園都市ファルケンベルク
6 アイヒヴァルデのクーリエ社社宅団地
7 トレッピンのフライエ・ショレ住宅
8 シラー公園の住宅団地
9 マールスドルフの住宅
10 ヴァイガンドウーファーの集合住宅
11 トリエラー通りの集合住宅
12 ベルリン市シャルロッテンブルク地区アイヒカンプの住宅郡
13 ヨハネスタールの小規模住宅郡
14 ライネ通りの集合住宅
15 ベルリン市ブリッツの馬蹄形集合住宅
16 ブッシュアレーの集合住宅
17 ボーンスドルフ地区パラダイスの集合住宅
18 フライエ・ショレの集合住宅
19 ダーレヴィッツのブルーノ・タウト旧自邸
20 ホーエンシェーンハウゼンの小規模住宅郡
21 シェーンランカー通りの集合住宅
22 オリヴァー通りの集合住宅
23 オンケルトムズヒュッテの住宅団地
24 オッサー通りの集合住宅
25 グレル通りの集合住宅
26 ベルリン市ミッテ地区に建つ旧労働組合連合会の建物
27 ダムヴェーグの総合学校実験棟
28 カール・レギエンの住宅都市
29 イデアールジードルンク
30 アッチラヘーエ集合住宅
31 ベルリン市ヴェッディング地区フリードリッヒ・エバートの集合住宅

1 Miets- und Geschäftshäuser am Kottbusser Damm
2 Villa Reibedanz
3 Mietshaus Nonnendammallee
4 Dampfwäscherei Reibedanz
5 Gartenstadt Falkenberg
6 Courier-Siedlung Eichwalde
7 Siedlung Freie Scholle in Trebbin
8 Siedlung Schillerpark
9 Streusiedlung Mahlsdorf
10 Wohnanlage Weigandufer
11 Wohnanlage Trierer Straße
12 Siedlung Eichkamp
13 Kleinhaussiedlung Johannisthal
14 Wohnanlage Leinestraße
15 Hufeisensiedlung Britz
16 Wohnanlage Buschallee
17 Siedlung Paradies
18 Siedlung "Freie Scholle" in Berlin
19 Tauts Haus in Dahlewitz
20 Kleinhaussiedlung Hohenschönhausen
21 Wohnanlage "Schönlanker Straße"
22 Wohnanlage "Olivaer Straße"
23 Waldsiedlung Onkel Toms Hütte
24 Wohnanlage Ossastraße
25 Wohnanlage Grellstraße
26 Haus des Deutschen Verkehrsbundes
27 Gemeinschaftsschule am Dammweg, Versuchspavillon
28 Wohnstadt Carl Legien
29 Siedlung Ideal
30 Wohnanlage Attilahöhe
31 Friedrich-Ebert-Siedlung

Ankara
pp.130–147

アンカラ大学 / Universität Ankara
アタテュルク大統領廟 / Atatürks Mausoleum
トルコ国会議事堂 / Türkisches Parlamentsgebäude

Istanbul
pp.130–147

タウト旧邸 / Ehemalige Villa Taut
ブルーノ・タウト墓 / Bruno Tauts Grab
ミマール・シナン大学 / Mimar-Sinan-Universität

BERLIN

Miets- und Geschäftshäuser am Kottbusser Damm
1909-1910 1910-1911
1

コトブサーダム90番地の賃貸・商業建築
コトブサーダム2〜3番地の賃貸・商業建築
1909-1910 1910-1911年

Berlin-Neukölln, Kottbusser Damm 90, Spremberger Straße 11, Bürknerstraße 12-14
Berlin-Kreuzberg, Kottbusser Damm 2-3

Villa Reibedanz
1910-1911
2

ライベダンツ邸
1910-1911年

Berlin-Lichterfelde, Adolf-Martens-Straße 14

Mietshaus Nonnendammallee
1911
3

ベルリン市ジーメンスシュタット地区
ノンネンダム通りの賃貸集合住宅
1911年

Berlin-Siemensstadt, Nonnendammallee 97, Wattstraße 5, Grammestraße 11

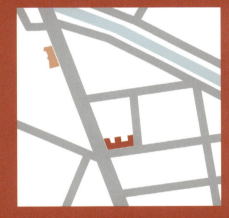
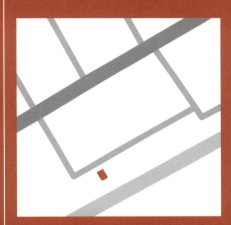
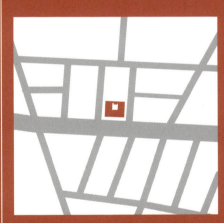

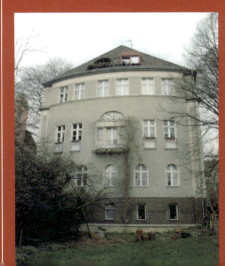

Dampfwäscherei Reibedanz
1911-1912
4

ライベダンツ蒸気洗濯工場
1911-1912年

Berlin-Tempelhof, Teilestraße 23

Gartenstadt Falkenberg
1913-1916
5

田園都市ファルケンベルグ
1913-1916年

Berlin-Grünau, Akazienhof 1-26, Gartenstadtweg 15-66,68/72,74-99, Am Falkenberg 118-120

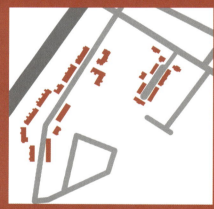

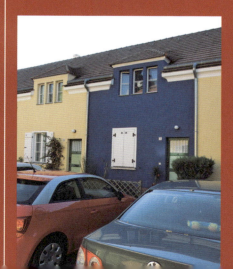

第一次世界大戦前に完成した集合住宅。第１期の街区はアカシアの中庭周辺に建つ。第２期の区画では２９番地の三角形模様のファサードが有名だ。公共空間の植栽や庭の果実の成る樹木や野菜の選定は造園建築家のルードヴィヒ・レッサーが担当した。

Die Siedlung wurde vor dem Ersten Weltkrieg fertiggestellt. Die Gebäude des ersten Bauabschnitt wurden um den Akazienhof herum errichtet. Berühmt ist die dreieckige Fassade des Hauses Nr. 29 aus dem zweiten Bauabschnitt. Die Bepflanzung der gemeinschaftlich genutzten Flächen und die Auswahl der in den Gärten anzubauenden Gemüse- und Obstsorten übernahm der Gartenarchitekt Ludwig Lesser.

### Courier-Siedlung Eichwalde 1923-1926 # 6 アイヒヴァルデのクーリエ社社宅団地 1923-1926年 Eichwalde, Landkreis Dahme-Spreewald, Waldstraße 129-145	### Siedlung Freie Scholle in Trebbin 1924-1926 # 7 トレッビンのフライエ・ショレ住宅 1924-1926年 Trebbin, Landkreis Teltow-Fläming, Höpfnerstraße 1-18	### Siedlung Schillerpark 1924-1930 # 8 シラー公園の住宅団地 1924-1930年 Berlin-Wedding, Bristolstraße, Dubliner Straße, Corker Straße, Barfusstraße
	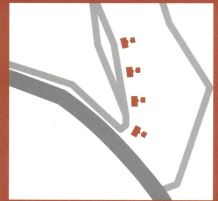	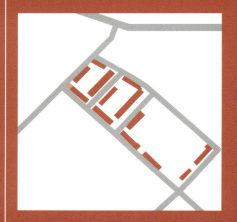

シラー公園の北東に並ぶ、それぞれ中庭を囲む低層住宅群。建設後期のブロックは経済不況でロの字型を形成していない。1923年にタウトがオランダの住宅を視察した影響が赤レンガの使用に現れている。第二次世界大戦で一部が破壊されたが弟マックスが再建した。

An der nordöstlichen Seite des Schillerparks reihen sich niedriggeschossige Mehrfamilienhäuser mit Innenhof. Aufgrund der schlechten wirtschaftlichen Lage wurde in der zweiten Hälfte der Bauphase die Blockrandbebauung aufgegeben. Tauts Erfahrungen von 1923 während einer Inspektionsreise nach Holland spiegeln sich in der Verwendung roter Ziegelsteine. Während des Zweiten Weltkrieges wurde ein Teil der Anlage zerstört, den sein Bruder Max jedoch wieder aufbaute.

Streusiedlung Mahlsdorf
1924-1931
9

マールスドルフの住宅
1924-1931年

Berlin-Mahlsdorf, Mahlsdorf 1: Umfeld HönoWer Straße Mahlsdorf 2: Umfeld Frettchenweg

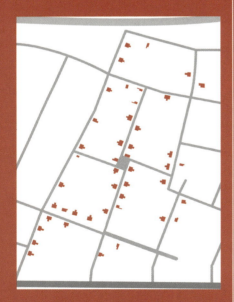

Wohnanlage Weigandufer
1925-1926
10

ヴァイガンドウーファーの集合住宅
1925-1926年

Berlin-Neukölln, Weigandufer 12-16, Wildenbruchstraße 76-78

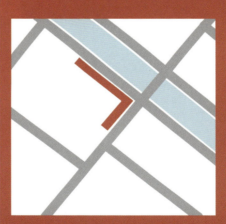

Wohnanlagee Trierer Straße
1925-1926
11

トリアーラー通りの集合住宅
1925-1926年

Berlin-Weißensee, Trierer Straße 8/18

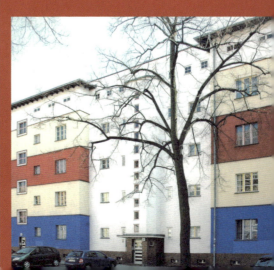

Siedlung Eichkamp
1925-1927

12

ベルリン市シャルロッテンブルク地区
アイヒカンプの住宅郡
1925-1927年

Berlin-Charlottenburg, Zikadenweg, Lärchenweg, Waldschulallee, Am Vogelherd

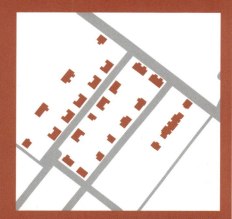

Kleinhaussiedlung Johannisthal
1925-1927

13

ヨハニスタールの小規模住宅郡
1925-1927年

Berlin-johannisthal, Weststraße 1-14, 60-88

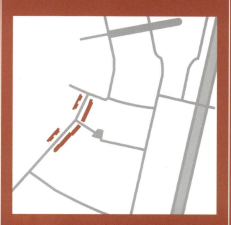

Wohnanlage Leinestraße
1925-1928

14

ライネ通りの集合住宅
1925-1928年

Berlin-Neukölln, Leinestraße, Oderstraße, Okerstraße, Lichtenrader Straße

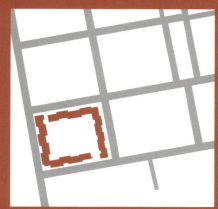

Hufeisensiedlung Britz
1925-1930

15

ベルリン市ブリッツの馬蹄形集合住宅
1925-1930年

Berlin-Britz, südlich Akazienwäldchen an der Blaschkoallee, westlich Fritz-Reuter Allee, nördlich und südlich Parchimer Allee, östlich Buschkrugallee

タウトは氷河期から存在した池の周囲に緑地を設け、長さ350メートルの3階建ての住宅を東向きの馬蹄形にかたどった。この周辺に広がる庭つきの住宅群は光と通気に満ち、ノイエス・バウエン（新しい近代建築運動）を体現した。当時のベルリンの人口は400万人に近く、衛生的な住宅が求められていた。1924年にゲハーグ（GEHAG、住宅供給公社）を設立したマルティン・ヴァーグナーと、庭園建築家のレベレヒト・ミッゲと、タウトがそれに応えた。オンケルブレージク通りには日本の桜が植えられ、1950〜60年代まで花見の人々で賑わった。現在は当時から数えて3代目の世帯が住んでいる。

Um einen aus der Eiszeit erhaltenen See legte Taut eine Grünanlage an und umgab sie mit einem 350 m langen dreigeschössigen Wohnhaus in Form eines nach Osten geöffneten Hufeisens. Die um den See herum errichteten und mit Garten versehenen Wohnung verfügen über reichlich Licht und Luft und realisieren damit das „neue Bauen". Berlin hatte damals eine Bevölkerung von ca. 4 Mio Einwohnern und brauchte dringend hygienische Wohnanlagen. Martin Wagner, der 1924 die GEHAG gründete, der Landschaftsarchitekt Leberecht Migge und Taut reagierten auf diesen Bedarf. An der Onkel-Bräsig-Straße wurden japanische Kirschbäume gepflanzt, so dass sie in den 1950/60ern ein beliebtes Ziel zur Blütenschau wurde. Heute wohnt hier die dritte Folgegeneration der Erstmieter.

撮影：Ben Buschfeld

Wohnanlage Buschallee
1925-1930
16

ブッシュアレーの集合住宅
1925-1930年

Berlin-Weißensee, Buschallee 8-84, 94-107, Gartenstraße 12/13, 22-25a, Sulzfelder Straße 2/6, Hansastraße 174/176

Siedlung Paradies
1925-1926   1929-1930
17

ボーンスドルフ地区パラディースの集合住宅
1925-1926　1929-1930年

Berlin-Bohnsdorf, Dahmestraße, Hundsfelder Straße, Siebweg

Siedlung "Freie Scholle" in Berlin
1925-1931
18

フライエ・ショレの集合住宅
1925-1931年

Berlin-Tegel, beiderseits Waidmannsluster Damm, Westlich Waldpark Steinberg, zwischen Moorweg und Erholungsweg

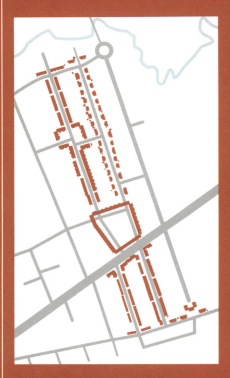

Wohnhaus Taut in Dahlewitz
1926-1927

19

ダーレヴィッツのブルーノ・
タウト旧自邸
1926-1927年

Dahlewitz, Landkreis Teltow-Fläming, Wiesen Straße 13

Kleinhaussiedlung Hohenschönhausen
1926-1927

20

ホーエンシェーンハウゼンの小規模住宅郡
1926-1927年

Berlin-Hohenschönhausen, Paul-König-Straße 7-29, 55-71, Wartenbergstraße 29-29b

Wohnanlage "Schönlanker Straße"
1926-1927

21

シェーンランカー通りの集合住宅
1926-1927年

Berlin-Prenzlauer Berg, Ernst-Fürstenberg-Straße, (ehem. Schönlanker Straße), Heinz-Bartsch-Straße, Paul-Heyse-Straße

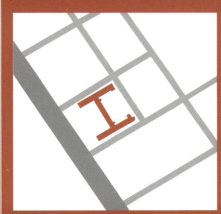

Wohnanlage "Olivaer Straße" 1926-1927 **22** オリヴァー通りの集合住宅 1926-1927年 Berlin-Prenzlauer Berg, Rudi-Arndt-Straße 1-11, Conrad-Blenkle-Straße 58-59	**Waldsiedlung Onkel Toms Hütte** 1926-1931 **23** オンケルトムズヒュッテの住宅団地 1926-1931年 Berlin-Zehlendorf, beiderseits der Argentinischen Allee, Zwischen Onkel Tom Straße, Sprungschanzen Weg, Holzungsweg und Am Fischtal	**Wohnanlage Ossastraße** 1927-1928 **24** オッサー通りの集合住宅 1927-1928年 Berlin-Neukölln, Ossastraße 9-16a, 36-36a; Fuldastraße 37/39, 22-23a; Weichselstraße 24-25
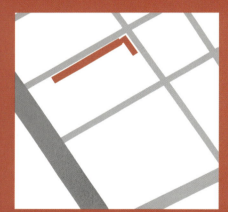	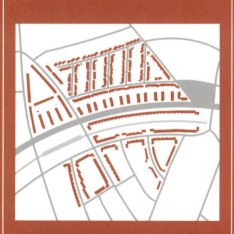	
	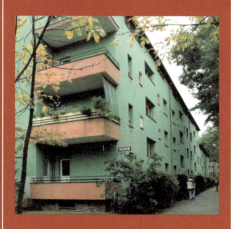	

Wohnanlage Grellstraße
1927-1928

25

グレル通りの集合住宅
1927-1928年

Berlin-Prenzlauer Berg, Grellstraße, Hosemannstraße, Rietzestraße, Grellwalder Straße, Naugarder Straße

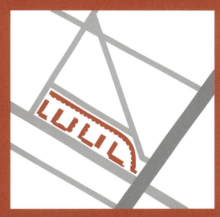

Haus des Deutschen Verkehrsbundes
1927-1932

26

ベルリン市ミッテ地区に建つ
旧労働組合連合会の建物
1927-1932年

Berlin-Mitte, Michaelkirchplatz 1-2, Engeldamm 70
Verändert erhalten

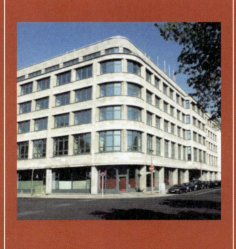

Gemeinschaftsschule am Dammweg, Versuchspavillon
1928

27

ダムヴェークの総合学校実験棟
1928年

Berlin-Neukölln, Dammweg 216

Wohnstadt Carl Legien
1928-1930
28

カール・レギエンの住宅都市
1928-1930年

Berlin-Prenzlauer Berg, beiderseits der Erich-Weinert-Straße (ehem. Carmen-Sylvia-Straße), Zwischen Gubitz-und Sültstraße

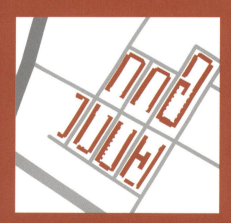

社会民主主義者のカール・レギエンの名を冠したゲハーグの住宅群。タウトとフランツ・ヒリンガーが協働しUの字型のブロックを構成した。道路に面した外側には四角い窓と入口を、樹木が生い茂る庭園側にはバルコニーを配置した。

Die Wohnanlage der GEHAG trägt den Namen des Sozialisten Carl Legien. Taut konstruierte hier gemeinsam mit Franz Hillinger U-förmige Wohnblöcke. Der Straße zugewandt wurden die Eingänge und quadratische Fenster plaziert, zur bepflanzten Gartenseite hin verfügen die Blöcke über Balkone.

Siedlung Ideal 1929-1930 **29** イデアールジードルンク 1929-1930年 Berlin-Britz, Buschrosenplatz, Franz-Körner-Straße, Rungiusstraße	**Wohnanlage Attilahöhe** 1929-1930 **30** アッチラヘーエ集合住宅 1929-1930年 Berlin-Tempelhof, Attilastraße 10-17, Tankredstraße 1-15	**Friedrich-Ebert-Siedlung** 1930-1931 **31** ベルリン市ヴェッディング地区フリードリッヒ・エバートの集合住宅 1930-1931年 Berlin-Wedding, Zwischen Togostraße und Windhuker Straße, südöstlich Swakopmunder Straße

	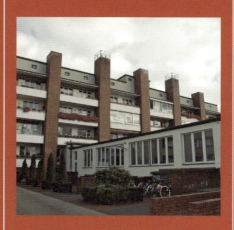	

ペーター・ベーレンス
Peter Behrens

マルト・スタム
Mart Stam

ヨーゼフ・フランク
Josef Frank

ハンス・シャロウン
Hans Scharoun

ルートヴィッヒ・ミース・ファン・デル・ローエ
Ludwig Mies van der Rohe

J・J・P・アウト
J.J.P Oud

ヴィクトール・ブルジョア
Victor Bourgeois

アドルフ・シュネック
Adolf Schneck

ル・コルビュジエ
Le Corbusier

1　アドルフ・ラーディング
　　Adolf Rading
2,3　リヒャルト・デッカー
　　Richard Döcker
4　ハンス・ペルツィヒ
　　Hans Poelzig

5　ルートヴィッヒ・
　　ヒルバースアイマー
　　Ludwig Hilberseimer
6,7　ヴァルター・グロピウス
　　Walter Gropius

STUTTGART

ヴァイセンホフ・ジードルンク

1927年にシュトゥットガルト郊外のヴァイセンホフの丘で実施されたドイツ工作連盟主催による住宅展覧会。ミース・ファン・デル・ローエの全体計画の下、ドイツを中心に17人の建築家が招聘され、ブルーノ・タウトがその内の1軒、マックス・タウトが2軒を設計した。

Weißenhofsiedlung

1927 wurde am Stadtrand von Stuttgart auf dem Hügel Weißenhof vom Deutschen Werkbund die Ausstellung „Die Wohnung" veranstaltet. Unter der Leitung von Mies van der Rohe wurden 17 Architekten, zumeist aus Deutschland, eingeladen Häuser beizutragen. Bruno Taut entwarf ein Haus in der Anlage, Max Taut zwei.

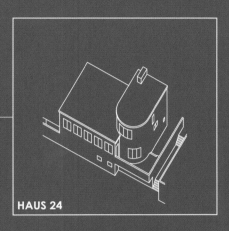

HAUS 24

設計：マックス・タウト（1884 – 1967）
インテリアデザイン：リヒャード・ヘレ（1885 – 1959）
構造：鉄骨造

Entwurf: Max Taut (1884-1967)
Innendesign: Richard Herre (1885-1959)
Konstruktion: Stahlbetonstruktur

現存する建物群の外観はおおむね白く、ル・コルビュジエの家の一部に淡い黄色や水色がある程度だ。しかしブルーノ・タウトが建てた家は内も外も原色に満ち、北は緑、南は黄色、東は緑、西は赤かった。夕日が射すとミースの建物は炎のように赤く染まり、物議を醸した。彼が1920〜24年にマグデブルク市の建築監督として街を彩った理由をミースは、灰色で陰鬱な町だったから、と理解していたが、さすがにヴァイセンホフでは、オープンの前日にタウト兄弟の家を全体のプロジェクトからはずし、別に扱う旨を電報で知らせた。ブルーノは雪景色の中で映える家を想定して彩色していた。また、日本ではデリケートな色合いを背景にカラフルな絹の着物を着るから、ドイツでは赤い壁の前でグレーや黒を着た人が、精神的なバランスを保つと考えた。しかしテナントは色に苛立ちすぐに内装を塗りなおした。弟のマックス・タウト〔1884-1967〕はもともとミースのグループ「ツェンリング」の仲間で評判も高かった。マックスはこのプロジェクトに選ばれると兄をミースに推薦した。マックスは2軒ともサーモパネルをインフィルに用い、経済的で小さな家を建設した。ハウス24の内装をリチャード・ハレに依頼し、兄顔負けの黒い天井とカラフルな内装を作り上げた。後にタウト兄弟が手掛けた3軒は戦争で破壊された。

HAUS 23

設計：マックス・タウト
構造：鉄骨造

Entwurf: Max Taut
Konstruktion: Stahlbetonstruktur

Die meisten der heute noch stehenden Häuser sind außen weiß, das Haus von Le Corbusier zum Teil blass gelb bzw. hellblau. Doch das von Bruno Taut entworfene Haus ist innen und außen in Grundfarben gehalten; die Nordseit ist gründ, die Südseite gelb, die Ostseite grün und die Westseite rot gestrichen. Rote Reflexionen der Abendsonne, die von dort auf das Haus von Mies van der Rohe zurückstrahlten, erregten allgemeines Aufsehen. Mies van der Rohe hatte zwar Verständnis dafür gezeigt, dass Taut während seiner Bauaufsicht in Magdeburg 1920-1924 Farbe in die Stadt brachte, da Magdeburg so grau und trübsinnig gewesen war. Doch am Tag vor der Eröffnung der Weißenhofsiedlung sendet er den Brüdern Taut ein Telegramm, in dem er mitteilt, dass die Häuser der beiden vom Projekt ausgeschlossen wurden und gesondert behandelt werden. Bruno Taut entwarf Häuser farbig, so dass sie sich in einer Schneelandschaft abheben würden. Außerdem dachte er, dass Menschen in Deutschland, die graue oder schwarze Kleidung tragen, vor roten Wänden genauso ihre seelische Balance erhalten, wie Menschen in Japan, die farbenfrohe Kimonos in farblich schlicht gehaltener Umgebung tragen. Die Mieter des von ihm entworfenen Hauses waren jedoch sehr von den Farben irritiert und strichen die Wände sofort neu. Sein Bruder Max Taut (1884-1967) hatte eigentlich unter den Mitgliedern des „Zen Rings" von Mies van der Rohe einen guten Ruf. Nachdem Max für das Siedlungsprojekt ausgewählt worden war, empfahl er seinen Bruder. Max entwarf zwei kleine, kostengünstige Häuser, in denen er Thermoplatten für die Innendämmung verwendete. Das Innendesign des Hauses Nr. 24 gab er bei Richard Herre in Auftrag, der seinen Bruder mit einer schwarzen Zimmerdecke und bunter Inneneinrichtung verblüffte. Die von den Brüdern Taut entworfenen drei Häuser wurden später im Krieg zerstört.

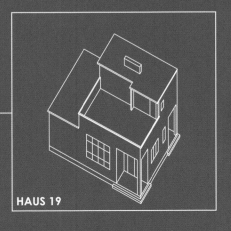

HAUS 19

設計：ブルーノ・タウト（1880 – 1938）
インテリアデザイン：ブルーノ・タウト
構造：鉄骨造

Entwurf: Bruno Taut (1880-1938)
Innendesign: Bruno Taut
Konstruktion: Stahlbetonstruktur

写真の出典　Bildnachweis
Bau und Wohnung. Karl Krämer Verlag Stuttgart.
参考文献　Literaturhinweise
Karin KIRSCH, *The Weissenhofsiedlung, Experimental Housing Built for the Deutscher Werkbund*, Stuttgart 1927. Menges

Die Käseglocke
1926

ケーゼグロッケ
1926年

1921年にタウトが発表したドーム状建築の設計に基づき、エドウィン・クネマンが建てた132平米の二階建て。この芸術家村には庭園建築家のレベレヒト・ミッゲも住んでいた。

Zweistöckiges Gebäude mit 132 m2 Fläche gebaut von Edwin Koenemann nach Entwürfen für Kuppelbauten, die Taut 1921 veröffentlichte. Auch der Landschaftsarchitekt Leberecht Migge wohnte in diesem Künstlerdorf.

WORPSWEDE

左2つは型紙で描いた絵。シュパイデル先生がベンチの一部を洗浄して発見した。右はタウトが手描きで描いた初期の絵。2014年の洗浄で発見した。

Die beiden Bilder links wurden mit Schnittmustern erstellt und von Prof. Speidel bei der Reinigung der Bänke entdeckt. Das Bild rechts wurde ursprünglich von Taut per Hand gemalte und 2014 bei der Reinigung entdeckt.

Unser Dank gilt
Herald Goldschmidt, Wolfgang Weber, Lukas Derow und Kanoko Hashimoto

| シュヴァインフルター緑に塗られたベンチ | ユーゲントシュティール調のドアの取っ手 | 祭壇の裏のタウトの署名 BT 1906 |
| In Schweinfurter Grün gestrichene Bänke | Türklinke im Jugendstil | Tauts Signatur BT 1906 an der Rückseite des Altars |

UNTERRIEX

Kirche zu Unterriexingen
1906

ウンターリーキシンゲンの教会
1906年

1906年、フィッシャーの事務所にてタウトが担当した教会内部の改修。祭壇と貴族席とオルガンの位置を変更し、ドアと緑のベンチを新調した。ベンチには手描きであざみを描いたが、牧師や信者には単純すぎると不評で、その上に型紙で麦やぶどうを描いた。壁面を青で塗り、赤茶色の天井にはます目ごとに4匹の白い蝶を描いた。空気（青）、畑（緑）、土地（赤茶）を象徴する内部全体の豊かな色彩とモチーフは戦争へと向かう時代背景に合わず1935〜36年に灰色に塗り替えられた。1986年、歴史保存機関の提案で元の色彩を検討したが、色の多用と修復費用の増大を理由に見送り、現在の内装に至る。

Erneuerung des Innern einer Kirche, die Taut 1906 während seiner Arbeit im Architekturbüro Fischer beaufsichtigte. Er versetzte den Altar, das Adelsgestühl und die Orgel und ließ Türen und Kirchenbänke grün streichen. Auf die Kirchenbänke malte er per Hand Disteln, doch da diese vom Pfarrer und den Gläubigen als zu simple kritisiert wurden, übermalte er sie mit Schnittmusterbildern von Weinstöcken und Getreide. Die Wände strich er blau, die Decke rotbraun und malte in jedes Feld des gotischen Gewölbes vier weiße Schmetterlinge. Der Farbreichtum und die Motive des Innenraumes, der als Ganzes Luft (blau), Felder (grün) und Erde (rotbraun) symbolisierte, entsprachen später nicht mehr dem Geist der auf Krieg zusteuernden Zeit. So wurde 1935/36 alles in Grautönen überstrichen. 1986 prüfte man auf Vorschlag eines Vereins für Denkmalpflege eine Wiederherstellung der ursprünglichen Farben, verschob die Entscheidung jedoch aufgrund der zu erwartenden hohen Restaurationskosten im Falle eines umfassenden Neuanstrichs.

1906年当時の色彩計画
Der ursprüngliche Farbentwurf von 1906

2016年の教会内部
Das Innere der Kirche in 2016

ブルーノ・タウト オリエント そして日本

Bruno Taut, der Orient und Japan

マンフレート・シュパイデル
Manfred Speidel

2017年4月28日　東京　工学院大学での講演
Vortrag an der Kogakuin Universität in Tokyo am 28.4.2017

ブルーノ・タウト、馬蹄形集合住宅、ベルリン、1925－26年
写真：AdK（ベルリン芸術アカデミーの建築術資料、以下 AdK）
Bruno Taut, Hufeisensiedlung Berlin, 1925-26. Foto AdK.

ご来場の皆さん

　このたび文化庁ならびに工学院大学より日本にお招きいただき、誠に光栄に思っております。心より御礼申し上げます。そして、本日でブルーノ・タウトを研究されている方々、建築史家の方々、それに文化財保護に携わっておられる方々の前で講演させていただけるのは、私にとって大変に名誉なことです。この講演を英語で行いますことをお詫び申し上げます。講演後に質疑応答の時間が十分に取れますよう、願っております。

Meine sehr verehrten Damen und Herren, liebe Freunde,

es ist eine große Ehre für mich von Bunkacho und von der Kogakuin Universität nach Japan eingeladen worden zu sein. Haben Sie herzlichen Dank. Und es ist eine große Ehre für mich, heute im Kreis von Bruno Taut Spezialisten, von Bauhistorikern und Denkmalpflegern einen Vortrag zu halten. Ich entschuldige mich, dass ich den Vortrag auf Englisch halte. Ich hoffe, dass wir anschließend noch genügend Zeit für Fragen haben werden.

ブルーノ・タウト、カール・レギエン集合住宅、ベルリン、1928－30年　写真：シュパイデル
Bruno Taut, Wohnstadt Carl Legien, Berlin, 1928-30. Foto Speidel.

　皆さんもご存知のように、ブルーノ・タウト（1880－1938）は1920年代のベルリンで集合住宅建設プロジェクトにおいて手腕を発揮したドイツ人建築家で

す。2008年、彼の手掛けた集合住宅のうち四つがユネスコの世界文化遺産に登録されました。

1932年、タウトは建築家としてモスクワで大規模ホテルと住宅の建設プロジェクトに携わりましたが、不首尾に終わりました。1933年、日本に亡命せねばならなくなったタウトは、それまで漠然としか知らなかったこの国の文化に直に接する期待に胸を膨らませていました。彼はまた、都市計画や住宅建設においてアドバイザーとして参加することも願っていました。

Wie Sie Alle wissen, war Bruno Taut (1880-1938) ein erfolgreicher deutscher Architekt des sozialen Wohnungs- und Siedlungsbaus im Berlin der 1920er Jahre. 2008 erhielten vier von seinen Siedlungen den Status eines UNESCO Welt-Kulturerbes.

1932 war Taut als Architekt für große Hotels und für Wohnungsbau in Moskau - ohne Erfolg. Als er 1933 nach Japan emigrieren musste, war er voller Erwartung die Kultur dieses Landes wahrzunehmen, die er bis dahin nur in groben Umrissen kannte. Er hoffte auch, als Berater für Stadtplanung und Wohnungsbau tätig werden zu können.

ブルーノ・タウト『ニッポン』東京、1934年
Bruno Taut. NIPPON, Tokyo, 1934.

皆さんもご存知のように、1933年5月に日本に到着してほどなく、タウトはこの国についての第一印象をまとめた本の執筆を依頼されました。1934年春に出版されたこの『ニッポン—ヨーロッパ人の眼で見た』という本は発売と同時に人気を博しました[※1]。

Wie Sie wissen, wurde Taut schon bald nach seiner Ankunft im Mai 1933 gebeten, ein Buch über seine ersten Eindrücke zu schreiben. Das Buch *Nippon mit europäischen Augen gesehen*, das im Frühjahr 1934 herauskam, war unmittelbar ein großer Erfolg.[1]

桂離宮、京都、古書院（1620年頃築）、出典：吉田鉄郎『日本の住宅』ベルリン、1935年、p.35
Villa Katsura, Kyoto, Alt-Shoin-Bau um 1620. Aus: Tetsuro Yoshida, *Das japanische Wohnhaus*, Berlin 1935, S.35.

この本で彼はとりわけ「桂離宮」について詳しく描写しましたが、同時に、日本の近代建築のうち西洋の建築様式を形だけ真似たものについては批判的でした。

タウトは日本に3年半滞在し、日本の文化と建築に関する本を4冊書き上げ、ふたつの住宅建設プロジェクト、東京の大倉邸と熱海の日向別邸に参加することができましたが、生計は日用品をデザインすることで立てねばなりませんでした。彼がデザインした日用品は群馬県高崎市の工芸所で生産されていました。

1936年11月タウトはトルコに移り住みました。彼は建築家として、あるいは教師として満足のいく仕事を成し遂げましたが、1938年のクリスマスにかの地で生涯を閉じました。

タウトはその生涯の中で、他のドイツ人建築家同様、異文化の中で暮らすことを余儀なくされました。彼が異文化とどのように向き合い、その中で観察したことを自分の仕事にどのように反映させていたかをじっくり見るのは興味深いものです。

In diesem Buch stellte er, unter Anderem, ausführlich die "Kaiserliche Villa" Katsura dar. Gleichzeitig schrieb er kritisch über die japanische moderne Architektur, soweit sie westliche Baukunst kopierte.

Taut blieb in Japan dreieinhalb Jahre, vollendete vier Bücher über japanische Kunst und Architektur. Er konnte 1935 an zwei Hausprojekten teilnehmen: die Villa Okura in Tokyo und das Wochenendhaus Hyuga in Atami, lebte aber von Entwürfen für Gebrauchsgegenstände, die im Kogeisho in Takasaki, Gumma Präfektur, hergestellt wurden.

Im November 1936 emigrierte Tat weiter in die Türkei, wo er nach zwei Jahren großer und befriedigender Beschäftigung als Architekt und als Lehrer am 24. Dezember 1938 verstarb.

Taut war im Laufe seines Lebens, wie andere deutsche Architekten, zum Leben in anderen Kulturen gezwungen gewesen. Es ist interessant zu beobachten, wie er sich mit ihnen auseinandersetzte, und wie er seine Beobachtungen im eigenen Werk reflektiert hatte.

ブルーノ・タウト展、ワタリウム美術館、東京、2007年
Bruno Taut Ausstellung, Watarium, Tokyo, 2007.

その答えのいくつかを、既に2007年に私は東京のワタリウム美術館で開催されたブルーノ・タウト展で提示しようと試みました。

Ich versuchte mit der Ausstellung im Watarium Museum, Tokyo, 2007 einige Antworten darauf zu geben.

ブルーノ・タウト、「コーリン湖」パステル 1903年　AdK
Bruno Taut, Choriner See, Pastell 1903, AdK.

芸術家としての進化

ヨーロッパの芸術家のご多分に漏れず、タウトも1900年頃、自然の形や色に対する新鮮な見方を我が物とすべく日本の浮世絵を勉強しました。タウトはパステルと鉛筆を用い、自身が1933年に書き記したように「ニッポンの芸術家の眼で」自然の風景をスケッチしました[※2]。ベルリン北部の湖の風景を、彼は遠近法の表現を用いず、いくつもの層が重なってできたものとして描いたり、日本の掛軸に組み込むイメージでその寸法に合わせた枠組みの中に描いたりしました。

建築の面では、彼はドイツ改革運動の理念に従い、1913年、ドイツ田園都市協会の建築家となりました。

Entwicklung als Künstler

Bruno Taut, wie viele europäische Künstler, studierte um 1900 japanische Grafik, um einen frischen Blick auf Form und Farben der Natur zu gewinnen. Er skizzierte Landschaften in Pastell und Bleistift sozusagen mit den Augen der japanischen Kunst, wie er 1933 schrieb.[2)]

Die Seenlandschaft nördlich von Berlin zeichnete er in nicht-perspektivischen Darstellungen als Überlagerung von Schichten oder als Strukturen in einem Rahmen mit den Proportionen japanischer Kakejiku-Bildern.

In der Architektur folgte er der Deutschen Reformbewegung und wurde 1913 Architekt der Deutschen Gartenstadtgesellschaft.

ブルーノ・タウト、ベルリン近郊の田園都市ファルケンベルク、1913－16年、アカシアホーフ　写真：シュパイデル
Bruno Taut, Gartenstadt Falkenberg bei Berlin, 1913-16, Akazienhof. Foto Speidel.

ブルーノ・タウト、ベルリン郊外の田園都市ファルケンベルク、1913－16年、ガルテンシュタットヴェーク
Bruno Taut, Gartenstadt Falkenberg bei Berlin, 1913-16, Gartenstadtweg. Foto Speidel.

ベルリンの南に位置するファルケンベルクに、彼は伝統的な印象のテラスハウスを設計し、個性と喜びを表すため、それらのファサードに鮮やかな色を塗りました。

In Falkenberg, südlich von Berlin, entwarf er traditionell wirkende Reihenhäuser und ließ sie in starken Farben verputzen, um Individualität und Freude zu erreichen.

ブルーノ・タウト、「鉄の記念塔」ライプツィヒ、1913年、模型
Bruno Taut, "Monument des Eisens", Leipzig 1913, Modell.

これとは全く対照的に、彼は同1913年、ライプツィヒ国際建築博覧会で鉄鋼産業界のパビリオンを建てました。これは一度見たら忘れられないようなもので、彼は工場で作られたがっしりしたH型鋼を用い、それらを彩色、研磨して一辺の長さが二通りに異なる八角形の「鉄の記念塔」を造り上げました。外見は四重の塔でしたが、中は二階建ての展示室になっていました。

In völligem Kontrast dazu baute er im selben Jahr 1913 einen eindrucksvollen Pavillon der Eisen- und Stahlindustrie für die Bau-Ausstellung in Leipzig. Er benutzte industriell gefertigte, mächtige Doppel-T-Profile, färbte und polierte sie und schuf ein oktogonales "Monument des Eisens" mit zwei unterschiedlichen Seitenlängen. Es war ein vierstufiger Turm für die zweigeschossigen Ausstellungsräume.

ブルーノ・タウト、「鉄の記念塔」ライプツィヒ、1913 年、絵葉書
Bruno Taut, "Monument des Eisens", Leipzig 1913, Postkarte.

この階段状の建築は内部の機能性を表現するものでもなければ、鉄にとって革新的な構造でもありませんでした。むしろ、鉄という素材を象徴し、かつ人々の記憶に刻み込むためのデモンストレーションだったのです。このパビリオンのてっぺんには金色の球体が載っていました。まるで貯水タンクかドームを思わせます。

Der Stufenbau war kein funktionaler Ausdruck des Inneren, aber auch keine innovative Konstruktion für Eisen, vielmehr eine symbolische und einprägsame Demonstration des Materials. Bekrönt wurde der Pavillon mit einer goldenen Kugel. Sie erinnerte an einen Wasserbehälter oder an eine Kuppel.

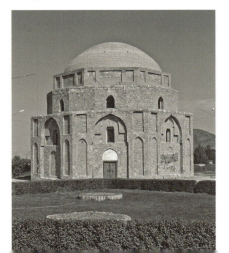

イラン、ケルマーンのジャバリ・サン霊廟、14 世紀、写真：シュパイデル
Mausoleum Jabali Sang in Kerman, Iran, 14. Jahrhundert. Foto Speidel.

この建物が、イランのケルマーンにある 14 世紀ペルシャのドーム付き八角霊廟に似ているのを発見したときは、私は仰天しました。もちろんタウトがこの霊廟を知っていたとは思えません。それに、1913 年の博覧会レビューのどこにも、彼のデザインに関してオリエントとの類似性は指摘されていませんでした。階層構造を持つバビロニアの塔との類似に気づく人が現れたのは、後になってからのことでした。それはともかく、この建築物には 1910 年頃の代表的建築物に見られるような古典的特徴はありませんでした。

Ich war verblüfft, als ich bei einer Reise die Ähnlichkeit des Eisenmonumentes zu einem Stufenbau eines achteckigen Mausoleums im persischen Kerman aus dem 14. Jahrhundert entdeckte. Sicherlich konnte Taut den Bau nicht kennen. Zudem wurde in keinem der Ausstellungsberichte eine Nähe seines Entwurfes zum Orient erwähnt. Erst spätere Interpreten fanden Parallelen zu babylonischen Stufentürmen. Jedenfalls hatte der Bau keine klassizistischen Merkmale, die um 1910 bei Repräsentationsbauten üblich wurden.

ブルーノ・タウト、「グラスハウス」ドイツ工作連盟博覧会、ケルン、1914 年、出典：ブルーノ・タウト『光は東方より』ベルリン、2007 年、p.64
Bruno Taut, Glashaus, Werkbundausstellung, Köln 1914. Aus: Speidel, Bruno Taut, *Ex Oriente Lux*, Berlin 2007, S.64.

同じく 1913 年、翌 1914 年のケルンでのドイツ工作連盟博覧会のためにガラスパビリオンの構想をしていたタウトは、フォルムとして鉄製の棒材からなる革新的な網状ドームを考案しましたが、このフォルムは鉄筋コンクリートを用いることで実現されました。このドームの 14 角形という幾何学形状は徐々に小さくなっていく菱形の骨組と平面部に施された研磨ガラスによって生み出されました。菱形の内側には装飾的なガラスブロックと色ガラスの板がはめ込まれました。

Als Taut im selben Jahr 1913 einen Glaspavillon für die Kölner Werkbund Ausstellung 1914 entwarf, entwickelte er eine innovative Netz-Kuppel aus Eisenstäben als konstruktive Form, die dann in Eisenbeton ausgeführt wurde. Die Form der 14-eckigen Kuppel ergibt sich aus der Geometrie von kleiner werdenden Rhomben, für Flächen aus Spiegelglas, die auf der Innenseite mit ornamentalen Glasbausteinen und mit farbigen Glastafeln gefüllt wurden.

マムルーク王朝の霊廟、カイロ、出典：デーヴィッド・ロバーツ『エジプトとヌビア』ロンドン、1848 年
Mausoleen der Mamlukenherrscher, Kairo, aus: David Roberts, *Egypt and Nubia*, London 1848.

このタウトのモデルを紙面で公表し、エジプト、マムルーク王朝の霊廟にたとえたのは空想小説の作家でオリエント文化の専門家でもあったパウル・シェアーバルトです[※3]。タウトは 3 年後、自著『シティクラウン（*Die Stadtkrone*）』に、ガラスパビリオンとの類似性を明らかに示すカイロの霊廟のイラストを使いました。ですから、ガラスパビリ

オンの中にオリエント建築の近代技術への変容を見る人もいるでしょう。もっとも、タウトはこれを幾何学的ロジックから開発したのですがね。

Es war Paul Scheerbart, Dichter fantastischer Novellen und Spezialist für orientalische Kulturen, der Tauts Modell publizierte und es mit ägyptischen Mameluken-Gräbern (Mausoleen) verglich.3) Taut benutzte drei Jahre später für sein Buch *Die Stadtkrone*, eine Abbildung der Mausoleen-Stadt in Kairo, die die Ähnlichkeit durchaus aufweist. Man mag daher im Glaspavillon eine Transformation orientalischer Architektur in moderne Technik sehen, obgleich Taut sie aus der Logik der Geometrie entwickelt hatte.

マルティン・ハミチェ、イェニッツェたばこ工場、ドレスデン、1907－09年、写真：シュパイデル
Martin Hammitzsch, Yenidze Tabakfabrik, Dresden, 1907-09. Foto Speidel.

私にとって奇妙に思われるのは、ドレスデンのイェニッツェたばこ工場の色付きガラスのドームとの類似性に着目した論評がなかったことです。このガラスドームは1909年にカイロにあるサルタン・フセインの霊廟を模倣して建てられたもので、そのミニチュアは電飾され宣伝用として、絶対にあちこちのたばこ店に置かれていたはずなのです。

タウトにとって明らかにこのふたつのパビリオンは、合理的に設計された集合住宅建築と対比をなすもの、あるいは、それを芸術的に補完するものでした。どちらもタウトがガラスパビリオンに寄せて書いたように「美しくある以外のいかなる目的も持たない」「純粋な芸術作品」としての建築を創造しようとする実験だったのです※4。1914年、タウトはある論文の中で、建造物にとって「必要なこと」はいかなる社会的・実用的目的をも超越した純粋な芸術作品であること、と記しています※5。

Merkwürdig erscheint mir, dass keiner der Kommentare die Ähnlichkeit mit der farbigen Glaskuppel der Yenidze Zigarettenfabrik in Dresden bemerkt hatte. Sie wurde 1909 als Kopie des Sultan Hossein Mausoleums in Kairo gebaut, und muss als beleuchtetes Reklamemodell in den Tabakläden ausgestellt gewesen sein.

Für Taut waren die beiden Ausstellungspavillons offensichtlich Kontraste oder künstlerische Ergänzungen zu den rational entworfenen Siedlungsbauten. Sie waren Experimente zu einer Architektur als "reine Kunstwerke", "die keinen anderen Zweck" hatten, wie Taut zum Glaspavillon schrieb, "als schön zu sein."4) 1914 schrieb Taut in einem Aufsatz von der "Notwendigkeit" von Bauten als reine Kunstwerke jenseits jeglicher sozialer oder praktischer Zwecke.5)

ブルーノ・タウト『コンスタンティノープルの友情の家』1916年、草案
Bruno Taut, *Haus der Freundschaft in Konstantinopel*, 1916. Entwurf.

スルタン・アフメット1世のモスク（ブルーモスク）、イスタンブール、写真：シュパイデル
Moschee des Sultan Ahmet I. (Blaue Moschee), Istanbul. Foto Speidel.

コンスタンティノープル

1916年、コンスタンティノープルで開催された「友情の家」のコンペティションのために、タウトは近代的技術を用いたオリエント風建築を提案しました。それは柱面体の色付きガラスをはめ込んだ比較的平坦な網状ドームで、王冠のように、装飾を施した6本の支柱で外側を支えることで26メートルというスパンを達成しようとしていました。この26メートルというのは、彼が賛美するスィナンのドームのスパンなのです。

オリエントに対する過度なほどの期待

を、タウトは『コンスタンティノープルを旅した印象』というエッセイの中で、次のように書いています。「コンスタンティノープルはあらゆる意味でオリエントへの門だ。オリエントはヨーロッパの真の母、そして、我々のうちに眠る憧れはそこへ向かってやまないのだ」

彼は1911年に初めてここを訪れたルコルビジェのように、この町の暮らしとその色に熱狂し、イスタンブールの通りのエキゾティックな光景に心打たれ、こう結んでいます。「見るのだ、ただ、見るのだ。ほのかに光る風景、きらめく風景を心の中に受け入れ、もう考えるということを考えないのだ」※6

これと似たような叫びを、タウトは1933年に日光東照宮を目にした時にも発していますが、桂離宮と比較して「桂離宮で眼は考える......そして、日光では......眼はまもなく見ることを止め、思惟のすべてが停止する」※7と書いているところから、この叫びは否定的な意味だったのです。日本のお陰でタウトはかつてのようにオリエントに熱狂するのをやめてしまったのかもしれません。かつての熱狂とはどんなものだったのでしょう？

Konstantinopel

1916年、タウトはコンスタンティノープルの「Haus der Freundschaft（友好の家）」のコンペで、彼が賞賛したシナンのドームの大きさ、26メートルのスパンを実現するため、近代技術を用いたオリエント建築を提案しました。それは比較的平らな網目状のドームで、色付きのガラスプリズムを填め、外側から6本の装飾的な支柱が王冠のように支えるものでした。

タウトはオリエントへの溢れんばかりの期待を『コンスタンティノープルを旅した印象』というエッセイに書いています。「コンスタンティノープルはあらゆる意味でオリエントへの門だ。オリエントはヨーロッパの

die wahre Mutter Europas, und unsere schlummernde Sehnsucht geht immer dorthin."

Er war begeistert vom städtischen Leben und seinen Farben - wie Le Corbusier bei seiner ersten Reise 1911 - und über den exotischen Anblick von Istanbuls Straßen, und schliesst: "Man muss sehen und immer nur sehen, dieses schimmernde, glitzernde Bild in sich aufnehmen und gar nicht mehr an das Denken denken."6)

Einen ähnlichen Ausruf gab Taut 1933 beim Anblick der Mausoleen von Nikko, aber in negativem Sinne, wenn er im Vergleich zu Katsura notierte: "In Katsura denkt das Auge,... und in Nikko, ... kann es bald nicht mehr sehen und alles Denken hört auf." 7) Durch Japan hatte Taut wohl seine frühere Orientbegeisterung aufgegeben. Wie sah diese Begeisterung aus?

インド

階段状に立ち並ぶモスクドームが織りなすカスケードのようなイスタンブールのシルエットに刺激を受け、タウトは人口密度の高い田園都市構想を得ました。この田園都市の中心部には建築物調和体が形成され、それはあたかも丘のように都市のシルエットを決定づけます。そして、その上に、モスクドームが冠としてイスタンブールの上に君臨するが如く、巨大な塔が―こちらはガラスとクリスタルでできていますが―そびえ立つ、というものでした。タウトはこれに関して1917年に『シティクラウン』を執筆しましたが、1919年、戦後になってから出版されました※8。

Indien

Die Silhouette Istanbuls mit den Kaskaden der Moscheen-Kuppeln stimulierte Taut, das Konzept einer dicht besiedelten Gartenstadt zu schaffen, deren Mitte ein architektonisches Ensemble bilden sollte, das wie ein Hügel deren Silhouette bestimmte, und über das, wie die Moscheenkuppeln als Kronen über Istanbul, ein mächtiger Turm, aber aus Glas und Kristall herausragen würde. Taut schrieb 1917 dazu das Buch *Die Stadtkrone*, das 1919, nach Kriegsende, erschienen ist. 8)

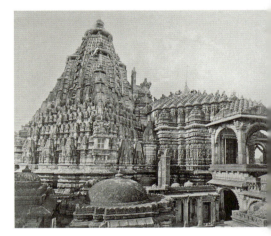

ユードプールの大パゴダ、出典『シティクラウン』p.139

Die große Pagode von Udepûr, aus: *Die Stadtkrone*, S.139.

冠として都市の頂点を極めるものの例として、タウトはヨーロッパ、中東、インド、インドネシアの教会、寺院、パゴダの写真を混ぜこぜにして載せていますが、これはおそらく、寺院仏閣、教会は世界中で比較したところで甲乙つけがたいということと、精神的・芸術的モニュメントをシンプルな住宅建築より優位な地位に置く概念が世界中で主流をなして

ブルーノ・タウト『シティクラウン』1919年、p.71
Bruno Taut, *Die Stadtkrone*, 1919, S.71.

いるということを、明らかに示すためだったのでしょう。

しかしながら、タウトは中国、韓国、あるいは日本からは、中国の山岳寺院の写真を1枚除くと、ひとつの例も挙げていません。というのも、東アジアの都市のシルエットは平坦だったからです。タウトの「光は東方より（*Ex Oriente Lux*）」への賛歌はインドで終わっています。インド建築の水準の高さを目の当たりにし、彼はこう叫びました。「へりくだって身をかがめよ、汝らヨーロッパ人よ！」※9

Als Beispiele für Stadtbekrönungen zeigte Taut 40 Fotos von Kirchen, Tempeln und Pagoden aus Europa, dem Mittleren Orient, aus Indien und Indonesien durcheinander gemischt, wohl um zu demonstrieren, dass sie im Weltvergleich ebenbürtig sind und dass weltweit die Vorstellung herrschte, die geistigen und künstlerischen Monumente über die einfachen Wohnbauten dominieren zu lassen.

Allerdings zeigt Taut keine Beispiele aus China, Korea oder Japan mit der Ausnahme eines chinesischen Tempels in einem Berg, denn die Stadtsilhouetten blieben in Ostasien flach. Tauts Hymnus auf das "Licht aus dem Osten", *Ex Oriente Lux*, endete in Indien. Konfrontiert mit den Hochleistungen der indischen Architektur rief er aus: "Beugt Euch in Demut nieder, ihr Europäer!"9)

集約され周辺地域から隔てられた人口30万の環状田園都市シティクラウンは、簡単に言うと集中的に配置された三つのゾーンからできています。第一のゾーンはいかなる芸術的な野心もない、簡素な庭付きのテラスハウスが建ち並ぶ居住区です。居住区に取り巻かれるようにして四辺形の商業施設区があり、ここはより高い芸術性が要求される商店・レストラン・百貨店などの建築物からなっています。これらの建造物は最も内側の、図書館・美術館・文化的建造物からなるあたりを壁のように取り囲み、アーチ状構造物や芸術性の高い建造物が建ち並ぶオリエントの神殿都市のような景観を織りなしています。そして、これら文化的建造物群は、いよいよその中心に「最も神聖なるもの」たるクリスタルの塔を冠のように戴くのです。

Die verdichtete und gegen das Umland begrenzte, kreisrunde Gartenstadt von 300.000 Einwohnern

『シティクラウン』設計図とシルエット、p.73
Die Stadtkrone, Plan und Silhouette, S.73.

der Stadtkrone besteht, vereinfacht gesagt, aus drei Zonen in konzentrischer Anordnung: der Wohnstadt aus einfachen Reihenhäusern mit Gärten ohne jegliche künstlerische Ambitionen. Sie umgibt das Geviert des Zentrums mit anspruchsvoller Architektur aus Geschäften, Restaurants und Warenhäusern, die wie eine Mauer den innersten Bereich aus Bibliotheken, Museen und Kulturbauten umgeben und das Bild einer orientalischen Tempelstadt aus einer Abfolge von Arkaden und künstlerisch anspruchsvollen Bauten geben. Die Kulturbauten schließlich werden von einem gegliederten Kristallturm als dem "Allerheiligsten" in der Mitte bekrönt.

『シティクラウン』展望図、p.74
Die Stadtkrone, perspektivische Ansicht, S.74.

しかし、この鳥瞰図は互いに隔てられたこれらのゾーンを図解したものに過ぎません。何より、ガラス／クリスタルの塔が純粋に美的体験を追及して建てられたものだと判断することは、ほとんどできません。タウトは高揚してこう書いています。その内部で、いくつもの劇場沿いに続く細い階段をよじ登った「孤独な放浪者は建築術の真の幸福を見出すのだ」。光と影の戯れの中で、この形の織りなす世界は「あらゆる色で、素材で、金属で、尊き石で、そしてガラスで鈍く、眩く光を放ち、「豊かな、完成された区分構成のハーモニーで」満たされます。タウトは、将来「ブルネレスキ Brunelleschi」のような男が現れたなら、この夢のような建築を完成させてくれるだろうと期待しています※10。

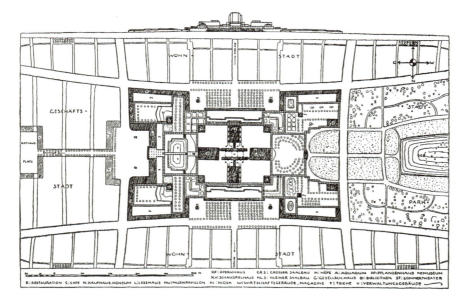

Die Skizze aus der Vogelperspektive verdeutlicht diese voneinander getrennten Zonen, allerdings nur schematisch. Vor allem kann man kaum ermessen, dass der Glas- und Kristallturm rein für das ästhetische Erlebnis gebaut werden sollte. In seinem Inneren, so schreibt euphorisch Taut, "findet ein einsamer Wanderer", der die schmale Treppe entlang der Theaterbauten erklommen hat, "das reine Glück der Baukunst." Die Formenwelt, im Spiel von Licht und Schatten, "glänzt und schimmert in allen Farben und Materialien, Metallen, edlen Steinen und Glas" und ist erfüllt "von der Harmonie einer reichen vollendeten Gliederung". Taut hofft, dass ein zukünftiger "Brunelleschi" fähig wäre, eine solche phantastische Architektur zu vollenden.10)

ハンス・シャロウン、民衆の家着想、1920年
Hans Scharoun, Volkshausgedanke, 1920.

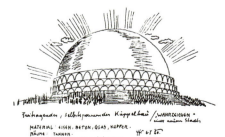

アウグスト・W. ハブリク、セルフサポーティング型ドーム建築、1920年
August W. Hablik, Freitragender und selbstspannender Kuppelbau, 1920.

ブルーノ・タウト、レフォルム集合住宅、マクデブルク、1920年、出典『新しい住宅』p.65
Bruno Tat, Siedlung Reform, Magdeburg 1921. Aus: *Die neue Wohnung*, S.65.

1920年、タウトは「ガラスの鎖」という書簡交流の仲間から、芸術性の表出におけるさまざまなレベルのデザイン構想を集めました。『新共同体の建築』という論文で彼は、造形を「簡素」から「芸術的に贅沢」までのいくつかにレベル付けする根拠は、その建築作品が社会に対して持つ意義がどのように評価されるかにある、としました※11。ほぼ最高レベル、つまり純粋な芸術作品の例として、ハンス・シャロウンの光り輝く「花」のスケッチが挙げられるかもしれません。シャロウンはこれを「民衆の家着想」と呼びました。意義においてさほど劣らぬものとして、ヴェンツェル・ハブリク Wenzel Hablik による巨大ドーム建築の公会堂が挙げられます。日常生活に供する最低レベルには、タウトが1921年にマクデブルクに作った簡素な集合住宅が挙げられるかもしれません。

タウトにとって重要なのは、どの社会においてもあらゆるレベルの建築、つまり低レベルから高次のレベル、さらには最高レベルの建築が必要であることを確認することなのです。ただし、それらの建築は互いに明確に分離されていたほうがいい、ということです。

1920 sammelte Taut von seinen Freunden des Briefwechsels der "Gläsernen Kette" solche Entwürfe für die verschiedenen Stufen des künstlerischen Ausdrucks. In dem Aufsatz *Architektur neuer Gemeinschaft* begründete er die Stufenfolge der Gestaltung vom Einfachen zum künstlerisch Aufwendigen mit der Einschätzung der Bedeutung der Bauwerke für die Gesellschaft.11) Als Beispiel der nahezu höchsten Stufe, eines Werkes reiner Kunst, möge die Skizze von Hans Scharoun stehen, eine leuchtende und strahlende "Blüte", die er "Volkshausgedanke" nannte. Nicht viel tiefer in der Bedeutung steht die Versammlungshalle als riesiger Kuppelbau von Wenzel Hablik. Für die unterste Stufe des alltäglichen Wohnens kann Tauts einfaches Siedlungshaus für Magdeburg von 1921 stehen.

Wichtig für Taut ist die Feststellung, dass jede Gesellschaft alle Stufen der Architektur, die niedrigen wie die höheren bis zur höchsten brauche; diese aber klar voneinander getrennt sein sollten.

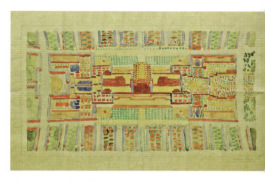

ブルーノ・タウト『シティクラウン』水彩画による青写真、AdK
Bruno Taut, *Die Stadtkrone*, Lichtpause aquarelliert, AdK.

マドゥライ、大ストゥーパ（ゴープラム＝塔門）、出典『シティクラウン』p.25
Madura, Große Sapura, aus: *Die Stadtkrone*, S.25.

タウトが特に自負していた一枚で、遠近法を用いずに描いた色彩鳥瞰図があります。これはつまり、建造物を平面に「倒した」風景なのですが、これを見ると図式的にスケッチされた塔が装飾を施した大彫刻となっていることがはっきりとわかります。黄色く輝くガラスの本体にはルビー色のガラス玉が取り付けられ、この塔が、タウトが本では白黒でスケッチしたインドのカラフルなサプラ塔の「親戚」であることは明らかです[※12]。

1920年頃、オリエント建築はタウトにとって、人間共同体の最高にして精神的な核を見つけ出し、その正当性を主張するために想像力を解き放つ触媒のようなものになります。

Anschaulich zeigt das ein farbig angelegtes Blatt der nicht-perspektivischen Vogelschau, auf die Taut besonders stolz war, das heißt die in die Fläche "geklappte" Ansicht der Bauten: der schematisch gezeichnete Turm wird zu einer ornamentalen Großskulptur. Der gelb-leuchtende Glaskörper ist mit rubinroten Glaskugeln bestückt und macht klar, dass der Turm ein "Verwandter" der bunten indischen Sapura Türme ist, die Taut im Buch schwarz-weiß abgebildet hatte.[12)]

Um 1920 wird für Taut orientalische Architektur eine Art Katalysator zur Befreiung der Phantasie, um das höchste, das spirituelle Zentrum einer menschlichen Gemeinschaft erfinden und rechtfertigen zu können.

アルプス建築

『シティクラウン』を仕上げた直後の1917年11月、タウトは『アルプス建築』の構想に取りかかりました。これは、山岳地帯に平和宣言としてガラスとクリスタル建造物を建てるという、芸術的に最も贅沢な構想でした。彼は経済的余剰利益を武器ではなく巨大な芸術作品に投資すれば戦争を回避できると考えたのでした。

彼はシティクラウンの中でオリエントの建築作品を人類最高の創造と讃えたのですから、それらを新しいプロジェクトに採用するのは当然のことに過ぎません。そういうわけで、シラムバーレムの寺院とシヴァ池は『アルプス建築』第9図の「水が勢いよく流れ落ちる谷」となり、また、宇宙に浮かぶサプラとストゥーパの集まりは第27図の「人造洞窟の星－漂う建築物と」となります。

チダンバラム、シヴァの池、出典『シティクラウン』P.47
Tschillimbaram, Schiwa-Teich, aus: *Die Stadtkrone*, S.47.

Alpine Architektur

Unmittelbar nach der Vollendung der *Stadtkrone* begann Taut im November 1917 mit dem Konzept einer Alpinen Architektur - der künstlerisch höchst aufwendigen Glas- und Kristall-Bebauung der Berge als Friedensmanifest mit der Vorstellung, dass nur mit der Investition allen wirtschaftlichen Überflusses in riesige Kunstwerke, anstatt in Waffen Krieg vermieden werden könne.

Hatte er in der Stadtkrone orientalische Bauwerke als höchste Schöpfungen der Menschheit gepriesen, ist es nur folgerichtig, wenn er solche in das neue Projekt übernimmt.

So wird der Tschillambaram Tempel mit Schiwa-Teich im Blatt Nr. 9 der *Alpinen Architektur*, zu einem "Tal mit Wasserstürzen", oder eine Kollektion von Sapuras und Stupas im Weltall zu einem "Grottenstern mit schwebender Architektur", Blatt Nr. 27.

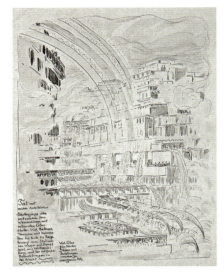

「水が勢いよく流れ落ちる谷」出典『アルプス建築』第9図、Adk
"Tal mit Wasserstürzen", aus *Alpine Architektur*, Blatt 9. AdK.

「人造洞窟の星」出典『アルプス建築』第27図、AdK
"Grottenstern", aus: *Alpine Architektur*, Blatt 27. AdK.

しかし、地球全体で見ても、最高峰の山々が並ぶアジアはヨーロッパに勝る美しさを与えられています。第27図には「ヨーロッパー明るきもの、アジアーさらに明るきもの　色のある夜の闇で」と書かれています[※13]。

「地球、アジア側」出典『アルプス建築』第25図、AdK

"Erde, asiatische Seite", aus: *Alpine Architektur*, Blatt 25. AdK..

Aber auch auf der Erde als Ganzes wird Asien mit den höchsten Bergen im Vergleich zu Europa die größere Schönheit zugesprochen. Auf Blatt Nr. 27 steht: "Europa das Helle, Asien das Hellere im Dunkel der farbigen Nacht."13)

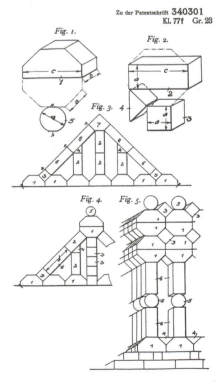

ブランヒェ・マールベルク、彩色ガラスによるブロックの特許、1920年

Blanche Mahlberg, Patent für ein Bauspiel aus farbigem Glas, 1920.

色鮮やかなおとぎの城

いったいどうしたら、人々に彩色ガラス建築やオリエント建築の美しさに感激してもらえるものでしょうか？

そこでタウトは彩色ガラスのブロックを使った遊びを考案しました※14。でも、ガラスのブロック自体はタウトの発明ではありません。ベルリンの芸術史家で建築家でもある人物の妻、ブランヒェ・マールベルクが1920年に取得した特許の一部だったのです。彼女はガラスブロックを使ってトラスや内部に支柱の立っているホールなど、色々なフォルムの建築物を作ってもらおうとしたのです。あまりモノにはなりませんでした。マールベルクはタウトに、このブロックで他にどんなフォルムが作れるかアイデアを出すよう、また、ブロックを八角形の収納木箱にうまく配置するように頼んだようです。タウトは5色を5種類のブロックに不均等に配分することを提案しましたが、構造図の方はまったく提案しませんでした。

Farbiger Märchenpalast

Wie könnte man die Menschen von der Schönheit der farbigen Glas- und der Orient-Architektur begeistern?

Taut ersann dafür ein farbiges Glasbauspiel. 14) Die Glasbausteine sind allerdings nicht Tauts Erfindung. Sie sind Teil eines Patentes, das Blanche Mahlberg, die Frau eines Berliner Kunsthistorikers und Architekten, 1920 erwarb. Sie beabsichtigte damit Baukonstruktionsformen, wie Dachbinder oder Pfeilerhallen, bauen zu lassen. Nicht sehr vielversprechend. Es scheint, dass Frau Mahlberg Taut bat, andere Baumöglichkeiten vorzuschlagen und die Bausteine in einem 8-eckigen Holzbaukasten anzuordnen. Taut wollte 5 Farben auf die 5 Formen ungleich verteilen, aber er schlug keineswegs Bilder von Konstruktionen vor.

ブランヒェ・マールベルクとブルーノ・タウト、DANDANAH、ガラスブロック、木箱の表面、1921年頃、カールスルーエ、バーデン州立美術館蔵

Blanche Mahlberg und Bruno Taut, DANDANAH, Glasbauspiel, Titelblatt um 1921. Badisches Landesmuseum Karlsruhe.

ブルーノ・タウトの指示通りに組み立てたガラスブロックの建築作品、写真：シュパイデル

Bau der Glasbausteine nach einer Vorlage von Bruno Taut. Foto Speidel.

むしろ彼はこの機会を利用し、木箱のふたに色鮮やかなお城の空想画を描きました。このお城は『シティクラウン』のインドの寺院に似ているかもしれません。この遊びに、彼はどことなくインド風の響きのあるダンダナーという名前を付けました。この「お城」は赤と黄色のブロックを100個以上使って積み上げられており、水に映る逆さまの姿まで緑と青のブロックで表現されています。城を囲むように2本のヤシ

も描かれており、オリエントの絵であることに疑いの余地はありません。ところが、この木箱にはガラスブロックが62個しか入っておらず、このお城を作るには少なすぎました。この八角形の木箱は一辺の長さが均一ではなく二つの異なる長さになっており、この点で1913年の鉄の記念塔と似ています。このブロックで作れる建物の例として紹介されているのは、そのほとんどが団子状のものですが、これはおそらくブロックが滑りやすく崩れやすいことと関係があるのでしょう。エキゾティックに感じられるのは支柱ホールのようなものだけで、これが日の光を浴びて輝く姿はまさに魅惑的です。でも、ワタリウム美術館でこれを積み上げる際、私たちは無色水溶性の接着剤を用いなければなりませんでした。

Vielmehr nutzte er die Gelegenheit mit dem Titelblatt die Fantasie eines farbigen Palastes zu malen, der den indischen Tempeln der *Stadtkrone* gleichen konnte. Dem Spiel gab er den irgendwie indisch klingenden Namen Dandanah. Der "Palast" ist aus mehr als hundert gelben und roten Bausteinen aufgestapelt, die sich in grünen und blauen Steinen in einem Gegenbild wie in einem Teich spiegeln. Sie werden von zwei Palmen gerahmt, um keinen Zweifel an dem Orient-Bild aufkommen zu lassen. Der Baukasten enthielt allerdings nur 62 Glasbausteine, viel zu wenig für den Palast. Der achteckige Holzkasten ähnelt mit seinen zwei verschiedenen Seitenlängen dem Monument des Eisens von 1913. Die meisten Vorschläge für Bauten sind klumpenähnliche Gebilde, was wohl mit der Abrutschgefahr der Steine zusammenhängt. Recht exotisch wirkt nur eine Art von Pfeilerhalle, deren Leuchten im Sonnenlicht wahrlich verführerisch ist. Für den Aufbau im Watarium Museum mussten wir allerdings einen farblosen und wasserlöslichen Klebstoff verwenden.

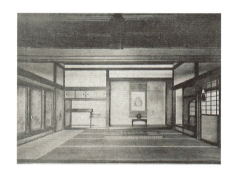

三宝院の「奥宸殿」京都近郊の宇治、出典：ブルーノ・タウト『新しい住宅』p.29
"Oku-Shinden", Tempel Samboin, Uji bei Kyoto, aus: Bruno Taut, *Die neue Wohnung*, S.29.

日本に目を向けて

1923年、つまり20年経って、タウトはようやく日本を再「発見」しました。激しいインフレの時代、タウトは普通の国民の住居とその家具調度を新たに熟考する必要があると考えていました。

大学で歴史的居住空間について学んでいた彼は日本建築の写真と出会いました。1923年に書いた彼の『新しい住宅』という本の第二章で、彼は中世ヨーロッパのほとんど何もない居室の図と並べて、日本の居室の写真を二枚掲載しました。ひとつは宇治三宝院の書院です。彼は畳座敷にほとんど空っぽの空間という簡素さと床に座る習慣について記述しました。彼は部屋の中で唯一芸術作品を掛ける場所である床の間と、工芸作品を置くための装飾的な書院造の棚に感心し、背の低い机や座布団を詰め込むための作り付け戸棚をほめました。

Hinwendung zu Japan

Erst 1923, also nach 20 Jahren hatte Taut Japan wieder "entdeckt". In der Zeit höchster Inflation sah Taut die Notwendigkeit, die normale Bürger-Wohnung und ihre Einrichtung neu zu überlegen.

Beim Studium historischer Wohnräume stieß er auf Fotos japanischer Architektur. Im zweiten Kapitel seines Buches *Die neue Wohnung*, das er 1923 schrieb, stellte er neben nahezu leere europäische Räume des Mittelalters zwei Fotos von japanischen Räumen. Einer ist das Shoin des Samboin in Uji. Er beschreibt die Einfachheit der nahezu leeren Räume mit den Tatami-Böden und der Sitte des Hockens auf dem Boden. Er bewundert die Tokonoma-Nische als dem einzigen Ort im Raum, in dem Kunstwerke aufgehängt werden, und die dekorative Regalnische zum Aufstellen für Arbeiten des Kunstgewerbes, und er lobt die Wandschränke, um die niedrigen Tische und die Matratzen zu verstauen.

渓斎英泉「高級遊女」浮世絵、二枚組の1枚、19世紀、出典：高橋誠一郎、1972、p.105、図144
Keisai Eisen, "Kurtisane", Farbholzschnitt 1. Hälfte 19. Jahrhundert, aus: Seiichiro Takahashi, *Traditional Woodblock Prints of Japan*, Heibonsha Tokyo, 1972, S.105.

でも、大切なのは彼の引き出した次のような結論です。建築に使われている化学処理されていない木材、「色の優しさと控えめさ、そして、その優しい色と大きくも柔らかな採光面が溶け合い、日本人の着物と統一感を生み出している。日

本人は床の上に輝くような色あいの座布団を敷くが、彼らの色鮮やかな絹の衣服もまた床の上にある」色に関して私たち（西洋人）が同じようにするのは、タウトにとって意味のないことでした。それどころか、「日本の例に倣うなら、地味なことが多い我々の衣服は色鮮やかな壁に向いていると言えよう……色に関しては、言うなれば日本の逆であることが我々にとっては正しいことになる」※15 と言っています。

Wichtig ist aber seine Schlussfolgerung: das unbehandelte Holz der Konstruktion, "die Zartheit und Zurückhaltung der Farbe und die Verschmelzung der zarten Farben mit den großen, aber milden Lichtflächen steht in Einheit zu der Kleidung des Japaners. Wie er leuchtend farbige Kissen auf den Boden legt, so sind seine Gewänder von farbiger Seide." Für Taut bedeutet das nicht, dasselbe hinsichtlich der Farbe bei uns zu machen. Ganz im Gegenteil: Es würde "aus dem japanischen Vorbild analog zu schließen sein, dass zu unserer vorwiegend unfarbigen Kleidung farbige Wände gehören... Es wird hinsichtlich der Farbe sozusagen die Umkehrung der japanischen Verhältnisse für uns richtig sein."15)

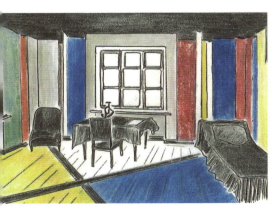

ブルーノ・タウト、自宅図の彩色版、1919 年、復元、出典『新しい住居』p.46
Bruno Taut, farbige Fassung der eigenen Wohnung, 1919, Rekonstruktion, aus: *Die neue Wohnung*, S.46,

第三章でタウトは 1919 年にカラフルに塗装した自分自身の住宅を紹介しています。ただし、白黒ですが。指示通りに彩色復元したところ、例えば、非常に色鮮やかな縦じまの入った室内図が現れました。※16

ということは、タウトが日本文化を引き合いに出したのは、それを熱に浮かされたようにコピーするためではなく、壁に絵画を掛けることも装飾を施すことも許さない、彩色された部屋という自分自身の見解を正当化するためだった、ということです。

Im 3. Kapitel zeigt Taut seine eigene, 1919 bunt gestrichene Wohnung, in schwarz-weiss. Nach den Angaben rekonstruiert ergibt sich z. B. ein Bild mit stark farbigen, vertikalen Streifen. 16)

Das heißt, Taut bezieht sich auf die japanische Kultur nicht, um sie euphorisch zu kopieren, sondern um seine eigene Anschauung von farbigen Räumen zu rechtfertigen, die keine Bilder an der Wand und keine Ornamente mehr zulassen.

ブルーノ・タウト、ブリッツのタウトハイム、元の色彩で復元
Bruno Taut, Reihenhaus (K. Lesser) in Britz, Farbige Rekonstruktion.

まさにこのことを、タウトはその後の7 年間、自宅とベルリンの集合住宅プロジェクトで実行しました。ですが、壁に色彩を施した住宅の住人に感激した様子はなく、彼らは壁を白く塗り直してしまいました。現在ブリッツの集合住宅にある一軒が修復され、借りてホテルのように泊まることができますが、ここでなら当時の様子を体験することができます。

Genau das führte Taut in den folgenden 7 Jahren bei seinen Haus- und Siedlungsprojekten in Berlin durch. Allerdings zeigten sich die Bewohner von den farbigen Wänden nicht begeistert und übermalten sie weiß. Eine restaurierte Wohnung in der Britzer Großsiedlung, die wie ein Hotel gemietet werden kann, macht die Erfahrung heute wieder möglich.

桂離宮、京都、御輿寄右手の雨樋、出典 V. ポンツィローリ『桂離宮』ミラノ、2004 年、p.60
Katsura Villa, Kyoto. Regenablauf am rechten Eingangsbau, aus: V. Ponciroli, *Katsura Imperial Villa*, Mailand 2004, S.60.

日本

1933 年 3 月 1 日、タウトはベルリンのナチスの手から逃れ、妻を伴いスイスとフランスを経由し、船でオデッサに渡り、そこから鉄道でモスクワを経てウラジオストクまで行き、そして日本にやってきました。1933 年 4 月、彼はシベリア鉄道の車中で短い一文を書きました。これは日本インターナショナル建築會の機関誌 5 月号（最終号）の中に日本の会員へのあいさつとして掲載されました。

彼はこう書いています。「形ある物すべての中にある簡素さという伝統と、『何もない』場所が…美の形式において持つ

意味―これらすべては最初から近代建築の傾向と合致している。したがって、日本の近代建築は日本の古い伝統と矛盾することはなく、日本の古い家屋の保護と近代建築の育成は全く共存しうる。…それゆえ日本人は、近代建築が日本の規範となり日本のアイデンティティーが損なわれることを危惧する必要はない。このような新と旧の自然な結びつきは新たな日本文化の開花を大いに期待させるのである」※17

ホストを務めた下村正太郎はタウト到着の翌日1933年5月4日に最初の訪問先として桂離宮を訪れるよう勧めましたが、これは日本建築に関するタウトのこの一文への直接の返答であったように思われます。

タウトは桂離宮をどう見たのでしょうか？

彼は17世紀に建てられたこの離宮の簡素さに仰天しました。「玄関の前庭はその建築様式ゆえに感動的だ。だが、美術歴史書の概念に従えば、これは実はもはや建築ではない。というのも、ここにあるのは竹製の雨樋と雨水の排水管で、建築上のフォルムとも言えるが、実際の必要に迫られて、とも言えるからだ。要するに、有用性という俗な観点でも、ここは機能主義が満ちているということだ」※18

Japan

Am 1. März 1933 entkam Taut mit seiner Frau Erica dem Zugriff der Nazis in Berlin und reiste über die Schweiz und Frankreich, per Schiff bis Odessa und mit der Bahn über Moskau und Wladiwostok bis Japan. Im April 1933 schrieb er in der Sibirischen Eisenbahn einen kurzen Artikel, der in der Mai-Ausgabe von *Arkitekturo Internacia*, seiner letzten Nummer, als Gruß an die japanischen Kollegen publiziert wurde. Die Tradition der "Einfachheit in allen formalen Dingen und die Bedeutung, die die „leere" Stelle ... in der künstlerischen Form hat – alles dies deckt sich von vornherein mit den Tendenzen der modernen Architektur. Deshalb braucht die moderne Architektur in Japan nicht in Widerspruch mit der alt-japanischen Tradition zu geraten, und deshalb kann die Pflege des alt-japanischen Hauses mit derjenigen des modernen durchaus nebeneinander bestehen ... Aus diesen Gründen brauchen die Japaner nicht zu befürchten, daß die moderne Architektur Japans schematisch ... sein würde, daß darunter die nationale Eigenart leidet. Diese natürliche Verbindung des Alten mit dem Neuen gibt große Hoffnungen für ein Aufblühen einer neuen japanischen Kunst." 17)

Es sieht wie eine direkte Antwort auf diesen Artikel Tauts zur japanischen Architektur aus, wenn sein Gastgeber Shotaro Shimomura als ersten Besuch nach der Ankunft für den 4. Mai 1933 die Villa Katsura vorschlug.

Wie sah Taut die Villa?

Er war verblüfft von der Einfachheit des kaiserlichen Landsitzes aus dem 17. Jahrhundert. "Der Vorhof des Eingangs ist ergreifend durch seine Architektur, die aber nach den Begriffen der Kunstgeschichtsbücher eigentlich schon keine Architektur mehr ist, denn hier ist die Regenrinne und das Regenabflussrohr aus Bambus ebenso gut Architekturform wie praktische Notwendigkeit. Also der Funktionalismus, selbst vom Standpunkt der plumpen Nützlichkeit gesehen, ist hier erfüllt."18)

1934年5月に桂離宮を再び訪れたタウトは、建物と庭園に、彼が1920年に人が住みよくあるために必須であると定義していた三種類の機能があることを「認識」しました。

第一の機能、簡素に暮らすための当たり前の使いやすさは「中書院」と「新書院」で満たされます。それらは簡素な草地に高床の上に立っています。この草地をタウトは「非庭」と称賛しましたが、それは穏やかな暮らしを阻害する造形物が何も見えないからでした。

桂離宮、新書院（1660年頃築）、出典：京都御所離宮図集、1928年
Katsura Villa, Neues Shoin, um 1660, aus: Kyoto-Gosho-Rikyu-Zushu, 1928.

Beim zweiten Besuch im Mai 1934 "erkannte" Taut in Bauten und den zugeordneten Gärten die drei Stufen der Zwecke, die er 1920 als wesentlich für eine gute menschliche Lebenswelt definiert hatte.

Da war der erste Zweck, die normale Brauchbarkeit des einfachen Wohnens, erfüllt im Zweiten und Dritten, dem "Mittleren" und dem "Neuen Shoin"-Bau. Sie stehen erhöht an einer einfachen Wiese, die Taut als "Kein-Garten" lobt, weil nichts Gestaltetes zu sehen ist, das das ruhige Leben stören würde.

これは1926年に彼がダーレヴィッツに作った自宅の庭を思い起こさせます。彼はこう書いています。庭（居住室の前の草地）は「特にデザインした空間ではなく」、ただそこにあることを無邪気に強調したに過ぎない。……※19

ブルーノ・タウト、ダーレヴィッツの自宅、1926年、居間からの眺め、出典『住宅』p.38
Bruno Taut, Wohnhaus in Dahlewitz, 1926, Blick aus dem Wohnraum, aus: *Ein Wohnhaus*, S.38.

Das erinnert an Tauts eigenen Garten am Wohnhaus in Dahlewitz von 1926. Er schreibt: Der Garten (die Wiese vor den Wohnräumen) " ist keine "Raumgestaltung", er ist nichts weiter als die harmlose Betonung des Vorhandenen..."[19]

桂離宮、古書院、出典：吉田、前掲書、p.35
Katsura Villa, Alt-Shoin-Bau, aus: Yoshida, S.35.

第二の機能－品格をもってその建物を象徴し、社会の利用に供する－は古書院において満たされます。ここに客人たちは迎え入れられ饗応されます。ここから庭園に降りた客人らは池のほとりで船に乗り、長く伸びた池で舟遊びをします。この建物は住居用の二つの建物を凌駕し、より大きくて目立つ破風を壮大な庭園の方に向けています。二つの住居用建物はそのひさしを見せて、「控えめに」横を向いています。

Der zweite Zweck, die würdige Repräsentation bei Bauten, die einer Gesellschaft zur Verfügung stehen, wird im "Alt-Shoin"-Bau erfüllt. Dort werden die Gäste empfangen, es wird gespeist. Man geht von dort in den Park, und es werden an seinem Ufer Bootsausflüge auf dem ausgedehnten Teich gemacht. Der Bau dominiert über die beiden Wohnbauten und zeigt den im Vergleich größeren, prominenten Giebel zum großzügig gestalteten Garten. Die beiden Wohnbauten kehren sich mit ihren Traufen "bescheiden" davon ab.

桂離宮、天橋立の風景と茶室「松琴亭」へと続く小道、1645 年
Katsura Villa, Landschaftsszene "Amanohashidate" mit Weg zum Teepavillon "Shokintei", um 1645, aus: Yoshida, S.162.

でも、タウトは三つ目の芸術的、精神的機能も、書院の社会生活から完全に切り離される形で、池の対岸、庭園内の陰になったあたりに建つ松琴亭で満たされていることを発見しました。

松琴亭は精緻に造られた石と池からなる庭に囲まれ構成の妙に富んでいますが、ここは池が浅いため舟ではそばまで近づくことができません。むしろ庭園散策の折その美しい姿を眺めることを目的として作られており、日本三景の一つ、天橋立を思い起こさせる景色となっています。松琴亭は和歌に詠まれるべく、美しくあることだけを目的としているのです。この茶室へ向かう道はタウトによって特に誇張されています。タウトにとって高貴な文化作品への道は隠され難しいものであったほうがいいのです。彼はそれをここで見つけたと考えたのです。「ごつごつした石が現れた。海辺に広がる石の荒野のようなものが現れた。そして、舌のように池の中へ伸びる丸い小石の浜とその先端にある石灯篭が孤独を物語っている。さらにこの先、大きな石が現れこの道はますます荒々しく人を拒絶するようになった。そして、道の先に橋が現れた。茶室へと続く、細長く四角い大きな石でできた橋だ」[20]

Aber Taut entdeckte auch die Erfüllung des dritten Zweckes, der geistig-künstlerischen Funktion, völlig getrennt vom gesellschaftlichen Leben der Shoin-Bauten, am gegenüberliegenden Teil des Gartens, dem schattigen Bereich des Parkes am Shokintei-Teepavillon.

Er ist umgeben von einem fein gestalteten Stein- und Wassergarten, reich an unterschiedlichen Texturen, dessen flaches Wasser nicht mit Booten erreicht werden kann, vielmehr beim Durchwandeln nur zum Schauen der schönen Komposition bestimmt ist und an eine der drei schönsten Landschaften Japans, an Amanohashidate am Japanischen Meer, erinnern soll. Er hat nur den Zweck schön zu sein, um mit Gedichten besungen zu werden. Der Gang zu diesem Teehaus wird von Taut besonders dramatisiert. Für Taut sollte der Zugang zu einem hohen Kunstwerk versteckt und schwierig sein. Das glaubte er eben hier zu finden. "Es kamen rauhe Steine, es kam so etwas wie eine Steinwildnis am Meere, und eine kleine Landzunge aus runden Strandsteinen mit einer Steinlaterne an der Spitze sprach von Einsamkeit. Weiter wurde der Charakter des Weges mit seinen großen Steinen noch rauher und abweisender bis zu der Brücke, die zum Teehause hinüberführte und aus einem großen, vierkantigen, langen Stein bestand."[20]

桂離宮、茶室「松琴亭」出典：吉田、前掲書、p.41
Katsura Villa, Teepavillon "Shokintei", aus: Yoshida, S.41.

　この光景は訪れるものに決断を迫ります。「よく考えよ！道は厳しく、目的地へ続く橋は厳しい！」※21

Diese Szene fordert den Besucher auf, sich zu entscheiden: "Überlegt es Euch! Hart ist der Weg und hart die Brücke zum Ziel!"21)

「山の中のクリスタルハウス」出典『アルプス建築』第 3 図、AdK
"Kristallhaus in den Bergen", aus: *Alpine Architektur*, Blatt 3. AdK.

　この書きぶりは 1919 年の *Alpine Architektur*（アルプス建築）で至高の場所である「山岳のクリスタルハウス」へ続く道を描写した最初の 4 図を思い起こさせます。

Die Beschreibung erinnert an die ersten vier Blätter der *Alpinen Architektur* von 1919, die den Zugang zum "Kristallhaus in den Bergen" als dem heiligsten Ort darstellen.

　道は山あいの湖から始まり、湖は最初に乗り越えるべき障害なのです。「塔の

テラスからクリスタルハウスへ登る道として急な階段。困難な登り道」※22

　桂離宮を描いたタウトの 28 枚からなる分析スケッチ、『桂離宮を訪ねて考えたこと、』彼はこの画帖をとても大事に思い、1934 年 5 月 10 日、京都の美術収集家にこれを手渡し、日本で出版してもらおうとしました。タウトは日本が危機に瀕していると考えていました。それについて彼は日記の中でこう書いています。「地上の哀しき一角、ここでは精神的なことに従事することが『ほとんど』贅沢とみなされているのだ！こんな意見が幅を利かすようでは、日本はどうなってしまうのだろう？大砲か何かだけだ」※23

　1919 年の『アルプス建築』同様、1934 年の画帖桂離宮も戦争のない世界を目指す平和宣言であったはずで、そういう世界は、桂離宮のように実用的な物と象徴的な物と並び、精神的・芸術的な物もそれに相応しい場を占めたときにのみ創り上げることができるだろう、というのです。

「クリスタルハウスへの登り道」出典『アルプス建築』第 1 図、AdK
"Aufstieg zum Kristallhause", aus: *Alpine Architektur*, Blatt 1. AdK.

Der Weg beginnt an einem Bergsee, der als erstes Hindernis überquert werden muss: "Von Terrasse am Turm steile Treppen als Aufstieg zum Kristallhause. Schwerer Aufstieg."22)

Tauts 28 analytische Skizzen zu Katsura, *Gedanken nach dem Besuch von Katsura*, fand er so wichtig, dass er sie am 10. Mai 1934 einem Kunstsammler in Kyoto übergab, damit es in Japan publiziert würde. Taut sah Japan in Gefahr. Im Tagebuch notierte er dazu: "Trauriger Erdenwinkel, wo die Beschäftigung mit geistigen Dingen „fast" als Luxus gilt! Was würde mit solcher Meinung Japan sein? Nur Kanonen etc." 23)

Wie die *Alpine Architektur* 1919, so sollte das Katsura Album, 1934, ein Friedensmanifest für eine Welt ohne Kriege sein, was nur gelingen könne, wenn - wie in Katsura - neben den praktischen und repräsentativen auch die geistigen und künstlerischen Dinge ihren gemäßen Platz einnehmen würden.

ブルーノ・タウトが篠田英雄に宛てた、イスタンブール、スレイマニエ・モスクの絵葉書、1937 年、岩波書店所蔵ブルーノ・タウト資料、（現・早稲田大学図書館蔵）
Postkarte von Bruno Taut an Hideo Shinoda mit der Suleymaniye Moschee in Istanbul, 1937. Iwanami, Tokyo.

　桂離宮についてのタウトの解釈は、どの文化も「独自の桂離宮」を持たねばならないという要求とも理解できます。つまり、自分たち独自の文化的宇宙を見つけ、それを目標としてはっきり思い浮かべる、ということです。

　トルコでは名建築家スィナンの手によるモスクがタウトにとってその位置を占めていました。篠田英雄宛ての葉書に書き記したように、タウトにとってスィナンは「トルコの小堀遠州」だったのです。タウトは、当時の多くの人が信じていた

ように、桂離宮は遠州の手によると思っていました。

Tauts Interpretation der Villa Katsura kann auch als Aufforderung verstanden werden, jede Kultur müsse ihr "eigenes" Katsura, d. h. ihren eigenen kulturellen Kosmos finden und als Ziel vor Augen haben.

In der Türkei standen für Taut die Moscheen des Baumeisters Sinan an solcher Stelle. Für ihn war Sinan der "türkische Kobori Enshu", wie er auf einer Postkarte an Hideo Shinoda vermerkte. Taut hielt, wie viele Zeitgenossen, Enshu für den Erbauer von Katsura.

ブルーノ・タウト、アンカラ大学文学部、1937－39年、写真：シュパイデル
Bruno Taut, Literaturfakultät der Universität Ankara, 1937-39. Foto Speidel.

トルコ

私の見る限り、タウトは画帖桂離宮の中で行った「古書院」の慎重な分析を、トルコにおける自身初の建築物であるアンカラ大学文学部校舎の構造における手本としていました。このことは何も全長140メートルの建物の全体構成について言えるだけではありません。対称形の中央張り出し部分の両脇に少し奥まったサイドウィングが取り付けられています。中央張り出し部分の造り自体も構造的な類似を示しています。

Türkei

Soweit ich sehe, hat Taut die sorgfältige Analyse des "Alt-Shoin"-Baus im Katsura Album als strukturelles Vorbild für seinen ersten Bau in der Türkei, die Literaturfakultät der Universität Ankara genommen. Das zeigt sich nicht nur an der Gesamtkomposition des 140 Meter langen Baus. An den symmetrischen Mittel-Risalit sind seitlich, leicht zurückgesetzte Nebenflügel angebaut. Auch die Durchbildung des Mittel-Risalits selbst zeigt strukturelle Ähnlichkeiten.

桂離宮の書院建築、出典 V. ポンツィローリ『桂離宮』p.73
Shoinbauten der Villa Katsura, aus: Ponciroli, *Katsura*, S.73.

古書院では若干アーチ状になった、格子入りの大きな破風がそびえ立っており、そこに名誉の証として家紋が付けられています。

Am Alt-Shoin-Bau dominiert der leicht geschwungene und große, vergitterte Giebel, der als Ehrenzeichen das Familienwappen des Eigentümers trägt.

桂離宮、古書院、出典：西川孟、内藤昌『桂』講談社、1977年、p.167
Villa Katsura, Alt-Shoin-Bau, Ansicht, aus: T. Nishikawa, A. Naito, Katsura, Kodansha Tokyo, 1977, S.167.

対象構造の破風と幅広の入母屋屋根のひさしの下に、部屋が非対称に配置されていますが、そのことは柱の並びと右側の壁を見れば読み取れます。さらには、中心軸の横手、ぬれ縁の前には軒の外まで竹製の高台が延びています。

Unter dem symmetrischen Giebel und der Traufe des breiten Fußwalmes sind die Räume asymmetrisch angeordnet, was an der Sequenz der äußeren Pfeiler und dem rechten Stück Wand abzulesen ist. Zudem ist die Bambus-Estrade seitlich der Achse vor die offene Veranda außerhalb des Daches angesetzt.

アンカラ大学文学部、写真：シュパイデル
Literaturfakultät Ankara. Foto Speidel.

これをアンカラ大学校舎と比べてみましょう。校舎の中心部分は対象形に建てられており、尊厳の象徴としてアーチ状の飾り切妻があります。飾り切妻はひさしを見下ろし、大文字で2列に書かれた文言に素晴らしい場所を提供しています。この文言「人生における真の指導者は知識である」はケマル・アタテュルクの座右の銘です。

等間隔で四角い窓が配置されている、この権威あるファサードは、しかし、ずらして配置された1階部分の丸みを帯びた壁の上に、かなり「不安定に」立っています。巨大なマウスピースのように、壁は玄関正面に食い込み、訪れる人々を建物へ、さらにはこの建物の奥の坂の上にある大学キャンパスへといざないます。

Vergleichen wir dies mit dem Universitätsbau: Der Mittelbau ist symmetrisch aufgebaut und hat als Zeichen der Würde einen geschwungenen Ziergiebel, der die Traufe überragt und den zwei Zeilen mit großen Buchstaben einen bedeutenden Platz bietet. Sie sind das Motto Kemal Atatürks: "Der wirkliche Führer im Leben ist Wissen."

Diese prominente Fassade mit den gleichmäßig angeordneten, quadratischen Fenstern steht jedoch ziemlich "unstabil" auf den versetzten und abgerundeten Wänden des Erdgeschosses. Wie riesige Mundstücke sind sie in die Eingangsfassade eingeschnitten und führen den Besucher in das Gebäude und weiter zum Universitäts-Campus bergauf hinter dem Bau. Das plastisch modellierte Erdgeschoss ist so etwas wie ein organisches Tor zum Campus.

桂離宮、古書院、写真：フランコ・モレーロ、2016 年

Katsura Villa, Alt-Shoin-Bau. Foto Franco Morero, 2016.

斜め側面から見ると、桂離宮の書院のぬれ縁はまさにこれと同じように、庭に降りる階段を覆い隠している右手の壁、月見台、そして、ぬれ縁から庭へとてんでに続く踏み石に繋がっているように感じます。タウトはこのような形式ばらない構成を、自然な良い社会、つまり自由な社会の手本と解釈したのです。

桂離宮とアンカラ大学校舎との類似性で最も驚かされるのは、どちらも遠くからも見える建物の上部を、象徴性を表現すべく対照的に配置すると同時に、建物の一階部分と通路を用いて自由な動きを表現している点です。このような一風変わった配置を大学校舎に施す勇気を、タウトは桂離宮を詳しく勉強することで得たに違いありません。このような配置は彼の手掛けた設計ではほかに見当たりません。

アンカラ大学文学部、遠景、1937 年 11 月 20 日、フォトアルバム、シュパイデルコレクション

Literaturfakultät Ankara, Perspektive, 20.11. 1937, Fotoalbum. Sammlung Speidel.

構成的には、対照構造をもつ建物正面は表玄関によって乱暴に突破され、張り出した屋根によって奥へ押しやられ、その屋根は前面に張り出したホワイエをすっぽり覆い、講堂と付属室の大きな角柱型の切石のいくつかと隣接しています。

Kompositorisch gesehen wird die symmetrische Front brutal durchstoßen vom Eingangsportal und zugeschoben von dem vorstehenden Dach, das auch das vorgezogene Foyer überdeckt und an die verschieden großen Quader von Auditorium und Nebenräumen anstößt.

Schräg von der Seite gesehen wirkt die Veranda am Katsura-Shoin-Bau genauso angestückelt mit der rechten Seitenwand, welche die seitlichen Stufen zum Garten verdecken, der Mond-Estrade und den schräg, kreuz- und quer verlaufenden Schrittsteinen von der Veranda in den Garten

Taut interpretierte diese informelle Komposition als Bild einer guten und natürlichen, das heißt, einer freien Gesellschaft.

Die überraschendste Ähnlichkeit zwischen dem Katsura-Bau und dem Universitätsgebäude ist diese Kombination einer Repräsentation ausdrückenden symmetrischen Anordnung des oberen und weithin sichtbaren Teiles der Bauten mit der Natürlichkeit der Bewegungen durch Bauteile und Wege auf der Ebene des Erdgeschosses. Den Mut zu dieser eigenwilligen Anordnung am Universitätsbau hatte Taut sicherlich durch das genaue Studium von Katsura erworben. Wir finden sie sonst bei keinem seiner Entwürfe.

ブルーノ・タウト、オルタケイの家、イスタンブール、写真：シュパイデル

Bruno Taut, Haus in Ortaköy, Istanbul. Foto Speidel.

最後に

水原徳言はタウトが「かなり若い頃からオリエントの形態言語に惹かれており、彼の心を動かしたのはそれのみであり、決して日本の形態言語ではなかった」ことに確信を持っていました。日本の形態言語が彼を刺激したのはずっと後になってからです。1938 年にタウトがオルタケイのボスポラスに建てた家を、トルコ人は日本風と見、日本人はトルコ風と見ます。

水原は次のように結論づけました。「この家はボスポラス海峡のヨーロッパ側に立ち、アジアの方を向いているように見える。ヨーロッパより憧れを込めて」※24

ご静聴ありがとうございました。

オルタケイの家のリビングからの眺め。ボスポラス海峡とイスタンブールのシルエット。
Bruno Taut eigenes Wohnhaus in Ortakoy, Istanbul, 1938 Blick vom Wohnraum auf den Bosporus und die Silhouette von Istanbul.Foto: Akademie der Kuenste, Berlin, Bruno-Taut-Sammlung, Nr.292 F11,ohne Fotograf

Zum Schluss

Tokugen Mihara war überzeugt, dass Taut "seit seiner frühen Jugend von der orientalischen Formensprache angezogen war, von ihr allein wurde er innerlich bewegt, und keineswegs von der japanischen." Sie übte erst viel später einigen Reiz auf ihn aus. Das Haus, das sich Taut 1938 am Bosporus in Ortaköy baute, sahen die Türken als japanisch an, die Japaner aber als türkisch.

Mihara schloss: "Es steht auf der europäischen Seite des Bosporus und es scheint sehnsüchtig hinüberzublicken nach Asien - von Europa aus."24)

Ich bedanke mich für Ihre Aufmerksamkeit.

脚注一覧

※1 マンフレート・シュパイデル（編）、ブルーノ・タウト『ニッポン ヨーロッパ人の眼で見た』ベルリン 2009 年
※2 マンフレート・シュパイデル（編）、ブルーノ・タウト『私は日本の文化を愛している』ベルリン、2003 年、pp.45-46
※3 パウル・シェーアバルト「ガラスの家々」『技術月報 4』1914 年、p.106
※4 ブルーノ・タウト「グラスハウス」マンフレート・シュパイデル（編）『ブルーノ・タウト、光は東方より』ベルリン、2007 年、p.65
※5 ブルーノ・タウト「ある必要性」『ブルーノ・タウト、光は東方より』2007 年、pp.59-60
※6 ブルーノ・タウト「コンスタンティノープルを旅した印象」『ブルーノ・タウト、光は東方より』2007 年、p.73、p.78
※7 ブルーノ・タウト「桂離宮を訪ねて考えたこと」マンフレート・シュパイデル『ブルーノ・タウト、自然、ファンタジー』ベルリン、1995 年、p.312、p.316
※8 マンフレート・シュパイデル（編）ブルーノ・タウト『シティクラウン』再版、ベルリン、2002 年
※9 マンフレート・シュパイデル（編）『ブルーノ・タウト、光は東方より』p.103
※10 マンフレート・シュパイデル（編）ブルーノ・タウト『シティクラウン』再版、ベルリン、2002 年、pp.69-70
※11 ブルーノ・タウト「新共同体の建築」：マンフレート・シュパイデル（編）『ブルーノ・タウト、光は東方より』2007 年、pp.129-136
※12 イラスト『シティクラウン』後書き、p.22
※13 マティアス・シューレン『ブルーノ・タウト、アルプス建築』ミュンヘン、ベルリン、ロンドン、ニューヨーク、2004 年、p.52、p.96、p.102
※14 アルテミス・ヤゴ『Modernist complexity on a small scale: The Dandanah glass building blocks of 1920』第 6 刷、ドイツ博物館、ミュンヘン、2013 年
※15 ブルーノ・タウト『新しい住居』ライプツィヒ、1928 年、pp.29-30
※16 ブルーノ・タウト『新しい住居』ライプツィヒ、1928 年、pp.46
※17 マンフレート・シュパイデル（編）、ブルーノ・タウト『私は日本の文化を愛している』ベルリン、2003 年、pp.45-46
※18 マンフレート・シュパイデル（編）、ブルーノ・タウト『ニッポン ヨーロッパ人の眼で見た』2009 年、p.21
※19 ブルーノ・タウト『住宅』シュトゥットガルト、1927 年、p.101
※20 マンフレート・シュパイデル（編）、ブルーノ・タウト『日本の家屋と生活』ベルリン、1997 年、pp.274-275
※21 ブルーノ・タウト「桂離宮を訪ねて考えたこと」マンフレート・シュパイデル『ブルーノ・タウト、自然、ファンタジー』収録、ベルリン、1995 年、p.312
※22 マティアス・シューレン『ブルーノ・タウト、アルプス建築』2004 年、p.32
※23 マンフレート・シュパイデル（編）、『ブルーノ・タウト・イン・ジャパン 日記第二巻 1934 年』ベルリン、2015 年、p.138
※24 水原徳言「ブルーノ・タウト 高崎における美術工芸品の制作」芸術アカデミー、『ブルーノ・タウト 1880-1938』ベルリン、1980 年、pp.141-142

Literaturhinweise

1) Manfred Speidel (Hrsg.), *Bruno Taut, Nippon mit europäischen Augen gesehen*, Berlin 2009.
2) Manfred Speidel (Hrsg.), *Bruno Taut, Ich liebe die japanische Kultur*, Berlin 2003, S.45-46.
3) Paul Scheerbart, *Glasbäuser*, in: Technische Monatshefte 4 (1914), H.4., S.106.
4) Bruno Taut, *Glashaus*, in: Manfred Speidel (Hrsg.) *Bruno Taut. Ex Oriente Lux*. Berlin 2007, S.65.
5) Bruno Taut, *Eine Notwendigkeit. Ebenda*, S.59-60.
6) Bruno Taut. *Reiseeindrücke aus Konstantinopel. Ebenda*, S.73, 78.
7) Bruno Taut, *Gedanken nach dem Besuch in Katsura*, in: Manfred Speidel, *Bruno Taut, Natur und Fantasie*, Berlin, 1995, S.312, 316.
8) Manfred Speidel (Hrsg.), *Bruno Taut, Die Stadtkrone*, Reprint Berlin 2002.
9) Speidel, *Ex Oriente Lux*, a.a.O. S.103
10) *Die Stadtkrone*, a.a.O. S.69 und 70.
11) Bruno Taut, *Architektur neuer Gemeinschaft*, in: Speidel, *Ex Oriente Lux*, a.a.O. S.129-136.
12) Abbildung in: *Die Stadtkrone*, a.a.O., Nachwort, S.22.
13) Matthias Schirren, *Bruno Taut, Alpine Architektur*, München, Berlin, London, New York, 2004, S.52, 102 und 96.
14) Artemis Yagou. *Modernist complexity on a small scale: The Dandanab glass building blocks of 1920*, Reprint 6, Deutsches Museum. München 2013.
15) Bruno Taut, *Die neue Wohnung*, Leipzig 1928, S.29-30.
16) Ebenda, S.46.
17) Speidel, *Taut, Ich liebe die japanische Kultur*, a.a.O. S.45-46.
18) Manfred Speidel (Hrsg.), Bruno Taut, *NIPPON* a.a.O., S.21.
19) Bruno Taut, *Ein Wohnhaus*, Stuttgart 1927, S.101.
20) Manfred Speidel (Hrsg.) Bruno Taut, Das japanische Haus und sein Leben, Berlin 1997, S. 274-275.
21) Bruno Taut, *Gedanken nach dem Besuch in Katsura*, a.a.O., 312.
22) Matthias Schirren, a.a.O., S. 32.
23) Manfred Speidel (Hrsg.), Bruno Taut in Japan. Das Tagebuch, 2. Band 1934, Berlin 2015, S. 138.
24) Tokugen Mihara, *Bruno Taut: Herstellung von Kunsthandwerk in Takasaki*, in: Akademie der Künste, BRUNO TAUT 1880-1938, Berlin 1980, S. 141-142.

タウト ハイム

典型的タウト住宅のひとつを文化遺産に相応しく復元

Tautes Heim

denkmalgerechte Rekonstruktion eines typischen Taut-Hauses

カトリン・レッサー
ベン・ブッシュフェルト

Katrin Lesser　Ben Buschfeld

ブルーノ・タウトとマルティン・ヴァーグナーが設計したブリッツの馬蹄形集合住宅は実に素晴らしい場所だ。NICHE 編集部が訪ねた夏には、池の周囲で遊ぶ子供たちの姿や、犬と一緒に寝そべる大人の姿が見られた。この街の一角に、春夏は3泊、秋冬なら1週間以上の予約で泊まることが出来る。NICHE 編集部は「タウトハイム」の緑のリビングで夕食を食べたり、青や黄色の寝室で眠ったり、庭のリンゴをもぎってはハンモックに揺られる楽しさを味わった。郊外の緑豊かな暮らしと、都心に近い便利さの両方を兼ね備えた住宅の成り立ちをベンとカトリンに伺った。

Die von Bruno Taut und Martin Wagner entworfene Hufeisensiedlung in Britz ist in der Tat ein herausragender Ort. Als wir, die Herausgeber von NICHE, die Siedlung im Sommer besuchten, sahen wir Kinder am See im Zentrum der Anlage spielen und Erwachsene auf der Wiese mit ihren Hunden ein Nickerchen machen. In der Siedlung kann man im Sommer bei einen Mindestaufenthalt von drei Tagen, im Herbst und Winter von einer Woche, Übernachtungen buchen. Wir aßen im grünen Wohnzimmer von Tauts Heim zu Abend, schliefen im blauen bzw. gelben Schlafzimmer und erquickten uns beim Schaukeln in der Hängematte, die im Apfelbaum des Gartens aufgespannt ist. Dann befragten wir Ben und Katrin zur Geschichte von Wohnungen, die das Leben am grünen Stadtrand mit der guter Anbindung ans Stadtzentrum verbinden.

私たちが1〜4人で利用できるよう公開している休暇滞在型住宅『タウトハイム』はユネスコ世界遺産であるブリッツの馬蹄形集合住宅の一部で、ブルーノ・タウトの建築における造形と暮らしの質を今に伝えている。2年がかりの修復作業の末、建築史の一端が肌で感じられる身近なものとなった。2012年5月以降、私たちはここを世界中のデザイン愛好家に貸している。このように貸すことで、私たちは作業にかかった経費を補填できるし、個人的に使うことで彼らに建築とデザインを体験してもらえるのだ。

　記念建造物集合体（1986年〜）、並びにユネスコ世界遺産（2008年〜）として大きな意味を持ちながら、1925年から1930年にかけてブルーノ・タウトの設計に基き建築されたこの馬蹄形ジードルンクは、2000年以降徐々に個人所有へと変わってきている。ブルーノ・タウトの業績を集めた博物館は残念ながら、ない。時流にかなった内部設備というものに対し彼が抱いていたイメージを、あるいは住宅内部に大胆に施された色彩を、実際に味わえる場は2012年まではどこにもなかった。妻と私はこの状況を変えたかった。というのも、私たちは20年近くここに住み、人々を案内し、そして、私たちはどちらもタウトの業績について何度も論文を発表しているのだ。

　2010年春、列状に配置された住宅群の端にあり、かなり傷んで売りに出されていた一軒に初めて足を踏み入れた私たちは、すぐさま多くの物が建築当時の状態で保存されていることに驚いた。1930年由来のオリジナルの設備、ドア、取手のみならず、全部で三つある歴史的かつ非常に希少なカッヘルオーフェンと呼ばれるタイル張り暖炉の二つまでもが無傷で残っていたのだ。これは驚きだった。そして、すぐにわかった。住に対しタウトが抱いていたイメージを具体的な形で知ってもらうのに、この家は理想

Unser für 1-4 Personen ausgelegtes Ferienhaus "Tautes Heim" ist Teil des UNESCO-Welterbes Hufeisensiedlung/ Großsiedlung Britz und vermittelt die Gestaltungs- und Lebensqualität der Bauten Bruno Tauts. Nach zweijähriger Restaurierungsarbeit entstand ein Stück Architekturgeschichte zum Anfassen, welches wir seit Mai 2012 an Designfans aus aller Welt vermieten. Diese Vermietung hilft uns, die eigenen Ausgaben zu refinanzieren und erlaubt, Architektur und Design über deren individuelle Benutzung zu erleben.

Trotz Ihrer enormen Bedeutung als Denkmalensemble (seit 1986) und UNESCO-Welterbe (seit 2008) wird die 1925-1930 nach Entwürfen Bruno Tauts erbaute Hufeisensiedlung seit dem Jahr 2000 schrittweise in Einzeleigentum umgewandelt. Ein Museum zum Werk Bruno Tauts existiert leider nicht. Auch seine Vorstellungen zu einer zeitgemäßen Inneneinrichtung oder die großartige Farbigkeit der Innenräume liessen sich bis 2012 nirgendwo konkret erleben. Meine Frau und ich wollten dies ändern: Wir wohnen seit rund 20 Jahren vor Ort, geben Führungen und haben beide mehrfach zum Werk Tauts publiziert.

Als wir im Frühjahr 2010 das, damals ziemlich heruntergekommene und zum Verkauf stehende Reihen-Endhaus erstmalig betraten, waren wir sofort begeistert davon, wie viel Originalsubstanz hier noch erhalten war. Nicht nur die originalen Einbauten, Türen und Griffe von 1930 waren noch intakt, sondern gleich zwei der insgesamt drei historischen und sehr seltenen Kachelöfen. Das war sensationell und wir wussten sofort: dieses Haus ist ideal, um die

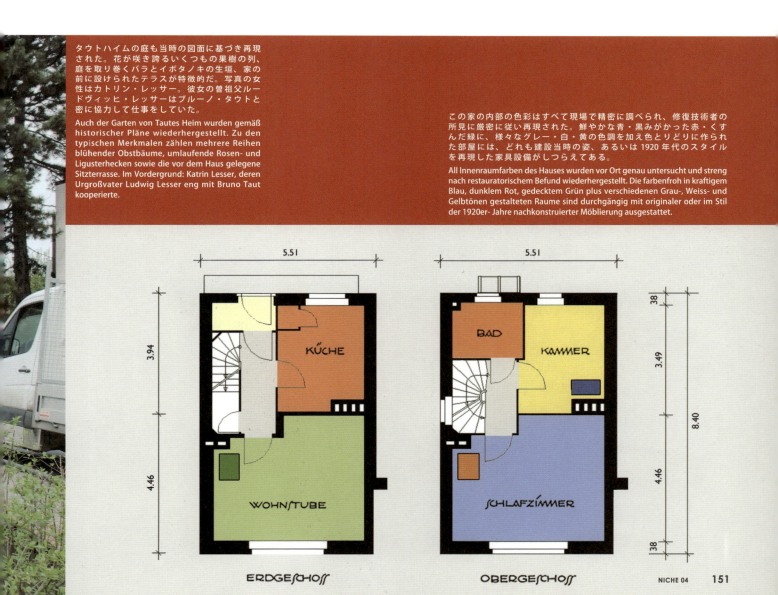

タウトハイムの庭も当時の図面に基づき再現された。花が咲き誇るいくつもの果樹の列、庭を取り巻くバラとイボタノキの生垣、家の前に設けられたテラスが特徴的だ。写真の女性はカトリン・レッサー。彼女の曽祖父ルードヴィッヒ・レッサーはブルーノ・タウトと密に協力して仕事をしていた。

Auch der Garten von Tautes Heim wurden gemäß historischer Pläne wiederhergestellt. Zu den typischen Merkmalen zählen mehrere Reihen blühender Obstbäume, umlaufende Rosen- und Ligusterhecken sowie die vor dem Haus gelegene Sitzterrasse. Im Vordergrund: Katrin Lesser, deren Urgroßvater Ludwig Lesser eng mit Bruno Taut kooperierte.

この家の内部の色彩はすべて現場で精密に調べられ、修復技術者の所見に厳密に従い再現された。鮮やかな青・黒みがかった赤・くすんだ緑に、様々なグレー・白・黄の色調を加え色とりどりに作られた部屋には、どれも建設当時の姿、あるいは1920年代のスタイルを再現した家具設備がしつらえてある。

All Innenraumfarben des Hauses wurden vor Ort genau untersucht und streng nach restauratorischem Befund wiederhergestellt. Die farbenfroh in kraftigem Blau, dunklem Rot, gedecktem Grün plus verschiedenen Grau-, Weiss- und Gelbtönen gestalteten Raume sind durchgängig mit originaler oder im Stil der 1920er- Jahre nachkonstruierter Möblierung ausgestattet.

的だと。

　公的な支援を求め奔走したが無駄だった。そこで私たちは、自分たちでこの家を購入し修復することにした。いたるところに大きな損傷があった。以来、週末になると、私たちはアルミ箔、壁紙、ラテックス塗料の条痕、あとから張られたタイルや床材をせっせと剥がし、傷んだ壁の修理に取りかかった。

　住宅内部にも、タウトはファサード同様の鮮やかな色彩を用いていた。私たちが目指したのは、すべての壁、床、天井の色を本来のものに復元することだった。そのため、色彩修復技術者に鑑定を依頼した。外科用のメスで塗料の層のひとつひとつが採取され、調べられ、確定された。私たちにとって重要なのは、どの場所においても1930年に塗られた最初の塗料だった。

　塗料やラッカーを塗り始めるにあたり、その前にまず、地下収納室の壁とコンクリートの片流れ屋根に文化遺産の名に恥じぬよう（つまり、表には見えないように）断熱材を入れなければならなかった。そのほかにも、暖炉の後ろ、キッチン、浴室、ありとあらゆる場所に広がる傷んだ化粧塗りを取り除き、新しいものと取り換え、補修しなければならなかった。床は当時一般に使われていた光沢のあるアルキド樹脂塗料を用い、記録に残る二色に塗った。壁は典型的なミネラル塗料を使用した。

　キッチンに使う、いわゆる「塗床」（木くずとマグネシアセメントを混ぜて製造する塗床材料）の復元はエキサイティングだった。「石木材」は1910年代から1930年代まで非常によく使われたが、今日ではすっかり流行遅れになってしまった床材だ。おがくず、セメント、酸化鉄の粉を混ぜたものでできている。この作業のために、デッサウのバウハウス

キッチンの床には1920年代に典型的だった石木材が新たに施された。
In der Küche wurde der für die 1920er Jahre typische Steinholzboden neu angelegt.

建設当時の馬蹄形集合住宅のキッチンには家具設備は備え付けられていなかった。我々がタウトハイムに復元したキッチン用家具設備は、ブルーノ・タウトがベルリンの別の集合住宅用に設計したものを基にしている。キッチンとしての完全な機能を備え、ここで料理を作ることができる。
Zur Bauzeit waren die Küchen in der Hufeisensiedlung nicht möbliert. Die von uns für Tautes Heim nachkonstruierten Küchenmöbel basieren auf einem Entwurf von Bruno Taut für eine andere Berliner Siedlung. Die Küche ist voll funktionstauglich und kann zum Kochen benutzt werden.

復元した「石木材の塗床」、階段からの眺め
Blick vom Treppenhaus zu der Küche mit dem wiederhergestellten Steinholzboden

Wohnvorstellungen Tauts am konkreten Objekt zu vermitteln.

Vergeblich bemühten wir uns um öffentliche Fördermittel, haben dann aber beschlossen, das Haus selbst zu kaufen und zu restaurieren. Überall gab es massive Bauschäden. Die nächsten Wochenenden verbracht wir damit, Alufolie, Tapeten, Latexanstriche, falsche Fliesen und Bodenbeläge zu entfernen und haben begonnen, schadhaftes Mauerwerk auszubessern.

Auch im Innenraum hatte Taut ähnlich intensive Farben wie bei den Fassaden verwendet. Unser Ziel war es, alle Wand-, Boden- und Deckenfarben originalgetreu wieder herzustellen. Hierzu haben wir ein farbrestauratorisches Gutachten in Auftrag gegeben. Mit dem Skalpell wurden einzelnen Farbschichten abgehoben, untersucht und bestimmt. Relevant für uns war jeweils der Erstanstrich von 1930.

Bevor wir Maler- und Lackierarbeiten in Angriff nehmen konnten, mussten zuerst die Kellerwände und das Beton-Pultdach denkmalverträglich (d.h. nach außen unsichtbar) gedämmt werden. Außerdem musste überall hinter den Öfen sowie in Küche und Bad großflächig schadhafter Putz abgeschlagen, erneuert und ausgebessert werden. Die Böden wurden dann mit, zur Bauzeit üblichen, hochglänzenden Alcydharzlacken in den beiden historischen Farben lackiert. An den Wänden kamen die typischen Mineralfarben zum Einsatz.

Spannend war die Wiederherstellung des so genannten "Steinholzbodens"

の床を復元したことのある、御歳70にもなろうかというスペシャリストに来てもらうことができた。

タウトの時代、馬蹄形集合住宅の家やアパートには暖房設備はまだなく、タイル張り暖炉で暖をとるしかなかった。今日これらの暖炉はほとんど現存していない。だが、私たちの家には、この歴史的な暖炉3台のうちの2台があった。1台足りなかったのだが、解体され、近隣の家々の地下収納室に眠っていたたくさんの古い暖炉を使い、3台目の暖炉を新たに組み立ててもらうことができた。

キッチンの設備は、ベルリンの別のジードルンクのためにブルーノ・タウトが住宅建築企業の設計士らと共に設計したキッチンを参考にした。古い写真や模型を基に設備を整えていったが、冷蔵庫や食洗機といった文明の利器は、正面の開き戸の奥にそっと隠しておいた。

青い部屋の大きなダブルベッドと、旧子供部屋にある引っ張り出すタイプのソファベッドについても同様のやり方をした。古い白黒写真を参考に、バウハウスのスタイルで典型的な構造のベッドを二つ設計し、家具職人に作ってもらったのだ。浴室の設備は、同じく見た目は1930年代風だが、近代的な快適さも施してある。照明スイッチとヒーターは、今でもリエディションとして入手できる1930年のモデルをふたつ選んだ。

インテリアや設備においても私たちが目指したのは、当時のスタイルを変えないことだった。ゲストに一種のタイムトラベルを体験してもらうためだ。それゆえ、ソファやカウチ、小型家具、照明器具、布地、小物類を選択するために、私たちはタウトの著作、建設当時の出版物、1930年から39年まで発行されていた借家人を対象とした雑誌ミーターマガジンで調査を行った。このようにして得た

壁の基調色を試し塗りしたボード、2010年～2012年の修復作業中の写真
Probeflächen der Hauptwandfarben, Foto während der Restaurierung 2010-2012

色のコントラストが効いた寝室と書斎の壁、床、暖炉
Starke Farbkontraste für Wände, Böden und Öfen im Schlaf- und Arbeitszimmer

青い部屋の暖炉の横のニッチは現在ワーキングコーナーとなっている。机の上にはブルーノ・タウトの小さなポートレートが置かれている
Die Nische neben dem Ofen im blauen Zimmer dient heute als Arbeitsecke. Auf dem Tisch befindet sich ein kleines Porträt von Bruno Taut.

in der Küche. "Steinholz" ist ein in den 1910er bis 1930er Jahren sehr populärer, heute jedoch völlig aus der Mode gekommener Bodenbelag. Er besteht aus einem Gemisch aus Sägespänen, Zement und Eisenoxidpulver. Für diese Arbeiten konnten wir einen rund 70-jährigen Spezialisten gewinnen, der bereits die Böden im Bauhaus Dessau wieder hergestellt hatte.

Zu Tauts Zeiten verfügten die Häuser und Wohnungen der Hufeisensiedlung noch nicht über Heizungen, sondern wurden außschließlich mit Kachelöfen beheizt. Heute existieren leider nur noch sehr wenige dieser Öfen. Unser Haus hatte jedoch noch zwei der drei historischen Exemplare. Aus mehreren abgebauten, und in den Kellern von Nachbarn eingelagerten, alten Öfen konnten wir jedoch den fehlenden dritten Ofen wieder neu aufbauen lassen.

Für die Kücheneinrichtung orientierten wir uns an einer Musterküche, die Bruno Taut gemeinsam mit Planern des Wohnungsbauunternehmens für eine andere Berliner Siedlung entworfen hatte. Diese haben wir nach alten Fotos und Modellen nachkonstruiert und dabei moderne Küchentechnik, wie etwa Kühlschrank oder Spülmaschine, einfach hinter den Klapptüren der Fronten versteckt.

Ähnlich verfuhren wir bei dem großen Doppelbett im blauen Raum und der ausziehbaren Schlafcouch im ehemaligen Kinderzimmer. Anhand alter Schwarzweiss-Fotos entwarfen wir zwei typische Bettkonstruktionen im Bauhaus-Stil und ließen diese von einem Tischler bauen. Die Ausstattung des Bades ist optisch ebenfalls im Stil

バウハウススタイルの大きな折り畳み式ベッドの構想は古い白黒写真を基にしている
Der Entwurf für das große Klappbett im Bauhaus-Stil basiert auf einem alten Schwarzweiss-Foto

失われていた居間用の緑の暖炉は保存されていた緑のタイルで復元した
Der fehlende grüne Ofen im Wohnzimmer wurde mit erhaltenen Fliesen wiederaufgebaut.

1920年代風にしつらえたリビング・ダイニングルーム
Das Wohn- und Esszimmer mit einer typischen Einrichtung der 1920er Jahre.

バスルームと旧子供部屋の眺め
Blick in das Badezimmer und das ehemalige Kinderzimmer

旧子供部屋は現在、フラットになるソファベッドを備えた第二寝室となった。
Das ehemalige Kinderzimmer dient heute als zweites Schlafzimmer mit ausziehbarem Schlafsofa.

情報を基に、その時代らしい品々を古物市場やオークション市場を通じて集め、必要とあらば修理してもらうことができた。

　これと並行して、妻は庭を文化遺産にふさわしく造り上げるべく尽力した。妻は自身が造園家で、名のある造園家一族の出身だった。妻の曽祖父ルードヴィヒ・レッサーは、当時何度もブルーノ・タウトと共に仕事をしていた。

　家の修復が完了したのは2012年4月のことだった。以来、私たちはこの家を国内外の建築愛好家たちに貸して泊まってもらっている。国内外から多くの楽しいお客を迎え入れてきたし、新聞雑誌、メディアで何度も取り上げてもらった。2013年、まずはベルリン文化遺産賞、続いてEU文化遺産賞を受賞した。私たちは世界中からお客を迎えるのを楽しみにしている。この家の利用は最低3泊からとなっている。詳しくは下記サイトを参照されたい。www.tautshome.com

der 1930er Jahre, bietet dabei aber modernen Komfort. Als Lichtschalter und Heizkörper wählten wir zwei Entüwrfe von 1930, die bis heute als Re-Editionen erhältlich sind.

　Auch bei Einrichtung und Ausstattung war es unser Ziel, den Stil der Zeit zu wahren, um unseren Gästen eine Art Zeitreise zu ermöglichen. Für die Wahl der Klein- und Polstermöbel, von Lampen, Textilien und Accessoires haben wir daher in Tauts Schriften,

bauzeitlichen Publikationen sowie den von 1930-39 herausgegebenen Mietermagazinen recherchiert. Auf dieser Grundlage konnten wir zeittypische Exemplare über Antik- und Auktionsmärkte zusammentragen und haben diese – wenn nötig – technisch aufarbeiten lassen.

Parallel kümmerte sich meine Frau um die denkmalgerechte Gestaltung des Gartens. Sie ist selber Gartenarchitektin und kommt aus einer bedeutenden Landschaftsarchitektenfamilie. Ihr Urgroßvater, Ludwig Lesser, hatte damals mehrfach mit Bruno Taut kooperiert.

Die Fertigstellung erfolgte im April 2012. Seitdem vermieten wir das Haus an Architekturliebhaber aus dem In- und Ausland. Seitdem hatten wir viele intersssante, in- und ausländische Gäste und waren mehrfach in Presse und Medien vertreten. 2013 wurde das Haus zuerst mit dem Berliner, dann mit dem europäischen Denkmalpreis ausgezeichnet. Wir freuen uns über internationale Gäste. Die Mindestmietdauer beträgt drei Nächte. Alle Infos finden Sie unter www.tautshome.com.

タウトハイムの庭には古い設計図を基に典型的な果樹類を植え、バラの生垣を作って復元した。家の前のテラスには屋外用のイスやテーブルを置くこともできる

Der Garten des Hauses wurde nach alten Plänen mit den typischen Obstbäumen und einer Rosenhecke wiederhergestellt. Die Terrasse vorm Haus kann als Außensitzfläche benutzt werden.

カトリン・レッサー
ベン・ブッシュフェルト
Katrin Lesser
Ben Buschfeld

カトリン・レッサー、ランドスケープアーキテクト
ベン・ブッシュフェルト、グラフィックデザイナー
1997　　　馬蹄形集合住宅に引っ越す
2007-12　　種々の文化遺産保護プロジェクトに携わる
2010-12　　「タウトハイム」修復に携わる
2013　　　「タウトハイム」が種々の顕彰を受ける
2015　　　『ブルーノ・タウトの馬蹄形集合住宅』を出版
Katrin Lesser, Landscape Architect
Ben Buschfeld, Graphic Designer
1997　　　Umzug in die Hufeisensiedlung
2007-12　　diverse Denkmalschutzprojekte
2010-12　　Restaurierung von "Tautes Heim"
2013　　　Diverse Auszeichnungen für "Tautes Heim"
2015　　　Veröffentlichung von "Bruno Tauts Hufeisensiedlung"

プロジェクト空間 TAUT シュトゥットガルト

Der Projektraum TAUT in Stuttgart

橋本 かの子
Kanoko Hashimoto

column1 — 04

リカード・トレスィーとマクシメ・レテリアによるネオンインスタレーション「TAUT」写真提供：ワーゲンハレ芸術協会
TAUT - Die Neonröhren-Installation von Riccardo Torresi + Maxime Lethelier Foto:Kunstverein Wagenhalle e.V.

　シュトゥットガルト市の丘陵上に1927年の建築家たちによるモダニズム実験住宅ヴァイセンホーフ・ジードルンクが今も残っている。当時ブルーノとマックス・タウト兄弟による建物があったが、3棟全て戦争により今はない。以来90年後ブルーノ・タウトが、麓へ下りてきて象徴的に再建されるのが、タウトの名に因んだワーゲンハレ芸術協会のプロジェクト空間TAUTである。活動拠点の青いコンテナ上のネオン管インスタレーションは一ヶ所から見ると表現主義建築家TAUTの名前に見えるが、一方他の角度からは白い山の輪郭のようにも見える。「まるでブルーノ・タウトのアルプス建築を思わせる」と述べるのはプロジェクト空間TAUTを率い、ワーゲンハレ芸術協会理事のロビン・ビッショフ氏である。TAUTはTEMPORARY ARTISTS UTOPIA TOOLの略である。芸術家の理想の暫定的工具とでも訳せるだろうか。プロジェクト空間TAUTは、旧鉄道跡敷地、現在進行中の中央駅および近郊路線の超巨大改修工事Stuttgart21に伴う都市計画上の開発地区に構えている。TAUTと隣接するワーゲンハレは1895年建設の最大歴史建造物旧検車庫であり、80人ほどの芸術家が2003年よりアトリエとして利用している。暫定期間の利用と取り壊しの予定であったが、多数の芸術家達の活動と運動で取止めになり、さらに、改築され将来その周辺住宅予定地ローゼンシュタイン地区の文化拠点として都市計画の中に位置づけるまでに及ぶ。彼らは2004年よりドイツ版NPO法人ワーゲンハレ芸術協会を設立している。TAUTは

2つの青いコンテナは TAUT - TEMPORARY ARTISTS UTOPIA の拠点。ここで展覧会、パフォーマンス、ワークショップ、フィルム上映等が行われる。
Der Projektraums TAUT – TEMPORARY ARTISTS UTOPIA TOOL befindet sich in zwei blauen Containern. Hier finden Ausstellungen, Performances, Konzerte, Vorträge, Workshops und Filmvorführungen statt.

TAUT を企画するメンバーのアニャ・コッホ氏とロビン・ビッショフ氏
Die Organisatoren von TAUT –Anja Koch und Robin Bischoff

市による旧検車庫改築に伴う移行期間、ワーゲンハレ芸術協会が芸術家と外部に提供するプロジェクト空間である。

　TAUTは模索し、具体化、現実化を試みる。それが外部と係わり、また模索していく。そうしたTAUTの模索が周りを変化させている。例えば、2015年からの「文化保護区」宣言は芸術拠点を自然保護区のように自由空間として保護すべきと抗議的な意味で始まった。それが今や、これまでの16の企画を通し公的にも位置づけられるようになり、「文化保護区」シリーズは新たな局面を迎え、保護するのみでなく多層に変化する文化景観の都市実験工房として課題を移している。企画のひとつ、ハレ前の標識が示す「芸術大通り」は架空であるが、市の道路標識と同じ形態であることから人は実在するかのように捉え、視覚表示が大いなる目的へと動かす。それは芸術・文化生産の自由空間としてのワーゲンハレ・エリアの保存であり、都市開発に関連して人々を取り込み、多種多様な活動をしてもらうことにある。

　TAUT空間は芸術家のみでなく、政治家、市民たちによる理想なる将来へと具体化を担う工具となっている。「形態は社会を変化することができる。ブルーノ・タウトはそう信じ、アルプス山頂のガラス建築構想は平和理想としてあり、地上の戦争への反構想だと述べている」とTAUTのアニャ・コッホ氏が説明する。シュトゥットガルト市の最後の開発可能地区に、創造的社会空間へと理想Utopieを掲げるブルーノ・タウトは今も顕在する。

Auf dem Killesberg, hoch über Stuttgart, steht die Weißenhof Siedlung, die im Jahr 1927 von führenden Vertretern des Neuen Bauens errichtet wurde. Damals standen dort auch Gebäude von Bruno und Max Taut. Leider wurden alle drei Bauwerke der Gebrüder Taut im Krieg zerstört und existieren heute nicht mehr. Jetzt, fast 90 Jahre später, ist Bruno Taut vom Weißenhof heruntergestiegen und hat sich symbolisch wieder in Stuttgart niedergelassen: Der Kunstverein Wagenhalle hat am Fuße des Killesbergs seinen Projektraum nach ihm benannt. Die Neonröhren-Konstruktion auf dem Projektraum-Container zeigt aus einem bestimmten Blickwinkel

「トランス モトア」ローゼンシュタイン地区におけるワーゲンハレの役割 - 芸術家、建築家によるアイデアと活動をロビン・ビッショフ氏が市民に説明。写真：フェルディナンド・イアノーネ
TRANSFOR MOTOR - Robin Bischoff erklärt Bürgern die Ideen und Aktionen der Wagenhalle-Architekten und -Künstler sowie die Rolle der Wagenhalle im neuen Rosensteinviertel. Foto: Ferdinando Iannone

道路標識「芸術大通り」ワーゲンハレ前、写真：フェルディナンド・イアノーネ
KUNSTBOULEVARD - Auf dem Areal der Wagenhalle, Foto: Ferdinando Iannone

den Nachnamen des berühmten expressionistischen Architekten. Aus anderen Perspektiven ähnelt sie der Kontur eines weiß leuchtenden Berges. „Das erinnert an die Alpine Architektur von Bruno Taut." sagte Robin Bischoff, der Vorstand des Kunstvereins Wagenhalle und Organisator des Projektraums TAUT - des TEMPORARY ARTISTS UTOPIA TOOLs des Vereins.

Ganz in der Nähe am Hauptbahnhof findet gerade das gigantische Bauprojekt Stuttgart 21 statt. Das TAUT steht auf einer Industriebrache, die Teil der städtebaulichen Umbaumaßnahmen von Stuttgart 21 ist. Die historische Wagenhalle von 1895 ist das größte Gebäude auf dem ehemaligen Bahn-Areal und wird von ca. 80 Künstlerinnen und Künstlern seit 2003 als Atelierstandort genutzt. Eigentlich war der Abriss der Wagenhalle geplant, aber auf Grund der Aktivitäten und des Engagements der Künstler blieben die Gebäude erhalten. Sie sind bis heute ein lebendiges kulturelles Zentrum im Viertel, das auch zukünftig für das rund um die Wagenhalle entstehende neue Wohngebiet (Rosensteinviertel) erhalten bleiben soll. Während der aktuellen Sanierung der Halle durch die Stadt steht das TAUT des Kunstvereins Wagenhalle Künstlern und geladenen Gästen als Projektraum zur Verfügung. Das TAUT versucht, konkretisiert und realisiert. Diese Auseinandersetzung spiegelt sich auch nach außen wider.

TAUTs Experimente bewirken eine Änderung der Umgebung: Ein Beispiel ist die Proklamation als „Kulturschutzgebiet". Sie begann 2015 als Provokation, um den Ort als einen Freiraum - wie ein Naturschutzgebiet - für die Kunst zu schützen. Heute ist diese Bewegung durch bisher 16 Veranstaltungen etabliert und hat eine neue Funktion hinzugewonnen: Als Stadtlabor wirkt sie in die vielschichtige Kulturlandschaft der Stadt hinein. Der „Kunstboulevard" auf dem Gelände ist

column 1—04

「文化保護区」シルビア・ヴィンクラー、ステファン・コェペルによる標識　後方にワーゲンハレが見える。
Das Schild „Kulturschutzgebiet" auf dem Areal der Wagenhalle von Sylvia Winkler + Stephan Köperl.

am Straßenschild, das wie die offiziellen Schilder der Stadt gestaltet ist, zu erkennen und schafft eine Realität in den Köpfen der Menschen. Obwohl dieses Schild nur ein visuelles Zeichen ist, weist es auf ein großes Ziel hin: Den Erhalt des Wagenhallen-Areals als offenen Raum zur Produktion von Kunst und Kultur, der im Hinblick auf die Stadtentwicklung vor Ort ein breites Spektrum an Akteuren einbezieht.

Der Projektraum TAUT ist dabei ein Werkzeug zur Konkretisierung einer Zukunftsutopie durch Künstler, Bürger und Politiker. „Gestaltung kann Gesellschaft verändern. Daran glaubte auch Bruno Taut, der die Überbauung der Alpen in Glas als Friedensutopie und ‚Gegenentwurf zum Krieg auf Erden' beschreibt" erklärt Anja Koch vom TAUT. In einem der letzten Möglichkeitsräume der Stadt Stuttgart existiert Bruno Taut heute durch die Utopie eines kreativen sozialen Gesellschaftsraums weiter.

*Der Kunstverein Wagenhalle e. V. wurde 2004 gegründet.

Unser Dank gilt
Anja Koch und Robin Bischoff

橋本 かの子　Kanoko Hashimoto

1988	京都市立芸術大学大学院修了
1988-1990	ドイツ学術交流会（DAAD）奨学金を受け、国立シュトゥットガルト美術大学に在籍　以来ドイツ/シュトゥットガルト市在住
1988	Abschluss des M.A.-Studiums an der Städtischen Universität der Künste Kyoto
1988-1990	Studium an der Staatlichen Akademie der Bildenden Künste Stuttgart mit Stipendium des Deutschen Akademischen Austauschdienstes (DAAD) Seitdem wohnhaft in Stuttgart

2 バウハウスとその時代

Das Bauhaus und seine Zeit

　バウハウスは、第一次世界大戦でドイツが敗戦した翌年に開校し、ヒットラーが政権を掌握し再び戦争に向かい始める1933年に閉校した。たった14年間であったが、バウハウスの教員および卒業生が今日の美術、デザイン、建築界に与えた影響は計り知れない。そして1907年結成のドイツ工作連盟（ヴェルクブント）は、今もドイツが向かうべきデザインの方向性を示している。今日の私たちの暮らしを振り返ると、この時代の影響が実に大きい。

　ブルーノ・タウトは1914年の第一回ドイツ工作連盟ケルン展において「グラスハウス」を発表し、ヴェルクブント・アーキテクトとしての不動の地位を築いた。タウトと思想を同じくしたグロピウスも1911年の「ファグス靴型工場」で一躍名声を得た後、ヴェルクブントに入会した。タウトの「クリスタリゼーション」の思想は初代校長となったグロピウスのバウハウス宣言に大きな影響を与えた。1924年、ヴェルクブントの展覧会にバウハウスは初めて参加した。3代目校長のミース・ファン・デル・ローエはヴェルクブントの副会長となり、1927年のヴァイセンホフ・ジードルング（シュトゥットガルト住宅展）をプロデュースした。グロピウス、タウト兄弟、ベーレンス、リリー・ライヒを始めとするヴェルクブント・アーキテクトが前衛的な実験的住宅を発表した。1930年にかけてフランクフルトではエルンスト・マイが、そしてベルリンではタウトが、低所得者層に向けて公共の大型集合住宅を建設していった。家庭には衛生観念と電気とシステムキッチンが導入され、大量生産を前提として住宅と工業製品の規格化が始まり、色彩とガラスとコンクリートがモダニズム建築を彩り、装飾の代わりに機能性が20世紀の象徴となった。バウハウスとその時代を振り返ると、戦争や政治が猛威をふるう中で、20世紀の暮らしを良いものにしようと活動した人々の熱意と意思が感じられる。

Das Bauhaus wurde ein Jahr nach Deutschlands Niederlage im Ersten Weltkrieg eröffnet und 1933, im Jahr der Machtergreifung Hitlers, als Deutschland erneut auf einen Krieg zusteuerte, geschlossen. Der Einfluss, den die Lehrkräfte und Absolventen des Bauhauses in nur 14 Jahren auf die Welt der Kunst, des Designs und der Architektur ausübten, ist unermesslich. Auch der 1907 gegründete Deutsche Werkbund ist noch heute richtungsweisend im Design. Wenn wir auf unser heutiges Leben blicken, dann wird klar, wie grundlegend der Einfluss dieser Zeit tatsächlich war.

Bruno Taut trug 1914 zur 1. Werkbundausstellung in Köln sein „Glashaus" bei und etablierte sich damit unwiderruflich als Werkbund-Architekt. Auch der Taut gleichgesinnte Gropius erwarb 1911 mit dem Fagus-Werk seinen Ruf gewissermaßen über Nacht und trat dann dem Werkbund bei. Tauts Gedanke der Kristallisation hatte nachhaltigen Einfluss auf die Bauhaus-Deklaration von Gropius, der dessen erster Direktor wurde. 1924 nahm das Bauhaus erstmals an einer Werkbundausstellung teil. Der 3. Direktor des Bauhauses, Mies van der Rohe, wurde stellvertretender Vorsitzender des Werkbundes und realisierte 1927 die Weißenhofsiedlung in Stuttgart. Hier zeigten Werkbund-Architekten wie Gropius, die Brüder Taut, Behrens, Lilly Reich u.a. ihre avantgardistischen Wohnungsexperimente. Bis 1930 bauten in Frankfurt Ernst May und in Berlin Taut an großen Gemeinschaftswohnanlagen für Geringverdiener. In diese Haushalte hielten Hygienevorstellungen, Elektrizität und Einbauküchen Einzug. Unter der Voraussetzung industrieller Massenproduktion begann die Normierung von Wohnungen und Industrieprodukten. Farben und Glas sowie Beton schmückten die moderne Architektur und anstelle von Ornamenten wurde die Funktionalität das Wahrzeichen der Architektur im 20. Jahrhundert. Im Rückblick auf das Bauhaus und seine Zeit spüren wir den Eifer und die Entschlossenheit der Menschen, die sich inmitten der Willkür von Krieg und Politik für ein besseres Leben im 20. Jahrhundert einsetzten.

クリスタリゼーション

ブルーノ・タウトと1919年以降の初期バウハウスのコスミックで具体的な建築ビジョン

Kristallisation

Kosmisch-konkrete Bauvisionen von Bruno Taut und am frühen Bauhaus nach 1919

トルステン・ブルーメ
Torsten Blume

2016年10月12日　東京　工学院大学での講演
Vortrag an der Kogakuin Universität in Tokyo am 12.10.2016

「幸せをもたらす、建物の姿を借りた理想が再び生まれ出で、皆を、ひとりひとりが大きな建築物の構成要素であるという自覚へと導くのだ」ブルーノ・タウト、1919年※1

「未来の新しい建築を... 来たるべき新たな信念のクリスタルシンボルとして、共に求め、考え出し、創り上げよう」ヴァルター・グロピウス、1919年※2

「今開く、世界の胎内から生まれし、人間のカテドラルのアーチ状門が。すべての民族の若者らが、夜予感した光輝くクリスタルの神殿へ、燃えるように進んでいく。
圧倒的だ、私は輝くビジョンを見る。もう惨めではない、戦争ではない、憎しみではない……」エルンスト・トラー、1919年※3

„Ein glückbringendes, baugewordenes Ideal soll wieder erstehen und alle zum Bewußtsein führen, daß sie Glieder einer großen Architektur sind." Bruno Taut, 1919[1)]

„Wollen, erdenken, erschaffen wir gemeinsam den neuen Bau der Zukunft ... als kristallenes Sinnbild eines neuen kommenden Glaubens." Walter Gropius, 1919[2)]

„Nun öffnet sich der Weltenschoß geboren, das hochgewölbte Tor der Menscheitskathedrale. Die Jugend aller Völker schreitet flammend zum nachtgeahnten Schrein aus leuchtendem Kristall. Gewaltig schau ich strahlende Visionen – kein Elend mehr, nicht Krieg, nicht Haß …." Ernst Toller, 1919[3)]

第一次世界大戦直後、11月革命による政治不安の真っただ中、ワイマール共和国が建国に向けて混乱のさ中にあった頃、多くの前衛芸術家、建築家、文筆家、知識人は自らを社会全体を広範囲に変革させるダイナミズムたる文化活動家であると自負していた。何より、今や国や多くの都市で着々と政権を取りつつあった労働運動、ことに社会民主主義と連携して、彼らは瓦解した帝国から新しき良き世界が生まれるとことを期待した。彼らは、自分たちが特に表現主義芸術において尊重する、総体的で直接的な強い感情への憧憬がすべての人々を巻き込む時がようやく訪れた、と信じた。今こそ階級も階層も包み込む表現主義による民衆芸術が発展し、その中に、ついにすべての芸術が、かつて中世でそうであったように「新たな建築術の翼の下」※4で精神的に統合され、人生のすべてにくまなく浸透する、というのが彼らのビジョン

Unmittelbar nach dem Ersten Weltkrieg, in der politischen Unruhe der Novemberrevolution und inmitten der konfliktreichen Gründungsjahre der Weimarer Republik verstanden sich viele avantgardistische Künstler und Architekten, Schriftsteller und Intellektuelle als Kultur-Aktivisten einer weitreichenden gesamtgesellschaftlichen Veränderungsdynamik. Vor allem im Anschluss an die nun im Land und in den Städten regierungsbildende Arbeiterbewegung - insbesondere die Sozialdemokratie – hofften sie darauf, dass aus dem zusammengebrochenen Kaiserreich eine neue, bessere Welt hervorgehen kann. Sie glaubten daran, dass nun endlich der von ihnen besonders in der Kunst des Expressionismus gefeierte Kult der ganzheitlichen, unmittelbaren und starken Gefühle alle Menschen zu erfassen vermag. Ihre Vision

だった。

　芸術と民衆の新たな統合という夢は、ブルーノ・タウトがヴァルター・グロピウス Walter Gropius と共同で出版した、「芸術のための労働評議会」建築プログラムの中心思想だった。当時まだ仕事のなかった建築家らは、新政府の支援が得られるのであれば、自分たちこそ世界の基盤となる新たな形を切り開くリーダーたり得る、という信念を持っていた。彼らは次の三つのことを要求した。１. 形式的なものを越え、より良き未来の建築作品を象徴するものの下に民衆すべての力を結集することを追求し、建築物の持つコスミックな（宇宙のように秩序ある）特徴を明示するという建築理念を支持すること。２. 急進的な建築家に対し研究助成金という形で公的資金を提供すること。３.「ガラスなど新たな建築資材が建築に及ぼす効果」を確かめると同時に民衆にそれを示すための、立地の良いモデル建築用地を用意すること。※5

　これに即して述べるなら、建築家らはすでに戦前においてはるかに先進的なことを考えていたのだ。『芸術の中にある精神的なもの』（ヴァシリー・カンディンスキー Wassily Kandinsky、ミュンヘン 1913 年）、『抽象と感情移入』（ヴィルヘルム・ヴォリンガー Wilhelm Worringer、ミュンヘン 1908 年）、『ガラス建築』（パウル・シェーアバルト Paul Scheerbart、ベルリン 1914 年）といった著作が指摘していたのは、感覚に直接訴える要素(エレメント)を造形芸術の中に再発見することは芸術作品総体としての世界を構想するための基盤となりうる、ということだ。その手段の例として、コスミックで普遍的なイメージをもたらすと同時に、すぐに具体的な言葉で言い表せるクリスタル建築を挙げている。

オットー・ポール「大聖堂改築」（マクデブルクのブルーノ・タウトによる都市改造計画の陽気な解釈）、演劇祭、マクデブルク 1922 年
Otto Pohl, Domumbauung, (eine heitere Interpretation der expressionistischen Stadtumbaupläne von Bruno Taut in Magdeburg), In: Bühnenfest, Magdeburg 1922

ブルーノ・タウト『宇宙建築師』交響曲のための建築劇　ハーゲン、1920 年
Der Weltbaumeister: Architektur-Schauspiel für symphonische Musik, Hagen i. W., 1920

輝くクリスタルハウス、夕空のように赤いステージライトの中で
Das leuchtende Kristallhaus - in abendlich rotem Buhnenlicht-

war, dass sich jetzt eine klassen- und schichtenübergreifende expressionistische Volkskunst entwickeln kann, in der endlich alle Künste wieder wie einst im Mittelalter „unter den Flügeln einer neuen Baukunst"4) geistig vereinigt sind und das ganze Leben durchdringen.

　Der Traum einer neuen Einheit von Kunst und Volk war ein Kerngedanke des von Bruno Taut mit Walter Gropius 1919 veröffentlichten „Architekturprogramms" des „Arbeitsrates für Kunst". Die damals noch arbeitslosen Architekten waren überzeugt davon, dass es ihnen gelingen könnte, Anführer des Aufbruchs zu einer grundlegend neuen Weltgestaltung sein zu können – wenn denn die neuen Regierenden sie darin unterstützen. Sie forderten: die „Unterstützung baulicher Ideen, welche über das Formale hinweg die Sammlung aller Volkskräfte im Sinnbild des Bauwerks einer besseren Zukunft anstreben und den kosmischen Charakter der Architektur aufzeigen", „Hergabe öffentlicher Mittel in Form von Stipendien an radikal gerichtete Architekten" und ein „gutgelegenes Experimentiergelände" für Modellbauten, um „neue bauliche Wirkungen, z. B. des Glases als Baustoff" zu erproben und dem Volk zu zeigen.5)

　Entsprechend weit vorausgedacht hatten sie dazu schon in den Vorkriegsjahren. Wegweisende Programmschriften - wie „Das Geistige in der Kunst" (Wassily Kandinsky, München 1913), „Abstraktion und Einfühlung" (Wilhelm Worringer, München 1908) oder „Glasarchitektur" (Paul Scheerbart, Berlin 1914) - hatten aufgezeigt, dass die Wiederentdeckung der unmittelbar sinnlichen Elemente in der bildenden Kunst zur Grundlage für

すでに1914年、タウトはヘルヴァルト・ヴァルデン Herward Walden によって出版された表現主義の定期刊行誌『シュトゥルム（嵐）』の中でこう呼びかけていた。「素晴らしい大建造物の建設に、共に従事しようではないか！単に建築であるだけではなく、その中では絵画も彫刻も、すべてが一体となり大きな建築物を形成するような、そして、建築が他の芸術の中で開花するような、そんな大建造物の建設に。建築はここでは枠組みであり中身であり、同時にすべてであるのだ」※6。彼は同年、自作「グラスハウス」のモデルをシュトゥルム・ギャラリーで、続いて実物をケルンで開かれたドイツ工作連盟博覧会で披露したのだが、彼はこの「グラスハウス」を、自分の呼びかけに呼応して様々な試みがなされるよう指示するための先駆的作品と考えていた。第一次世界大戦中、彼は「素晴らしい大建造物」という自身の理念をクリスタルの「シティクラウン」※7というビジョンに発展させた。かつて中世のカテドラルが都市におけるキリスト教共同社会の宗教的象徴であったように、いまや建築家が近代的大都市のために、科学技術の力と近代人の精神的刷新を等しく体現する新しい種類の「クリスタルの建物」を開発すべきだ、というのだ。

同時にタウトには分かっていた。彼は言う。「芸術！そこにあれば素晴らしい。今はその芸術がないのだ」と。ヴァルター・グロピウスもこう断言した。「我々は古い罪業の沼に深くはまり込んでいる。政治革命はまだ我々を解き放ってはいない。精神革命が完遂されて初めて、我々は『解き放たれる』のだ。資本主義と権力政治は我が種族の独創的活動を緩慢にした」※8。しかし、彼はワイマールに国立のバウハウスが設立されることで、「建築家、画家、彫刻家……が、多くの要素からなる建築の形態を、全体において、部分において再び知り、理解することを学び」そして「そうすることで……彼らの作品がおのずから建築の精神で満たされる」※9ことも、また期待した。そうすれば、「建築と彫刻と絵画－すべてがひとつの形態の中にある未来の建築が生まれるかもしれない。そして、それは来たるべき新しい信念のクリスタルシンボルとして、いつの日か何百万もの職人の手から天に向かって昇りゆくであろう」※10。

表現主義的に理想化されたクリスタルの中で、明るい未来と新たな建築という、希望に満ち高揚感溢れるふたつの投影が、漠然と、だが一目瞭然に結びついた。石のようになった結晶体の中なら、世界を新たに写し取りデザインすることが、あまり具体的である必要もなくできたのだ。「クリスタルのように結晶化し

Weltentwürfe als Gesamtkunstwerke sein können; z.B. durch ein gleichermaßen kosmisch-universal zu denkendes, aber auch sofort konkret formulierbares kristallines Bauen.

Schon 1914 hatte Taut in der von Herward Walden herausgegebenen expressionistischen Zeitschrift „Sturm" aufgerufen: „Bauen wir zusammen an einem großartigen Bauwerk! An einem Bauwerk, das nicht allein Architektur ist, in dem alles, Malerei, Plastik, alles zusammen eine große Architektur bildet, und in dem die Architektur wieder in den anderen Künsten aufgeht. Die Architektur soll hier Rahmen und Inhalt, alles zugleich sein."6) Sein „Glashaus", dass er im selben Jahr als Modell in der „Sturm"-Galerie und dann auf der Werkbundausstellung in Köln präsentierte, verstand Taut als eine erste vorbereitende Versuchsanordnung dazu. Während des Ersten Weltkrieges hatte er dann seine Idee des „großartigen Bauwerks" bis zur Vision einer kristallinen „Stadtkrone"7) weiterentwickelt. So wie mittelalterliche Kathedralen einst religiöses Sinnbilder christlicher Stadtgemeinschaften gewesen seien, sollten nun die Architekten neuartige „Kristallhäuser" für die modernen Großstädte entwickeln, die das technisch-wissenschaftliche Leistungsvermögen und eine ganzheitliche geistige Erneuerung des modernen Menschen gleichermaßen verkörpern.

Taut wusste aber zugleich: „Die Kunst! — das ist eine Sache, wenn sie da ist. Heute gibt es diese Kunst nicht." Auch Walter Gropius konstatierte: „Wir stecken tief im Sumpf der alten Sünden. Noch nicht die politische, erst die vollendete geistige Revolution kann uns `frei` machen. Kapitalismus und Machtpolitik haben unser Geschlecht träge gemacht im Schöpferischen."8) Aber mit der Gründung des Staatlichen Bauhauses in Weimar verband er auch die Hoffnung, dass „Architekten, Maler und Bildhauer ... die vielgliedrige Gestalt des Baues in seiner Gesamtheit und in seinen Teilen wieder kennen und begreifen lernen" und sich „dann ... von selbst ihre Werke wieder mit architektonischem Geiste füllen".9) Dann könnte der „Bau der Zukunft" entstehen, „der alles in einer Gestalt sein wird: Architektur und Plastik und Malerei, der aus Millionen Händen der Handwerker einst gen Himmel steigen wird als kristallenes Sinnbild eines neuen kommenden Glaubens."10)

Im expressionistisch verklärten Kristall bündelten sich unbestimmt und anschaulich zugleich die hoffnungsvollen wie euphorischen Projektionen einer

たもの」は「絶対的なもの」に通じ「生のしがらみ」から人間精神を解放してくれるが、その一方で模範的スケッチもすぐ描けるため、抽象的概念の美的表現形式とするのに理想的であった。

18世紀末と19世紀初め、フリードリッヒ・シュレーゲル Friedrich Schlegel、ノヴァーリス Novalis、あるいは E.T.A. ホフマン Hoffmann などドイツのロマン派芸術家らは、早くもクリスタルを詩文学における世界認識のシンボルとして崇拝し「クリスタルは新たな思想の象徴、入り口たりえようか？」と自問していた。ホフマンの創作童話『黄金の壺』の中で、主人公はクリスタルを通してあたりを見るが、「まわりのすべての物が……虹色の光に照らされているのだ」※11。これは主人公にとって喜びであるが、不安で恐ろしくもある。このアンビバレンスゆえにロマンティックなクリスタルが隠喩的な世界認識モデルとなったのだ。すなわち、変身することを切望する「私」は、物の中に／物と共に、自分を映し、ひとつの知覚する実体、ひとつの感情を覚える実体としての自己の姿を、物の中に／物と共に認めるのだ。クリスタルの中を覗く、あるいはクリスタルを通して見るというのは、そのための理想的で比喩的な行動なのだ。なぜなら、その時、実在の物の見慣れぬ姿と断片となった自己の映像が同時に現れるからだ。そして、物と「私」は夢のように溶けてしまうが、しかし、クリスタル構造のもつ自然さは、必ずや宇宙を秩序づける高次の力に庇護されることを保証する。ロマン主義の芸術作品が人生のすべてを「作為的な秩序をもった混乱」や「数々の矛盾の刺激的なシンメトリー」※12と捉え、深遠で不思議な感情を呼び起こそうとするなら、光と連携することで世にも妙なる物へと姿を変えうるクリスタ

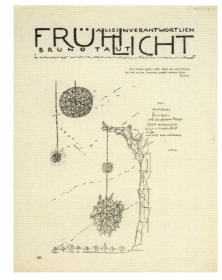

ブルーノ・タウト（編）『フリューリヒト』ベルリン、1920年。表紙の絵はカール・クライル（ガラスの鎖の一員としてのペンネーム Anfang「始まり」）による。クリスタルの星の家とガラスの玉がいとも不思議なことにぶら下がり、明るい大気の中で光り輝き、奇妙に回る。

Bruno Taut (Herausgeber): Frühlicht, Berlin 1920, Titelbild von Carl Krayl (unter seinem Pseudonym als Mitglied der Gläsernen Kette: Anfang), das kristallene Sternhaus und die gläserne Kugel höchst verwunderlich hängt in lichter Luft strahlt und dreht sich wunderlich.

lichtvollen kommenden Zeit und eines neuen Bauens. In versteinerten Kristallisationen konnte die Welt neu abgebildet und entworfen werden, ohne allzu konkret werden zu müssen. Das „Kristalline" ließ sich idealistisch als ästhetische Ausdrucksform der Abstraktion begreifen, die zum „Absoluten" und zur geistigen Erlösung des Menschen von seiner „Lebensabhängigkeit", aber auch sofort zu beispielhaften Bildentwürfen führen kann.

Schon im späten 18. und frühen 19. Jahrhundert hatten deutsche Romantiker wie Friedrich Schlegel, Novalis oder E.T.A. Hoffmann den Kristall als Symbol der poetischen Welterkenntnis verehrt und sich gefragt: Könnte der Kristall Zeichen und Tor zu einem neuen Denken sein? In Hoffmanns Kunstmärchen „Der goldene Topf" blickt der Held der Geschichte durch einen Kristall und sieht alle „Gegenstände rings umher ... von strahlenden Regenbogenfarben erleuchtet."11) Das erscheint diesem beglückend, verunsichernd und beängstigend zugleich. Diese Ambivalenz bestimmte den romantischen Kristall als metaphorisches Erkenntnismodell: Das sich nach Verwandlung sehnende Ich spiegelt und beobachtet sich in und mit den Dingen als ein wahrnehmendes und empfindendes Wesen. Der Blick durch und in den Kristall, ist dafür ein ideales allegorisches Verfahren. Denn gleichzeitig erscheinen dabei fremde Bilder des Wirklichen und fragmentierte Spiegelungen der eigenen Person. Die Dinge und das Ich lösen sich wie im Traum auf und doch garantiert die Natürlichkeit der kristallinen Struktur die Geborgenheit in einer höheren, kosmisch ordnenden Kraft.

ライオネル・ファイニンガー「大聖堂」木版画、ワイマール国立バウハウス宣言書の表紙 1919年

Lyonel Feininger, Kathedrale, Holzschnitt, Titelbild, Gründungsmanifest des Staatlichen Bauhaus Weimar 1919

ルは、そのためのまさに理想的な出発点だった。感覚にも感情にも理性にも等しく語りかけてくれるのだから。

しかし、ジョルジュ・ブラック Georges Braque、ピカソ Piccaso から、エルンスト・ヘッケル Ernst Heckel、カール・シュミット＝ロットルフ Karl Schmidt-Rottluff を経て、フランツ・マルク Franz Marc やパウル・クレー Paul Klee に至る、20 世紀初頭のキュビストや表現主義者が現実をクリスタル状に抽象化し、そのイメージを、繰り返し現れては砕け散り、絶えず景色を変えていく多くの断片から多重視点で構築したとき、芸術に対し「第二の本性」で真実のメタファーたれとロマン主義的な要求をすることは、たしかに彼らにとってまだ有効な選択肢であったのだ。しかし、彼らはむしろ、技術化・工業化され都市化した世界における存在を映し出した。それはもはや、単に自然で魅惑的な、その芸術的・精神的意義ゆえに求められる貴石ではなく、何より、エンジニアたちが作り出す、電気によって光り輝くガラスと鉄のスケルトン構造物だった。これらは新しい建築技術とあいまって、ガラスと鉄支柱からなる、一見非物質的な金銀線細工（フィリグリー）、まったく新しい空間体験、構造体が空中に漂うようなイリュージョンを作り出した。最初は 1851 年、ロンドン万国博覧会の「水晶宮」、1889 年にはパリのエッフェル塔、それからホール型屋内市場、駅舎、ガラス屋根が施されたパッサージュが続いた。流動性の向上と旅客や歩行者の近代的で新たな動きに対応して登場した、このような新しい建造物は、定住・伝統・不変を具現化したものと認められる石の建造物の対極にあった。技術を凝らした鉄とガラスの構造は、あたかも人間によって作られたクリスタルのような印象を与えた。このことを、ロベール・ドローネー Robert Delaunay のような画家は明白に示した。彼は 1910 年以来パリのエッフェル塔を描いた一連の自作で、加速的に砕け散る大都市世界を視覚的に捉えることをテーマとしていた。しかし、画家たちが主として、対象物を一元的に捉えようとする視線を解きほぐし、多次元的に知覚したものを数々の柱面体で描写することに従事していた頃、ブルーノ・タウトら建築家たちはむしろ、クリスタルなものの中に新たな建築構造の可能性と新たな建築構想の萌芽を見出していた。その構想において、主観的世界と客観的世界の境界は現実の超越的秩序に向かって突き進むべく溶解するのだ。それは、激しく動く光が堅固な幾何学的秩序に守られたクリスタルという物質に浸透し、イメージをすっかり変えてしまうのに似ている。クリスタルなら芸術のシンボルとして構造とダイナミズム（活力）と超越性を結び

Wenn das romantische Kunstwerk die Lebenstotalität als eine „künstlich geordnete Verwirrung" und „reizende Symmetrie von Widersprüchen"12) erfassen sollte, um tiefreichende magische Gefühle hervorzurufen, dann war der Kristall, der sich im Bündnis mit dem Licht in ein wundersames Gebilde verwandeln kann, dafür eine geradezu perfekte Referenz, die die Sinne, das Gefühl und Verstand gleichermaßen anspricht.

Aber als die Kubisten und Expressionisten – von George Braque und Picasso über Ernst Heckel und Karl Schmidt-Rottluff bis Franz Marc und Paul Klee – zu Beginn des 20. Jahrhunderts Realitäten kristallin abstrahierten und ihre Bilder aus simultanen Bruchstücken multiperspektivisch konstruierten, galt für sie dabei zwar immer noch der romantische Anspruch an die Kunst als einer „zweiten Natur" und Wahrheitsmetapher. Sie reflektierten nunmehr aber vielmehr ein Dasein in einer technisierten, industriell urbanisierten Welt. Es war jetzt nicht mehr nur der natürliche, bezaubernde Edelstein, der auf seinen künstlerischen und spirituellen Gehalt hin befragt wurde, sondern vor allem die durch elektrisches Licht strahlenden Glas- und Eisenskelettkonstruktionen der Ingenieure. Diese erzeugten mit neuen Konstruktionsmethoden ein scheinbar immaterielles Filigran aus Glas und eisernen Stützen, eine ganz neuartige Raumerfahrung und die Illusion eines luftigen Schwebens gebauter Körper. Zuerst waren es der „Kristallpalast" auf der Londoner Weltausstellung 1851, der Pariser Eiffelturm 1889, dann Markthallen, Bahnhöfe und gläsern überdachte Ladenpassagen. Solche Bauten neuen Typs, die aus der gestiegenen Mobilität und neuer moderner Beweglichkeit von Passagieren und Passanten hervorgegangen waren, standen im Gegensatz zu steinernen Gebäuden, die nun als Verkörperungen von Ansässigkeit, Tradition und Beharren wahrgenommen werden konnten. Die technischen Eisen- und Glaskonstruktionen wirkten nun wie von Menschen gemachte Kristalle. Das machten Maler wie Robert Delaunay sichtbar, der seit 1910 mit seinen Bildern des Pariser Eifelturms die Wahrnehmung einer beschleunigt-zersplitterten Großstadtwelt thematisiert hatte. Aber während die Maler wesentlich an der Auflösung des einheitlich erfassenden Blicks und der Darstellung multidimensionaler Wahrnehmungen in prismatischen Formen arbeiteten, entdeckten Architekten wie Bruno Taut im Kristallinen schließlich aber vielmehr Potentiale für eine neue

つけることができると思われた。そして、そうやって結び付いたものは、内に神聖な意味を秘めた秩序あるダイナミズムを象徴するのだ。

　というのも、1919年には何かを建築するなど経済的理由から土台無理な話で、何より、住宅難という喫緊の問題に取り組まねばならなかったが、それは別にしても、タウトらにとってまず重要だったのは、実際的な技術で住空間に新秩序を築き上げることだけではなかったのだ。むしろ、ずっと先を考え大きな計画を立てること、手法を開発し、それを用いて来たるべき未来の姿やイメージを生み出すことの方が肝要だったのだ。なぜなら、ヴァルター・ラーテナウWalther Rathenauも述べたように「我々は共和国を得た。突然、社会的な共和国だ。だが、革命はまだ自由・真実・精神性......へ向かって決起したわけではない。革命はまだ何の理念も産み出してはいなかった」のだから。※13

　それゆえ、ブルーノ・タウト、ヴァルター・グロピウスら、革命に熱狂した多くの建築家らにとって優先課題だったのは、いくつもの造形プロセスを起案することだった。そのプロセスとは、材料成形という芸術的プロセスにおいて造形者のダイナミックで新しい主観性が形成され、同時に、それが理想的には新たな共存の形を目指す全社会的な決起運動と結び付いている、というものだった。

　ブルーノ・タウトとヴァルター・グロピウスには、そのような刷新には時間がかかることがわかっていた。それゆえタウトは、自分がイメージした「数々のシティクラウン」を「最高のもの」、つまり、人々を「時間的なものから超越させ、彼らに同時代の人々・国家・全人類、

ブルーノ・タウト「グラスハウス」1914年ケルンでのドイツ工作連盟博覧会
ベルリン芸術アカデミー、ブルーノ・タウト-コレクション、撮影者不明
Bruno Taut. Glashaus, 1914 auf der Ausstellung des Deutschen Werkbundes in Köln, Akademie der Künste, Berlin, Bruno-Taut-Sammlung, Fotograf unbekannt

Konstruktivität und ein neu zu entwickelndes bauliches Entwerfen, in dem sich die Grenzen zwischen subjektiver und objektiver Welt auflösen, um zu einer transzendenten Ordnung der Wirklichkeit vorzustoßen: so wie das bewegte Licht die harte geometrisch geordnete Materie des Kristalls durchdringt und imaginär verwandelt. Der Kristall versprach als Kunstsymbol Konstruktion, Dynamik und Transzendenz verbinden zu können: als Ausdruck einer geordneten Dynamik mit der Potenz zu sakraler Bedeutung.

Denn 1919 ging es ja nicht nur um eine praktisch-technische Neuordnung des gelebten Raumes – unabhängig davon, dass man sich aus wirtschaftlichen Gründen ohnehin kaum bauen konnte und sich vor allem den drängenden Fragen der Wohnungsnot widmen musste. Es galt zunächst vielmehr, weit voraus zu denken und groß zu planen; Verfahren zu entwickeln, mit denen sich Bilder und Vorstellungen einer kommenden Zukunft generieren lassen. Denn, so meinte auch Walter Rathenau: „Wir haben die Republik bekommen. Plötzlich die soziale Republik. Aber die Revolution ist noch nicht der Aufbruch in die Freiheit, Wahrheit und Geistigkeit ... Die Revolution hat noch keine Idee geboren."13)

Worum es Bruno Taut, Walter Gropius und vielen anderen revolutionsbegeisterten Architekten deshalb vorrangig ging, war das Entwerfen von Gestaltungsprozessen, in denen sich eine neue dynamische Gestalter-Subjektivität im künstlerischen Prozess der Materialformung herausbildet, die zugleich idealerweise mit gesamtgesellschaftlichen Aufbruchsbewegungen zu neuen Formen des Zusammenlebens verbunden ist.

「グラスハウス」階段状の滝
Glashaus, gestufter Wasserfall

そして全世界との連帯を感じさせる」ものとして、とにかくも時代に先駆けてこれを考え、まずは大雑把な輪郭だけでも紹介すればよいと強調した。彼は自問していた。鋼鉄と鉄が平和に役立つことをもう一度証明できるかもしれない。ならば、それらを用い、かつてのゴシック様式のカテドラルのように壮大なものは造れるだろうか？それに、ガラスもだ。そして、明るく社会的で階級のない、来たるべき新しい世界共同体には、その町々の中心に同じく人の手で造られた信念の象徴、冠(クラウン)が要るのではないのだろうか、と。彼は「クリスタルハウス」を「シティクラウン」の中心建造物で、「素晴らしく美しい空間以外の何ものを」も有さず、外観は「柱面体のガラスパネル、色付きモザイクガラスで作った板状ガラス」が入った「鉄筋コンクリート構造」と描写した。タウトはこのようにも述べた。1914年のケルンの「グラスハウス」がそうであったように、「真昼の太陽は天井の高い空間 に溢れんばかりの光を注ぎ、その光は反射し無数の細かな光の粒へと砕け散る、あるいは、夕陽が建物のドーム状の屋根を光で満たすとき…」。彼にとって重要なのは、それが「ガラスで建てられていることなのだ。建設資材、物質、それでいて、ほのかな輝きを放ち、透き通り、光を反射するという本質において、ありきたりではないガラスという物質で」※14。それは「全体のコンセプトにおける建築家の仕事と、魅惑的でいくつもの世界を結ぶファンタジーを描くステンドグラスにおける画家の仕事、彫刻家の仕事が、全体から乖離することなく、しかも、すべてが大きな建築術の一部分、造形への強い衝動の一要素となるべく全体と結び付き、そして、その衝動がすべての芸術家を一様に没頭させ最後の表現へと向かわせる」※15 そういう作品になるのだ。とはいえ、幾千もの多様な可能性を秘める「クリスタルハウス」は、新たな都市を建設しようとするなら、あるいは古い都市を新しくしようとするならば、決して最初に建てるべきものではない。「そのための敷地は空けておくのだ」なぜなら「建設には幾世代もかかるかもしれない……多くの建築家が建設に携わるかもしれない」そして、「どういう様式にするかは……問題ではなくなる」※16 のだから。

同様に具体的なことが定まらぬまま、ヴァルター・グロピウスもまた1919年、空白の中心部の周囲に、学びながら造形するというワイマール・バウハウスの方針を置いた。バウハウス設立年に「あらゆる造形活動の最終目標は建築である！」※17 として、タウトの「シティクラウン」に似た「未来のカテドラル」※18 または「未来の自由ドーム」※19 であるとうたっていたにもかかわらず、グロピ

Bruno Taut und Walter Gropius wussten, dass diese Erneuerung Zeit braucht. Dementsprechend betonte Taut auch, dass die von ihm imaginierten „Stadtkronen" als „das Höchste", das den Menschen „über das Zeitliche hinaushebt und das ihn die Gemeinschaft mit seiner Mitwelt, seiner Nation, allen Menschen und der ganzen Welt fühlen läßt", allenfalls vorgedacht und erst einmal nur in groben Umrissen vorgestellt werden können. Er hatte sich gefragt: Ließe sich nicht nun mit Stahl und Eisen, die ihre Friedlichkeit neu beweisen könnten, ähnlich großartig bauen wie einst die gotischen Kathedralen? Und mit Glas. Und brauchte nicht die gewiss kommende fröhliche sozialistische, klassenlose Weltgemeinschaft ohnehin ein auch gebautes Glaubenszeichen im Zentrum ihrer Städte, eine Krone? Er beschrieb dann zwar „das Kristallhaus", das der Zentralbau der „Stadtkrone" sein sollte und „nichts als einen wunderschönen Raum" enthält, anschaulich als „eine Eisenbetonkonstruktion" mit „Prismenglasfüllungen, farbigen und Smalten-Glastafeln". Taut schilderte auch, wie hier – ganz ähnlich, wie zuvor in seinem Kölner „Glashaus" von 1914, „das volle Sonnenlicht den hohen Raum übergießt und sich in zahllosen feinen Reflexen bricht, oder wenn die Abendsonne die obere Deckenwölbung erfüllt". Wichtig ist ihm, dass es „aus Glas errichtet ist, dem Baustoff, der Materie und doch mehr als gewöhnliche Materie in seinem schimmernden, transparenten, reflektierenden Wesen bedeutet."14) Es sollte „ein Werk sein, in dem die Leistung des Architekten in der Konzeption des Ganzen, die des Malers in den Glasgemälden von entrückter weltendurchziehender Phantasie und die des Plastikers untrennbar vom Ganzen und so mit ihm verbunden ist, daß alles nur einen Teil der großen Baukunst, ein Glied des hohen Gestaltungsdranges bildet, der alle Künstler gleichmäßig erfüllt und zum letzten Ausdruck zwingt."15) Dennoch sollte das „Kristallhaus" das „vieltausendfältige Möglichkeiten in sich schließt" auf keinen Fall eine erste Bauaufgabe sein, wenn es darum geht eine neue Stadt zu bauen oder eine alte zu erneuern: „das Areal (wird) freigelassen": „Durch Generationen kann sich der Bau hinziehen ... Es können viele Architekten daran bauen" und „die Stilfrage verliert ... ihre Problematik".16)

Ähnlich offen um eine leere Mitte hatte auch Walter Gropius 1919 das lernende Gestalten im Weimarer Bauhaus angelegt. Wenngleich es im Gründungsjahr hieß: "Das Endziel aller bildnerischen Tätigkeit ist der Bau!"17)

ウスが建築学科を置いたのは、それから8年後の1927年、デッサウにおいてであった。1923年に発表されたバウハウス教育課程を示す、同心円状に描かれた図式には確かに「建築」という文字はあるが、その中身は「建設場・試験場・設計・建築及びエンジニリングの知識」となっており、実際は遠い将来に目標を置いたものだった[20]。いつの日か建てることになっている「クリスタルハウス」とそれを囲む建物のために、タウトが更地にしておいた都市の敷地のように、「建築」という文字は、教育課程を示す図式の中で、「信念の核」と「秘密」と、そして共同作業の中でこそ次第に姿を現してくるバウハウス学派という理想、すべてを統合するものでありながら、まだ見ぬ理想、それらを代弁するようにたたずんでいる。

　タウトが1920年、ハンス・シャロウン Hans Scharoun、ヘルマン・フィンスタリン Hermann Finsterlin、カール・クライル Carl Krayl、ヴァシリ・ルックハルト Wassili Luckhardt ら親交のある建築家たちを書簡交換グループ「ガラスの鎖」に招待し、実現の可能性はともかくとして最大限ユートピアに富んだ建築プロジェクトの構想を交換し合ったように、バウハウスも芸術的学習・作業・生活共同体として、まずは「希望という目的」に従事することになっていた。「普遍的で大きい、精神と信念の基本理念は、最終的に大きな総合芸術作品の中でクリスタルのように結晶化された表現を見出さねばならぬが、その理念が固まる」[21]までは、空想上の共同建築訓練を行うことや想像力のトレーニングをすることが最も重要である、というのだった。タウトの「ガラスの鎖」と初期バウハウスは、むしろ自分たちを「秘密や信念の核を守り、それを芸術的に造形

「グラスハウス」上階
Glashaus, oberstes Stockwerk

oder eine Tauts „Stadtkrone" ähnliche „Kathedrale der Zukunft"[18] oder ein "Freiheitsdom der Zukunft"[19] richtete Gropius erst 8 Jahre später (1927 in Dessau) eine Architekturabteilung ein. Im Zentrum des 1923 veröffentlichten Schemas des Studiengangs am Bauhaus, das in Form konzentrischer Kreise angelegt ist, steht zwar der „Bau", dessen Bestandteile "Bauplatz, Versuchsplatz, Entwurf, Bau - und Ingenieurwissen" heißen, doch praktisch bedeutete dies eine ferne Zielsetzung.[20] Ähnlich wie das von Taut freigehaltene Stadtareal für ein irgendwann zu bauendes „Kristallhaus" um das herum steht der „Bau" im Studiengangschema stellvertretend für einen „Glaubenskern", ein „Geheimnis" und verbindendes, aber offenes Ideal der sich in Gemeinschaftsarbeit erst allmählich herausbildenden Schule.

So wie Bruno Taut 1920 befreundete Architekten wie Hans Scharoun, Hermann Finsterlin, Carl Krayl oder Wassili Luckhardt zu einer "Gläsernen Kette" eingeladen hat, in der man sich gegenseitig maximal utopische Architekurprojekte ohne bestimmte Verwirklichungsabsichten schickte, sollte auch das Bauhaus als künstlerische Lern-, Arbeits-und Lebensgemeinschaft zunächst am „Ziel der Hoffnungen" arbeiten. Bis sich „eine allgemeine, große, tragende, geistig-religiöse Idee verdichtet, die in einem großen Gesamtkunstwerk schließlich ihren kristallischen Ausdruck finden muss"[21], sollte das kollektive Üben eines Bauens in der Phantasie und das Training des Vorstellungsvermögens das Wichtigste sein. Tauts „Gläserne Kette" und das frühe Bauhaus verstanden sich eher wie „kleine geheime in sich abgeschlossene Bünde, Logen,

「グラスハウス」ガラスの階段
Glashaus, Glastreppe

しようとする自己充足型の秘密小同盟、フリーメーソン支部集会所、建築職人組合（バウヒュッテ）、あるいは陰謀のように」※22 理解していた。なぜなら、「世界が……転覆して新しい姿に変わる」※23 のを目の当たりにし、あまりにも早く拘束されたくはないと思いつつも、成長と構成のモデルとしてのクリスタルという、一目瞭然でありながら抽象的でまだ定まらぬ理想の中で、様々なポジション、アイデアの切り口、造形的アプローチが作用し合うことは可能にしたいという思いは、彼らの中にことのほか強くあったからだ。

1921年にブルーノ・タウトが市の建築監督官としてマクデブルクへ招聘されたとき、彼もまたグロピウスのように、まったく新しいクリスタル建築術という、まだ見ぬビジョンに執着していた。監督官としてのポストを利用し、彼は建築家仲間と芸術家仲間、特に「ガラスの鎖」のかつての同志たちの助けを求めた。とりわけカール・クライルと共同で「色彩のある建造物」と「色彩豊かなマクデブルク」という基本政策を練り上げた。その背後にあるのは、喫緊の課題である住宅建設あるいは経済関連施設や商工業施設建設のための資金や資材が足りないというのなら、美しい色を使って都市の印象をさっさと変えればよい、という考えだった。ワイマール・バウハウスでマイスターや学生たちが建築の機会に恵まれず、新たな建築の歓びや生きる喜びの発露を、とりわけ家具や照明、ティーポット、その他の設備品デザインの反復修行で必死に繋ぎとめていた頃、ブルーノ・タウトは1922年、地元の商人や家主らの協力を得、ついに100以上の建物のファサードに色を用いて新たな表現を与えることに成功した。タウトが説く表現主義建築術の分かりやすいミニチュア見本として、市建設局はマクデブルク市内12か所の新聞スタンドをカラフルに塗ったのだが、これがきっかけとなり市役所内に色彩相談所が設置されることになった。こうして、マクデブルクはインフレ時代の真っただ中にありながら、新時代に向けた美の幕開けののろしとしてドイツ中から注目されるようになった。そして、大規模な手工業展示会 MIAMA マクデブルク中部ドイツ博覧会のために作られたノートゲルト（緊急通貨）紙幣には、皮肉と高揚を込めてこう記されている。「いつの日か、とどまることを知らぬ創造でマクデブルクは地上で最も美しい都市となろう」

Bauhütten, Verschwörungen, die ein Geheimnis, einen Glaubenskern hüten und künstlerisch gestalten wollen."22) Denn man sah eine „Welt … im Umguß zu neuer Gestalt."23), wollte sich nicht zu früh festlegen sowie nicht zuletzt im anschaulichen, aber doch abstrakt-offenen Ideal des Kristalls als Wachstums- und Kompositionsmodell ein Zusammenwirken unterschiedlichster Positionen, Denk- und Gestaltungsansätze ermöglichen.

Auch als Bruno Taut 1921 als Stadtbaurat nach Magdeburg berufen wurde, hielt er ähnlich wie Gropius noch an der offenen Vision einer ganz neuen kristallinen Baukunst fest. Kraft seines Amtes holte er sich dazu Architekten- und Künstlerfreunde – unter anderem frühere Mitstreiter der „Gläsernen Kette" zu Hilfe. Vor allem zusammen mit Carl Krayl entwickelte er das Programm eines „farbigen Bauens" und die Idee eines „bunten Magdeburg". Die Idee dahinter war: wenn es zunächst an Geld und Mitteln für den dringend notwendigen Wohnungsbau oder neue Wirtschafts- und Geschäftsbauten fehlt, so ist mit der reinen Farbe dennoch eine sofortige expressive Umgestaltung der Stadt möglich. Und während am Weimarer Bauhaus Meister und Studierende sich angesichts fehlender Bauchancen darauf konzentrierten, das neue Bau- und Lebensgefühl vor allem an Möbeln, Leuchten, Teekännchen und anderen Einrichtungsgegenständen durchzuexerzieren, gelang es Bruno Taut schließlich bis 1922 mit Hilfe lokaler Händler und Hausbesitzer mehr als 100 Hausfassaden farbig neu zu fassen. 12 bunte Zeitungskioske die vom Stadtbauamt als anschauliche Miniatur-Beispiele der von Taut propagierten expressionistischen Baukunst überall in Magdeburg verteilt worden sind, dienten dazu ebenso der Inspiration wie die im Rathaus eingerichtete Farbenberatungsstelle. Schließlich wurde Magdeburg mitten in den Jahren der Inflation zu einem deutschlandweit vielbeachteten Fanal des ästhetischen Aufbruchs in eine neue Zeit. Und auf den anlässlich der großen Gewerbeausstellung „MIAMA" (Mitteldeutsche Ausstellung Magdeburg) gestalteten Notgeldscheinen hieß es ironisch-euphorisch: „Dereist in ungehemmten Schaffen werde Magdeburg zur schönsten Stadt der Erde".

参考文献（書名は邦訳）
- ※1 ブルーノ・タウト『シティクラウン』イエナ、1919年
- ※2 ヴァルター・グロピウス『バウハウス宣言』ワイマール、1919年4月
- ※3 Ernst Toller『変化』ポツダム、1919年、p.77
- ※4 ブルーノ・タウト、ヴァルター・グロピウス「建築プログラム」『芸術のための労働評議会のパンフレット』ベルリン、1918年12月
- ※5 ブルーノ・タウト、ヴァルター・グロピウス「建築プログラム」
- ※6 ブルーノ・タウト「ある必要性」『シュトゥルム』4巻、No. 196-197、1914年2月、p.175
- ※7 ブルーノ・タウト『シティクラウン』イエナ、1919年
- ※8 ヴァルター・グロピウス「自由な国民国家における建築術」『ドイツ革命年鑑』ベルリン、1919年、pp.134–135
- ※9 ヴァルター・グロピウス『バウハウス宣言』、ワイマール、1919年4月
- ※10 ヴァルター・グロピウス『バウハウス宣言』、ワイマール、1919年4月
- ※11 引用、ヨハネス・ハルニッシュフェーガー「内的世界のヒエログラフ」『E.T.A.ホフマンのロマン主義批判』オプラーデン、1988年、p.229
- ※12 Friedrich Schlegel「神話についての話」『詩についての対話』『女神アテナの神殿』アウグスト・ヴィルヘルムとフリードリッヒ・シュレーゲルの定期刊行誌、第3巻最初の論稿、No.4、ベルリン、1800年、pp.58-128, p.88
- ※13 ヴァルター・ラーテナウ 1919年『戦時中と戦後の著作』著作集6巻、ベルリン、1929年、pp.217-243
- ※14 ブルーノ・タウト『シティクラウン』イエナ、1919年
- ※15 ブルーノ・タウト『シティクラウン』イエナ、1919年
- ※16 ブルーノ・タウト『シティクラウン』イエナ、1919年
- ※17 ヴァルター・グロピウス『バウハウス宣言』、ワイマール、1919年4月
- ※18 ヴァルター・グロピウス「第1回バウハウス学生作品展示会でのスピーチ」1919年6月、カール＝ハインツ・ヒューター『ワイマールのバウハウス』ベルリン、1976年、p.211
- ※19 ヴァルター・グロピウス「自由な国民国家における建築術」『ドイツ革命年鑑』ベルリン、1919年、p.132
- ※20 ヴァルター・グロピウス「バウハウスの理念と構造」『ワイマール国立バウハウス』1923年
- ※21 ヴァルター・グロピウス「第1回バウハウス学生作品展示会でのスピーチ」1919年6月、カール＝ハインツ・ヒューター『ワイマールのバウハウス』ベルリン、1976年、p.211
- ※22 ヴァルター・グロピウス「第1回バウハウス学生作品展示会でのスピーチ」
- ※23 ヴァルター・グロピウス「自由な国民国家における建築術」『ドイツ革命年鑑』ベルリン、1919年、p.134

Literaturhinweise
1) Bruno Taut: Die Stadtkrone. Jena 1919
2) Walter Gropius: Bauhaus-Manifest. Weimar, April 1919
3) Ernst Toller: Die Wandlung, Potsdam 1919, S. 77
4) Bruno Taut und Walter Gropius: Ein Architekturprogramm. Flugschriften des Arbeitsrats für Kunst, Berlin, Weihnachten 1918
5) ebd.
6) Bruno Taut: Eine Notwendigkeit. In: Der Sturm, Bd. IV, Nr. 196-197, Februar 1914, S. 175
7) Bruno Taut: Die Stadtkrone. Jena 1919
8) Walter Gropius: Baukunst im freien Volksstaat. In: Deutscher Revolutions-Almanach. Berlin 1919. S. 134 – 135
9) Walter Gropius: Bauhaus-Manifest. Weimar, April 1919
10) ebd.
11) zit. n.: Johannes Harnischfeger: Die Hieroglyphen der inneren Welt: Romantikkritik bei E.T.A. Hoffmann, Opladen 1988, S. 229
12) Friedrich Schlegel: Rede über die Mythologie. In: Friedrich Schlegel: Gespräch über die Poesie, in: Athenäum. Eine Zeitschrift von August Wilhelm und Friedrich Schlegel. Dritten Bandes Erstes Stück, Berlin 1800, Nr. IV, S.58-128, S. 88
13) Walter Rathenau (1919): zit.n.: Walter Rathenau: Schriften aus Kriegs- und Nachkriegszeit. IN: Gesammelte Schriften, Bd. VI, Berlin 1929, S. 217-243
14) Bruno Taut: Die Stadtkrone. Jena 1917
15) ebd.
16) ebd.
17) Walter Gropius: Bauhaus-Manifest. Weimar, April 1919
18) Walter Gropius: Rede bei der ersten Ausstellung von Schülerarbeiten des Bauhauses, Juni 1919. Zit. n.: Karl-Heinz Hüter., Das Bauhaus in Weimar., Berlin 1976, S.211
19) Walter Gropius: Baukunst im freien Volksstaat. In: Deutscher Revolutions-Almanach. Berlin 1919, S. 132
20) Walter Gropius: Idee und Aufbau des Bauhaus. In: Ders.: Staatliches Bauhaus Weimar 1923
21) Walter Gropius: Rede bei der ersten Ausstellung von Schülerarbeiten des Bauhauses, Juni 1919. Zit. n.: Karl-Heinz Hüter., Das Bauhaus in Weimar., Berlin 1976, S.211
22) ebd.
23) Walter Gropius: Baukunst im freien Volksstaat. In: Deutscher Revolutions-Almanach. Berlin 1919, S. 134

トルステン・ブルーメ　Torsten Blume

バウハウス デッサウ財団　学術研究員、アーティスト
Wissenschaftlicher Mitarbeiter, Künstler an der Stiftung Bauhaus Dessau.

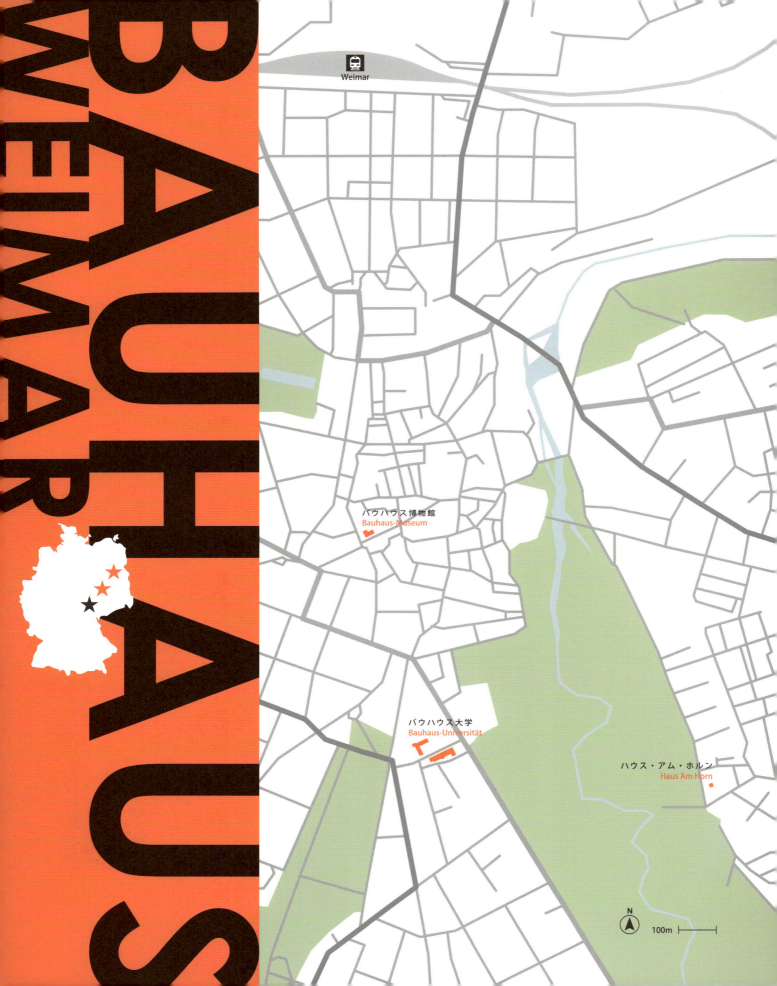

バウハウスの誕生

バウハウスの歴史をたどれば、19世紀イギリスのアーツ・アンド・クラフツ様式にさかのぼる。1896年、プロイセン政府はその成功の秘訣を探るため、ヘルマン・ムテジウスを6年間イギリスに派遣した。そして帰国後の彼の提言によって、国内の工芸学校を本格的な工房に拡張し、先端を行く芸術家たちを教師として招聘した。その結果、機械を積極的に利用して家具調度、織物、金属器具の製造を開始すると、ドイツはイギリスを追い越して工業化国家となった。同時期に産業を育成しグッドデザインを啓蒙するドイツ・ヴェルクブント（ドイツ工作連盟）をミュンヘンで結成した。設立連名者にはヘルマン・ムテジウス、ペーター・ベーレンス、アンリ・ヴァン・デ・ヴェルドら12名の当時の最も著名な建築家が名を連ね、ペーターブルックマン社、ドイツ工房、その他12の団体や企業が加わった。必然的にそれらの企業はデザイナーとして建築家を雇用しはじめた。例えばAEG社はペーター・ベーレンスを起用し、ヤカンから建築に至るまでのすべてを統一的にデザインした最初の事例となった。ヴァルター・グロピウスはファグス靴型工場の設計で名声を獲得した翌年に、ヴェルクブントの会員になっている。

1914年、アンリ・ヴァン・デ・ヴェルデは自ら設立し、校長を務めていたワイマールの工芸学校を外国人と言う理由で追われた際、グロピウスを次の校長候補に推薦した。そしてワイマールにあったもうひとつの造形美術大学が1919年に建築と工芸部門を増設する際に、遂にグロピウスは新しい学長に選出された。同年4月12日、最も近代的な芸術学校、「ワイマール国立バウハウス（元大公立造形美術大学及び元大公立工芸学校の統一校）」が誕生でした。

グロピウスはバウハウス宣言をドイツ全国に向けて発表し、その中で新しい学校の基本方針を宣言した。グロピウスは尊敬するブルーノ・タウトに大きな影響を受けていたという。例えばタウトは1918年発表の『建築プログラム』の中でこう述べた。「なぜなら工芸と彫塑あるいは絵画との間には境界はなく、すべては一つのもの、つまり建て築くことだからである」一方グロピウスの言葉はこうである。「共に作り上げようではないか、未来の新たなる建物を」
（マグダレーナ・ドロステ著の『バウハウス』2011年、TASCHN GmbHによる）

Die Geburt des Bauhauses

Die Geschichte des Bauhauses geht auf den englischen Stil der Arts & Crafts des 19. Jahrhunderts zurück. 1896 schickte die Preußische Regierung Hermann Muthesius für sechs Jahre nach England, um das Geheimnis des Erfolgs dieses Stils zu erkunden. Den Vorschlägen des zurückgekehrten Muthesius folgend wurden die inländischen Schulen für Kunsthandwerk durch ordentliche Werkstätten erweitert und fortschrittliche Künstler als Lehrer berufen. Als so die Produktion von Möbeln, Stoffen und Metallwaren unter energischem Einsatz von Maschinen beginnt, überholt Deutschland England und wird zum Industrieland. Zur gleichen Zeit wird in München der Deutsche Werkbund gegründet, der sich der Verbreitung guten Designs und der Förderung der Industrie verschreibt. Unter seinen Gründungsmitgliedern finden sich die Namen von 12 der damals bekanntesten Architekten wie Hermann Muthesius, Peter Behrens und Henry van de Velde bzw. 12 Vereine und Betriebe wie die Silberwarenfabrik Peter Bruckmann & Söhne und Deutsche Werkstätten für Handwerkskunst Dresden traten dem Bund bei. Juristisch bedeutete dies, dass diese Betriebe Architekten als Designer anstellten. So stellte AEG beispielsweise Peter Behrens an, der erstmals vom Teekessel bis zur Hausarchitektur alle Produkte einem Gesamtkonzept folgend entwarf. Walter Gropius trat dem Werkbund ein Jahr, nachdem er sich mit dem Fagus-Werk einen Ruf erworben hatte, bei.

Als Henry van de Velde 1914 als Ausländer von seinem Posten als Direktor der von ihm selbst gegründeten Kunstgewerbeschule Weimar vertrieben wurde, empfahl er Gropius als Nachfolger. Und als 1919 die Kunsthochschule Weimar durch eine Abteilung für Architektur und eine für Kunsthandwerk erweitert wird, wird Gropius als deren neuer Direktor berufen. Am 12. April 1919 wird so als modernste Kunsthochschule das „Staatliche Bauhaus Weimar" (ein Zusammenschluß der ehemaligen Großherzoglichen Kunstgewerbeschule Weimar und der ehemaligen Großherzoglichen Kunsthochschule Weimar) geboren.

Gropius propagierte das Manifest des Bauhauses in ganz Deutschland und bezieht sich dabei auch auf eine neue Grundrichtung für Schulen. Es heißt, dass Gropius von Bruno Taut inspiriert war, den er sehr schätzte. So schreibt Taut beispielsweise in seinem 1918 veröffentlichten „Architektur-Programm": „Dann gibt es keine Grenze zwischen Kunstgewerbe und Plastik oder Malerei, alles ist eins: Bauen." Bei Gropius wird daraus: „Wollen, erdenken, erschaffen wir gemeinsam den neuen Bau der Zukunft, der alles in einer Gestalt sein wird." (Siehe auch Magdalena Droste, *Bauhaus*, Taschen, 2011)

Bauhaus Universität
1911

バウハウス大学
1911年

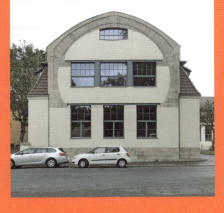

住所：Geschwister-Scholl-Strasse 8, 99423 Weimar
設計：アンリ・ヴァン・デ・ヴェルデ、1863-1957
2つの校舎がアンリ・ヴァン・デ・ヴェルデによって設計された。1919年のバウハウス設立から1925年のデッサウ移転まで、写真左のヴァン・デ・ヴェルデ校舎はバウハウスの工房として利用され、写真右の本校舎はバウハウス本部となった。ユーゲントシュティールの優美ならせん階段がある。現在はバウハウス大学となり、建築・都市計画、土木工学、芸術、デザイン・メディアの4部門の学生たちが学んでいる。二つの建物共に1998年に「ヴァイマルとデッサウのバウハウスとその関連遺産群」として世界文化遺産に登録された。

Entwurf: Henry van de Velde, 1863-1957
Das zweigeschossige Schulgebäude wurde von Henry van de Velde entworfen. Der kleine Van-de-Velde-Bau auf dem Foto links wurde von der Gründung des Bauhauses 1919 an bis zu seiner Übersiedlung nach Dessau im Jahr 1925 als Werkstatt verwendet. Das Hauptgebäude auf dem Foto rechts wurde zum Hauptquartier des Bauhauses. Es hat eine wunderschöne Jugendstil-Wendeltreppe (Treppenauge). Heute ist es Teil der Bauhaus-Universität und wird von Studenten der vier Fakultäten Architektur und Urbanistik, Bauingenieurwesen, Kunst und Gestaltung sowie Medien benutzt. Die beiden Gebäude wurden 1998 als „UNESCO Weltkulturerbe Bauhaus Weimar" eingetragen.

Bauhaus Museum
バウハウス博物館

住所：Frauentorstraße 4, 99423 Weimar
バウハウス関連の展示品200点以上を備えている。ワイマール校に在籍していた学生の作品が見どころだ。後にパイプ製のワシリーチェアを製作するマルセル・ブロイアーが学生時代に製作した梨材の椅子や子供用の椅子、ヴィルヘルム・ヴァーゲンフェルドがモホリ・ナギの絵画にインスピレーションを得て金属工房で製作した半球シェードの卓上ランプがある。博物館は2019年にヴァイマーハレン公園に移動し新たにオープンする。

Im Besitz befinden sich über 200 Exponate mit Bezug zum Bauhaus. Besonders sehenswert sind Kunstwerke von ehemals in Weimar eingeschriebenen Studenten. Dazu zählen die Stühle aus Birnbaumholz bzw. Kinderstühle von Marcel Breuer, der später den Wassily Chair aus Stahlrohr entwarf, sowie Tischlampen mit halbkugelförmigem Schirm von Wilhelm Wagenfeld, der sich hier von Moholy-Nagy Lászlós Bildern inspirieren ließ. Das Museum wird 2019 im Weimarhallen-Park neu eröffnet.

Haus Am Horn
1923
ハウス・アム・ホルン
1923年

住所：Am Horn 6, 99421 Weimar
設計：ゲオルク・ムッヘ、アドルフ・マイヤー
グロピウスがチューリンゲン邦政府にバウハウスの成果を見せるように求められて建設した陸屋根の四角い実験住宅。アムホルン通りに住む一家族を想定し、中央のリビングルームを、主人の部屋、その妻の部屋、子供部屋、ゲストルーム、ダイニング、キッチン、作業部屋が囲む。家具はマルセル・ブロイアーらバウハウスの学生たちが工房で製作した。

Entwurf: Georg Muche, Adolf Meyer
Versuchshaus mit quadratischem Flachdach, das von Gropius errichtet wurde, um dem Landesparlament von Thüringen die ersten Ergebnisse des Bauhauses vorzuzeigen. Gedacht war das Haus für eine Familie, die in der Straße Am Horn wohnen würde. Das zentral gelegene Wohnzimmer wird von Zimmern für den Hausherrn, die Ehefrau, die Kinder und Gäste sowie einem Speisezimmer, einer Küche und einem Arbeitsraum umgeben. Die Möbel wurden von Marcel Breuer mit Studenten in der Werkstatt des Bauhauses hergestellt.

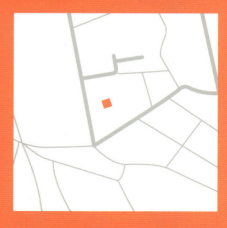

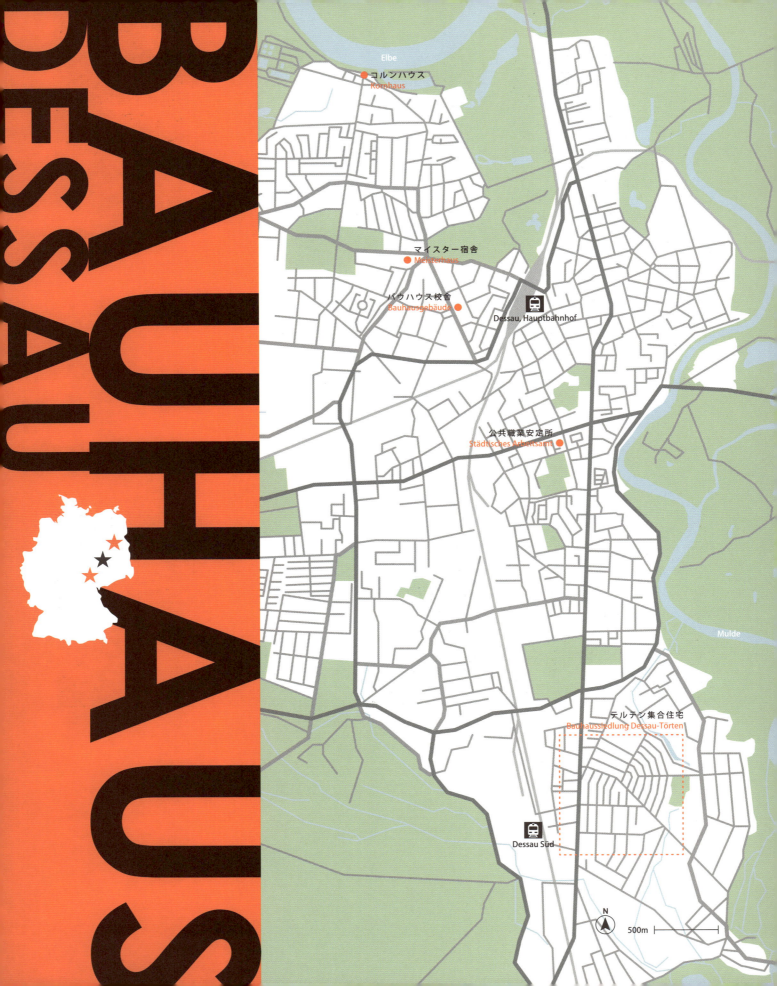

ワイマールからデッサウへ

1924年2月10日のチューリンゲン地方選挙の結果、新しい首相となったリヒャルト・ロイトホイサーは、1924年9月18日、グロピウスに対して1925年3月31日付での解雇を通知した。それまでバウハウスに認められていた予算も半分に減額した。グロピウスは政府と様々な交渉を尽くしたが、最終的に、ワイマールのマイスターたちは辞意を表明し、バウハウスは閉鎖を待つばかりとなった。しかしバウハウスはワイマールの6年間に新しい教育方法の成果をあげて、バウハウス・スタイルは20年代のデザイン指針とまでなっていた。バウハウスにはこのような評判から複数の町から受け入れの引き合いが来た。その中からマイスター組合は社会民主党の政権下にあり、かつ市長のフリッツ・ヘッセが個人的にバウハウスを支援していたデッサウ市への移転を決定した。こうしてバウハウスは、それまでの国立学校から市立の教育機関になった。グロピウスは1925年3月から1928年3月までの3年間にわたって、デッサウ・バウハウスの学長職にとどまることになる。この時期にバウハウスは、その発展史上新たな頂点を迎えたのであった。グロピウスによって建てられた新校舎と教職員のためのマイスター宿舎は、ドイツの近代建築の代名詞となった。バウハウスは一種の巡礼地となり、国内の見学者は毎月数百を数え、のみならず外国からも増え続けるようになった。グロピウスはデッサウ市から委託されたテルテン団地の設計で初めて建築の工業化の実例を示すことに成功し、またデッサウ市の職業安定所（1927～29年）は彼の手になる最も美しい機能主義建築となった。1926年12月4日と5日の2日間にわたって、バウハウス館は盛大な落成式を祝った。

アトリエ、講堂、食堂、工房の家具調度はすべて、ブロイアーの指導の下、指物工房が制作した。最も話題を呼んだのは、スチールパイプの家具だった。マルセル・ブロイアーは自転車のハンドルからヒントを得、地元のユンカース製作所と協同でスチールパイプを曲げ、座面と背面とひじ掛けには布を張った。照明器具の多くは、マックス・クライエフスキーとマリアンネ・ブラントのデザインで金属工房が制作した。そしてサインは印刷工房が製作した。すべての芸術が建築に結集するというバウハウスの理想が、ここに実現したのである。
（マグダレーナ・ドロステ著の『バウハウス』2011年、TASCHN GmbHによる）

Von Weimar nach Dessau

Nach den Regionalwahlen von Thüringen am 10. Februar 1924 teilte der neu gewählte Vorsitzende des Staatsministeriums, Richard Leutheußer, Walter Gropius am 18. September 1924 seine Entlassung mit Wirkung zum 31. März 1925 mit. Gleichzeitig wurde dem Bauhaus der bis dahin zur Verfügung stehende Finanzhaushalt halbiert. Gropius versuchte auf verschiedenen Wegen mit der Regierung zu verhandeln, doch letztlich äußerten die Weimarer Meister Kündigungsabsichten, so dass dem Bauhaus nichts anderes blieb, als auf seine Schließung zu warten. Doch das Bauhaus hatte während seiner sechsjährigen Tätigkeit in Weimar mit neuen Ausbildungsmethoden gute Ergebnisse erzielt und der Bauhaus-Stil war für das Design der 1920er richtungsgebend geworden. Aufgrund dieser Erfolge erhielt das Bauhaus aus verschiedenen Städten Angebote für einen Standortwechsel. Die Entscheidung wurde zugunsten Dessaus getroffen, wo die Meistergewerkschaft unter sozialdemokratischer Führung stand und dessen Bürgermeister, Fritz Hesse, das Bauhaus bereits persönlich unterstützt hatte. Durch diesen Umzug wurde aus der bisher staatliche Schule eine private Bildungseinrichtung. Gropius blieb für weitere drei Jahre von März 1925 bis März 1928 Direktor der Schule, in denen das Bauhaus einen weiteren Höhepunkt seiner geschichtlichen Entwicklung erlebte. Das von Gropius konzipierte neue Schulgebäude und die Unterkünfte für das Lehrpersonal, die Meisterhäuser, wurden zum Synonym für die moderne Architektur Deutschlands. Wie eine heilige Stätte zog das Bauhaus Pilger an, monatlich kamen hunderte Besucher aus dem Inland, dazu immer mehr auch aus dem Ausland. Gropius konnte mit der ihm von der Stadt Dessau übertragenen Planung der Siedlung Törten erstmals ein Beispiel für die Industrialisierung der Architektur aufzeigen und das städtische Arbeitsamt (1927-1929) sollte zu seinem schönsten, funktionalistischen Bauwerk werden. Am 4. und 5. Dezember 1926 wurde zwei Tage lang die Fertigstellung des Bauhausgebäudes gefeiert.

Die Möbel der Ateliers, Vorlesungssäle, Mensa und Werkstätten wurden allesamt unter der Leitung von Marcel Breuer in der Schreinerwerkstatt gefertigt. Die Stahlrohrmöbel wurden am intensivsten diskutiert. Von Fahrradlenkern inspiriert ließ Breuer bei der Junkersfabrik vor Ort Stahlrohre biegen und Sitzfläche, Rücken- und Armlehnen mit Stoff beziehen. Die meisten Leuchtkörper wurden nach Entwürfen von Max Krajewsky und Marianne Brandt in der Metallwerkstatt hergestellt. Beschriftungen kamen aus der eigenen Druckerei. Damit wurde das Bauhausideal der Konzentration aller Kunst in der Architektur in die Wirklichkeit umgesetzt. (nach Magdalena Droste, *Bauhaus*, Taschen, 2011)

Bauhausgebäude
1925-1926

バウハウス校舎
1925-1926年

住所：Gropiusallee 38, 06846 Dessau, Germany
設計：ヴァルター・グロピウス、1863-1957
ガラスのカーテンウォールを用いたファグス靴型工場からさらに進化したモダニズム建築。建築学校棟と工房棟を結ぶ2階建ての空中の渡り廊下に管理棟と校長室がある。5階建てのバルコニー付きプレラーハウスには、学生とヤングマイスターとなった卒業生が住んだ。照明器具は金属工房、室内装飾は壁画工房、家具は家具工房が手掛けるなど、開校初年度はすべての工房が校舎やマイスターハウスの設営に専念した。

Entwurf: Walter Gropius, 1863-1957
Moderne Architektur mit Glasvorhangfassade, die die Fagus-Werke bei weitem übertrifft. Im zweigeschössigen Verbindungsbrückentrakt zwischen der Architekturabteilung des Bauhauses und den Werkstätten befinden sich Verwaltungsräume und die Direktion. Im fünfgeschossigen, mit Balkonen ausgestatteten Prellerhaus wohnten Studenten und Jungmeister. Die Lampen wurden in der Metallwerkstatt hergestellt, die Innenraumgestaltung von der Werkstatt für Wandmalerei und die Möbel von der hauseigenen Schreinerei besorgt, so dass sich im Eröffnungsjahr des Dessauer Bauhauses alle Werkstätten auf die Fertigstellung des Schulgebäudes und der Meisterhäuser konzentrierten.

bauhaus building in Dessau (1925/1926), architect Walter Gropius, The reconstructed Gropius room, 2014
photo: Toshihiko Suzuki , 2016

Kornhaus
1929-1930

コルンハウス
1929-1930年

2

住所：Kornhausstr. 146 Dessau
設計：カール・フィーガー
エルベ川沿いに建つ半円形のテラスが印象的なレストラン。名前の由来はかつて建っていた穀物倉庫による。ベーレンスの事務所で働き、後にグロピウスの事務所で片腕となり、バウハウスでも講師として建築を教えたフィーガーが設計した。鉄筋コンクリート構造にれんがを壁を用いており、キッチンを含む四角い地階と、ダンスホールとレストランのある上階から成る。現在もレストランとして営業している。

Entwurf: Carl Fieger
Restaurant mit eindrucksvoller, halbrunder Terasse zum Elbufer. Der Name stammt vom Vorgängerbau an dieser Stelle, einem Kornspeicher. Es wurde von Fieger entworfen, der im Atelier von Behrens arbeitete, später die rechte Hand von Gropius in dessen privatem Baubüro wurde und am Bauhaus Architektur unterrichtete. Die Stahlbetonkonstruktion mit Ziegelwänden besteht aus einem die Küche einschließenden, quadratischen Untergeschoss und einem das Restaurant und eine Tanzhalle umfassenden Obergeschoss. Es wird auch heute als Restaurant betrieben.

Meisterhaus
1925-26

マイスター宿舎
1925-26年

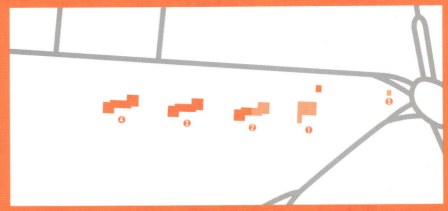

住所：Kornhausstr. 146, Dessau
設計：ヴァルターグロピウス、カール・フィーガー　他
校舎と同様にデッサウ市の資金で建てた4軒の教職員住宅。グロピウスはプレファブリケーションによるモジュール原理で構成した。グロピウスは自身の住居にブロイアーの椅子や家具を置き、来客にバウハウスの成果を宣伝するモデルハウスとして用いた。他の教員たちが住んだ住宅はフロアプランを回転させた二軒建てだった。カンディンスキーとクレーは室内を微妙に異なる170色に塗り分けた。

3-5 キオスクは設計ミース・ファン・デル・ローエ。

Entwurf: Walter Gropius, Carl Fieger u.a.
Wie das Bauhausgebäude von der Stadt finanzierte vier Wohnhäuser für das Lehrpersonal, die Gropius nach dem Modulsystem des Fertigteilbauens konzipierte. Gropius stellte in seine eigene Wohnung Möbel Stühle und Möbel von Breuer und nutzte sie als Werbeobjekt, um Gästen die Leistungen des Bauhauses vorzuführen. Die von anderen Lehrkräften bewohnten Wohnungen waren Zweifamilienhäuser mit jeweils gespiegeltem Grundriss. Kandinsky und Klee strichen ihre Innenräume in 170 Farbabstufungen.

3-5 Trinkhalle
Entwurf: Mies van der Rohe

bauhaus masters' houses in Dessau (1925/1926), architect Walter Gropius, Feininger/Moholy-Nagy duplex, the studio of the renovated Feininger master house, 2011
photo: Toshihiko Suzuki, 2016

Haus Gropius

3-1

グロピウスの家

Haus Moholy-Nagy / Feininger

3-2

モホリ＝ナギとファイニンガーの家

bauhaus masters' houses in Dessau (1925/1926), architect Walter Gropius, Feininger/Moholy-Nagy duplex, the staircase of the renovated Feininger master house, 2011
photo: Toshihiko Suzuki, 2016

Haus Muche / Schlemmer

3-3

ムッヘとシュレンマーの家

Haus Kandinsky / Klee

3-4

カンディンスキーとクレーの家

Trinkhalle
1932

3-5

キオスク
1932年

Städtisches Arbeitsamt
1928-1929

公共職業安定所
1928-1929年

bauhaus buildings in Dessau (1925/1926), architect Walter Gropius, employment office
photo: Toshihiko Suzuki, 2016

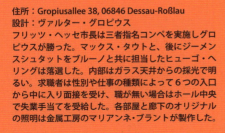

住所：Gropiusallee 38, 06846 Dessau-Roßlau
設計：ヴァルター・グロピウス
フリッツ・ヘッセ市長は三者指名コンペを実施しグロピウスが勝った。マックス・タウトと、後にジーメンスシュタットをブルーノと共に担当したヒューゴ・ヘリングは落選した。内部はガラス天井からの採光で明るい。求職者は性別や仕事の種類によって6つの入口から中に入り面接を受け、職が無い場合はホール中央で失業手当てを受給した。各部屋と廊下のオリジナルの照明は金属工房のマリアンネ・ブラントが製作した。

Entwurf: Walter Gropius
Gropius gewann den von Bürgermeister Fritz Hesse zwischen drei Kandidaten ausgeschriebenen Wettbewerb. Max Taut und Hugo Hering, der später mit Bruno Taut gemeinsam den Entwurf von Siemesstadt übernahm, verloren den Wettbewerb. Durch den Lichteinfall vom Glasdach ist das Innere sehr hell. Arbeitssuchende betraten das Innere je nach Geschlecht und Berufsgruppe über sechs verschiedene Eingänge, wurden dort befragt und erhielten, wenn keine Arbeit für sie vorhanden war, im Zentrum der Halle Arbeitslosengeld. Die originellen Lampen für die einzelnen Räume und Flure wurden von Marianne Brandt in der Metallwerkstatt hergestellt.

Bauhaussiedlung Dessau-Törten
1926-1930

5

テルテン集合住宅
1926-1930年

住所：Törten, 06849 Dessau-Roßlau, Germany
設計：ヴァルター・グロピウス、ハンネス・マイアー

デッサウ市では人口の増加にともない低所得者層向けの住宅が不足していた。グロピウスは家庭菜園や小規模の畜産が可能な庭付きの57~75平米の住宅を設計した。建設方法の工業化と規格化を試み、家具はバウハウスの工房で製作した。ハンネス・マイアー設計のレンガ造の外廊下型集合住宅（5-8）や、ムッヘと学生のポーリックが大量生産を想定してプレファブリケーション工法で製作した鉄骨実験住宅（5-6）、当時の内装を保つハウスアントン（5-2）がある。

Entwurf: Walter Gropius, Hannes Meyer

Aufgrund seiner wachsenden Bevölkerung herrschte in Dessau Mangel an Wohnungen für Geringverdiener. Gropius entwarf Wohnungen von 57 bis 75 m2 Wohnfläche mit dazu gehörendem Garten der Gemüseanbau und in kleinem auch Umfang Viehzucht ermöglichte. Hinsichtlich der Bauweise experimentierte er mit Industrialisierung und Normierung, die Möbel wurden in den Werkstätten des Bauhauses hergestellt. Erhalten sind die von Hannes Meyer entworfenen Ziegelwohnhäuser mit Außenkorridor (5-8), die von Muche und dem Studenten Paulick mit Blick auf Massenproduktion in Fertigteilbauweise errichteten, experimentellen Stahlkonstruktionshäuser (5-6) und das Haus Anton mit der ursprünglichen Inneneinrichtung (5-2).

Konsumgebäude besucherzentrum
1928

5-1

コンサムビル、ビジターセンター
1928年

Haus Anton
1927

5-2

ハウスアントン
1926年

Pension eichhorn
1928

5-3

ペンションアイヒホルン
1928年

Haus Arndt
1927

5-4

ハウスアルント
1927年

Haus Schnurre
1928

5-5

ハウスシュヌレ
1928年

Stahlhaus
1926-1927

5-6

スチールハウス
1926-1927年

Pumpstation
1926

5-7

ポンプステーション
1926年

Laubenganghaus
1930

5-8

外廊下型集合住宅
1930年

DEWOG-Häuser
1930-1931

5-9

ドイツ住宅供給株式会社の集合住宅
1930-1931年

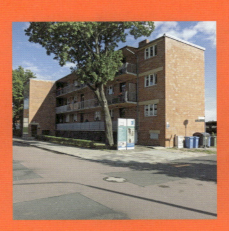

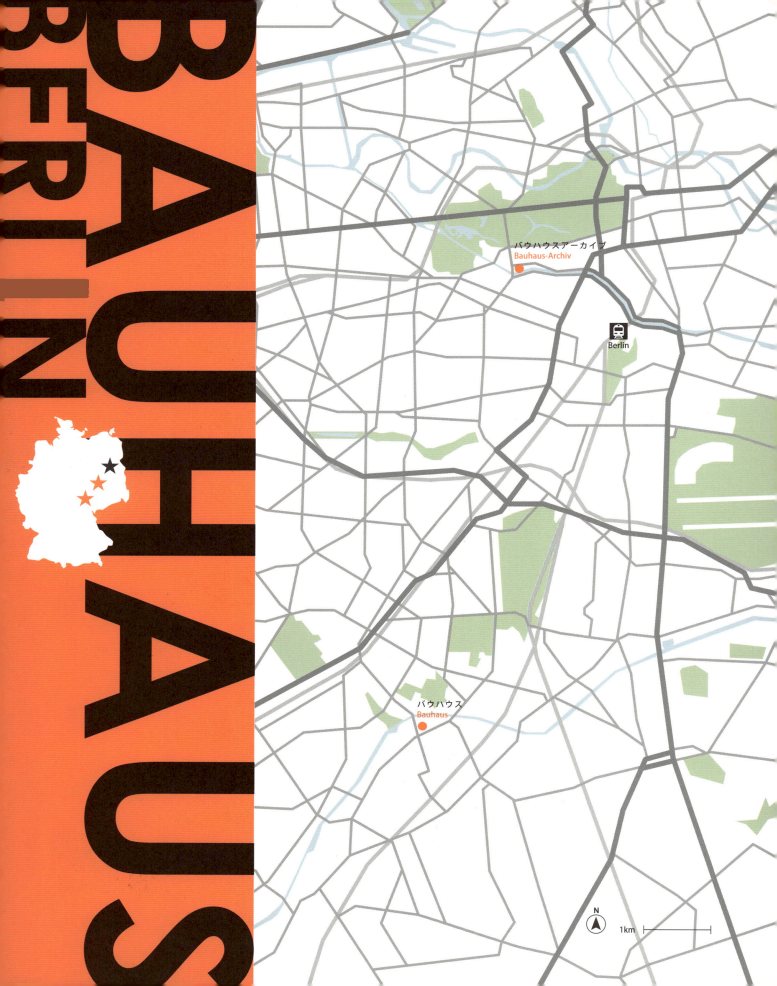

デッサウからベルリンへ

　1929年の大恐慌の後、1930年の9月に行なわれた帝国議会選挙の結果、ヒトラー率いるナチが台頭し、同時に共産党が得票数を伸ばした。デッサウでは1931年10月の選挙で36議席中19議席を占め、そのうち州議会ではナチが絶対多数を占めるようになった。こうしてバウハウスを1932年9月末で解体すべきとするナチの動議は採択された。しかし、この解体決定に対して教師たちが裁判に訴えた結果、デッサウ市は給与の継続支給、家財設備の貸与の義務、それにバウハウスに与えた特許と意匠登録、及びライセンス契約にもとづくすべての権利をバウハウス学長であるミース・ファン・デル・ローエに委譲することだけは保証された。

　デッサウ校閉鎖の後、マグデブルクとライプツィヒが、バウハウスの受け入れを申し出たが、ミースはバウハウスをベルリンで私立学校として存続させようと決めていた。彼はベルリンのシュテークリッツ地区ビルクブッシュ通りの電話工場の空き家を校舎として借りた。学業期間は全部で7学期となり、授業料は値上げされた。そして、「本校の目的は建築にかかわるすべての分野、つまり小住宅から都市計画まで、建築そのもののみならず生地などの内装に至るすべての設備施設までをマスターした建築家を育て上げることである」と述べ、新バウハウスは実務的であることを強調した。ベルリンにはマイスターのアルフレート・アルントとヨースト・シュミットを呼ばなかったので、広告学科は開講されなかった。4人の共産主義学生がそれに抗議すると、ミースは即刻彼らを退学させた。ナチを意識しての対応であった。

　ミースにはバウハウスをベルリンで再開するにあたって、約3万マルクに上る特許料収入と、1935年まではデッサウ市が支払う契約の教職員給与という二つの経済基盤があった。しかし1933年にヒトラーが政権掌握して間もなく、デッサウ市による家宅捜索が行なわれ、同年4月11日、遂にバウハウスはゲシュタポの手で封鎖された。

　その後1960年代にバウハウスの創立者であるグロピウス自身によりバウハウスのミュージアム兼資料館がダルムシュタットで設計され、死後、建設地をベルリンに移して1979年に建設された。変更に伴う設計はアレック・クヴィジャノヴィッチによる。

（マグダレーナ・ドロステ著の『バウハウス』2011年、TASCHN GmbHによる）

Von Dessau nach Berlin

Im Ergebnis der Reichstagswahl vom September 1930 kurz nach der Weltwirtschaftskrise von 1929 erstarkten die von Hitler geführten Nationalsozialisten, aber auch die Kommunistische Partei konnte Stimmen hinzugewinnen. Nach der Wahl im Oktober 1931 hielten sie im Dessauer Stadtrat 19 von insgesamt 36 Sitzen, doch in der Zwischenzeit hatten die Nationalsozialisten im Landesparlament schon eine absolute Mehrheit errungen. Dort wurde ein Antrag der Nationalsozialisten auf Auflösung des Bauhaus bis Ende September 1932 angenommen. Gegen diesen Auflösungsentscheid zogen die Lehrkräfte des Bauhauses jedoch vor Gericht. Dieses entschied, dass Lohnfortzahlungen durch die Stadt Dessau zu leisten, Hausrat und Einrichtung zu überlassen und alle Rechte, die aus dem Bauhaus bewilligten Sondergenehmigungen und Eintragungen ins Musterregister sowie Lizenzverträgen entstanden sind, an dessen Direktor, Mies van der Rohe zu übertragen und zu gewährleisten sind.

Nach der Schließung der Schule in Dessau bewarben sich Magdeburg und Leipzig als neue Bauhaus-Standorte, doch Mies van der Rohe entschied sich, das Bauhaus als private Schule in Berlin fortzuführen. Als Schulgebäude mietete er ein lehrstehendes Gebäude der Telefonfabrik in der Birkbuschstraße in Berlin-Steglitz an. Das Curriculum wurde in 7 Semester unterteilt, die Studiengebühren angehoben. Die praktische Ausrichtung des neuen Bauhauses betonend, sagte van der Rohe: „Das Ziel der Schule ist die Ausbildung von Architekten, die alle mit der Architektur im Zusammenhang stehenden Bereiche, d.h. von kleinen Wohnungen bis hin zur Stadtplanung, neben dem Bau als solchem auch alle dazugehörigen Einrichtungen und Anlagen wie Bepflanzung und Inneneinrichtung beherrschen." Da Alfred Arndt und Joost Schmidt in Berlin nicht als Meister berufen worden waren, wurde auch keine Abteilung für Werbung eingerichtet. Als vier kommunistische Studenten dagegen protestierten, wurden sie umgehend von van der Rohe exmatrikuliert. Diese Entscheidung wurde mit Blick auf die Nationalsozialisten getroffen.

Bei der Wiedereröffnung des Bauhauses in Berlin verfügte van der Rohe über zwei Finanzquellen, einerseits über ca. 30.000 Reichsmark an Einnahmen aus Sonderrechten und andererseits über die von der Stadt Dessau noch bis 1935 vertraglich zu zahlenden Gehälter der Lehrkräfte. Doch sofort nach der Machtergreifung Hitlers 1933 ließ die Stadt Dessau die Wohnungen des Bauhauses in Berlin durchsuchen und am 11. April desselben Jahres wurde das dortige Bauhaus von der Gestapo geschlossen.

In den 1960ern entwarf Gropius als Gründer des Bauhauses ein Bauhaus-Museum und Archiv für Darmstadt, das nach seinem Tod 1979 in Berlin errichtet wurde. Die Anpassung des Entwurfs von Gropius an die neue Umgebung wurde von Alex Cvijanovic realisiert. (siehe auch Magdalena Droste, *Bauhaus*, Taschen, 2011)

Bauhaus-Archiv
1976-79

バウハウスアーカイブ
1976-79年

住所：Klingelhöferstraße 14, 10785 Berlin
設計：アレックス・クビジャノビッチ、ハンス・バンデル
1960年にダルムシュタットでバウハウスの歴史を保存するアーカイブが設立された。要請に応えて1964〜68年にグロピウスはアシスタントのクビジャノビッチ他2名と共に、丘の上に立つ建物を設計した。しかし1969年にグロピウスはアメリカのマサチューセッツで死去した。1971年にアーカイブはベルリンに移動し、クビジャノビッチがベルリンの建築家バンデルと共に実現することになった。平らな敷地に合わせて設計を修正し、オリジナルの特徴的な屋根の形状を残して完成した。バウハウスを代表する絵画、彫刻、家具などを展示し、1997年に文化財に指定された。入場者とコレクションが増え手狭になったため、2015年にバウハウスアーカイブは新しい博物館のコンペを実施した。ベルリンの建築家Volker Staab ヴォルカー・シュターブが2021年までに5階建てのガラスのタワー建築を完成させる予定だ。

Entwurf: Alex Cvijanovic, Hans Bandel
1960 wurde in Darmstadt ein Archiv gegründet, dass der Geschichte des Bauhauses gewidmet war. Um einen Entwurf gebeten entwarf Gropius gemeinsam mit Cvijanovic und zwei weiteren Architekten ein Gebäude, das auf einem Hügel errichtet werden sollte. 1969 starb Gropius jedoch im amerikanischen Massachusetts. Nachdem das Archiv 1971 nach Berlin umsiedelte, wurde der Bau des Archivgebäudes von Cvijanovic und Bandel realisiert. Sie passten den Entwurf für Hanglage an das ebene Bauland in Berlin an, behielten aber die ursprüngliche Form des Daches bei. Das Archiv stellt Bilder, Skulpturen, Möbel und andere Werke von Bauhaus-Künstlern aus und wurde 1997 zum Kulturerbe erklärt. Da die Räumlichkeiten aufgrund der wachsenden Sammlung und Besucherzahlen zu eng wurden, schrieb das Archiv 2015 einen Wettbewerb für ein neues Museumsgebäude aus. Volker Staab wird bis 2021 seinen fünfgeschössigen Glasturm fertigstellen.

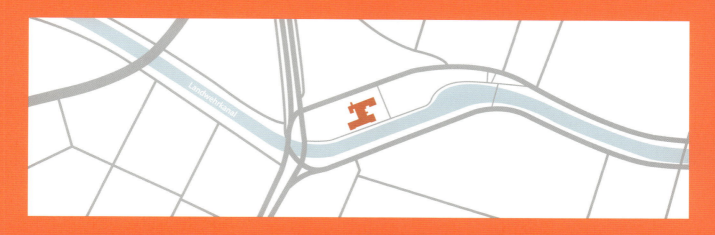

バウハウスホテル「人民の家」

Das Bauhaushotel „Haus des Volkes"

杉原 有紀
Yuki Sugihara

　ワイマールから車で1時間半。ドイツ東部チューリンゲン州プロブスツェラに、知る人ぞ知る、バウハウスの卒業生が手掛けたホテルがある。東ドイツ時代をしのばせる威風堂々たる構造と、カラフルな壁、デッサウのバウハウスの工房で作られた家具の由来を探った。

　プロブスツェラ駅の傍にひときわ高くそびえ立つ建物がある。「人民の家」という黄色い文字が、そこが単なる宿泊施設ではなく文化施設であることを伺わせる。私たちが2016年8月に訪ねた際には、レッドホールでは子供たちの演劇が行われ、ブルーホールでは地元の人々の誕生日会が行われ、そして1レーンのみのボウリング場では毎晩ストライクの音が響いていた。解体寸前だったところを2003年にDieter Nagelディーター・ナゲル氏が購入し、照明のレプリカを作り壁の色を塗り直して1927年の竣工当時と変わらない姿に復元した。2005年にドイツのファサード賞が授与され、バウハウスの歴史と背景を伝える名建築としてドイツ人旅行客に高く評価されている。というのも、日本語はおろか英語の情報

バウハウスホテル
Haus des Volkes

レッドホール
Roter Saal

　Mit dem Auto anderthalb Stunden von Weimar entfernt befindet sich im thüringischen Probstzella ein Hotel, an dessen Errichtung Absolventen des Bauhauses beteiligt waren und von dessen Existenz nur sehr wenige wissen. Die Autorität des Bau und seine farbenfrohen Wände überdauerten die DDR-Zeit. Ich habe mich nach seinem Ursprung und den in den Werkstätten des Dessauer Bauhauses gefertigten Möbel erkundigt.

　Neben dem Bahnhof von Probstzella ragt ein Gebäude über seine Umgebung heraus. Die gelben Lettern „Haus des Volkes" lassen nicht auf eine einfache Herberge, sondern eher auf eine Kultureinrichtung schließen. Als ich das Haus im August 2016 besuchte, führten Kinder im Roten Saal ein Theaterstück auf. Im Blauen Saal feierten Ortsansässige einen Geburtstag. Und von der Kegelbahn (nur eine Bahn) hallten jeden Abend die Treffer herüber. 2003, kurz vorm drohenden Abriss, kaufte Dieter Nagel das Gebäude, stellte Nachbildungen der Lampen her und strich die Wände neu, so dass es in den Zustand zum Zeitpunkt seiner Fertigstellung im Jahr 1927 zurückversetzt wurde. Dafür bekam er 2005 den Deutschen Fassadenpreis und als Ort, der Geschichte und Hintergrund des Bauhauses vermittelt, wird das Haus

が少なく、このホテルに足を運ぶ外国人はまだ少ないからだ。

　建築主だったフランツ・イッテン Franz Itting（1875-1967）の生涯は館内のミュージアムに、そしてインテリアを手掛けたアルフレート・アーント Alfred Arndt（1896-1976）の業績は朝食の部屋のパネルに詳しくまとめられている。エンジニアであり社会主義者だったフランツは1909年に早くも発電所を建設し、プロブスツェラの150カ所に電気を供給した。そして1925年に従業員と地域住民のために人民の家の建設に着手した。当初は別の建築家に頼んでいたが、翌年に息子が通うデッサウのバウハウスにて出会ったアルフレッドに、工事の続きを依頼した。

　アルフレートは東プロイセンで製図や絵画を学んだ後、1921年にワイマールのバウハウスに入学し、1924年にデッサウで壁画の研究を修了した。彼はヨハネス・イッテンのコースに所属し、オスカー・シュレンマー、パウル・クレー、ワシリー・カンディンスキーに理論を学んだ。バウハウスでは色彩の心理的効果に関する研究が盛んで、パウル・クレーとワシリー・カンディンスキーはマイスターハウスを分割して住み、それぞれ壁を好きな色に塗り替えていた。折しもゲーテが18世紀に唱えた色彩理論に始まり、オランダではデステイル運動があり、ブルーノ・タウトは建設コストを抑えるために集合住宅に色彩を多用していた。※1 アルフレートはチューリンゲン州の小児精神病院の壁の色彩を担当し、テルテン集合住宅ではグロピウスと色彩を計画した。こういった経験を活かし、人民の家に取り組んだ。また、バウハウスの工房で作った照明や建具を設置し、

Alfred Arndt, Housing Development, Dessau-Törten, exterior color scheme, building type 1, isometric, 1926. Black and brown inks, spatter paint, and gouache, on paperboard; 88.8 x 107.3 cm (34 15/16 x 42 1/4 in.) Harvard Art Museums/Busch-Reisinger Museum, Gift of Walter Gropius, BRGA.22.8 Photo: Imaging Department © President and Fellows of Harvard College

ブルーホール
Blauer Saal

テルテン集合住宅の色彩計画
Farbplan für die Siedlung

アルフレートがデザインしたメニュー
Von Alfred Arndt entworfene Speisekarte

von deutschen Touristen sehr geschätzt. Da es nur wenige Informationen auf Englisch und keine auf Japanisch gibt, wird es bisher nur sehr selten von ausländischen Touristen besucht.

　Das Leben seines Bauherrn, Franz Itting (1875-1967), wird im hauseigenen Museum und die Verdienste des Innenarchitekten Alfred Arndt (1896-1976) durch Schautafeln im Frühstücksraum erläutert. Der Ingenieur und Sozialist Itting errichtete schon 1909 ein Kraftwerk und versorgte 150 Haushalte in Probstzella mit Strom. 1925 begann er dann mit der Errichtung eines Gemeinschaftshauses für seine Angestellten und die Menschen aus der Umgegend. Zunächst hatte er einen anderen Architekten beauftragt, doch als er im Jahr darauf Alfred Arndt am Bauhaus kennenlernte, wo sein Sohn in die Lehre ging, bat er diesen um die Fortführung des Baus.

　Nachdem Arndt in Ostpreußen Bauzeichnen und Malerei gelernt hatte, begann er 1921 ein Studium am Weimarer Bauhaus und schloss 1924 seine Studien der Wandmalerei in Dessau ab. Er war Schüler von Johannes Itten und lernte Theorie bei Oskar Schlemmer, Paul Klee und Wassily Kandinsky sowie Möbelherrstellung in der Werkstatt von Marcel Breuer. Im Bauhaus wurde eine Vielzahl von Studien zum Einfluss der Farben auf die Psyche unternommen und Paul Klee und Wassily Kandinsky teilten sich ein Meisterhaus, dessen Wände sie nach Belieben mit neuen Farben überstrichen. Diese Studien begannen eigentlich schon im 18. Jahrhundert mit der Farbtheorie von Goethe, wurden von der niederländischen Bewegung „De Stijl" fortgeführt, und Bruno Taut verwendete Farben schließlich in Siedlungen, um die Baukosten zu senken.[1] Arndt übernahm den Auftrag für die Farbgestaltung der Wände in einer Nervenheilanstalt für Kleinkinder und plante in die Farbestaltung von Dessau-Törten gemeinsam mit Gropius. Auf diese Erfahrungen griff er bei der Gestaltung des „Hauses des Volkes" zurück. Darüber

レストランのメニューをデザインした。アルフレートが設計した椅子は2種類ある。細いパイプの椅子※3をレッドのホールに並べた様子が当時の白黒写真に写っている。もう一つは復刻して客室やブルーホールに並べられた椅子だ。

このレプリカの椅子は、2013年より宿泊が可能となった、デッサウのプレリウスハウスのアーントルーム103号室にも置かれている。人民の家が完成すると、アルフレートは同年にバウハウスを卒業したゲートルードと結婚し、デッサウのプリレウスハウスに住んだ。※2 家具から往時をしのぶことが出来る。アルフレートの娘のアレクサンドラ Alexandra Borenemann-arndt とベルリンのバウハウスアーカイブの助けを得て、プロブスツェラのレオパルド・ヤーン Leopold Jahn の会社がニレの木を用いて椅子を復刻した。室内にはアルフレートが妻のために設計した机や、人民の家の客室と同じサイドテーブルやクローゼットが備え付けられている。

ゲルトルート Gertrud（1903-2000）は建築家になるためバウハウスに入学したが、まだ建築コースが無く、そして女性は往々にして織物工房に追いやられる傾向にあった。不本意ながら織物を専攻したが、黄色と青を市松に配置したカーペットをグロピウスの校長室に納めるまで腕を挙げた。しかし彼女のアイデンティティは写真にあった。出身地のエアフルトでは建築事務所で学ぶかたわら建築写真を撮っており、バウハウスでは写真撮影の実験価値を提唱したモホリ・ナギのコースを受講した。カメラを所有する学生はごくわずかだったので、後に貴重な記録となるバウハウスのクラスメイトや建設中の人民の家を撮影した。※4 1929

レッドホールに並ぶパイプ椅子
Bestuhlung mit Klappstühlen aus Stahlrohr im Roten Saal

ブルーホール用の木製椅子
Holzstühle für den Blauen Saal

バウハウスホテルの客室
Gästezimmer des Bauhaushotels

hinaus verwendete er Lampen und Möbel, die in Bauhaus-Werkstätten hergestellt worden waren, und entwarf die Speisekarte für das Restaurant. Im Haus sind zwei, von Arndt entworfene Stuhlsorten erhalten. Auf historischen Schwarz-Weiss-Fotos ist die Bestuhlung in zwei Sälen mit Stühlen aus dünnem Stahlrohr zu sehen. Daneben gibt es noch reproduzierte Stühle, die früher in den Gästezimmern bzw. im Blauen Saal verwendet wurden.

Die eben genannten Reproduktionen finden sich auch im Arndt-Zimmer Nr. 103 des Prellerhauses. Nach der Fertigstellung des „Hauses des Volkes" heiratete Alfred Arndt seine Frau Gertrud, die im selben Jahr ihr Studium am Bauhaus abschloss, und wohnte mit ihr gemeinsam im Prellerhaus.2) Die Möbel erinnern an alte Zeiten. Mit der Unterstützung von Alexandra Bornemann-Arndt und dem Bauhaus-Archiv in Berlin reproduzierte die Firma von Leopold Jahn in Probstzella die aus Ulmenholz gefertigten Stühle. Im Zimmer finden sich darüber hinaus ein von Arndt für seine Frau entworfener Schreibtisch, ein Schrank und ein Beistelltisch, der auch in den Gästezimmern des „Hauses des Volkes" zu sehen ist.

Als Gertrud Arndt (1903-2000) ihr Studium am Bauhaus begann, wollte sie Architektin werden. Doch einerseits gab es noch keinen Studiengang Architektur, andererseits wurden Frauen zumeist in die Weberei-Werkstätten geschickt. Obwohl sie der Studiengang Weberei nicht ihrem eigentlichen Wunsch entsprach, erwarb sie sich darin solches Geschick, dass der von ihr gefertigte Teppich in gelb-blauem Schachbrettdesign sogar seinen Weg ins Direktorenzimmer von Gropius fand. Während einer Lehre in einem Architekturbüro in ihrer Heimatstadt Erfurt hatte sie sich bereits mit Architekturfotografie befasst und belegte am Bauhaus auch den Kurs von Moholy-Nagy, der den experimentellen Wert der Fotografie betonte. Da nur wenige Studenten eine Kamera besaßen,

年に2代目校長ハンネス・マイアーが金工、木工、壁画の工房を統合し、ようやく建築の仕上げの工房を作ると、アルフレートはそのディレクターに任命された。※5 夫妻はマイスターハウスの一つに1932年にバウハウスが閉鎖されるまで住んだ。ゲルトルートは暗室を作り、様々な女性に扮して撮影した写真「マスクフォト」を仕上げた。しかし彼女は自分を写真家とは名乗らず、1979年にエッセンのフォルクワングミュージアムで公開するまで写真を公表しなかった。※6 現在、これらの写真はプレラーハウスの103号室にセルフポートレートの先駆けとして飾られている。そして人民の家では、セルフタイマーで撮った若き二人の写真が大きく飾られている。

バウハウスの宿泊体験の旅程を組むなら、プレラーハウスを予約するだけでなく、プロブスツェラの人民の家にまで足を運ぶと、バウハウスの実践の成果をより一層実感することが出来るだろう。「デッサウのバウハウスが社会主義者によって閉鎖された1932年以降、アルフレートは建築家、デザイナー、画家であり続けた」とグロピウスは記している。

プレラーハウス 103 号室
Zimmer Nr. 103 des Prellerhauses

bauhaus building in Dessau (1925/1926), architect Walter Gropius
atelier house, the re-arranged studio room "Alfred Arndt", 2013
Arndt, Alfred (design); Leopold Jahn Tischlerei Probstzella (rekonstruction)
photo: Toshihiko Suzuki, 2016
Archiv Alfred und Gertrud Arndt, Hugo Arndt / © (Arndt, Alfred) VG BILD-KUNST Bonn, [Jahr]

アーント夫妻のセルフポートレート
Selbstportrait von Gertrud Arndt

sind die von Gertrud gemachten Fotos ihrer Kommilitonen am Bauhaus sowie vom Haus des Volkes heute wertvolles historisches Material. 3) Der zweite Direktor des Bauhauses, Hannes Meyer, führte 1929 die Metallabteilung, die Holzabteilung und die Werkstatt der Wandmalerei zusammen und schuf so eine Ausbauabteilung, zu deren Leiter er Alfred Arndt ernannte. 4) Mit seiner Frau lebte er bis zur Schließung des Bauhauses 1932 in einem der Meisterhäuser. Gertrud richtete dort eine Dunkelkammer ein und entwickelte dort ihr „Maskenphotos" von Frauen in verschiedenen Verkleidungen. Dennoch sprach sie von sich selbst nie als Fotografin, so dass ihre Bilder 1979 erstmals in einer Ausstellung des Museums Folkwang in Essen der Öffentlichkeit zugänglich gemacht wurden. 5) Heute hängen diese Fotos als Vorläufer ihres Selbstportraits im Zimmer Nr. 103 des Prellerhauses. Wer eine Reise mit Übernachtungen in einer Bauhauseinrichtung plant und nicht nur im Prellerhaus reserviert, sondern sich auch bis nach Probstzella zum Haus des Volkes auf den Weg macht, der kann die praktischen Ergebnisse der Arbeit des Bauhauses sicher noch besser nachvollziehen. Gropius schreibt: "Nach 1932, als das Dessauer Bauhaus von den Nationalsozialisten geschlossen worden war, hat sich Alfred Arndt fortlaufend als Architekt, Designer und Maler hervorgetan."

参考文献とウェブ（2016年6月25日閲覧）
Literaturhinweise und Links (letzter Zugriff am 25. Juni 2016)

※1 Scheper, Renate (2005): Farbenfroh! Die Werkstatt für Wandmalerei am Bauhaus, Berlin.
※2 Pressemitteilung, Sleep lilke a Bauhaus Master, 1 November 2013
www.bauhaus-dessau.de/dl/.../bhd_131101_prellerhouse_engl.pdf
※3 「バウハウス・デッサウ展」カタログ、産経新聞社、p.402、2009 年
Katalog der „Bauhaus Dessau Ausstellung", Sankei Shimbunsha, 2009, S. 402.
※4 MOMA Object:Photo, "An den Meisterhäusern/At the Master's houses" Getrud Arndt
https://www.moma.org/interactives/objectphoto/objects/83965.html
※5 Bauhaus-archiv museum fur gestaltung 1919-1933
http://www.bauhaus.de/en/das_bauhaus/48_1919_1933/
※6 Fembio Frauen Biographieforschung, Getrud Arndt
http://www.fembio.org/biographie.php/frau/biographie/gertrud-arndt/

フランクフルトキッチンとゲハーグキッチン

Die Frankfurter Küche und die GEHAG-Küche

鈴木 敏彦／香川 浩
Toshihiko Szuki / Hiroshi Kagawa

1925年から1930年の間、主にベルリン、ハンブルク、ケルン、フランクフルトにおいて労働者の劣悪な居住環境を改善するために全く新しいジードルンクのプロジェクトが数多く実施された。フランクフルトでは、都市計画者エルンスト・マイ（1886-1970）が総戸数15000戸を建設し、ベルリンでは、建築家ブルーノ・タウト（1880-1938）が総戸数12000戸を建設した。両者ともにヴェルクブントの建築家として、大量に生産される生活用品や住宅のあるべき姿を追究した。主婦の家事労働の中心となる厨房のあり方ついてはそれぞれの提案を実装した。マイはオーストリアの女性建築家マルガレーテ・シュッテ＝リホツキー（1897-2000）と共に家事動線を最小化した厨房を設計した。これは「フランクフルトキッチン」と呼ばれ家事作業の労力削減に貢献した。一方タウトは、数人の食事が可能なダイニング・キッチンを設計した。これは「ゲハーグキッチン」と呼ばれ、新しい生活スタイルの普及に寄与した。わずか6平米の場所で一人の女性が合理的に働くことを目指した「フランクフルトキッチン」と、家族が座ったり家具を配置したりできるようになった「ゲハーグキッチン」を比較する。（鈴木敏彦）

Frankfurter Küche

Zwischen 1925 und 1930 wurden vor allem in Berlin, Hamburg, Köln, und Frankfurt vollkommen neuartige Siedlungsprojekte realisiert, um die ärmlichen Wohnbedingungen der Arbeiter zu verbessern. In Frankfurt schuf der Stadtplaner Ernst May (1886-1970) insgesamt 15.000 Wohnungen, in Berlin baute der Architekt Bruno Taut (1880-1938) 12.000 Wohnungen. Beide suchten als Architekten des Werkbundes nach idealen Gebrauchsgegenständen und Wohnungen, die in Masse produziert werden konnten. Beide implementierten ihre Gestaltungsideen zur im Zentrum der Arbeit der Hausfrau stehenden Küche. Gemeinsam mit der österreichischen Architektin Margarete Schütte-Lihotzky (1897-2000) entwarf May eine Küche für rationalisierte Handlungsabläufe. Diese wurde „Frankfurter Küche" genannt und trug wesentlich zur Reduzierung der Arbeitslast im Haushalt bei. Taut seinerseits entwarf eine Essküche, in der mehrere Personen gemeinsam Mahlzeiten einnehmen konnten. Diese wurde „GEHAG-Küche" genannt und trug zur Verbreitung eines neuen Lebensstils bei. Wir wollen hier die „Frankfurter Küche", die das rationale Arbeiten einer Frau auf nur 6 m² Grundfläche zum Ziel hatte, mit der „GEHAG-Küche", in der eine ganze Familie sitzen und Möbel aufgestellt werden konnten, vergleichen. (Toshihiko Szuki)

フランクフルト
キッチン

Frankfurter
Küche

エルンスト・マイ・ハウス
Ernst-May-Haus

フランクフルトに生まれたエルンスト・マイ（1886－1970）は、ドイツで建築家テオドール・フィッシャー、イギリスで都市計画家レイモンド・アンウィンなどに学んだ。つまり、ブルーノ・タウトと同門であり、田園都市理論のドイツにおける紹介者なのである。

建築技師として従軍を経験したのち、1919年からブレスラヴでいくつかの都市開発に携わり、1925年にはフランクフルト市の建設局長となった。当時のフランクフルトは社会主義政権下にあり、アンウィンの社会主義思想に共鳴していたマイにとって願ってもないことだったろう。「新フランクフルト」と呼ばれる都市計画の策定が主な仕事であり、低所得者向けの集合住宅を多数設計した。ジグザグの平面形状がユニークな「ブルッフフェルドのジードルンク（1927）」や、郊外にある「レーマーシュタットのジードルンク（1929）」が広く知られている。

「レーマーシュタットのジードルンク」は、28haの面積に1220戸の住宅からなる。中低層の住棟が余裕を持って配置され、周囲は市民農園として整備された。低所得者向けゆえに低コストで建設せねばならず、一見してシンプルでそっけない風情であるが、細かな工夫が随所に見られる。なかでも重要なのは、オーストリア出身の女性建築家マルガレーテ・シュッテ＝リホツキー（1897-2000）が担当した、システム化されたキッチン「フランクフルト・キッチン」だろう。現在の「レーマーシュタットのジードルンク」は、ほぼ当時の姿を保っているように見えるが、外壁や屋根に断熱処理が施され、窓のサッシも高性能なものに変えられている。現役の住宅であることを優先した上で、できる限りオリジナルの価値を損なわないように配慮する姿勢が伺え、いかにも現実的なドイツらしい選択であるように感じられる。そんな中に「エルンスト・マイ・ハウス」という、当時の設えを再現した住戸があり、- そのキッチンを実測した。

マイとリホツキーは家事労働の行動パターンを分析し、いかに主婦一人が合理的に作業きるかを追求するとともに、大量生産可能なシステム化し、フランクフルトキッチンを完成させた。

また、リホツキーは農園の配置や作業小屋の設計も担当していた。エルンスト・マイ・ハウスでは当時推奨された作物も含めてクライン・ガルテンの再現を進めている。生きた文化財の事例として今後も注目してゆきたい。（香川浩）

Der in Frankfurt geborene Ernst May ging in Deutschland beim Architekten Theodor Fischer und in England beim Stadtplaner Raymond Unwin in die Lehre. Er war damit ein Kommilitone von Bruno Taut und brachte die Theorie der Gartenstädte nach Deutschland.

Als Bauingenieur hatte er Militärdienst geleistet und war danach in Breslau an einigen Stadtentwicklungsprojekten beteiligt, bevor er 1919 Direktor des Bauamtes von Frankfurt wurde. Frankfurt hatte damals eine sozialistische Regierung und war für May, der mit Unwins sozialistischem Denken sympathisierte, mehr als er sich wünschen konnte. Seine Arbeit bestand hauptsächlich in der Ausarbeitung der „Neues Frankfurt" genannten Stadtplanungsmaßnahmen. Die durch ihre zickzackförmige Flächenaufteilung einmalige „Siedlung Bruchfeldstraße" (1927) und die am Stadtrand gelegene „Siedlung Römerstadt" (1929) sind weithin bekannt.

Die „Siedlung Römerstadt" besteht aus 1.220 Wohnungen auf einer Fläche von 28 ha. Die niedrigen bis mittelhohen Wohnhäuser wurden mit reichlich Abstand zueinander errichtet und um sie herum Schrebergärten bereitgestellt. Da sie kostengünstig für Geringverdienende gebaut werden mussten, wirken sie auf den ersten Blick sehr einfach und schroff, doch zeigt sich an vielen Orten auch die Aufmerksamkeit der Erbauer fürs Detail. Eine wichtige dieser Detailarbeiten ist mit Sicherheit die unter der Federführung von Margarete Schütte-Lihotzky systematisierte „Frankfurter Küche". Die „Siedlung Römerstadt" sieht heute fast genauso aus wie damals, dennoch wurden die Dächer und Außenwände mit Wärmedämmung versehen sowie Fensterrahmen durch energiesparende Modelle ausgetauscht. Dies scheint mir eine überaus deutsche, praktische Entscheidung gewesen zu sein, bei der die Priorität auf der gegenwärtigen Nutzung der Wohnungen lag und dennoch versucht wurde, den ursprünglichen Wert der Gebäude möglichst nicht herabzusetzen. In der Siedlung steht auch das sogenannte „Ernst-May-Haus", das in den damaligen Zustand zurückversetzt wurde und dessen Küche ich vermessen habe.

May und Schütte-Lihotzky analysierten die Handlungsmuster der Hausarbeit und vollendeten die „Frankfurter Küche" im Streben nach möglichst rationaler Hausarbeit der einzelnen Hausfrau einerseits und Systematisierung als Basis für die Massenproduktion andererseits. Schütte-Lihotzky war auch für die Anlage der Schrebergärten und den Entwurf der Schrebergartenhäuser verantwortlich. Das Ernst-May-Haus bemüht sich um eine Rekonstruktion der damaligen Kleingärten inklusive der empfohlenen landwirtschaftlichen Produkte. Ich möchte es deshalb auch in Zukunft als Beispiel „lebendigen Kulturerbes" im Blick behalten. (Hiroshi Kagawa)

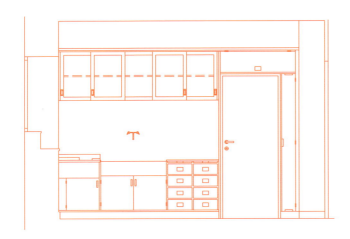

流し台の横に水切り台と作業台が並び、足元と上部には収納が配される。作業台は引き出し式で、主婦が様々な作業を並行してこなせるように配慮したもの。現在のシステムキッチンに近い形式が実現していた。

Neben der Spüle befindet sich ein Ablage zum Abstellen nassen Geschirrs und eine Arbeitsfläche, darüber und darunter sind Schränke plaziert. Die Arbeitsfläche kann durch eine ausziehbare Fläche erweitert werden, so dass die Hausfrau verschiedene Tätigkeiten parallel ausführen kann. Dieses Design kommt gegenwärtigen Einbauküchen sehr nahe.

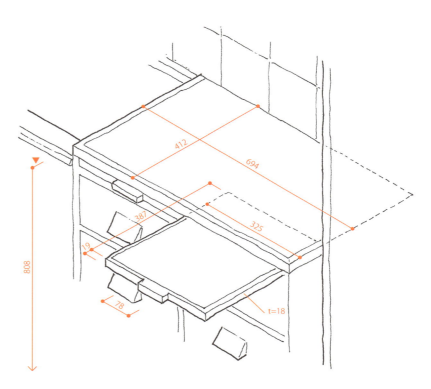

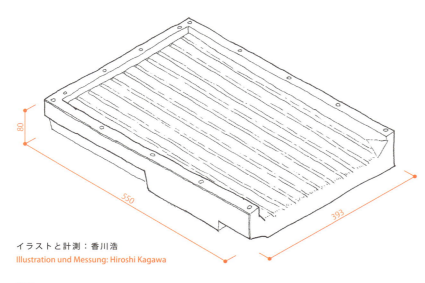

イラストと計測：香川浩
Illustration und Messung: Hiroshi Kagawa

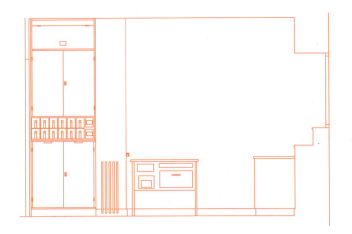

手に取りやすい位置には、アルミ製の引き出しが並ぶ。豆類、オートミール、米、パスタなど約1〜2リットルずつ保存する材料の名前が刻まれている。

An leicht greifbarer Stelle reihen sich Aluminium-Schütten aneinander. Auf deren Vorderseite ist der Name der in Mengen von 1 bis 2 Liter aufbewahrten Nahrungsmittel eingeprägt: Linsen, Haferflocken, Reis, Maccaroni. Die hölzernen Schütten sind für Mehl vorgesehen.

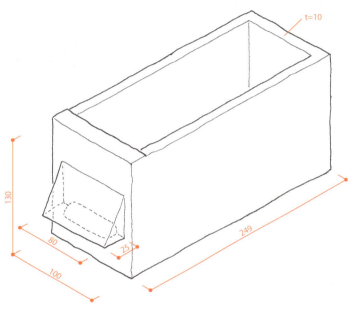

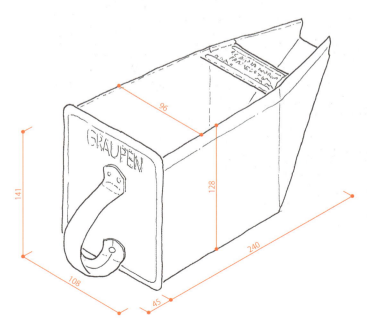

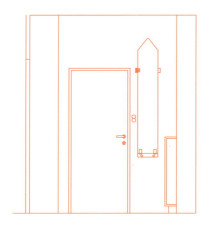

壁面の長い板はアイロン台。フックを外して手前に下ろし、引き出し式の鉄アングル材が受ける。火にかけた料理の様子を見ながらアイロンがけができた。

Das lange Brett an der Wand ist ein Bügelbrett. Nach dem Öffnen des Halterungshakens kann das Brett herunter geklappt werden und wird dann von einem herausziehbaren Winkeleisen abgefangen. So konnte während des Kochens gleichzeitig gebügelt werden.

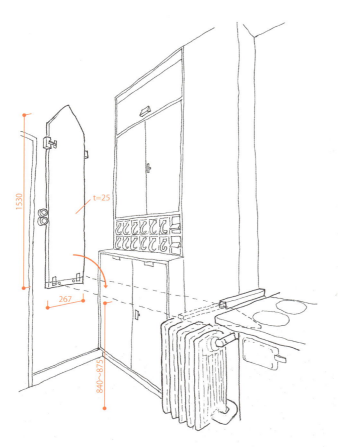

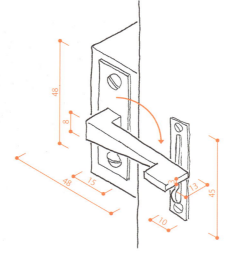

ブリッツの馬蹄形集合住宅インフォメーション
Infostation Hufeisensiedlung

ゲハーグキッチン

タウトとベルリン市住宅供給公社GEHAG（ゲハーグ）はブリッツの馬蹄形集合住宅（1925-1931）を共同開発した。これは後にゲハーグが開発した多くのジードルンクの青写真となった。各住居には家具は無かったが、寝室やリビングに加えてバスルームおよび独立したキッチンがあった。1925年にアパートのレンタルが始まるとベルリンっ子に人気を博した。ブリッツのインフォステーションにある「ゲハーグキッチン」は、タウトとゲハーグが設計したオンケルトムズヒュッテの森の住宅団地（1926-1931）を復刻したものだ。建設費を抑えるため、ドア、窓、階段には標準部品が採用された。馬蹄形集合住宅のキッチンにはガスレンジ※1、壁際のスチール製の流し、排水口つきのもう一つの流しのみが備え付けられ、住民が自由に家具や椅子を持ち込むことが出来た。食器棚はキッチン内または隣接する廊下の隅に置かれ、窓の下には通風を確保した食品貯蔵庫が置かれた。一人の使用を想定したフランクフルトキッチンとは異なり、タウトは数人の使用や食事を想定して可動式のテーブルを設計した。窓からはタウトが「野外のリビングルーム」と定義した庭が見え、この時代のジードルンクのモットーであった「光、空気、太陽」が感じられる。（鈴木敏彦）

「ゲハーグキッチン」1927年前後のブルーノ・タウトによる設計。© Source: GEHAG archives, Berlin
Die „GEHAG-Küche" nach Bruno Tauts Entwurf um 1927 © Source: GEHAG Archiv, Berlin

Taut und die GEHAG (Gemeinnützige Heimstätten-, Spar- und Bau-Aktiengesellschaft) erschlossen in Berlin-Britz gemeinsam die „Hufeisensiedlung" (1925-1931). Diese wurde als Zukunftskonzeption für viele weitere Siedlungen der GEHAG zugrunde gelegt. In den Wohnungen gab es zwar keine Möbel, neben einem Schlafzimmer und einem Wohnzimmer jedoch auch ein Badezimmer und eine separate Küche. Die Wohnungen wurden nach 1925 mit Beginn der Vermietung bei den Berlinern schnell beliebt. Die „GEHAG-Küche" im Britzer Infozentrum ist eine Reproduktion der von Taut und der GEHAG für die Waldsiedlung Onkel Toms Hütte (1926-1931) entworfenen Küche. Um die Baukosten zu senken, wurden für Türen, Fenster und Treppen genormte Teile verwendet. In der Küche der Hufeisensiedlung wurden nur eine Gasherd, eine Spüle aus Stahl an der Wandseite und eine weitere Spüle mit Wasserhahn bereitgestellt, so dass die Bewohner nach eigenem Belieben Möbel hinzu stellen konnten. Der als „Speiseschrank")2) bezeichnete Geschirrschrank befand sich in der Küche oder in einer Ecke des angrenzenden Flurs. Im Unterschied zur „Frankfurter Küche", die nur von einer nutzenden Person ausging, setzte Taut voraus, dass mehrere Personen die Küche zum Arbeiten und Essen benutzen würden, und entwarf zusammenklappbare Tische. Durch das Fenster sieht man den von Taut als „Außenwohnraum" definierten Garten und fühlt sich sogleich an das Motto des damaligen Siedlungsbaus „Licht, Luft und Sonne" erinnert.   (Toshihiko Szuki)

Unser Dank gilt
Gabriele Fleck und Ben Buschfeld

注ぎ口のついた引き出しはガラス製に変わった。
Die mit Ausguss versehenen Schütten wurden durch Glasschütten ersetzt.

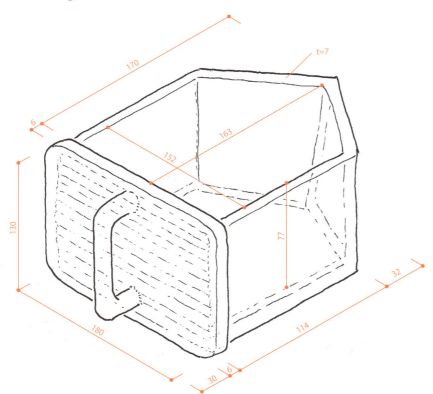

機能的な小菜園クラインガルテンと規格化された小屋ラウベ

Funktionale Kleingärten und typisierte Lauben

アニカ・ゼルマン
Annika Sellmann

レーマーシュタットの東側、いくつもの堡塁(ほうるい)を備え扇状に広がるジードルンク構造とニッダ川との間にヘッデルンハイムのクラインガルテン・コロニーがある。ここに1927年から1928年にかけて整備されたクラインガルテンは、主として多世帯用住居ブロックの住人のために作られた。というのも、ここに住む人々は自宅に庭を持つことができなかったからだ。光・空気・太陽に加え、緑の自然もまた都市計画プログラム「新フランクフルト」の暮らしにとって重要基盤のひとつであった。第16区画にあるエルンスト・マイ協会 (ernst-may-gesellschaft) 博物館の庭園で、植物が植えられた270平米のガルテンと当時の姿で建つラウベと呼ばれる小屋がそのことを伝えてくれている。

ワイマール共和国時代（1918～1933）、都会の中のガルテンは社会を安定させる機能を果たしていた。クラインガルテンとともに、都会の誘惑とは正反対なのだが、労働に対する貴重な代償とみなされた菜園活動は活発になり、その地も発展した。そのうえ労働者は果物や野菜を自給することで生活の基盤を確保できた。なぜなら、第一次世界大戦の戦中及び戦後、多数のドイツ国民にとって食用となる作物の栽培はまさに命のよりどころとなったからだ。エルンスト・マイ (Ernst May) の傍らでクラインガルテンを強く擁護したのは、ジードルンク管轄局のガルテン制度担当部部長マックス・ブロンメ (Max Bromme) と、1919年発行『誰でも自作自給農』の著者レベレヒト・ミッゲ (Leberecht Migge) だった。ブロンメが自然保護にも関心を持っていた一方、ミッゲは機能的かつ徹底して合理的なガルテンを造ることに力を尽くし、必要とあらば効率の劣る設備の取り換えも辞さなかった。

レーマーシュタットのクラインガルテンを借地人に引き渡す前に、ジードルンク管轄局は基本構造を設計させた。それに加えて、ガルテン制度部はガルテンの理想的な分割法と耕作法を示した『仕様書』を配布した。ガルテンの所有者はガルテンラウベと呼ばれる1.6 x 2.4メートル規格の小屋をガルテンに建てることが許可された。このラウベを設計したのはマルガレーテ・シュッテ＝リホツキー (Margarete Schütte-Lihotzky) という女性建築家で、農工具を置くキャビネット

伝統的な品種、小さなリンゴ、マルメロ、梅、桜、桃や杏の木を植えた。ジャガイモ、イチゴ、エンドウ豆、キャベツ、ニンジンや多くの伝統的なハーブなどさまざまな作物のための畑がある。
Wir pflanzten eine Reihe von historischen Arten an: kleine Äpfel, Quitten, Pflaumen, Kirschen, Pfirsiche und Aprikosen. Es gibt auch Beete bzw. Felder für Kartoffeln, Erdbeeren, Erbsen, Kohl, Möhren und traditionellen Kräuter.

と自転車置き場も併設していた。ウィーン出身のリホツキーは1926年から規格化部でエルンスト・マイのために働いていた。彼女はここで4タイプのラウベを開発する傍ら、今日でも世界的に有名なフランクフルトキッチンも開発した。「実験室」とも呼ばれる彼女のキッチンと同様、ガルテンもまた精密に調整された機械のごとく、様々な手段を最適な形で投入することで可能な限り多くの収穫を生み出すことを要求されていた。

Östlich der Römerstadt, zwischen Nidda und der fächerartig ausgeweiteten Siedlungsstruktur mit ihren Bastionen, befindet sich die Kleingartenkolonie Heddernheim. Die dort 1927-28 angelegten Gärten wurden vornehmlich für die Bewohner der Mehrfamilienblocks geschaffen, da diese keinen direkten Zugang zu einem Hausgarten hatten. Dass neben Licht, Luft und Sonne auch das Grün eine wichtige Grundfeste für das Leben im Neuen Frankfurt war, wird im Museumsgarten der ernst-may-gesellschaft in Parzelle 16 auf 270 Quadratmetern bepflanzter Nutzfläche und anhand der historischen Laube vermittelt.

Der Garten in der Stadt erfüllte während der Zeit der Weimarer Republik (1918-1933) gesellschaftlich stabilisierende Funktionen. Mit den Kleingärten entwickelten sich Orte und Tätigkeiten, die – im Gegensatz zu den Verlockungen der Stadt – als wertvoller Ausgleich zur Arbeit gesehen wurden. Arbeiter konnten zudem durch Selbstversorgung mit Obst und Gemüse ihre Existenz sichern, denn während und nach dem Ersten Weltkrieg war der Anbau von Nahrungsmitteln für viele in Deutschland zur lebenswichtigen Stütze geworden. Wichtige Verfechter der Kleingärten an der Seite von Ernst May waren Max Bromme, Leiter der Abteilung Gartenwesen im Siedlungsamt, und Leberecht Migge, Autor des Buches „Jedermann Selbstversorger" aus dem Jahr 1919. Während Bromme auch der Naturschutz ein wichtiges Anliegen war, setzte sich Migge für den funktionalen, durchrationalisierten Garten ein, der falls nötig, auch weniger effiziente Anlagen ersetzen müsse.

Bevor die Kleingärten der Römerstadt an die Mieter übergeben wurden, ließ das Siedlungsamt die Grundstrukturen anlegen. Die Abteilung Gartenwesen verteilte zudem „Typenblätter", die eine ideale Gartenaufteilung und Bewirtschaftung zeigten. Jeder Gärtner durfte eine normierte Gartenlaube (1,60 x 2,40 Meter) mit Werkzeugschrank und Fahrradschuppen errichten, die von Margarete Schütte-Lihotzky entworfen wurde. Die Wiener Architektin Lihotzky arbeitete ab 1926 für Ernst May in der Abteilung Typisierung und entwickelte dort neben vier Laubentypen auch die heute weltberühmte Frankfurter Küche. Ähnlich ihrer als „Labor" bezeichneten Küche sollte auch der Garten, einer fein abgestimmten Maschine gleich, den größtmöglichen Ertrag durch optimalen Einsatz der Mittel hervorbringen.

Unser Dank gilt
Sophie Schulz und Renate Flagmeier,

ガルテンラウベ　タイプ２右　1927年設計
"Gartenlaube Typ II rechts", entworfen 1927

1-ベッド
2-座る場所
3-テーブル
4-調理器
5-着替える場所
6-棚

見取り図　Grundriss

1-Schlafbank
2-Sitzplatz
3-Tisch
4-Herd
5-Umkleide
6-Geschirrschran

完成したラウベ　Fertige Laube

断面図C-D　Schnittzeichnung C-D

断面図A-B　Schnittzeichnung A-B

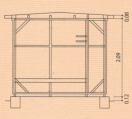

アニカ・ゼルマン　Annika Sellmann

2009-2015 ヨハン・ヴォルフガング・ゲーテ大学フランクフルト・アム・マイン（独）と、エクス＝アン＝プロヴァンスのエクス＝マルセイユ大学（仏）で美術史と社会学を学ぶ
2015-2017 オットー・フリードリッヒ大学バンベルク（独）で文化財保護を学ぶ
2016年より社団法人エルンスト‐マイ‐協会の学術研究員

2009-2015 Studium der Kunstgeschichte und Soziologie in Frankfurt am Main und Aix-en-Provence
2015-2017 Studium der Denkmalpflege in Bambergab
2016 wissenschaftliche Mitarbeiterin der ernst-may-gesellschaft e.v

ドイツ光学産業の中心地イエナ

Jena—Zentrum der optischen Industrie Deutschlands

中島 智章
Tomoaki Nakashima

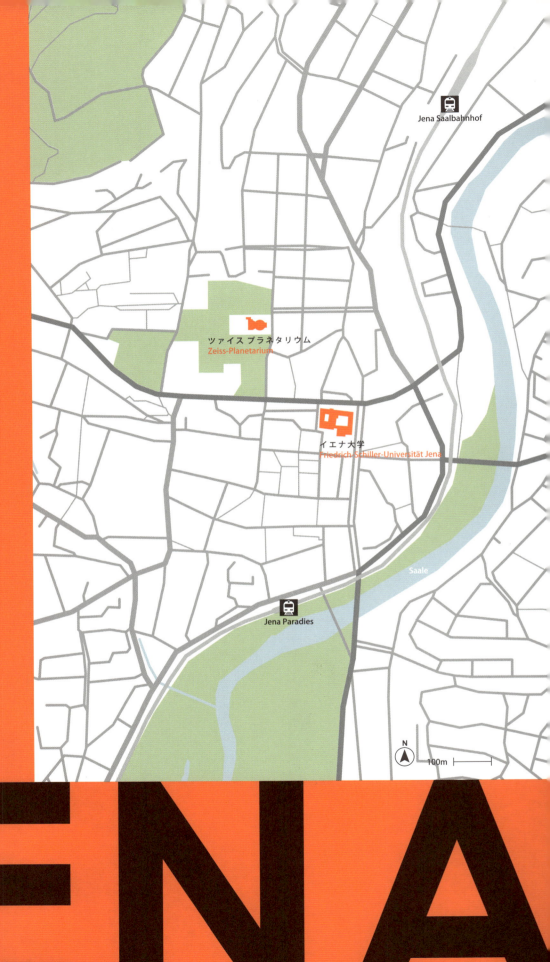

JENA

イエナ（Jena）はドイツ中部チューリンゲン州の代表的な都市の一つで、ワイマールの東約20kmのザーレ川沿いに位置している。9世紀には集落が存在したといい、1230年に「都市権」を獲得、14世紀半ばにはマイセン辺境伯領に編入された。マイセン辺境伯は15世紀以降、ザクセン選帝侯となり、基本的にはヴェッティン家の収めるところとなる。1548年にイエナ大学の元となるアカデミーが設立され、19世紀にはゲーテの支援を得、フィヒテ、ヘーゲル、シェリング、シラー、シュレーゲルなどの教授陣を抱えていた。20世紀にはカール・ツァイス財団やショット社（ガラス製造）の本拠地となり、ドイツ光学産業の中心地の一つとなる。

カール・ツァイス財団の名の由来となっているカール・ツァイス（Carl ZEISS, 1816-88）は、顕微鏡などを手掛ける光学器械製作者であり、1846年、イエナに光学器械工場を開設した。1866年には物理学者エルンスト・アベ（Ernst ABBE, 1840-1905）を研究主任に迎え、彼の下で顕微鏡用の色消しレンズの考案、顕微鏡結像理論、分解能の研究などが進められ、ツァイス社の光学製品は世界的な名声を得ていった。ツァイスは1888年に没したが、アベが主導して1891年に「カール・ツァイス財団」を設立し、その経営にも優れた手腕を振るった。財団の名前はツァイスだが、アベこそが事実上の財団の創設者といってよいだろう。

カール・ツァイス財団は顕微鏡、望遠鏡やプラネタリウムなどの光学機器の他、優れた写真用レンズも生み出した。1902年にパウル・ルドルフ（Paul RUDOLPH, 1858-1935）が開発した3群4枚構成の「テッサー」（Tessar）が代表的なもので、「あなたのカメラの鷹の目」（Das Adlerauge Ihrer Kamera）というキャッチフレーズでよく知られる。この構成のレンズはツァイスだけでなく様々な会社によって現在に至るまで製作・販売されている。

さらに1926年には、カール・ツァイス財団が主導して、ドイツ国内のカメラ製造会社4社（イカ、エルネマン、ゲルツ、コンテッサ・ネッテル）を合併させ、ドレスデンにツァイス・イコン株式会社を設立した[※1]。ツァイス・イコン社が世に送り出した代表的なカメラは「コンタックス」（Contax）シリーズであり、1932年、ハインツ・キュペンベンダー（Heinz KUEPPENBERDER, 1901-89）らが開発したコンタックスⅠ型から始まり、

Jena ist eine der wichtigen Städte im mitteldeutschen Bundesland Thüringen und liegt ca. 20 km östlich von Weimar an der Saale. Seit dem 9. Jahrhundert gab es hier eine Siedlung, 1230 erwarb Jena das Stadtrecht und in der Mitte des 14. Jahrhundert wurde es dem Gebiet des Markgrafen von Meißen zugeordnet. Die Markgrafen von Meißen wurde ab dem 15. Jahrhundert zu Kurfürsten von Sachsen und hauptsächlich vom Haus Wettin gestellt. 1548 wurde die Akademie zu Jena gegründet, der Vorläufer der heutigen Universität Jena. Hier unterrichteten im 19. Jahrhundert mit Goethes Unterstützung Fichte, Hegel, Schelling, Schiller und Schlegel. Im 20. Jahrhundert wurde Jena zum Hauptstandort der Carl Zeiss Stiftung und der Schott AG und damit zum Zentrum der optischen Industrie in Deutschland.

Der Namensgeber der Stiftung, Carl Zeiss (1816-1888) war Hersteller von Mikroskopen und anderen optischen Geräten und gründete 1846 eine feinmechanisch-optische Werkstatt in Jena. 1866 stellte er den Physiker Ernst Abbe (1840-1905) als Forschungsleiter ein, unter dessen Leitung achromatische Linsen für Mikroskope entwickelt, die Theorie der Bilderzeugung im Mikroskop und Studien zum Auflösungsvermögen vorangebracht wurden, so dass die optischen Erzeugnisse von Zeiss einen weltweiten Ruf erlangten. Zeiss starb zwar 1888, doch Abbe rief 1891 die Carl Zeiss Stiftung ins Leben und führte sie mit großem Geschick. Sie trägt zwar Zeiss' Namen, doch ihr wahrer Urheber ist Abbe.

Neben Mikroskopen, Teleskope und optischen Geräten für Planetarien stellte die Carl Zeiss Stiftung auch hervorragende Kameralinsen und Objektive her. Stellvertretend dafür steht das 1902 von Paul Rudolph (1858-1935) entwickelte Objektiv Tessar (mit 4 Linsen in 3 Gruppen), das durch den Werbespruch „Das Adlerauge Ihrer Kamera" bekannt wurde. Linsen diesen Typs wurden und werden bis heute nicht nur von Zeiss, sondern einer Vielzahl von Firmen hergestellt und verkauft.

Desweiteren fusionierten 1926 unter der Führung der Carl Zeiss Stiftung vier Kamerahersteller (ICA, Ernemann, Görz und Contessa-Nettel) und gründeten in Dresden die Zeiss Ikon AG.[1)] Stellvertretend für die von der Zeiss Ikon AG hergestellten Kameramarken sei die Contax-Serie genannt, die ab 1932 unter der Leitung von Heinz Küppenbender (1901-1989) als Contax I entwickelt und 1936 in die Contax II weiterentwickelt wurde. Dazu brachte Zeiss Ikon dann noch die Contax III mit integriertem Belichtungsmesser auf den Markt. Nach

1936年にコンタックスⅡ型、それにセレン光電池式電気露出計を載せたコンタックスⅢ型が発売され、第二次世界大戦後も1950年にコンタックスⅡa型、1951年にそれにセレン光電池式電気露出計を搭載したコンタックスⅢa型が出された[※2]。これらのコンタックス・カメラには、当然、カール・ツァイス・イエナ製の優れたレンズが交換レンズとして用意され、開放絞り値1.5を誇る「高速レンズ」(Carl Zeiss Jena Sonnar 5cm f1,5、3群7枚構成)を含む3群構成の「ゾナー」(Sonnar)が名声も価格も高かった。

以上の内、筆者はコンタックスⅡ型とテッサー2,8cm f8、ゾナー5cm f1,5、ゾナー13,5cm f4を携えて、イエナ大学(Friedrich-Schiller-Universität Jena)とツァイス・プラネタリウム・イエナ(Zeiss-Planetarium Jena)を訪問した。

イエナ大学本館は、テオドール・フィッシャー(Theodor FISCHER,1862-1938)が1904〜18年に設計し、ブルーノ・タウトは玄関ホールの天井の漆喰や、評議員室の天井と家具など内装を手掛けた。1992年の評議員室の改修はカール・ツァイス財団の支援で実施した。ネオ・ロマネスク様式などの建築様式とアール・デコを折衷させたデザインが特徴である。ツァイス・プラネタリウム・イエナは構造設計の世界でも画期的な建築だが、デザインとしてはローマのパンテオンを祖型に持つ、保守的な新古典主義的アール・デコの様相が濃い。なお、この建築物の向かって右側のベンチにはエルンスト・アベの等身大坐像が置かれていて、重要な記念撮影ポイントとなっている。

参考文献

- ※1 ツァイス・イコン社については、竹田正一郎『ツァイス・イコン物語』光人社、2009年を参照。
- ※2 コンタックス各型については、クッツ、ハンス・ユルゲン『コンタックスのすべて―コンタックスの歴史 1932~1982』、カツミ堂写真機店、1993年、竹田:『コンタックス物語―ツァイス・カメラの足跡』、朝日ソノラマ、2006年、および、森亮資「戦前型コンタックス・ファミリー」『クラシックカメラ専科』No.80、pp.34-45、2006年6月を参照。

Literaturhinweise

1) Zur Zeiss Ikon AG siehe Takeda Shô'ichirô, *Zaisu Ikon monogatari* (Die Geschichte von Zeiss Ikon), Kôjinsha, 2009.
2) Zu den verschiedenen Modellen der Contax-Serie siehe Hans-Jürgen Kuc, *Kontakkusu no subete: Kontakkusu no rekikishi 1932-1982* (Auf den Spuren der Contax, Contax-Geschichte von 1932 bis 1982), Katsumidô Shashinki-ten, 1993; Takeda Shô'ichirô, *Kontakkusu monogatari: Zaisu kamera no ashiato* (Die Geschichte der Contax: Die Spuren der Zeiss-Kamera), Asahi Sonarama, 2006; Mori Ryôsuke, "Senzen-gata Kontakkusu-famili" (Die Vorkriegsmodelle der Conatx-Familie), in *Kurashikku kamera senka* (Fachkurs Klassische Kamera) 80 (Juni 2006), S. 34-45.

Unser Dank gilt
Ute Schönfelder

dem Zweiten Weltkrieg wurden 1950 die Contax IIa und 1951 die mit integriertem Belichtungsmesser ausgestattete Contax IIIa herausgebracht.[2)]

In diesen Kameras wurden natürlich als Wechselobjektive die hochwertigen Linsen aus dem Haus Carl Zeiss eingesetzt. Über hohes Ansehen und hohen Preis verfügten insbesondere die Sonnar-Objektive, zu denen auch die „Geschwindigkeitslinse" mit einer Blende von 1,5 (Carl Zeiss Jena Sonnar 5cm f1,5; eine Anordnung von 7 Linsen in 3 Gruppen) gehört. Mit einer Contax II und verschiedenen Wechselobjektiven (Tessar 2,8cm f8, Sonnar 5cm f1,5, Sonnar 13,5cm f4) im Gepäck besuchte ich die Friedrich-Schiller-Universität Jena und das Zeiss-Planetarium Jena. Das Hauptgebäude der Universität (1904-1918) wurde von Theodor Fischer (1962-1938) entworfen; Bruno Taut übernahm Teile der Innenraumgestaltung wie den Verputz der Decke der Eingangshalle, die Decke und Möbel des Senatssaals. Der Senatssaal wurde 1992 mit Unterstützung der Carl-Zeiss-Stiftung wiederherg estellt. Es zeichnet sich durch eine stilistische Vermischung von Neoromanik und Art déco aus. Der Entwurf bzw. Bau des Zeiss-Planetariums Jena als solches war zwar ein bahnbrechendes Ereignis, doch für das Design wurde die Grundform eines römischen Pantheons beibehalten, so dass es in einem stark konservativen, neoklassizistischen Art déco gebaut wurde. Wenn man aus dem Planetarium heraustritt, findet man links eine lebensgroße Statue von Ernst Abbe. Die Gelegenheit für ein gemeinsames Erinnungsfoto sollte man auf keinen Fall verpassen.

エルンスト・アベの等身大像
Lebensgroße Statue von Ernst Abbe

ツァイス・プラネタリウム・イエナ（Zeiss-Planetarium Jena）の正面ファサード
Frontfassade des Zeiss-Planetariums Jena

イエナ大学（1905-08）
Universität Jena（1905-08）

ラチスシェル構造の起源

Der Ursprung der Gitterschalenstruktur

山下 哲郎
Tetsuo Yamashita

column 2 — 03

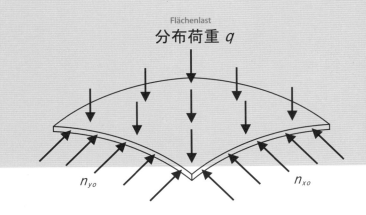
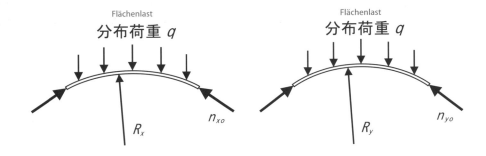

図1　シェル構造における荷重と面内力の釣合
Abb. 1　Das Gleichgewicht von Last und Membrankräften in einer Schalenstruktur

1．初のラチスシェル構造

　薄い曲面で、曲率の効果を利用して荷重を面内力で伝える構造は「シェル構造」と呼ばれる（図1）。その曲面を格子の骨組で構成する構造を「ラチスシェル」と呼ぶ[1]。
　エンジニアのヴァルター・バウアースフェルド（Walther Bauersfeld）によって1923年イエナに建設された図2のドームは、おそらく世界初のラチスシェル構造である。球面の分割には、後にバックミンスター・フラーが「ジオデシックドーム」で用いた正20面体を更に細分する方法が用いられている。その用途はツァイスのプラネタリウムのスクリーンとなるコンクリートシェルの型枠であり、世界初の美しい格子は勿体なくもコンクリートに埋まってしまう。
　ところでヨーロッパでは、大空間の構造としてアーチが最も一般的である。アーチを用いた架構は、図3のように、主アーチ→その間をつなぐ小梁→さらにその間をつなぐ孫梁……という風に、構造に明確な主従のヒエラルキーができる[2]。19世紀に同じドイツで活躍したシュベッドラーの鉄骨ドームにはまだヒエラルキーがみられるが、このラチスシェルにはない。均質で繊細な格子がどこから来たのか、興味深いところである。

2．ラチスシェルと工業技術

　均質で細い部材で構成されるラチスシェルは、実は高い精度（工業技術）を要求する。まずは部材長さ（厳密には節点間距離）の正確性である。三角形格子の骨組は、部材の長さが正確であれば組み立てるだけで目的の立体的な形を形成できる。逆に言えば部材長さの誤差はゆがみの原因となる。特に部材同士の交角が浅いラチスシェルでは、わずかな部材長さの誤差で交角が大幅に狂い、ゆがみを生じる（図4）。このような形状のゆ

図2　イエナのラチスシェル（下からコンクリートの被覆が始まっている）
Abb. 2　Die Gitterschale in Jena (von unten wird mit der Betonummantelung begonnen)

がみは座屈（荷重があるレベルに達するとシェルが凹んで崩壊する現象）を生じやすくする。

　次はジョイントである。6本の部材が1点に集まるが、部材は同一平面上にはなく、互いの角度も直角ではない。また現場の組立が容易でなければならず、座屈防止のために面外方向の曲げ剛性も必要になる。優れたジョイントの設計は現代でも難しい。ここでは図5のような、6本の部材の端部を加工して上下の金物で挟み、ボルトで閉じるジョイントが考案されたようである[2]。力学的にはピン接合であり安定性には欠けるが、工業先進国であったドイツの高い技術でこそ製造が可能であったように思われる。

3．日本での発展

　ドイツと同じく工業先進国であったイギリスではアイアンブリッジ（Iron bridge）の伝統からかアーチが多用され、南欧ではエドゥアルド・トロハやピエール・ルイージ・ネルヴィが（高い工業技術の不要な）コンクリートシェルを発展させた。実はこの後、ドイツの影響を受けた日本でラチスシェルが発展する。図6は東京西部のある小学校の体育館で、屋根は通称「ダイヤモンドシェル」と呼ばれる円筒ラチスシェルである。この構造は松下富士雄という民間の技術者により生み出された。松下はコンピュータのない1950年代に、均質なラチスを力学的に等価な固体に近似し、連続体シェルの微分方程式を用いて構造解析を行う「連続体近似法」を考案して多くのラチスシェルの名作を設計しており、この業績で構造分野では民間人初の建築学会論文賞を受賞している。

　現在はコンピュータで設計が可能で、屋根だけではなくビルの構造としてもラチスシェルが用いられる（図7）時代になったが、ラチスシェル特有の座屈や振動の特性はあまり知られていない。現在までの研究成果をまとめた構造設計指針[1]が2017年に建築学会より刊行されたので、興味のある方はぜひこれを使って美しいラチスシェルを実現して頂きたい。

1. Die erste Gitterschalenstruktur

Eine Struktur mit dünner gekrümmter Oberfläche, die Lasten, den Effekt der Krümmung nutzend, über die Membrankräfte verteilt, wird "Schalenstruktur" genannt (Abb. 1).[1] Eine Struktur, bei der die Krümmung mit einem Gitterskelett gebildet wird, nennt man „Gitterschale" (Abb. 2). Die vom Ingenieur Walther Bauersfeld 1923 in Jena errichtete Kuppel in Abb. 2 ist sehr wahrscheinlich die weltweit erste Gitterschalenstruktur. Für die Aufteilung der Kugeloberfläche wurde

図 3　アーチで構成されたドームの例
Abb. 3　Beispiel einer mit Bögen gebildeten Kuppel

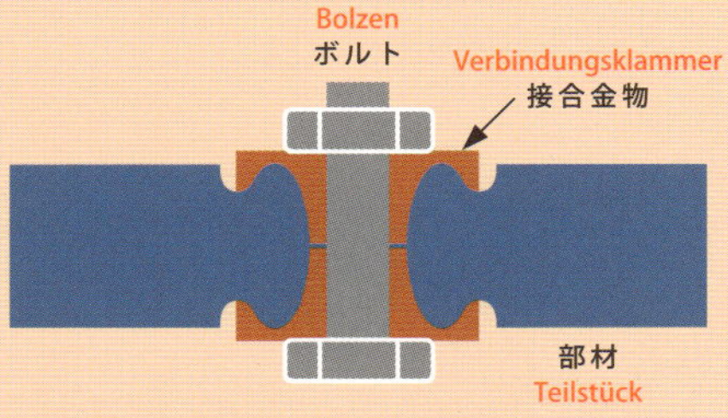

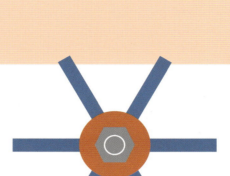

Abb. 5　Schematische Skizze einer Verbindung

図 4　部材長さ誤差の影響
Abb. 4　Der Einfluß von Längenunterschieden der Teilstücke

図 5　ジョイントの模式図[2]

図 6　円筒ラチスシェルの体育館
Abb. 6　zylindrische Gitterschale der Turnhalle

eine noch feinere Gliederung als die des regelmäßigen Ikosaeders der geodätischen Kuppeln von Richard Buckminster Fuller verwendet. Vorgesehen war sie als Schalung für die Betonschale der Projektionskuppel des Zeiss-Planetariums, so dass die weltweit erste und zudem formvollendete Gitterstruktur leider mit Beton ausgefüllt wurde.

In Europa werden im allgemeinen Bogenstrukturen für große Räume verwendet. Bogenstrukturen (siehe Abb. 3) bilden deutliche Hierarchien aus, da Hauptbögen durch Bindebalken und diese wiederum durch kleinere Bindebalken verbunden werden.[1] Diese Hierarchie findet sich im 19. Jahrhundert noch in der Stahlskelettkuppel des ebenfalls in Deutschland aktiven Johann Wilhelm Schwedler, nicht aber in der Gitterschale. Interessant ist nun, woher das homogene, feingliedrige Gitter kam.

2. Gitterschale und Industrietechnologie

Die aus homogenen, schlanken Teilen zusammengesetzte Gitterschale verlangt ein sehr hohes Maß an Präzision (Industrietechnologie). Dabei geht es zunächst um Präzision bei der Länge der Teilstücke (genauer des Abstandes zwischen den Verbindungspunkten). Wenn bei einem dreieckigen Gitterskelett die Länge der Teilstücke präzise ist, dann entsteht schon allein durch das Zusammenfügen der Teile die angestrebte dreidimensionale Form. Umgekehrt verursachen Fehler und Abweichungen in der Länge der Teilstücke Verzerrungen. Insbesondere bei Gitterschalen mit flachem Schnittwinkel der Teilstücke führt schon eine sehr geringfügige Abweichung in deren Länge zu großen Verschiebungen der Schnittwinkel und damit zu Verzerrungen (Abb. 4). Diese Verzerrungen verursachen leicht Beulen, ein Phänomen, bei dem die Schale nachgibt und zusammenfällt, wenn die Last ein bestimmtes Niveau überschreitet.

Wichtig sind auch die Verbindungen. Hier treffen sich 6 Teilstücke in einem Punkt, aber sie befinden sich nicht auf einer Fläche und stehen auch nicht im rechten Winkel zueinander. Auch der Zusammenbau vor Ort muss möglichst einfach sein und um der Enstehung von Beulen vorzubeugen, bedarf es entsprechender Biegefestigkeit nach außen. Qualitativ hochwertige Verbindungen sind auch heute noch schwer zu konstruieren, doch wurden Verbindungen entwickelt, bei denen die Enden von 6 Teilstücken wie in Abb. 5 bearbeitet, von oben und unten mit einer Metallklammer zusammengehalten und dann durch einen Bolzen verschlossen werden.[2] In mechanischer Hinsicht ist das ein Bolzengelenk mit mangelnder Stabilität. Seine Produktion wurde erst durch die fortschrittliche Technologie des Industrielandes Deutschland ermöglicht.

図7　ラチスシェル的ビル。MIUMIU 青山店
Abb. 7　Gitterschalengebäude: MIUMIU-Filiale in Aoyama

参考文献
※1 『ラチスシェル屋根構造設計指針』
日本建築学会、2016 年
※2 川口衞「ラチスシェルの出現と展開」『2011 年度日本建築学会構造大会（関東）構造部門（シェル・空間構造）パネルディスカッション資料』pp.3-27、2011 年

Literaturhinweise
1) Architektur-Insituts Japans (AIJ), *Rachisu sheru yane kôzô sekkei hôshin* (Konstruktionsrichtlinie für Gitterschalen-Dachstrukturen), 2016
2) Kawaguchi Mamoru, „Rachisu sheru no shutsugen to tenkai (Aufkommen und Entwicklung von Gitterschalen", in *2011 nendo nihon kenchiku gakkai kôzô taikai (kantô) kôzô bumon (sheru kûkan kôzô) paneru disukasshon shiryô* (Material der Diskussionsrunde der Abteilung Konstruktion (Schalen-Raum-Struktur) auf dem Jahrestreffen des AIJ 2011 (Kantô-Gebiet)), 2011, S. 3-27

3. Die Entwicklung in Japan

In England, einem Industrieland wie Deutschland, wurden aus der Tradition der Eisenbrücken (iron bridge) heraus bevorzugt Bogenstrukturen verwendet. In Südeuropa entwickelten Eduardo Torroja und Pier Luigi Nervi Betonschalen, die ohne hochwertige Industrietechnologie auskamen. So kam es, dass die Gitterschalenstruktur im unter deutschem Einfluss stehenden Japan weiterentwickelt wurde. Das Dach der Turnhalle einer Grundschule im Westen von Tokyo (Abb. 6) besteht aus einer zylindrischen Gitterschale, die üblicherweise als „Rautengitterschale" (engl. diamond shell) bezeichnet wird. Diese Struktur wurde von Matsushita Fujio, einem Ingenieur aus dem privaten Sektor, entwickelt. Ohne Computer erfand Matsushita in den 1950ern das „Kontinuum-Näherungsverfahren", bei dem durch Strukturanalyse auf Basis einer eine kontinuierliche Schale beschreibenden Differentialgleichung ein homogenes Gitter einem mechanisch äquivalenten Festkörper angenähert wird. Mit diesem Verfahren konstruierte er viele Meisterwerke in Gitterschalenstruktur und bekam für seine Verdienste als erste Privatperson im Baubereich den Forschungspreis des AIJ (Architectural Institute of Japan) verliehen.

Heutzutage ist computerbasierte Konstruktion möglich, so dass Gitterschalen nicht nur für Dächer, sondern auch bei der Gebäudestruktur Anwendung finden (Abb. 7). Doch die der Gitterschale eigene Beulung und ihre Schwingungseigenschaften sind noch nicht hinreichend bekannt. Die Ergebnisse der bisherigen Forschung wurden 2017 in einer Strukturkonstruktionsrichtlinie des AIJ zusammengefasst, deren Nutzung ich Interessierten bei der Realisierung von formschönen Gitterschalen wärmstens empfehle.

山下哲郎　**Tetsuo Yamashita**

1989	京都大学工学部建築学科 卒業
1991	京都大学大学院工学研究科建築学専攻 修了
	巴組鐵工所（現　巴コーポレーション）入社
2007	工学院大学工学部建築学科准教授
2011	工学院大学建築学部准教授
2014	工学院大学建築学部教授
	専門は空間構造と鋼構造。

1989	Abschluß des Studiums an der Abteilung für Architektur der Fakultät für Ingenieurswissenschaften der Kyoto Universität
1991	Abschluß des Gradiertenkollegs für Ingenieurswissenschaften (Richtung Architektur) der der Kyoto Universität
	Anstellung bei Tomoegumi Iron Works, Ltd. (ggw. Tomoe Corporation)
2007	Associate Professor der Abteilung Architektur der Fakultät für Ingenieurswissenschaften der Kogakuin Universität
2011	Associate Professor der Fakultät für Architektur der Kogakuin Universität
2014	Professor der Fakultät für Architektur der Kogakuin Universität
	Spezialgebiete: Raumstrukturen und Stahlkonstruktion

Deutscher Werkbund

モノ博物館 ヴェルクブントのアーカイブ

Museum der Dinge: Werkbundarchiv

杉原 有紀
Yuki Sugihara

ベルリンのクロイツベルク地区のオラーニエン通りOranienstrasseにはカフェや書店と並んでモノ博物館（Museum der Dinge）の建物がある。階段を上り、中に足を踏み入れると、数多くの日用品が陳列棚に並ぶ様子に驚くだろう。これこそ20世紀のデザインの良し悪しを見極めたヴェルクブントの活動の記録なのだ。

1907年創立のヴェルクブントは日本語ではドイツ工作連盟と訳され、アーツアンドクラフト運動やバウハウスとの比較または関連で紹介されることが多い。しかしここでは、ドイツの工芸品や工業製品の良し悪しを徹底的に分類し議論した団体として定義したい。モノ博物館を訪ねると、ブルーノ・タウトの発想の元がわかる。ブルーノ・タウトは来日すると桂離宮の美しさを称賛する一方で、日光東照宮や奈良の土産物を批判しては「いかもの、キッチュ」と言い放った。良し悪しを一刀両断するタウトの審美眼は、実は個人のものでなく、ヴェルクブントのメンバーに共有した考えた方だった。

技術の発達と科学産業の進展にともない、クラフトマンシップが消え、安価な商品が大量に流通し始めた。1903年、アドルフ・ロースは「装飾地獄」を批評し、1908年に「装飾と犯罪」というマニフェストを出版した。1909年、Gustav Pazaurekはシュトゥットガルト

In der Oranienstraße in Berlin-Kreuzberg befindet sich neben Bücherläden und Cafés das Museum der Dinge. Wer seine Eingangstreppe erklimmt und das Museum betritt, ist zumeist von den mit Gegenständen des täglichen Bedarfs gefüllten Regalen überrascht. Doch eben diese sind die Chronik der Arbeit des Werkbundes, der zwischen gut und schlecht im Design des 20. Jahrhundert zu unterscheiden suchte.

Der 1907 gegründete Deutsche Werkbund heißt im Japanischen Doitsu Kôsaku Rengô und wird oft im Zusammenhang bzw. Vergleich mit der Arts & Craft Bewegung sowie dem Bauhaus vorgestellt. Hier soll er jedoch als Verein definiert werden, der deutsche kunsthandwerkliche Arbeiten und Industrieprodukte konsequent nach ihrer Qualität kategorisierte. Ein Besuch im Museum der Dinge zeigt, woher Bruno Tauts Denken stammt. Als Bruno Taut nach Japan kommt, bewundert er einerseits die Schönheit der Kaiserlichen Villa Katsura, andererseits verwirft er den Tôshôgu-Schrein in Nikkô und Souvenirs aus Nara als „Kitsch" (*ikamono*). In der Tat war Tauts ästhetische Urteilskraft, die messerscharf zwischen gut und schlecht unterschied, keine individuelle Eigenschaft, sondern ein Denkansatz, den alle Mitgliedern des Werkbundes teilten.

Im Zuge der Entwicklung der Technologie und des Fortschritts von Wissenschaft und Industrie ging handwerkliches Können verloren und billige Waren aus der Massenproduktion kamen in Umlauf. 1903 kritisierte Adolf Loos die „Hölle des Ornaments" und veröffentlichte 1909 sein Manifest *Ornament und Verbrechen*. 1908 Gustav Pazaurek stellte daraufhin über 900 Exponate in seiner „Folterkammer des schlechten Geschmacks" im Stuttgarter Landesgewerbemuseum aus, die er als "Schundwaren" und "Hausgreuel" kritisierte. Er kategorisierte den Kitsch

1907−

ドイツ工作連盟がもたらしたもの

の工芸美術館で「うんざりする商品」と「家で嫌悪するもの」を批評し、「悪趣味の拷問室」に900以上の事例を展示した。そしてその理由を素材の間違い、デザインの間違い、装飾の誤り、キッチュに分類した。1915年、ピーター・ベーレンスやヘルマン・ムテジウスらは「形態、素材と使いやすさの第一級品」を示すカタログを出版し、キッチン器具、テーブル、家具、照明、建具など1600の日用品を掲載した。ドイツが国際的に成功するためには産業製品の質の向上が必要だと考えていたからだ。1924年、ヴェルクブントはDie Formの設立を援助し、最初の展覧会でバウハウスの試作品を展示した。1920年代は機能性を重視し「装飾のない形態」が出現した。1933年にナチスがヴェルクブントの運営に関与を始め1938年に分解した。第二次世界大戦後に復活し、1950〜60年代は子供たちを啓蒙するため「良いフォルム」の日用品が詰まった箱を学校に貸し出した。

この100年のトレンドは目まぐるしい。製造工程が手工芸から機械化に代わるにつれ、アンリ・ヴァン・デ・ヴェルデのユーゲントシュティールの作風は次第に影をひそめた。ニューパワーと称した電化製品、つまりスイッチやソケット、電話やヘアドライヤーの出現と、輸送やスポーツの発展でストリームラインが流行した。タイポグラフィーと色彩によりブランドが強化された。ナチスのまんじ形状の製品が市場で持てはやされた時期もあった。戦後もパリのエッフェル塔やピサの斜塔を象った土産物は、観光地の通俗性や旅先の感傷を表すとしてヴェルクブントの敵だった。東ドイツにはヴェルクブントが無く、情報や素材が限られていたが信号のアンペルマンを象ったユニークな製品を作っていた。やがてウィルヘルム・ワーゲンフェルドがデザインしたグラスはミラノトリエンナーレでグランプリを受賞し、ディーター・ラムスがデザインしたブラウン製品は、ニューヨーク近代美術館に収蔵されプロダクトデザインの鑑となった。今日、レッドドットデザイン賞やiFデザイン賞といったドイツにおける国際コンクールは世界から集まる製品を表彰し、そしてヴェルクブントは優れたドイツ製品を世界市場に発信している。

nach falscher Materialwahl, falscher Designwahl und falschem Ornament. 1915 veröffentlichten Peter Behrens und Hermann Muthesius einen Katalog, der „hervorragende Arbeiten im Hinblick auf Form, Material und Verwendbarkeit" zeigte und insgesamt 1600 Gebrauchsgegenstände wie Küchenutensilien, Tische, Möbel, Leuchten und Metallbeschläge auflistete. Dahinter stand der Gedanke, dass Deutschland die Qualität seiner Produkte verbessern müsse, um international erfolgreich zu sein. 1924 unterstützte der Werkbund die Gründung der Zeitschrift Die Form, deren erste Ausstellung Prototypen des Bauhauses zeigte. In den 1920ern wurde Funktionalität bevorzugt und "ornamentlose Formen" entstanden. Die Nationalsozialisten begannen ab 1933, Einfluß auf den Werkbund zu nehmen; 1938 wurde er endgültig aufgelöst. Nach Ende des zweiten Weltkrieges kam es zur Neugründung des Bundes und in den 1950/60ern wurden Werkbundkisten mit Gegenständen an Schulen verteilt, anhand derer Schüler die Gestaltungsprinzipien der „Guten Form" lernen sollten.

Der Trendwandel der letzten 100 Jahre ist schwindelerregend. Im Zuge der Umstellung der Fertigungsprozesse durch die Maschinisierung des Handwerks nahm auch der Einfluss von Henry van de Veldes Jugendstil schrittweise ab. Als „new power" bezeichnete elektrische Geräte, d.h. Schalter, Steckdosen, Telefone und Haartrockner kamen auf den Markt und durch die Entwicklung des Transports und Sports kam die Stromlinienform in Mode. Durch Typographie und Farben wurden Marken gestärkt. Zeitweise waren Produkte mit dem Hakenkreuz der Nationalsozialisten auf dem Markt heißbegehrt. Auch in der Nachkriegszeit blieben Souvenirs wie Nachbildungen des Eiffelturms und des Schiefen Turms von Pisa, die die Popularität von touristischen Orten und Sentimentalität der Reiseziele zum Ausdruck brachten, der Feind des Werkbundes. In Ostdeutschland gab es keinen Werkbund und Informationen waren nur begrenzt verfügbar; dennoch wurden auch hier einzigartige Produkte entwickelt, die vorhandene Materialien zur Geltung brachten. Schon bald gewannen von Wilhelm Wagenfeld entworfene Gläser den Grand Prix der Triennale Mailand und die von Dieter Rams entworfenen Braun-Produkte wurden in die Sammlung des New York Art Museum aufgenommen, waren sozusagen die Krone des Produktdesigns. Während heute internationale Wettbewerbe wie der „red dot design award" und der „iF award" in Deutschland Produkte aus aller Welt anziehen, bringt der Werkbund weiterhin hervorragende deutsche Produkte auf die Märkte der Welt.

Deutscher Werkbund

ヴェルクブントのドアレバー
Türklinken des Werkbundes

杉原 有紀
Yuki Sugihara

東京に住む筆者の家のドアレバーは実に普遍的な形をしている。つかむ、握る、押す、引くという行為を合理的に支える形にさしたる特色はない。私はこのデザインの出所を意識したことがなかった。

世の中にはもっと個性的なドアノブが存在する。例えばフィンランドのアルヴァー・アールト（1898-1976）が作ったのは大きなＳ字型の取っ手だ。1955年竣工のヘルシンキのラウタタロ（鉄鋼業者協同組合ビル）のために制作して以来、晩年まで自分の建築の扉に使った。フィンランド国内だけでなく、ドイツのヴォルフスブルグの文化センターや、エッセンのオペラハウスにまるで署名のように付いている。

一方、同時代に活躍した北欧の二人の建築家、スウェーデンのグンナール・アスプルンドと、デンマークのアルネ・ヤコブセンはドアレバーを制作していな

アールトのオペラハウス
Aalto-Musiktheater Essen

Unser Dank gilt
Sophie Schulz und Renate Flagmeier

オペラハウスのドアハンドル
Türdrücker des Aalto-Musiktheaters

Die Türdrücker in meinem Haus in Tokyo sind ganz normale Türdrücker. Sie sind in einer Form gefertigt, die das Greifen, Drücken und Ziehen rational unterstützt und weisen keinerlei Besonderheiten auf. Ich habe nie bewusst darüber nachgedacht, woher ihr Design stammt.

Es gibt aber auch charakteristischere Türdrücker. Da wäre z.B. der große S-förmige Türgriff des Finnen Alvar Aalto (1898-1976). Seit er sie ihn für das 1955 fertig gestellte Rautatalo-Gebäude (der Gewerkschaft der Eisen- und Stahlindustrie) hergestellt hatte, verwendete er ihn bis an sein Lebensende für die Türen seiner Bauwerke. Er bringt sie nicht nur in Finnland selbst, sondern auch am Kulturzentrum von Wolfsburg in Deutschland und am Opernhaus in Essen wie ein Signet an.

Zwei zeitgenössige Architekten aus Nordeuropa, der Schwede Gunnar Asplund und der Däne Arne Jacobsen entwerfen selbst keine Türdrücker, verwenden aber ein ähnliches Modell. Beim Erweiterungsbau des

ドイツ工作連盟がもたらしたもの

い。しかし同じドアレバーを使ったことがあった。1936年にアスプルンドがヨーテボリにて増築した裁判所では、あらゆる扉に白いドアレバーを用いた。翌年、ヤコブセンがホイビー（Højby）に建てた夏の家の、内部の木の扉にも同じドアレバーがある。ヤコブセンはアスプルンドを慕うがゆえに、時折デザインを真似する傾向にあった。親交のあった二人が、同時期に用いた白いドアレバーは誰のデザインなのか。それは長らく私の疑問だった。ドイツのファグス靴型工場で、ヴァルター・グロピウスがデザインしたドアレバーを見かけた時、これがオリジナルではないかと気づいた。それは円筒形の持ち手に直角の金具が組み合わさったデザインで、テクノルーメン（Tecnolumen）という会社が、2002年よりテクノラインという名称で復刻し販売していることがわかった。さらに情報を求めて検索するうち、ハラルド・ウェッツェル（Harald Wetzel）氏の「グロピウスのドアハンドルと現代のその他のドアハンドル」（Der Gropius-Drücker und andere Türklinken der Moderne）というウェブを見つけた。私はウェッツェル氏に連絡し、「北欧で見かけたドアレバーは、グロピウスのモデルの応用ではないか」と尋ねた。すると彼は、「それはフェルディナンド・クラマーが1925年に制

アスプルンドの増築した裁判所
Asplunds Erweiterungsbau des Gerichtsgebäudes

旧裁判所のドアレバー
Türdrücker am ehemaligen Gerichtsgebäude

ヤコブセンの夏の家
Jacobsens Sommerhaus

Gerichtsgebäudes in Göteborg verwendet Asplund an verschiedenen Türen weiße Türdrücker. In dem ein Jahr später von Jacobsen gebauten Sommerhaus in Højby findet sich an einer Holztür im Innern die gleiche Türklinke. Da sich Jacobsen zu Asplund hingezogen fühlte, tendierte er dazu, dessen Design von Zeit zu Zeit zu imitieren. Ich habe mich lange gefragt, wer von den beiden, in engem Austausch stehenden Architekten die weiße Türklinke entworfen hat.

Als ich im Fagus-Werk in Deutschland eine von Walter Gropius entworfene Türklinke fand, dachte ich mir gleich, dass es sich wohl um ein Original handelt. Sie besteht aus einem zylindrischen Griff, der an einen abgewinkelten Vierkantstab ansetzt, und wird seit 1983 von der Firma Tecnoline als Reproduktion verkauft. Auf der Suche nach weiteren Informationen entdeckte ich Harald Wetzels Internetseite "Der Gropius-Drücker und andere Türklinken der Moderne". Ich kontaktierte ihn und fragte an, „ob die Türdrücker, die ich in Skandinavien gesehen hatte, eventuell eine Ableitung von Gropius' Modell seien". Und er antwortete freundlicherweise, dass „es sich um den 1925 von Ferdinand Kramer entworfenen „Frankfurter Normendrücker" handelt".

Die Türklinke von Gropius

Herr Wetzel schreibt auf seiner Internetseite[1] Folgendes [nur teilweise wörtlich dem Original folgend]:

Die Geschichte der Bronzegießerei S. A. Loevy begann am 1. April 1855 in Berlin. Hier ließ sich der aus der

Deutscher Werkbund

作した『フランクフルト標準型ドアレバー』だ」と返事をくれた。

グロピウスのドアレバー

ウェッツェル氏のウェブからこの段落の内容を引用する。※1 1855年にベルリンで創設したユダヤ系の金物会社のルーヴィ（S. A. Loevy）は、ブロンズで扉や窓の金物を作っていた。第一次世界大戦後、ペーター・ベーレンス、アンリ・ヴァンデ・ベルデ、ミース・ファン・デル・ローエ、エーリッヒ・メンデルゾーンなど、30人以上の著名なヴェルクブントの建築家と協働を始めた。1922年、ヴァルター・グロピウスはアドルフ・メイヤーと一緒に、ルーヴィのためにドアレバーをデザインした。そしてグロピウスは自分が設計したベルリンのハウス・オテやファグス靴型工場の扉に用いた。当初、ルーヴィのディレクターはさほど興味を示さなかったが、翌年にグロピウスのドアレバーの製造権を確保した。1925年の春、バウハウスはデッサウに移動し、グロピウスは校舎や教員住宅を作る機会を得た。グロピウスはカール・フィーガー（Carl Fieger）と協働し、円筒形の持ち手をやや太くするというマイナーチェンジを施した。ルーヴィは鉄を扱っていなかった。ゾーリンゲンのEWS（エルンスト・ヴァーグナの金属製品工場、Ernst Wagener Solingen）が500セットの鉄製のドアレバーを製作して、バウハウスの評判の高まりと共にドアレバーの

夏の家の室内のドアレバー
Türdrücker im Innern von Jacobsens Sommerhaus

ファグス靴型工場
Fagus-Werk

ファグス靴型工場のドアレバー。ウェッツェル氏によると90年代の複製品
Türdrücker im Fagus-Werk. Laut Wetzel eine Reproduktion aus den 1990ern.

preußischen Provinz Posen stammende Samuel Abraham Loevy (1826-1900) als Gelbgießer nieder. Nach dem ersten Weltkrieg begann er Kooperationen mit mehr als 30 Architekten des Werkbundes, darunter Peter Behrens, Henry van der Velde, Mies van der Rohe und Erich Mendelsohn. 1922 entwarf Walter Gropius gemeinsam mit Adolf Meyer eine Türklinke für Loevy. Gropius verwendete sie im von ihm entworfenen Berliner Haus Otte sowie in der Fagus-Fabrik. Zunächst zeigte Direktor Loevy wenig Interesse, sicherte sich 1923 von Gropius aber doch die alleinigen Herstellungsrechte für den Türdrücker. 1925 siedelte das Bauhaus nach Dessau über. Hier bot sich für Gropius die Gelegenheit, ein neues Schulgebäude und eine Siedlung für die Bauhausmeister zu errichten. In Zusammenarbeit mit Carl Fieger nahm Gropius kleinere Veränderungen am Türdrücker vor und verdickte die Griffrolle leicht. Loevy hatte kein Eisen verwendet. Von der Solinger Metallwarenfabrik Ernst Wagener (EWS) wurden nun 500 Garnituren hergestellt. Im Zuge der steigenden Popularität des Bauhauses wurden Türdrücker nachbestellt. Andererseits schloss Loevy, um der Nachfrage gerecht zu werden, Lizenzverträge über die Produktion von Türdrückern mit Wehag und anderen Firmen. Loevy, noch immer im Besitz der alleinigen Herstellungsrechte, reichte daraufhin Ende 1929 beim Landgericht Berlin Klage gegen Gropius und EWS ein. Das Gericht untersagte EWS die weitere Herstellung der Türdrücker; dagegen ging die Firma in Berufung. Diesmal ging es darum, ob es sich bei

1907–
ドイツ工作連盟がもたらしたもの

注文を増やした。一方、ルーヴィも需要に応じてウェーハグ（Wehag）などライセンス契約を結んだ会社でドアレバーを生産した。1929年、ルーヴィは独占権を盾にグロピウスとEWSに対して訴訟を起こした。EWSは生産禁止の判決を言い渡されて上訴する。「ドアレバーは芸術作品か否か」が問われた。芸術作品と認められればグロピウスに著作権が発生する。しかし「ドアレバーに特に芸術的な創造性はない」という判決が出て、EWSが勝った。その結果、ドイツ中の会社がこのドアレバーを様々な素材と形状で作り始めた。やがてユダヤ人企業に対する社会的圧力が増し、ルーヴィはヒトラー台頭後に社屋を畳んだ。

フランクフルト標準型ドアレバー

グロピウスのレバーハンドルと同等の人気を博したのはフェルディナンド・クラマー（1898-1995）のデザインだった。フランクフルトで生まれたフェルディナンド・クラマーは、ミュンヘン工科大学にて建築を学ぶ。テオドア・フィッシャーの推薦でワイマールのバウハウスに入学するが、授業内容に落胆して数か月で元の大学に戻った。グロピウスは非常に残念だと手紙を記した。卒業後、クラマーは家具や照明などプロダクトのデザインを始め、1924年にヴェルクブントの展覧会「Die Form」に出展した。また、後にミースのパートナーとなるリリー・ライヒと、オランダやロンドンを

テクノルーメンのカタログ
Katalog von Tecnolumen

エルンスト・マイ・ハウス
Ernst-May-Haus

dem Türdrücker um ein Kunstwerk handelt. Wenn ja, dann stand Gropius das Urheberrecht zu. Doch das Gericht entschied für EWS, dass der Türdrücker „der notwendigen Individualität im gegebenen Fall entbehre". Im Ergebnis des Prozesses begannen Firmen in ganz Deutschland mit der Produktion des Türdrückers aus verschiedensten Materialien und Formen. Bald schon verstärkte sich der Druck auf jüdische Unternehmen und Loevy löste seinen Betrieb auf.

Der Frankfurter Normendrücker

Der von Gropius erarbeitete Türdrücker wurde ebenso populär wie das Türdrücker-Design von Ferdinand Kramer (1898-1985).

Der in Frankfurt geborene Ferdinand Kramer studierte an der Technischen Universität München Architektur. Auf Empfehlung von Theodor Fischer beginnt er am Weimarer Bauhaus zu studieren, kehrt aber nach einigen Monaten, vom Inhalt der Lehrveranstaltungen enttäuscht, nach München zurück. Gropius bedauerte das in einem Brief zutiefst. Nach Abschluss seines Studiums an der TUM begann Kramer mit dem Produktdesign von Möbeln und Lampen, die in der Werkbund-Ausstellung „Die Form" von 1924 gezeigt wurden. Desweiteren reiste er mit der späteren Lebensgefährtin von van der Rohe, Lilly Reich, in die Niederlande und nach London und erkundete Arbeiten der Gruppe „De Stijl" sowie neue Wohnbauten. 1925 war er am Siedlungsprojekt „Neues Frankfurt" unter der Leitung von Ernst May beteiligt, wurde in

Deutscher Werkbund

旅してデ・ステイルや新しい住宅を視察した。1925年にエルンスト・マイ率いる「ニュー・フランクフルト」プロジェクトに参加し、標準化部門に雇用されて、家具、照明やドアレバーをデザインした。※2 マイは5年間で15,000戸を建設した。※3 クラマーがデザインした数種の「フランクフルト標準ドアレバー」（Die Frankfurter Normendrücker）は、エルンスト・マイミュージアムの表の扉や室内のドアに残っている。最も普及した安価なモデルはウェーハグが1929年後半から1930年初めに製造したもので、グロピウスのデザインに似ていたので「バウハウス標準ドアレバー」とも呼ばれたが、特に関係は無いと言われている。ウェーハグは同時期にルーヴィからライセンスを取得してグロピウスのドアレバーも製造していた。そしてグロピウスですら、クラマーのドアレバーを自身の建築である1925年の農場機会工場（Landmaschinenfabrik Kappe）や、1928年のデッサウTörtenのジードルンクに使った。ウェーハグは国内のマーケットを広げていき、窓枠やドアレバーや様々な金具をブロンズだけでなくニッケル銀と鉄鋳物、やがてアルミで製造した。

クラマーとグロピウスの競演は1927年のシュトゥットガルトのヴァイセンホフ・ジードルンクでも実現する。ミース・ファン・デル・ローエがアートディレクターを務め、リリー・ライヒが彼を支え

エルンスト・マイ・ハウスの扉
Tür des Ernst-May-Hauses

エルンスト・マイ・ハウスの部屋のドアレバー
Türdrücker an einer Zimmertür des Ernst-May-Hauses

テルテンのジードルング
Bauhaussiedlung Dessau-Törten

der Abteilung für Typisierung des städtischen Hochbauamtes angestellt und entwarf Möbel, Lampen und Türdrücker.2) May stellte in 5 Jahren 15.000 Wohnungen fertig.3) Einige der von Kramer entworfenen „Frankfurter Normendrücker" sind im Ernst-May-Haus an der Eingangstür bzw. Türen im Innenbereich erhalten. Das am weitesten verbreitete und preiswerteste Modell wurde von der zweiten Hälfte des Jahres 1929 bis Anfang 1930 von Wehag hergestellt und wegen seiner Nähe zum Design von Gropius auch „Bauhaus-Normendrücker" genannt, stand mit diesem aber in keiner Verbindung. Wehag produzierte zur gleichen Zeit mit einer Lizenz von Loevy den Türdrücker von Gropius. Und selbst Gropius verwendete in der 1925 von ihm entworfenen Landmaschinenfabrik Kappe und der Dessauer Siedlung Törten von 1926-1928 den Türdrücker von Kramer. Wehag eroberte nach und nach den inländischen Markt und stellte Fensterrahmen und Türdrücker sowie verschiedenste Metallwaren nicht mehr nur aus Bronze, sondern auch aus Nickel-Silber-Verbindungen, Gusseisen und schließlich aus Aluminium her.

Auch bei der Stuttgarter Weißenhofsiedlung kam es 1927 zum Wettbewerb zwischen Kramer und Gropius. Dort war Mies von der Rohe künstlicher Direktor und Lilly Reich unterstützte ihn dabei. Gropius, Bruno Taut und dessen jüngerer Bruder Max Taut beteiligten sich dort mit neuen experimentellen Wohnungen. Kramer demonstrierte in der Eröffnungsausstellung den Zusammenbau eines Fertigteilhauses

1907–
ドイツ工作連盟がもたらしたもの

た。グロピウスやブルーノ・タウト、その弟のマックス・タウトは新しい実験的な住宅を展示した。クラマーはオープニング展でメイのフランクフルト・アセンブリー・メソッドに沿って、自分の家具を用いた「プレファブ住宅」を実演したり、J.J.P. アウトの住宅と、ミースの住宅の一部に自分がデザインした家具を供給したりした。

1925 年から 1939 年にかけて、人口増加にともなう住宅不足を解消するため、ひいては理想の住空間を実現するため、ベルリン、ハンブルク、ケルン、フランクフルトでは次々にジードルンクが建てられ、ドアレバーも大量に作られた。

北欧に渡るドアレバー

ヴァイセンホフ・ジードルンクの実験的集合住宅の噂はすぐに各地に伝わった。若い頃にメクレンブルクでレンガ積みや石工の仕事をしながらドイツ語を習得したヤコブセンにとって、情報を得るのは容易だったろう。ヤコブセンはアスプルンドを慕い、尊敬する建築家としてミースを挙げている。果たしてアスプルンドは裁判所に、そしてヤコブセンは夏の家に、同じ白いドアレバーを用いたのか。

スウェーデンのヨーテボリの裁判所は現在市役所である。問い合わせると、2014 年の改修工事を担当した建築家のミカエル・ネデレ Mikael Nädele 氏※4 が返信してくれた。改修工事では現代の施錠システムに合わせてすべてハンドル

JJP アウト設計の住宅
Von J.J.P. Oud entworfene Wohnungen

ミース設計の住宅
Von Mies van der Rohe entworfene Wohnungen

旧裁判所の窓
Fenster des ehemaligen Gerichtsgebäudes

nach der „Frankfurt Assembly Method" und stellte für das Haus von J.J.P. Oud und das Haus von Mies van der Rohe zum Teil von ihm entworfene Möbel bereit.

Zwischen 1925 und 1939 wurden in Berlin, Hamburg, Köln, Frankfurt und anderen Städten fortlaufend neue Siedlungen gebaut, um die durch den Bevölkerungszuwach entstandene Wohnungsnot zu lindern. Dies führte zur Massenproduktion von Türdrückern.

Türdrücker in Skandinavien

Die Kunde von den experimentellen Mehrfamilienhäusern der Weißenhofsiedlung verbreitete sich schnell. So war es auch für Jacobsen, der in jungen Jahren während seiner Tätigkeit als Maurer und Steinmetz in Mecklenburg Deutsch lernte, sicher leicht, an Informationen zu gelangen. Jacobsen nennt Mies van der Rohe als Architekten, der Asplund besonders wertschätzte. Waren es wirklich Asplund, der im Gerichtsgebäude, und Jacobsen, der in seinem Sommerhaus die gleichen weißen Türdrücker verwendeten?

Das ehemalige Gerichtsgebäude von Göteborg ist heute das Rathaus der Stadt. Auf meine Anfrage antwortete mir der federführende Architekt der Umbauarbeiten im Jahr 2014, Mikael Nädele. Bei den Umbauarbeiten wurden zur Anpassung des Schließsystems an gegenwärtige Standards alle Türklinken ausgetauscht, doch die Klinken von 1936 sind auch heute noch an den Fenstern erhalten geblieben. Diese sehen eindeutig nach den Frankfurter Normendrückern von Kramer aus. Nädele zufolge wurden diese Türdrücker

Deutscher Werkbund

は交換したが、1936年の建設当時のレバーハンドルは今なお窓に残っているという。それはまさにクラマーのフランクフルト標準ドアレバーのように見える。ナダル氏によると、1950年代初めに北欧ではこのタイプのレバーハンドルが大量生産された。そして現在もフィンランドのABLOYや、スウェーデンのHABといったメーカーが同じモデルを販売しているという。

　再びドイツのウェッツェル氏に連絡した。ウェッツェル氏もスウェーデンやデンマークでこのドアレバーを見かけ、実際に幾つかをコレクションしているという。ドイツではドアレバーは白いブロンズやニッケルで作られていたが、1920年代後半からEWSなど幾つかのメーカーが様々な色のプラスチック製のハンドルを作るようになり、黒が最も人気があった。スカンジナビアで見られるのは、1930年代半ばにFSBやChristopheryといったメーカーが製造した、鉄の芯とプラスチック製ハンドルを組み合わせたドアレバーではないかとのことだった。

渡米したヴェルクブントの建築家たち

　ややがてナチの勢力が増すと、タウトは日本に来日したが、ヴェルクブントの建築家の多くはアメリカに移った。クラマーは1933年にヴェルクブントを離れ、1934年から1951年までアメリカで過ごしプロダクトデザイナーとして成功を収めた。グロピウスは1934年にドイツ

ABLOY ドアレバー
Türdrücker der Firma ABLOY

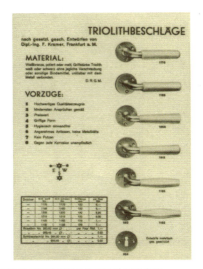

EWS 金属製品工場のカタログ 1930年頃
Katalog der Metallwarenfabrik EWS, um 1930
写真提供 Foto：Sammlung & Archiv Türdrücker der Moderne

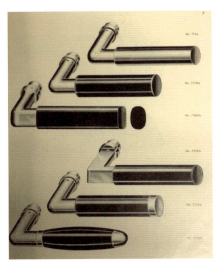

FSBのカタログ 1939～40年
Katalog der Firma FSB, 1939/40

in den 1950er Jahren in Skandinavien in Massenproduktion hergestellt. Auch heute noch werden die gleichen Modelle von der finnischen Firma ABLOY und der schwedischen Firma HAB hergestellt. Daraufhin kontaktierte ich noch einmal Herrn Wetzel in Deutschland. Er antwortete, dass er diese Türdrücker auch selbst in Schweden und Dänemark gefunden und eine kleine Sammlung angelegt habe.

　In Deutschland wurde die Türklinke aus weißer Bronze oder auch aus Nickel hergestellt, doch seit den späten 1920er Jahren begannen EWS und andere Firmen mit der Herstellung von Türdrückern mit Phenolharz-Griffen in verschiedensten Farben, von denen die schwarzen am beliebtesten waren. Herr Wetzel vermutet, dass es sich bei den Exemplaren in Skandinavien um Türdrücker aus Kunststoff mit einem Eisenkern handelt, die von der Firma FSB und der Firma Christophery seit Mitte der 1930er Jahre hergestellt wurden.

Architekten des Werkbundes in Amerika

　Als die Nationalsozialisten an Macht gewannen, kam Taut nach Japan, doch viele andere Architekten des Werkbundes emigrierten nach Amerika. Kramer verließ 1933 den Werkbund und wurde von 1934 bis 1951 in Amerika als Produktdesigner erfolgreich. Gropius verließ Deutschland 1934 und brachte die moderne Architektur in Amerika voran. Mies van der Rohe folgte ihm 1937. Der Internetseite von Herrn Wetzel nach verwendete van der Rohe 1951

1907–

ドイツ工作連盟がもたらしたもの

を離れ、アメリカで近代建築を推進した。ミースは1937年に渡米した。ウェッツェル氏のウェブによると、ミースが1951年に設計したシカゴのファンズワース邸や1952年のイリノイ工科大学の教会で使ったドアレバーは、自身が1928年にルーヴィでデザインしたモデルが元になっている。私も昨今にイリノイ工科大学を訪ねて多くの写真を撮ったが、よもやドアレバーまでミースの仕事だとは思わなかった。

匿名性をまとったドアレバーは、幾つもの海を越えて世界の各都市で使われている。それはドイツ発の良質のデザインを提唱したヴェルクブントの精神の普及に他ならない。

Unser Dank gilt
Harald Wetzel und Mikael Nädele

参考文献とウェブ（2017年6月22日閲覧）
(letzter Zugriff am 22. Juni 2017)

※1 http://gropius-druecker.de/index.html
※2 https://www.bauhaus100.de/en/past/people/students/ferdinand-kramer/index.html
※3 https://en.wikipedia.org/wiki/Public_housing#Germany
※4 Claes Caldenby, Caroline Losman, "Göteborgs Rådhus / Gothenburg court house" 2015

イリノイ大学の教会
Kapelle des Illinois Institute of Technology

イリノイ大学の教会の取っ手
Türdrücker an der Kapelle des Illinois Institute of Technology

杉原 有紀　Yuki Sugihara

1996	武蔵野美術大学造形学部映像学科卒業
1998	武蔵野美術大学大学院造形研究科デザインコース修士課程修了
2001	東京大学大学院工学系研究科先端学際工学専攻博士（学術）取得
2002	ポーラ美術振興財団若手芸術家としてパリ留学
2003	東北芸術工科大学プロダクトデザイン学科専任講師
2006-2008	東北芸術工科大学プロダクトデザイン学科准教授
2008	株式会社 ATELIER OPA 代表取締役
1996	Abschluss des Studiums an der Abteilung für bildende Künste und Wissenschaft der Fakultät für bildnerische Gestaltung der Musashino Kunsthochschule
1998	Abschluss des M.A.-Kurses Design des Graduiertenkollegs für bildnerische Gestaltung der Musashino Kunsthochschule
2001	Verleihung des Ph.D.-Grades durch das Graduiertenkolleg für Ingenieurwissenschaft (Richtung Ingenieurwissenschaft) der Staatlichen Universität Tokyo
2002	Auslandsstudium als junge Künstlerin der POLA Art Foundation in Paris
2003	Dozentin an der Abteilung für Produktdesign der Tohoku Universität für Kunst und Design
2006-2008	Associate Professor an der Abteilung für Produktdesign der Tohoku Universität für Kunst und Design
2008	Vorstandsvorsitzende des ATELIER OPA

beim Farnsworth House in Chicago und 1952 bei der Kapelle des Illinois Institute of Technology Türdrücker, denen das von ihm selbst 1928 entworfene Modell zugrunde liegt. Ich war selbst vor Kurzem in Illinois und habe viele Fotos gemacht; dabei wäre ich aber nicht auf den Gedanken gekommen, dass die Türklinke von Mies van der Rohe stammen könnte.

In Anonymität gehüllt hat die Türklinke Meere überquert und wird nun in verschiedenen Städten der Welt verwendet. Damit verbindet sich nichts anderes als die Verbreitung des Geistes des Werkbundes, der unermüdlich für gutes Design aus Deutschland geworben hat.

デザインの存在感
Präsenz des Designs

ヴォルフ U.ヴァーグナー
Wolf U. Wagner

先日、私の良き友人鈴木敏彦がバウハウスについて何か書いてくれと依頼してきた。私を知る人間なら、そんなことは私には苦もないことだと分かっている。私は名誉に思い、このテーマについて考えを巡らせることを楽しんでいる。

バウハウスが公式に存在したのはわずか14年で、特にこれが教育機関であることを考えると、非常に短かった。バウハウスの歴史、そこでの出来事、関係のあった人々、その人々が活動した場所については本書で詳しく述べられている。従って、私としては次の一点について光を当てたいと思う。すなわち、優れたデザインを幅広い層の人々の手の届くものにするという、バウハウスの重要な理念のひとつについてだ。これは、あの当時としては当たり前のことではなく、まさに革命的なことだったのだ。

バウハウスはこの主張を実行できたのか？

あの当時、専門家に依頼することができたのは裕福な人々だけで、並はずれた建築などはほとんどなく、デザインされた製品はあったが、それに手が届くのはごく限られた層だけだった。ひとつひとつ別個に作られ、従って高価だったからだ。大多数の人々はその時代の規格品、あるいは過去から引き継がれてきた規格品で満足するしかなかった。それらは決して悪くはなかった。日常生活の文化の中で育まれた規格品だったからだ。

バウハウスでは学生たちが手工業や制作と厳しく取り組み、人間工学、経済性、材料、製造技術、美学の諸観点から産業化するための製品をデザインするの

Mein guter Freund Suzuki Toshihiko hat mich vor einiger Zeit gebeten, ein paar Worte zum Bauhaus zu schreiben. Wer mich kennt weiß, dass mir das nicht schwerfällt; ich fühle mich geehrt und freue mich, die Gedanken zu diesem Thema schweifen zu lassen.

Die offizielle Zeitspanne des Bauhauses war mit den nur 14 Jahren sehr kurz, insbesondere wenn man bedenkt, dass es sich um ein Lehrinstitut handelt. Die Geschichte, die Fakten, die Akteure und Wirkungsstätten werden in diesem Buch ausführlich dargestellt, ich möchte daher nur einen Aspekt beleuchten: Einer der relevanten Gedanken des Bauhaus lag darin, gute Gestaltung breiten Zielgruppen zugänglich machen zu wollen. Das war zu der Zeit nicht selbstverständlich und geradezu revolutionär.

Gelang es dem Bauhaus, diesen Anspruch in die Tat umzusetzen?

Nur Wohlhabende konnten zu jener Zeit Fachleute beauftragen, außerordentliche Architektur war selten, gestaltete Produkte waren da, aber nur einer kleinen Schicht zugänglich, da individuell gefertigt und entsprechend teuer in der Anschaffung. Die breite Mehrheit begnügte sich mit den zeitaktuellen Standards oder dem aus der Vergangenheit Übernommenem. Diese waren keineswegs schlecht, sie verkörperten die organisch gewachsenen Standards der Alltagskultur.

Im Bauhaus wurden die Studierenden mit Handwerk und Produktion konfrontiert, erwarben Kenntnisse, die ihnen halfen, ein Produkt unter ergonomischen, ökonomischen, material- und fertigungstechnischen

に役立つ知識を身に付けた。社会的階層や購買力の如何に関わらず、幅広い客層のために良い物を開発するのだという自負は、バウハウスの重要な側面のひとつだった。

　主張の実行、それはまったく予期したものとは異なる結果をもたらした。バウホイスラー（バウハウスのメンバー）の努力の成果はエリートのものとなり、高い対価と引き換えにその品質を購入する客と発注者に行き着いたのだ。良いデザインはまたもや一握りの者たちの独占物となった。そういうわけで、幅広い人々が使えるものを市場に出す最初の試みは、当時は完全には成功しなかった。それは、バウホイスラーの力が及ばなかったからではない。むしろ、市場の調整機能が働いた結果だった。バウハウスとバウハウスが目指した製品が自由市場経済のルールに屈服したのだった。例えば、マルセル・ブロイアーのカンチレバーチェア。そのラジカルさにおいて家具デザインに新たな道を開くものであり、その具体性において革新的で経済的ではあったが、購買価格が高くなり、そのため手の届く人間は少なかった。

　バウハウス後はどうなったか。

　かなり早い時期に、日本ではバウハウスのデザイン理論の導入を校是とする私立の新建設工芸学院が設立された。著名な卒業生のひとりが1938年卒の亀倉雄策で、後に1964年東京オリンピックのロゴと1970年大阪万博のポスターのデザインで世界的名声を博した。

　第二次世界大戦後の1950年代、新設となったウルム造形大学（HFG）が長い計画立案期間を経て1953年8月3日に教育活動を開始し、マックス・ビルMax Bill、オトル・アイヒャーOtl Aicher、ヨハネス・イッテンJohannes Itten、ヨーゼフ・アルバースJosef Albersらの尽力により、バウハウスの理念を継承する、おそらく最も重要な機関として業界のリーダー的存在となったとき、そこには、社会のあらゆる層の人々のために良いデザインを開発するという主張が新たに公式化された。バウハウスの理念を越え、デザイナーが負うかもしれない社会的・政治的責任までもHFGモデルの中に引き受けた。

　その成果の中からエルコERCO（照明）、FSB（ドア・窓用金具）、ブラウンBraunなど、新しいコンセプトを持ったブランドが生まれ、この基本方針を比較的幅広い客層に向けて実行していたが、それは部分的に今日まで一貫して続けられている。ブラウンの元デザイナー、

sowie ästhetischen Gesichtspunkten für die industrielle Umsetzung zu gestalten. Der Anspruch, gute Dinge für breite Zielgruppen losgelöst vom sozialen Status und Kaufvermögen entwickeln zu wollen, war einer der wichtigen Aspekte des Bauhauses.

In der Umsetzung des Anspruchs kam alles ganz anders. Die Ergebnisse der Bauhäusler waren elitär und erreichten Käufer oder Auftraggeber, die deren Qualität zu einem hohen Anschaffungspreis erwarben. Gute Gestaltung war wieder einer restriktiven Gruppe vorbehalten. Insofern war der Ansatz, Dinge für die breite Population auf den Markt bringen zu wollen, seinerzeit nicht voll gelungen, nicht, weil die Bauhäusler das nicht vermochten, sondern vielmehr, weil der Markt sich selbst regulierte, das Bauhaus und dessen begehrte Entwicklungen den Regeln der freien Marktwirtschaft erlagen. So sind beispielsweise die Freischwinger von Marcel Breuer in ihrer Radikalität wegbereitend für das Möbeldesign, in ihrer Materialität innovativ und ökonomisch, aber eben hochpreisig und dadurch nur wenigen zugänglich.

Wie es nach dem Bauhaus weiter ging. Schon sehr früh entstand in Japan mit dem Institut für Neue Architektur und Industrial Arts (Shin-kenchiku Kōgei Gakuin) eine private Hochschule, die das Ziel der Einführung der Design-Theorien des Bauhauses in Japan verfolgte. Ein prominenter Absolvent war im Jahr 1938 Kamekura Yūsaku, der später international Bekanntheit erlangte durch die Gestaltung des Logos für die Olympischen Spiele 1964 in Tokio und das Plakat der Expo 1970 in Osaka.

Nach dem zweiten Weltkrieg bzw. in den 50er Jahren als die neu gegründete Hochschule für Gestaltung Ulm (HFG) nach langer Planungsphase am 3. August 1953 ihren Lehrbetrieb aufnahm und dank einiger Köpfe wie Max Bill, Otl Aicher, Johannes Itten und Josef Albers zu einer führenden Institution als vielleicht wichtigste Nachfolgerin des Bauhauses heranwuchs, wurde dort der Anspruch, gute Gestaltung für Menschen aus allen sozialen und gesellschaftlichen Schichten zu entwickeln, neu formuliert. Man ging hier noch weiter als das Bauhaus und zog die mögliche gesellschaftspolitische Verantwortung der Gestalter in das HFG Modell mit ein.

Im Ergebnis entstanden neu konzipierte Marken wie ERCO, FSB und Braun, die

01

02

04

06

03

05

07

1. デッサウのバウハウス、マイスター陣集合図 左からヨゼフ・アルバース、ヒネルク・シェーパー、ゲオルク・ムッヘ、ラズロ・モホリ＝ナギ、ヘルベルト・バイアー、ヨースト・シュミット、ヴァルター・グロピウス、マルセル・ブロイアー、ワシリー・カンディンスキー、パウル・クレー、ライオネル・ファイニンガー、グンタ・シュテルツル、オスカー・シュレンマー
2. カンチレバーチェア B55、1928-31 年、マルセル・ブロイアー、製作 トーネット
3. バウハウスランプ（メタルバージョン）、1924 年、ウィルヘルム・ワーゲンフェルド、製作 ワイマール国立バウハウス
4. 腕時計 AW10、ディートリッヒ・ルブス、ディーター・ラムス、製作 ブラウン
5. オリンピックロゴ、1966、日本、亀倉雄策
6. 電卓 ET22、デザイン ディートリッヒ・ルブス、ディーター・ラムス、製作 ブラウン
7. ERCO 社ロゴ、1974、オトル・アイヒャー
8. iMac、第 7 世代、ジョナサン・アイブ、製作 アップル社
9. Apple II、1984、インハウスデザイナー、製作 アップル社
10. iPhone7、2016、ジョナサン・アイブ、製作 アップル社
11. グローバル包丁、山田耕民、製作 グローバル
12. ヴォルフ U. ヴァーグナー、2017 年ポートレートとイラスト

1.Gruppenbild der Dessauer Bauhaus Meister, von links: Josef Albers, Hinnerk Scheper, Georg Muche, László Moholy-Nagy, Herbert Bayer, Joost Schmidt, Walter Gropius, Marcel Breuer, Wassily Kandinsky, Paul Klee, Lyonel Feininger, Gunta Stölzl und Oskar Schlemmer. Illustration;
2.Stuhl Freischwinger B55, 1928-31, Design Marcel Breuer, Hersteller Firma Thonet
3.Bauhausleuchte (Metallversion), 1924, Design Wilhelm Wagenfeld, Hersteller Staatliches Bauhaus Weimar
4.Armbanduhr AW10, Design Dietrich Lubs, Dieter Rams, Hersteller Firma BRAUN
5.Logo Olympia 1966 in Japan, Design Kamekura Yūsaku
6.Taschenrechner ET22, Design Dietrich Lubs, Dieter Rams, Hersteller Firma BRAUN
7.Logo Firma ERCO, 1974, Design Otl Aicher
8.iMac, 7. Generation, Design Jonathan Ive, Hersteller Apple
9.Apple II, 1984, Design inhouse, Hersteller Apple Macintosh
10.iPhone7, 2016, Design Jonathan Ive, Hersteller Apple
11.Global Messer, Design Komin Yamada, Hersteller Global
12.Wolf U. Wagner, Portrait 2017, Illustration

Präsenz des Designs bis heute

バウハウス - デザインの存在感　現在に至るまで

ディートリッヒ・ルプスDietrich Lubsはときどき私のスタジオを訪ね、私と意見交換しているが、彼はディーター・ラムスDieter Ramsやハンス・グーゲロットHans Gugelotと共に、ドイツのデザインやプロダクトデザイン全般を国際的に強く印象付けることになる、このデザイン解釈における先駆的存在と見なされている。もっとも、こういう考え方をする彼らはアヴァンギャルトの代表であったし、今もそうだ。

後に80年代になって、デザインはあたかも既定路線のように多くの企業に取り入れられた。優れたもの、並はずれたものをそれと明らかにするため、再びデザインが利用されたのだ。だが、それらはむしろ購買価格のせいで、またもや社会のごく一部の人々にしか手の届かないものとなった。もちろん、中産階級の興隆で、そういう人々が増えていったのは事実ではあるが。この時代は、同時に偉大なイタリア人デザイナーが活躍した時代でもあった。彼らは皆建築家であったのだが、これは、イタリアでは100パーセント自前のデザイナー養成専門教育が受けられなかったことによる。時を同じくしてアメリカでは、1976年スティーブ・ジョブズSteve Jobsが設立したアップル・マッキントッシュが、デザインと使い勝手の良さを当初からの基本理念とする会社として地歩を固めていた。ジョブズがビル・モグリッジBill Moggridge（IDEO）やハルトムート・エッシンガーHartmut Essinger（フロッグデザインfrogdesign‐frogはfederal republic of germanyドイツ連邦共和国の頭文字）と共同で事業を進めたおかげで、70年代と80年代、この企業が成長していくうえで核となる価値観が生まれ、それはジョナサン・イヴによって引き継がれ、アップルはついには世界で最も価値あるブランドに成長した。デザイナーたちもジョブズも、バウハウスと、その流れをくむウルム造形大学を（他を排除するわけではないにしても）信奉していると語った。アップル設立当初、あるいは最初の10年から15年くらい、このブランドと製品はデザイン偏重で、従って一般消費者のニーズに合っていないと見なされていた。

現在はどうなっている？ 今私がどこかの店に足を踏み入れたり、雑誌をパラパラめくったり、都会の道を歩いているとしよう。デザインに出会わない場所や瞬間などありはしない。お手頃価格の製品を作っているブランドでさえ、価格はもちろんのこと、デザインで議論をして

diesen Leitgedanken bereits für relativ breite Zielgruppen umsetzten und das teils bis heute konsequent weiterführen.

Dietrich Lubs, ein früherer Designer der Firma Braun – er besucht mich ab und an zum Gedankenaustausch in meinem Studio– gilt zusammen mit Dieter Rams und Hans Gugelot als Wegbereiter dieser Designauffassung, welche das deutsche Design sowie Produktdesign allgemein international prägen sollte. Doch auch diese Leute waren und sind mit ihrer Denkweise Vertreter einer Avantgarde.

Später in den 80er Jahren wurde Design programmatisch von zahlreichen Unternehmen aufgenommen. Es wurde erneut eingesetzt um das Herausragende zu spezifizieren, das Außerordentliche, das dann erneut über den Kaufpreis eher dem kleinen Kreis der Gesellschaft zugänglich war – wenn auch sich dieser Kreis dank des Aufstiegs der Mittelschicht stetig vergrößerte. Es war auch die Zeit der großen italienischen Gestalter, die alle Architekten waren, da es in Italien keine 100% eigenständige Designausbildung gab. Zeitgleich etablierte sich in den USA mit dem von Steve Jobs 1976 gegründeten Unternehmen Apple eine Firma, die Design und Usability von Beginn an zu ihren Kernwerten machte. Dank der Zusammenarbeit von Jobs mit Bill Moggridge (IDEO) und Hartmut Esslinger (frogdesign – frog steht hier für federal republic of germany) entstanden in den 70er und 80er Jahren die Kernwerte einer Unternehmensentwicklung, welche im Design von Jonathan Ive weitergeführt wurde und schließlich zur wertvollsten Marke weltweit heranwuchs. Die Gestalter sowie Jobs beriefen sich auch – wenn auch nicht ausschließlich - auf das Bauhaus und die ebenso relevante HFG Ulm. In den Anfängen von Apple bzw. in den ersten 10-15 Jahren galt die Marke und deren Produkte als designorientiert und somit zunächst nicht massenkompatibel.

Wie stellt sich die Gegenwart dar? Wenn ich heute ein Ladengeschäft betrete, in einem Magazin blättere oder durch urbane Straßen gehe, erlebe ich keinen Ort, keinen Moment ohne Design. Selbst Marken mit erschwinglichen Produkten argumentieren – neben dem Preis – mit aktuellem Design. Design ist heute allgegenwärtig, mal vordergründig sichtbar, mal intelligent integriert und oft auch unsichtbar. Es entsteht nicht

いる。今日デザインは至る所に存在する。はっきり前面に打ち出されていることもあれば、賢く統一され往々にして目立たないこともある。デザインはマーケティングの道具のひとつに過ぎないという印象を受けることも稀ではない。もちろん、最高のマーケティングはデザインに優れた製品だ。なぜなら、そういう製品は長く消費者の期待に応えるからだ。現代においてはデザインにこだわらぬマーケティング戦略、ブランド、企業はないと言っても過言ではない。もちろん中身は相も変わらず千差万別だ。どれもが良いというわけではない。残念ながら環境への負荷に配慮したものは少ないし、使用価値が十分に考え抜かれていないことも多い。従って、私や仲間が敬意を表しているものは非常に少ない。しかし、一般的に見て、良いデザインを生み出そうという努力が今日あらゆる分野でなされていることは見て取れる。物のデザインをプロの手に、デザインを専門的に習得した人々に、あるいは教える人々に委ねるのが当たり前になってきた。それに呼応するように、世界には数多くのデザイン専門の単科大学やデザインスタジオがあり、大学で学んだ企業お抱えのデザイナーも多数いる。すべてはバウハウスの教義から始まったのだ。

selten der Eindruck Design sei lediglich ein Instrument des Marketings. Dabei ist das beste Marketing ein gut gestaltetes Produkt, denn es löst dauerhaft ein, was Konsumenten von ihm erwarten. So gut wie keine Strategie, keine Marke, kein Unternehmen verzichten im Heute auf Gestaltung. Natürlich sind die Unterschiede weiterhin vielschichtig. Nicht alles ist gut – leider, weniges ist umweltverträglich, auch der Gebrauchswert ist oft nicht ausreichend durchdacht; nur sehr weniges wird daher von einigen Kollegen und von mir respektiert, aber allgemein ist heute das Bemühen um eine gute Gestaltung in allen Bereichen erkennbar. Es ist selbstverständlich geworden, die Gestaltung der Dinge in professionelle Hände zu geben; denen zu vertrauen, die Methoden der Gestaltung fachlich erlernt haben oder diese lehren. Entsprechend gibt es heute weltweit zahlreiche Designhochschulen, Designstudios und in den Unternehmen angestellte akademisch ausgebildete Designer. Angefangen hat das mit der Lehre des Bauhauses.

ヴォルフ U. ヴァーグナー
Wolf U. Wagner

ドイツ、ダルムシュタット大学で初めは建築を、その後、主としてウルム造形大学 HFG 出身であるベルント・モウラー Bernt Meurer 教授の下で工業デザインを学ぶ。1998 年フランクフルト・アム・マインにスタジオ・ヴァーグナー：デザイン Studio Wagner:Design を設立。ヨーロッパと日本のブランド向け製品を開発。iF デザイン賞、レッド・ドット・デザイン賞、シカゴ・グッド・デザイン賞など受賞多数。多くのブランドのエグゼクティブ・クリエイティブ・ディレクターを務め、様々な大学でたびたびプロダクトデザインと建築の教鞭をとる。ドイツデザインクラブ (DDC) の理事、現在は DDC ディレクター。数々の委員会のメンバーを務める。クリエイティブ・インダストリー大使として活動、DDC グッドデザインコンテストについて活発に双方向の対話を行う。日本文化の良き理解者であり、定期的に来日している。ヴォルフの信念：私はものとものの間に空間を造る！

Wolf U. Wagner studierte zunächst Architektur und dann Industriedesign in Darmstadt/Deutschland, u.a. bei Professor Bernd Meurer, ein Absolvent der HFG Ulm. 1998 gründete er in Frankfurt am Main/Deutschland das Studio Wagner:Design. Das Unternehmen entwickelt Produkte für Marken aus Europa und Japan. Die Entwicklungen sind mit zahlreichen Awards wie iF Award, REDDOT, Good Design Chicago, u.a. Awards prämiert. Wolf ist Ececutive Creative Director mehrerer Marken und hat wiederkehrend Lehraufträge an verschiedenen Hochschulen (Produktdesign und Architektur). Er war langjähriger Vorstand des Deutschen Designer Club (DDC), ist DDC Director Industrie und Mitglied in mehreren Gremine. Er betätigt sich als Botschafter der Kreativindustrie, regt den bilateralen Dialog zu Guter Gestaltung an. Zudem ist er ein Freund der japanischen Kultur und bescht Japan regelmäßig. Wolfs Credo: Ich gestalte den Raum zwischen den Dingen!

3 ドイツ派、妻木頼黄と矢部又吉

Die deutsche Schule: Tsumaki Yorinaka und Yabe Matakichi

　日本は幕末から明治時代にかけての「近代化」に際し、アメリカやヨーロッパ各国から多くを学んだ。どの分野をどの国から学ぶのか、そこには様々な歴史的経緯があった。新たな技術や制度を受け入れるには日本側に何らかの意図や選択もあったことだろう。建築についてはイギリスから来たジョサイア・コンドル（Josiah Conder, 1852-1920）によって本格的な洋風建築教育が始まった。明治政府は官庁建築に記念碑的な古典主義建築を期待し求めたが、彼の作風がそれに完全にあっていたとはいえない。

　一方、1885年の内閣制度創設、1890年の帝国議会開設にあたっては、その主導者だった伊藤博文は、欧州の新興列強国プロイセン王国に範を求めた。新たな国の形を具現化した官庁建築群を計画するに際し、政府が案を求めたのもプロイセン王国の首都ベルリンの建築家たちだった。そして1886年、後に官庁営繕のドンとなる妻木頼黄ら20名弱の建築家や技術者たちがベルリンに向かった。日本の西洋古典主義建築の中で独特の力強さと存在感を示したドイツ風ネオ・バロック建築の系譜はこうして始まったのである。

　本章を読むと、建築様式だけでなく人間模様も国境を越えて交錯していたことがわかるだろう。文豪であり軍医だった森鷗外は実は妻木と面識があり、ベルリンにて建築における衛生の問題を深く掘り下げていた。そしてベルリン留学後に日本で幾つもの銀行建築を手がけた矢部又吉は、日本滞在中のブルーノ・タウトと邂逅していた。東京の森鷗外記念館に残る刺繍用型板は森鷗外のロマンスを今日に伝えるが、その中の小さな馬蹄形のデザインを見れば、読者はタウトが設計したブリッツの集合住宅をも思い出すだろう。現存する建築の歴史を紐解くと、先人たちも血肉の通った人間として、様々な日常を生きていたことがわかる。

Während seiner „Modernisierung" im Übergang von der Bakumatsu-Zeit zur Meiji-Zeit lernte Japan viel von Amerika und Europa. Verschiedene historische Faktoren entschieden darüber, aus welchem Land was gelernt wurde. Japan hatte bestimmte Ziele und wählte bei der Übernahme von neuen Technologien und Systemen entsprechend aus. Die eigentliche Ausbildung in westlicher Architektur begann mit der Ankunft des englischen Architekten Josiah Conder (1852-1920) in Japan. Obwohl sich die Meiji-Regierung für öffentliche Gebäude einen monumental-klassizistischen Stil wünschte, entsprach Conder diesem Wunsch nicht umfassend.

Andererseits suchte Itô Hirobumi, der bei der Schaffung eines Kabinettsystems 1885 und der Einsetzung des Parlaments (Reichstag) 1890 eine führende Rolle gespielt hatte, die Orientierung an der neuen Großmacht in Europa, dem Königreich Preußen. Die Regierung vergab Aufträge für zentrale Amtsgebäude, die die Gestalt des neuen Staates zum Ausdruck bringen sollten, deshalb an Architekten aus Preußens Hauptstadt Berlin. Darüberhinaus reisten 1889 insgesamt knapp 20 japanische Architekten und Ingenieure nach Berlin, unter ihnen auch der später in der Instanthaltung von Amtsgebäuden führende Tsumaki Yorinaka. Mit ihnen beginnt die Traditionslinie des deutschen Neo-Barocks, die innerhalb der westlich-klassizistischen Architektur in Japan eine besondere Stärke und Präsenz entfaltete.

Nach dem Lesen dieses Kapitels werden Sie verstehen, dass sich dabei nicht nur architektonische Stile, sondern auch Persönlichkeitsmuster über Landesgrenzen hinweg vermischten. Der Literat und Militärarzt Mori Ôgai kannte Tsumaki persönlich und forschte in Berlin intensiv zum Aspekt der Hygiene in der Architektur. Yabe Matakichi, der nach seiner Rückkehr aus Berlin in Japan mehrere Postämter in Angriff nahm, hatte eine zufällige Begegnung mit Bruno Taut, der gerade in Japan weilte. Die Stickvorlage, die in der Mori-Ôgai-Gedenkstätte in Tokyo aufgewahrt wird, erzählt auch heute noch von Mori Ôgais Romanze. Wenn Sie das darin enthaltene, kleine Hufeisen entdecken, werden Sie sicher an die Hufeisensiedlung von Bruno Taut in Berlin-Britz denken. Beim Enträtseln der Geschichte uns hinterbliebener Bauwerke wird uns bewusst, dass auch unsere Vorfahren als Menschen aus Fleisch und Blut den Alltag auf verschiedene Weisen bewältigten.

ベルリンの妻木頼黄と彼をめぐる人々

―森鷗外、エンデ、ベックマン、ゼール、矢部又吉―

Tsumaki Yorinaka und sein Kreis in Berlin

Mori Ôgai, Ende, Böckmann, Seel und Yabe Matakichi

中島 智章
Tomoaki Nakashima

はじめに

本稿は日本建築学会編『妻木頼黄の都市と建築』[1]に記した「工手学校と妻木頼黄」に基づきつつ、2016年8月25日から9月2日にかけて実施したベルリン近世近代建築調査によって得られた知見を加味して増補したものである。

妻木頼黄は1916年（大正5年）10月10日に亡くなり、日本建築学会の機関誌『建築雑誌』第359号において追悼特集が組まれた。辰野金吾、片山東熊、曾禰達三、中村達太郎、古市公威ら、当時の建築界や官界の錚々たる面々が追悼記事を寄せている。この中で、幾人かが妻木の大きな業績の一つとして工手学校の会計主任としての仕事をあげており、なかでも辰野はその記事の五分の一ほどをこの件に対して当てている。というより、この記事において辰野は妻木の人格について称揚するのみで、その業績について具体的に挙げているのは、唯一、工手学校の件のみといってもよいだろう[2]。

いわく、「妻木君の功績の大なる一として、工手学校の会計主任たりし事を挙げたい、会計主任として十数年従事された工手学校の経済状態が今日の様に強固になりしは全く君の功績である。君が会計主任となった時は工手学校は未だ五千円の負債を持って居った。今日は現金十数万円を基金を有するの盛境に到らしめたのである。其の間随分苦しき事情もあった様であるが、其の経営宜しきを得て今日の盛大を来したに付ては学校は勿

Einführung

Der vorliegende Beitrag stellt eine erweiterte Fassung meines Artikels "Die Kôshu Gakkô und Tsumaki Yorinaka" im vom Architektur-Institut Japans (AIJ) herausgegebenen Band *Tsumaki Yorinakas Stadt und Architektur*[1] dar. Hinzugefügt wurden Erkenntnisse, die während eines Forschungsaufenthalts vom 25. August bis 2. September 2016 über neuzeitliche und moderne Architektur in Berlin gewonnen wurden.

Am 10. Oktober 1916 verstarb Tsumaki Yorinaka und die Fachzeitschrift der AIJ *Kenchiku Zasshi* (Zeitschrift für Architektur) widmete ihm mit Nr. 359 eine Gedenkausgabe. Größen der zeitgenössischen Architektur- und Beamtenkreise wie Tatsuno Kingo, Katayama Tôkuma, Sone Tatsuzô, Nakamura Tatsutarô und Furu'ichi Kô'i steuerten umgehend Beiträge bei. Darin verweisen sie wiederholt auf Tsumakis Verdienste als Leiter der Rechnungsprüfung der Kôshu Gakkô (als Technikerschule Vorläufer der heutigen Kogakuin Universität in Tokyo); Tatsuno widmet diesem Aspekt sogar ein Fünftel seines Artikels, so dass er außer dem Lob für Tsumakis Persönlichkeit in Bezug auf konkrete Verdienste nur sein Wirken an der Kôshu Gakkô erwähnt:

„Als einen der großen Verdienste meines Freund Tsumaki möchte ich seine Tätigkeit als Leiter der Rechnungsprüfung an der Kôshu Gakkô hervorheben. Dass sich die finanzielle Situation der Kôshu Gakkô bis heute so stabilieren konnte, ist ganz und gar das Verdienst seiner mehr als 10 Jahre langen Anstrengungen als Leiter der Rechnungsprüfung. Als er diesen Posten antrat, hatte die Kôshu Gakkô noch Schulden von 5.000 Yen. Er hat sie in die erfeuliche Lage versetzt, dass sie heute über ein Kapital von mehr als 10.000 Yen in bar verfügt. Zwischenzeitlich war die Situation recht erdrückend, doch seit die Schule gutes Managment erfährt, ist sie zu ihrer heutigen Pracht herangewachsen und sagt natürlich: Tsumaki, wir danken dir!"[2]

論吾々は妻木君に感謝する所である。」

大熊喜邦による妻木の業績紹介にも工手学校との関わりが下記のように言及されている※3。

「これを建築技術者養成の方面より観察せんか、明治二十年東京工手学校の創設せらるるや其二十九年入て建築工事委員、同三十年管理委員となり、同三十三年以来博士の病革まるに至る迄理事兼会計主任とし其間また建築科教務主理として学校経営の衝に当られ、間接に将又直接に建築技術者養成に努められたる功績亦決して没す可きにあらず。」

以上のように当時の建築界の重鎮は、妻木の工手学校の教育と経営に対する貢献をその業績の中でも高く評価していたといえる。一方、辰野は追悼記事において妻木の建築作品を褒めることはなかったが、建築学会としてその作品を顕彰したことはある。すなわち、1905年（明治38年）12月、建築学会の機関誌『建築雑誌』第228号の「時報」に「我邦建築界の名誉」として次のような記事が出ている※4。

「工学博士妻木頼黄氏は今春白耳義國利栄寿博覧会の開催に際し其設計監督の下に昨夏竣成したる横浜正金銀行の設計図案を出品したるに今回同博覧会より名誉章を贈与せられたり。新築正金銀行は多くの経費と永き歳月とを要し漸く竣工したるものにして同博士は此起工前普く欧米各国の建築を視察し其卓絶の手腕と考察の結果とを綜合して該事業を速成したるものなれば其結構の完備は優に名誉章を値せしものならむ。我邦建築家にして万国博覧会より名誉章を得たるは実に今回を以て嚆矢とするものにして是れ只に同博士一身上の名誉なるのみならず我國建築の進歩発達を世界に表明したるものと云ひて可なり。」

（筆者が句点2カ所を補った）

「白耳義國利栄寿博覧会」とは、1905年にベルギーのフランス語圏の中心都市リエージュ（Liège、当時はLiégeの綴りもみられた）で開催された「1905年万国国際博覧会」（Exposition

Desweiteren wird sein Engagement an der Kôshu Gakkô in Ôkuma Yoshikunis Vorstellung von Tsumakis Verdiensten wie folgt erwähnt:

„Wenn wir auf den Aspekt der Ausbildung von Architekten und Bauingenieuren schauen, dann wurde die Kôshu Gakkô 1887 gegründet. 1896 wird [Tsumaki] Mitglied der Bauleitungskommission, 1897 des Verwaltungsrates und von 1900 bis zu seinem Tode war er Vorstandsmitglied und Leiter der Rechnungsprüfung sowie gleichzeitig als Studiendekan der Abteilung für Architektur in strategisch wichtigen Positionen des Managements aktiv. Deshalb werden seine indirekten und direkten Verdienste für die Ausbildung von Architekten und Ingenieuren unvergessen bleiben."3)

Wir können also sagen, dass zeitgenössische Autoritäten der Architekturwelt unter seinen Verdiensten Tsumakis Beitrag zur Ausbildung und zum Management der Kôshu Gakkô besonders schätzten. Obwohl Tatsuno in seinem Nachruf keine Bauwerke Tsumakis hervorhebt, hat das AIJ seine Werke durchaus gewürdigt. In Nr. 228 der *Kenchiku Zasshi* vom Dezember 1905 findet sich in Abschnitt „Die Ehre unserer Architekturwelt" der Kolumne „Nachrichten" folgender Artikel:

„Dem Doktor der Ingenieurwissenschaften Tsumaki Yorinaka, der zur in diesem Frühjahr stattfindenden Weltaustellung im belgischen Liége die Baupläne der unter seiner Aufsicht im Sommer letzten Jahres errichteten Yokohama Specie Bank in den Wettbewerb einbrachte, wurde ein Ehrenpreis verliehen. Mit hohen Kosten konnte die neue Yokohama Specie Bank nach monatelanger Arbeit endlich fertig gestellt werden. Vor Beginn der Bauarbeiten inspizierte der Doktor Bauwerke in einer Vielzahl europäischer Länder. Die Summe seiner vortrefflichen Fähigkeiten und Beobachtungen hat die zügige Fertigstellung dieses Projekts vorangetrieben, so das die Vollendung des schönen Baus den Ehrenpreis vollauf verdient. Es ist in der Tat das erste Mal, dass ein Architekt unseres Landes einen Ehrenpreis auf einer Weltausstellung erhält und bedeutet deshalb nicht nur eine Ehre für den Doktor, sondern demonstriert der Welt auch den Fortschritt und die Entwicklung der Architektur unseres Landes."4)

Die Rede ist hier von der Weltausstellung 1905 im belgischen Liège (damals Liége geschrieben), einer zentral im französisch-sprachigen Gebiet gelegenen Stadt (Exposition Universelle et Internationale de Liège de 1905). In der Gedenknummer 359 der *Kenchiku Zasshi* nimmt auch Yabashi Kenkichi in seinem Nachruf auf Tsumaki darauf Bezug und lobt: „Sucht man nach einem repräsentativen Werk, in dem die Ingenieurkunst des Doktors greifbar wird, dann muss man zu allererst von der Yokohama Specie Bank sprechen. Mit deren Konstruktion hat er am Wettbewerb der Weltausstellung im

妻木頼黄
1859-1916
代表作は横浜赤レンガ倉庫と日本橋。37歳でドイツに渡り、ベルリン工科大学校や、エンデとベックマンの事務所でヨーロッパの建築を学ぶ。

Tsumaki Yorinaka (1859-1916), bedeutende Bauwerke: die Ziegelstein-Lagerhäuser von Yokohama und die Nihonbashi-Brücke. Mit 37 reist er nach Deutschland und studiert europäische Architektur an der Technischen Hochschule Berlin sowie im Büro von Ende und Böckmann.

[褒賞]（工手学校再築に際し寄付）発：工手学校特撰管理長渡辺洪基、宛：妻木頼黄、明治31年2月、妻木頼黄家資料番号62（日本建築学会所蔵）（拙稿「工手学校と妻木頼黄」p.71に所載）

„Preis (verliehen anlässlich des Wiederaufbaus der Kôshu Gakkô) von Watanabe Hiromoto, dem gewählten Vorsitzenden der Schulleitung an Tsumaki Yorinaka, Februar 1898", registriert als Nr. 62 der Materialien aus dem Haus von Tsumaki Yorinaka (im Besitz der AIJ, abgedruckt in Nakashima Tomoaki, „Die Kôshu Gakkô und Tsumaki Yorinaka", S. 71).

旧横浜正金銀行本店（1904）
Die ehemalige Hauptfiliale der Yokohama Specie Bank (1904)

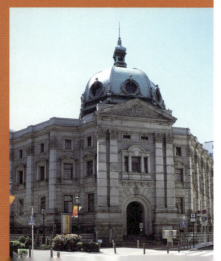

universelle et internationale de 1905）のことである。この件については、『建築雑誌』第359号の矢橋賢吉による妻木追悼記事においても、「博士の技術を具体化した代表的製作を求むれば、何といっても正金銀行の建築を第一に推さねばなるまい。其設計を白國『リエージュ』の博覧会に出品して『ゴールドメダル』を授与されたのは洵に当然な名誉といふべきである」というふうに称揚されている※5。

これらの記事で言及されているのは、1969年（昭和44年）指定の重要文化財建造物「旧横浜正金銀行本店本館」（現在は神奈川県立歴史博物館）である※6。これは妻木の代表作のみならず、わが国における「ドイツ派」古典主義建築の傑作といわれている※7。妻木は1886年、官庁建築の計画に携わる臨時建築局技師としてベルリンに赴き、1889年に帰国している。この間、ベルリンの建築家ヘルマン・グスタフ・ルイス・エンデ（Hermann Gustav Louis ENDE, 1829-1907）、および、ヴィルヘルム・ベックマン（Wilhelm BÖCKMANN, 1832-1902）らと仕事をしており、また、同時期には森鷗外もベルリンに滞在していたことから、その知遇を得たはずである。

本稿では、工手学校と妻木の関係に焦点を当てて、工手学校において彼が果たした役割や工手学校での彼の弟子について紹介する。また、妻木が矢部をベルリンに送るのに活用した人脈について触れ

belgischen Liège teilgenommen und eine Goldmedaille gewonnen, eine wahrlich selbstverständliche Ehre."5)

Es handelt sich bei der in diesen Artikeln erwähnten Bank um das „Hauptgebäude der ehemaligen Hauptniederlassung der Yokohama Specie Bank" (gegenwärtig Museum für Kulturgeschichte der Präfektur Kanagawa), welches 1969 in der Kategorie Bauwerke zu einem wichtigen Kulturgut erklärt wurde.6) Es ist nicht nur repräsentativ für Tsumakis Werke, sondern auch als Meisterwerk der „deutschen Schule" der klassizistischen Architektur in Japan anerkannt.7)

Als Ingenieur des provisorischen Bauamtes, das an der Planung von Regierungsgebäuden beteiligt war, reiste Tsumaki 1886 nach Berlin und kehrte 1889 von dort zurück. Während dieser Zeit arbeitete er mit den Berliner Architekten Hermann Gustav Louis Ende (1829-1907) und Wilhelm Böckmann (1832-1902); und da sich zu dieser Zeit auch Mori Ôgai in Berlin befand, sollte er ihn kennengelernt haben.

Im vorliegenden Artikel werde ich mich auf Tsumakis Verbindung mit der Kôte Gakkô konzentrieren und seine dortige Funktion sowie seine Schüler an der Kôte Gakkô vorstellen. Ich werde auch auf Tsumakis persönliche Beziehungen eingehen, über die er Yabe nach Berlin schicken konnte. Da Tsumakis Europareise den Vorbereitungen für die Gründung der Kôshu Gakkô vorausgeht, werde ich hier mit seiner Abreise beginnen.

1. Tsumakis Aufenthalt in Berlin und seine persönlichen Beziehungen vor Ort

Tsumaki Yorinaka wurde am 21. Januar 1859 als ältester Sohn eines *hatamoto* (Bannerträger, unmittelbarer Vasall des Shôgun) geboren.8) Von 1876 bis 1877 unternahm er eine Reise nach Amerika. Nach seiner Rückkehr beginnt er im 6. Jahrgang ein Studium an der Bauabteilung der Kaiserlichen Ingenieurschule, das er jedoch abbricht. 1882 schreibt er sich in der Abteilung

ていくこととする。妻木の渡欧は工手学校の設立準備事業の開始に少々先立つゆえ、本稿では妻木の旅立ちから始める。

1. 妻木のベルリン滞在と当地での人脈

妻木頼黄は、1859年（安政6年）1月21日、旗本の長男として生まれた※8。1876年から1877年にかけて渡米し、帰国後に工部大学校造家学科に第6期生で入学したが、中途で退学し、1882年にコーネル大学の建築学科に入学、1884年6月19日に卒業した。1885年9月12日に帰国して、11月17日に東京府御用掛に任じられている。妻木がドイツに渡ったのはその翌年、1886年のことだった。官庁建築の計画に携わる臨時建築局技師として渡辺譲、河合浩蔵やその他の建築関係の技術者14、5名とともにベルリンに赴き、1889年に帰国している。この間、妻木は後に裁判所や司法省の建築を設計したエンデとベックマンの事務所で実務に携わっており、森鷗外とも接触があったと考えられる。

この時に関わったエンデとベックマンは※9、ともにベルリンのバウアカデミー（Bauakademie）で建築教育を受けており、エンデが1851年、ベックマンが1854年に入学している。したがって、エンデはベックマンの3年先輩にあたる。1860年に共同で建築設計事務所を開設した。ベルリンでは最初期の「建築設計事務所」の一つである。そしてベルリンと、ベックマンの生地エルバーフェルトを中心に住宅建築などを建設した。現存する作品としては※10、ベルリン動物園のアンティロープ舎、旧フォン・デア・ハイト邸、旧ベックマン自邸、ポツダムの旧ベックマン別邸、および、別の旧ベックマン別邸付属屋、東京の旧司法省庁舎がある。

エンデは1829年3月24日、ランツベルクで生まれた。1874年に芸術アカデミー（Akademie der Künste）会員となり、1895年には学長に就任している。一方、1877年にはベルリン工科大学校（Technische Hochschule Berlin）の教授となり、1897年まで同職にあった。後に英国王立建築家協会（RIBA, Royal Institute of British Architects）の名誉会員となり、1891年にプロイセン勲功賞が授けられた。また工科大学校初の

für Architektur der Cornell University ein und schließt diese am 19. Juni 1884 ab. Am 12. September 1885 kehrt er nach Japan zurück und wird dort am 17. November zum *goyôgakari* (Beamter mit beratender Funktion) der Präfektur Tokyo ernannt. Nach Deutschland macht er sich ein Jahr später auf den Weg, d.h. 1886. Als Ingenieur des provisorischen Bauamtes, das an der Planung von Regierungsgebäuden beteiligt war, begibt er sich mit Watanabe Yuzuru und Kawai Kôzô sowie 14 bzw. 15 weiteren Ingenieuren nach Berlin und kehrt 1889 zurück. Während seines Aufenthaltes dort ist Tsumaki mit praktischen Arbeiten im Büro von Böckmann und Ende beschäftigt, welche später die Gebäude für den Obersten Gerichtshof und das Justizministerium entwerfen. Es ist denkbar, dass er auch mit Mori Ôgai in Berührung kommt.

Ende und Böckmann[9], mit denen er während dieser Zeit zu tun hat, erhielten ihre Ausbildung an der Berliner Bauakademie, an der Ende sich 1851 und Böckmann 1854 immatrikulierten. Folglich war Ende Böckmann drei Jahre voraus. 1860 eröffnen sie gemeinsam ein Architekturbüro, eines der ersten in Berlin, und entwerfen u.a. Privathäuser (Villen) vorwiegend in Berlin und Böckmanns Wohnort Elberfeld. Von ihren Bauwerken[10] sind das Antilopenhaus im Zoologischen Garten Berlin, die Villa von der Heydt, die Villa Böckmann (in Elberfeld), das Landhaus Böckmanns (Villa Böckmann) in Potsdam sowie Nebengebäude des Landhauses Böckmann und das Justizministerium in Tokyo erhalten.

Ende wird am 24. März 1829 in Landsberg geboren. 1874 wird er Mitglied der Preußischen Akademie der Künste und tritt 1895 das Amt des Präsidenten der Akademie an. Daneben ist er von 1877 bis 1897 Professor an der Technischen Hochschule Berlin. Später wird er zum Ehrenmitglied des Königlichen Instituts Britischer Architekten (RIBA, Royal Institute of British Architects) ernannt und bekommt 1891 den Orden Pour le Mérite verliehen. Außerdem wird ihm der erste Doktortitel der Technischen Hochschule Berlin verliehen. Er stirbt 1907.

Böckmann wird am 29. Januar 1832 in Elberfeld (heutiges Wuppertal) geboren. 1869 wird er Vorsitzender des Architektenvereins zu Berlin und setzt sich dort für die Anerkennung des beruflichen Qualifikationsprofils von Architekten ein. Wann genau ist unklar, doch er war auch Professor an seiner alma mater, der Bauakademie. 1902 wird er Geheimer Baurat, verstirbt jedoch noch im selben Jahr.

Zur Zeit von Ende und Böckmanns Wirken entstanden in Berlin nach und nach der Hauptstadt des 1871 gegründeten Deutschen Reiches angemessene Ensembles öffentlicher Gebäude. Als repräsentative Beispiele wären das Reichstagsgebäude (1884-94), zwei Museen der mit fünf Museen bebauten Museumsinsel, die Nationalgalerie (1866) und das Bode-Museum (1897-1904) zu nennen.

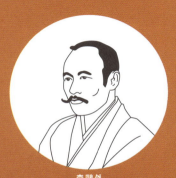

森鷗外
1862-1922

本名は森林太郎。軍医であり小説家。東京大学卒業後、ドイツで衛生制度を研究するため4年を過ごす。ドイツでの恋愛を短編『舞姫』に執筆。

Mori Ōgai (1862-1922), bürgerlicher Name Mori Rintarô, Stabsarzt und Schriftsteller, verbringt nach Abschluss des Studiums an der Kaiserlichen Universität Tokyo vier Jahre in Deutschland und forscht zu Fragen der Hygiene. Eine romantische Beziehung in Deutschland verarbeitet er in seinem Werk *Die Tänzerin*.

マリーエン通りの森鷗外記念館。森林太郎のベルリン留学中（1884-1888）の下宿が記念館となっている。

Die Mori-Ôgai-Gedenkstätte in der Marienstraße. Mori Shintarôs Herberge während seines Aufenthalts in Berlin wurde zur Gedenkstätte.

ヘルマン・グスタフ・ルイス・エンデ
1829-1907

ベルリンで最初期の建築設計事務所を開設した建築家。代表作はドイツユニオン銀行やベルリン動物園、日本では司法省や最高裁。1877年にベルリン工科大学校建築学科教授。

Hermann Gustav Louis Ende (1829-1907), Architekt, der in Berlin das erste private Architekturbüro eröffnete. Bedeutende Bauwerke: Gebäude der Deutschen Union-Bank und des Zoologischen Gartens Berlin, in Japan das Justizministerium und der Oberste Gerichtshof. 1877 wird er Professor der Abteilung für Architektur der Technischen Hochschule Berlin.

博士号が授与されている。1907年に没した。ベックマンの方は1832年1月29日、エルバーフェルト（現在のヴッパータル）で生まれた。1869年、ベルリンの建築家協会会長となり、当地における建築家の職能の確立に努めたという。時期は不詳だが、母校バウアカデミーの教授職にあったこともある。1902年には枢密建築監督官（Geheimer Baurat）となったが、同年没している。

エンデとベックマンが活躍した時代のベルリンでは、1871年に成立したドイツ帝国の首都として、それにふさわしい公共建築群が次々に建設されていった。代表的なものとしては、国会議事堂（Reichstagsgebäude 1884-94）があり、博物館島（Museumsinsel）に建つ5棟の博物館のうちの2棟、ナツィオナルガレリー（Nationalgalerie 1866）、ボーデムゼウム（Bode-Museum 1897-1904）も挙げられるだろう。少し後になるがベルリン大聖堂（Berliner Dom 1905-）もドイツ帝国時代の代表的な様式建築である。エンデとベックマンはそれらのような大規模公共建築に携わってはおらず、当時のベルリンを代表する建築家とはいえないかもしれないが、民間にあってプライベートな建築設計事務所という職能を確立するのに大いに力を振るい、教育の世界でも活躍していた。妻木がベルリンに滞在した1886年から1889年までの時期も、エンデはベルリン工科大学校の教授であり、それゆえ、妻木らと同校との関係も結ばれたと思われる。

Obwohl etwas späteren Datums zeigt sich auch im Berliner Dom (1905-) der repräsentative Baustil der Zeit des Deutschen Reiches. Da Ende und Böckmann nicht an solchen Großprojekten öffentlicher Gebäude beteiligt waren, kann man sie vermutlich nicht zu den repräsentativen Architekten des damaligen Berlins zählen. Dennoch haben sie sich stark für die Anerkennung des Knowhows von Architekturbüros im privaten Sektor eingesetzt und waren auch im Ausbildungsbereich aktiv. Auch als Tsumaki von 1886 bis 1889 in Berlin weilte, war Ende Professor an der Technischen Hochschule Berlin, so dass Tsumaki vermutlich auch Verbindungen mit dieser knüpfen konnte.

2. Die Gründung der Kôshu Gakkô und der Brand des Schulgebäudes in Tsukiji

Am 31. Oktober 1887, d.h. im zweiten Jahr von Tsumakis Aufenthalt in Berlin, findet versammelt sich ein „Rat zur Gründung der Kôshu Gakkô" statt und die Kôte Gakkô wird als eine private Abendfachschule gegründet. 1938 wird sie in Kôgakuin umbenannt und 1949 als Universität des neuen Systems zur „Kogakuin Universität".[11] Tonangebend bei der Gründung ist der ehemalige Gouverneur der Präfektur Tokyo und zeitweilige Präsident der Kaiserlichen Universität Tokyo Watanabe Hiromoto. Auch Tatsuno Kingo, Professor an der Abteilung für Architektur der Kaiserlichen Ingenieurschule (heutige Fakultät für Ingenieurwissenschaften der Staatlichen Universität Tokyo) unterstützt das Anliegen und trägt seinen Namen in die Liste der Gründungsmitgliedern ein. Am 6. Februar 1888 öffnet die Schule mit Watanabe als gewähltem Vorsitz der Schulleitung ihre Pforten und anderthalb Jahre später, im Juli 1889, entlässt sie die ersten 121 Absolventen. Wie man im untenstehenden Text zu den Gründungsabsichten der Kôshu Gakkô sehen kann, bestand das Ziel in der Ausbildung einer Mittelschicht von

2．工手学校設立の経緯と築地校舎の炎上

一方、妻木のベルリン滞在2年目にあたる1887年の10月31日、「工手学校創立協議会」が開催され、工手学校が私立の夜間専門学校として創立されることとなった。1938年、「工学院」と改称し、1949年には新制大学「工学院大学」となって現在に至っている※11。設立の音頭をとったのは、元東京府知事であり、ときの帝国大学総長だった渡辺洪基だった。帝国大学工科大学造家学科・教授の辰野金吾もその趣旨に賛同して創設メンバーに名を連ねていた。1888年2月6日、渡辺を特撰管理長として開校し、1年半の課程を経て1889年7月に最初の卒業生121名を出すこととなった。下に引用した工手学校設立趣旨にみられるように、帝国大学出の技師たちと現場の職人たちをつなぐ中堅技術者「工手」を養成するのがその目的だった※12。

「工業の隆盛を謀るには学術の応用極めて緊要なり。現今我国の工業梢々隆盛の機運に向かひ鉄道敷設、道路開鑿、鉱山採掘、其他造船、建築、電気、応用化学等数多の事業国内各所に興起し是等の事業に必須なる技術者を要すること頗る多きに至りしは畢竟工業は学術の応用を俟て始て完良の結果を得へきか故なり。而るに今我国の有様にては技術者養成の黌塾甚た尠く一二官立の学校に於ては高尚なる技術を養成するに充分なるも各専門技師の補助たるへき工手を養成する学校に至りては亦一校の設置あるなし。故に工業家に於ては補助工手の供給なきに苦み勢ひ学術応用の思想に乏しき者を以て彼の高尚なる技師の補助と為さしめるを得ず。為に技師は使役に不便を感するのみならず結局工業家の不利益を来すものにて即ち我国工業の進歩に一大障碍を与ふるものと云ふへし。是れ余輩の最も遺憾とする所なり。因て茲に一の工手学校を設立し学科を土木、機械、電工、建築、造船、採鉱、冶金、応用化学の八学科に分ち世間有志の子弟又は昼間各工場に使雇せらるる工手職工等に就学を許し授業の方法は専ら速成を旨とし所謂補助工手を養成し以て我国工業の隆盛を企図す。聊か記して本校設立の趣旨を陳ると云爾。明治二十一年二月企画人識」

（カタカナをひらがなに、旧字を新字に改め、句点を補った）

„Technikern (*kôshu*), die eine Verbindung zwischen den von der Kaiserlichen Ingenieurschule abgegangenen Ingenieuren und den Handwerkern vor Ort herstellen sollten:

„Zur Planung industriellen Aufschwungs bedarf es in dringendem Maße der Anwendung wissenschaftlicher Erkenntnisse. Die Industrie unseres Land bewegt sich momentan in kleinen Schwüngen in eine positive Richtung. Landesweit befinden sich der Ausbau der Eisenbahnen und Straßen, die Förderung der Bergwerke und viele weitere Unternehmen z.B. des Schiffbaus, der Architektur, der Elektrizität und der angewandten Chemie im Aufschwung, so dass in diesen Unternehmen ein enormer Bedarf an unerlässlichen, technischen Fachkräften besteht, denn die Industrie wird erst durch die Anwendung wissenschaftlicher Erkenntnisse die besten Ergebnisse liefern. Dennoch gibt es in unserem Land kaum Schulen für technische Fachkräfte. Die Ausbildung in höherer Technik an den zwölf öffentlichen Schulen mag ausreichend sein, doch es wurde noch keine einzige Schule für die Ausbildung von Technikern gegründet, die den Ingenieuren in ihren jeweiligen Fachrichtungen assistieren können. Wegen des mangelnden Angebots an Assistenztechnikern geraten Industrielle deshalb zunehmend in Bedrängnis, da sie die Assistenz jener hochausgebildeten Ingenieure nicht mit Kräften besetzen können, denen es [schon] an der Idee zur Anwendung wissenschaftlicher Erkenntnisse mangelt. Es ist nicht allein so, dass sich Ingenieure daran stören, wenn sie außerhalb ihrer eigentlichen Amtspflichten eingesetzt werden. Darüber hinaus entstehen den Industriellen dadurch Verluste und deshalb muss man von einem großen Hindernis für den Fortschritt der Industrie in unserem Land sprechen. Wir bedauern wir dies über alle Maßen. Darum planen wir hier den Aufschwung der Industrie unseres Landes durch die Ausbildung von Assistenztechnikern und gründen eine Technikerschule mit den acht Fachbereichen Tiefbau, Maschinenbau, Elektroindustrie, Architektur, Schiffbau, Bergbau, Metallurgie und angewandte Chemie, die interessierten Söhnen aus der Gesellschaft sowie tagsüber in der Industrie angestellten Fabrikarbeitern den Schulbesuch ermöglicht und hinsichtlich der Unterrichtsmethodik ausschließlich dem Prinzip von Intensivkursen folgt. Mit diesen wenigen Worten erklären und bekräftigen wir die Beweggründe für Gründung dieser Schule. Februar 1888, die Mitglieder des Projektkreises."12)

Die Kôshu Gakkô ist zwar eine Privatschule, da an ihrer Gründung jedoch viele Personen aus dem Kreis der Kaiserlichen Ingenieurschule beteiligt waren, kam sie einer staatlichen Schule sehr nahe. Tatsächlich wird

旧ベックマン自邸（1884-1886）
Die ehemalige Villa Böckmann (1884-1886).

ヴィルヘルム・ベックマン
1832-1902
エンデの後輩であり、共に明治時代の政府アドバイザーを務めた。1887年にエンデ＆ベックマン事務所は日本政府と契約し、官庁集中計画を立てた。
Wilhelm Böckmann (1832-1902), wurde gemeinsam mit dem etwas älteren Ende in der Meiji-Zeit als Berater der Regierung angestellt. 1887 schließt das Architekturbüro Ende & Böckmann einen Vertrag mit der japanischen Regierung und erstellt Pläne für einen Sammelauftrag von Regierungsgebäuden.

旧司法省庁舎（1895）エンデ＆ベックマン事務所
Das ehemalige Justizministerium (1895), ausgeführt vom Architekturbüro Ende & Böckmann.

工手学校は私立だったが、帝国大学工科大学の関係者がその設立に多く参加していたため、官立学校の趣が強かった。実際、工手学校造家学科（1903年9月に建築学科に改称）の卒業式と卒業生名簿は、帝国大学工科大学建築学科のそれと同様、建築学会（1886年の創立時には造家学会、現日本建築学会）の機関誌『建築雑誌』の「時報」で報告される対象だった。たとえば1900年2月の『建築雑誌』第158号の「時報」では造家学科の卒業生33名の名を報告している※13。教員としては「家屋構造」と「建築材料」の長野宇平治や「家屋構造」の矢橋賢吉の名がみえる。矢橋は1895年に帝国大学工科大学造家学科を卒業し、1897年から1905年まで工手学校造家学科・教授を務めた。

このように順風満帆な歩みを始めたといってよい工手学校だったが、1897年2月9日に第14回卒業式を行ったその夜に校舎が焼失する事態となった。明治天皇よりの御下賜金や各所からの寄付金により校舎は再建された。

3．工手学校における妻木頼黄

工手学校の歴史に妻木が登場するのはこの時である。再建にあたり妻木は辰野や片山東熊とともにその建築工事委員となり、1898年には朝倉精一とともに校舎増築の建築委員になっている。校舎再築の際には妻木自身も寄付を行った※14。また、同年にはすでに辰野とともに教務主理に名を連ねており、辰野は1904年

über Graduierungszeremonien und die Absolventen der Bauabteilung (im September 1903 umbenannt in Abteilung für Architektur) der Kôshu Gakkô in gleicher Weise wie über die der Abteilung für Architektur der Kaiserlichen Ingenieurschule in der Kolumne „Nachrichten" der Fachzeitschrift *Kenchiku Zasshi* des Architektur-Insituts (das heutige AIJ, das 1886 als „Bau-Institut" gegründet wurde) berichtet. So werden beispielsweise im Februar 1900 in Nr. 158 der *Kenchiku Zasshi* die Namen von 33 Absolventen veröffentlicht.13) Als Lehrkräfte werden Nagano Uheiji für „Konstruktion von Wohnhäusern" und „Baumaterial" sowie Yabashi Kenkichi für „Konstruktion von Wohnhäusern" genannt. Yabashi absolviert 1895 die Abteilung für Architektur der Kaiserlichen Ingenieurschule und ist von 1897 bis 1905 Professor der Abteilung für Architektur der Kôshu Gakkô.

So startet die Kôshu Gakkô sprichwörtlich mit günstigem Wind und vollen Segeln, doch dann fällt am 9. Februar 1897, dem Abend der Graduierungszeremonie des 14. Jahrgangs, das Schulgebäude einem Brand zum Opfer. Die Schule wird danach mit Kaisers Gratifikationen des Meiji-Kaisers und einer Vielzahl von Spenden wieder aufgebaut.

3. Tsumaki Yorinaka an der Kôshu Gakkô

Zu diesem Zeitpunkt tritt Tsumaki Yorinaka in der Geschichte der Kôshu Gakkô in Erscheinung. Beim Wiederaufbau wird er mit Tatsuno und Katayama Tôkuma Mitglied der Bauleitungskommission und dann noch einmal 1898 gemeinsam mit Asakura Seiichi Mitglied der Baukommission für den Erweiterungsbau des Schulgebäudes. Beim Wiederaufbau gehört Tsumaki selbst auch zu den Spendern.14) Außerdem wird er schon in diesem Jahr gemeinsam mit Tatsuno als Studiendekan aufgelistet, ein Amt, das Tatsuno bis Februar 1904 und Tsumaki bis August 1908 bekleidet. Das Amt des Studiendekans entsprach in etwa

2月まで、妻木は1908年8月まで務めた。教務主理とは、各学科の主任教授、学科長のようなものであり、各学科の教育内容に責任を持つ立場だった。

妻木、辰野が教務主理だった1898年12月15日、工手学校は東京区裁判所に財団法人として登記され、1899年1月、工手学校管理規定が定められた。さらに同年9月、各学科教授細目を教務主理として裁定することとなっている。同年12月には渡米する卒業生に英文証明書を出すことになった。また、1903年9月には造家学科を建築学科と改称している。これは、1894年6月に帝国大学工科大学教授の伊東忠太が『建築雑誌』第90号に「『アーキテクチュール』の本義を論じて其譯字を撰定し我か造家學會の改名を望む」を発表し[※15]、1897年に造家学会が建築学会と改称され、妻木、辰野、片山に縁ある東京帝国大学工科大学（同年に「東京」を冠する名称に改められた）造家学科も建築学科となったのを受けた処置だろう。

ところで、妻木は工部大学校に入学しながら中途退学してコーネル大学に進んでいる。したがって、工部大学校造家学科の第1期生である辰野は同期生の片山とは旧知の仲だったが、当初、妻木とは関係が薄く、その知遇を得たのは渡辺を通じてだったという。先に紹介した辰野の妻木追悼記事によると、渡辺が東京府知事だったときに帰国した妻木が東京府の御用掛に就任していたのである。

1900年7月、辰野は工手学校の会計主任を辞任し、後任には妻木が就任した。先に引用した辰野の追悼記事にはまるで他人事のように「君が会計主任となった時は工手学校は未だ五千円の負債を持って居った」と述べているが、じつは妻木の前任者は辰野だったのである。辰野は火災から1年半ほどのちの1897年7月から会計主任を勤めていた。3年後に妻木にバトンタッチした後も洋行中の三好晋六郎校長に代わる校長代理を務め、教務主理としても妻木と苦楽をともにしたはずである。

妻木の工手学校との関わりは経営面でも深くなっていった。1901年5月24日に渡辺管理長が没したが、1903年9月には三好とともに「故渡辺洪基君奨学資金」の発起人総代となり、三好と合わせ

dem eines vorgesetzten Professors bzw. Abteilungsleiters einzelner Abteilungen und beinhaltete die Verantwortung für das Curriculum der jeweiligen Abteilung.

Während Tsumakis und Tatsunos Amtszeit als Studiendekan wird die Kôshu Gakkô am 15. Dezember 1898 beim Gericht des Bezirks Tokyo als Stiftung eingetragen; ihre Verwaltungsrichtlinien werden im Januar 1899 festgelegt. Darüber hinaus werden durch die Studiendekane im September desselben Jahres detaillierte Lehrpläne der einzelnen Abteilungen beschlossen. Im Dezember beginnt man mit der Ausgabe von englischsprachigen Nachweisen an Absolventen, die nach Amerika reisen wollen. Im September 1903 wird dann die Bauabteilung in Abteilung für Architektur umbenannt. Dies geschah in Reaktion auf die Umbenennung des Bau-Instituts in „Architektur-Institut" im Jahre 1897, nachdem Itô Chûta, Professor der Kaiserlichen Ingenieurschule, im Juni 1894 in Nr. 90 der Zeitschrift *Kenchiku Zasshi* eine „Darlegung der eigentlichen Bedeutung des Wortes ‚architecture' sowie Festlegung der Schriftzeichen für dessen Übersetzung und Bitte um die Umbenennung unseres Bau-Instituts"[15)] veröffentlicht hatte und auch die Kaiserliche Ingenieurschule Tokyo („Tokyo" wurde ihrem Namen im selben Jahr vorangesetzt), zu der Tsumaki, Tatsuno und Katayama in enger Verbindung standen, ihre Bauabteilung in Abteilung für Architektur umbenannt hatte.

Tsumaki hat sein Studium an der Kaiserlichen Ingenieurschule jedoch vorzeitig abgebrochen und ist auf die Cornell University gewechselt. Dadurch sind Tatsuno und Katayama einander als Kommilitonen im ersten Jahrgang der Bauabteilung der Kaiserlichen Ingenieurschule gut bekannt, die Verbindung zu Tsumaki aber ist zunächst eher schwach, so dass Watanabe sie miteinander bekannt macht. Dem oben zitierten Nachruf Tatsunos auf Tsumaki zufolge kehrt dieser zu Watanabes Amtszeit als Gouverneur der Präfektur Tokyo nach Japan zurück und wird in Tokyo als Beamter mit beratender Funktion angestellt.

Im Juli 1900 tritt Tatsuno als Leiter der Rechnungsprüfung der Kôshu Gakkô zurück und Tsumaki folgt ihm im Amt. Im obigen Nachruf schreibt Tatsuno als beträfe es andere: „Als er diesen Posten antrat, hatte die Kôshu Gakkô noch Schulden von 5.000 Yen." Doch in Wirklichkeit ist Tatsuno Tsumakis Vorgänger. Er tritt das Amt des Leiters der Rechnungsprüfung ca. anderthalb Jahre nach dem Brand im Juli 1897 an, und auch nachdem er es drei Jahre später an Tsumaki weitergibt, teilt er mit diesem vermutlich weiter Freud und Leid, während der Auslandsreisen des Schulleiters Miyoshi Shinrokurô als stellvertretender Schulleiter sowie als Studiendekan.

Auch im Verwaltungsbereich vertieft

ルードウィヒ・リヒャルト・ゼール
1854-1922

エンデ＆ベックマン事務所の所員であり建築家。代表作は司法省と最高裁の他、同志社大学クラーク記念館、千葉教会、ケーニヒスベルク市庁舎。ゼールの容姿は本誌では未確認。

Richard Seel (1854-1922), Architekt und Angestellter des Architekturbüros Ende & Böckmann. Bedeutende Bauwerke: neben dem Justizministerium und dem Obersten Gerichtshof das Clarke-Gedenkhaus an der Doshisha Universität, die Chiba-Kirche und das Rathaus von Königsberg. Für dieses Heft konnte kein Bildnis von Seel bereitgestellt werden.

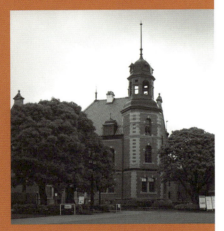

同志社大学クラーク記念館（1893）
Clarke-Gedenkhaus der Doshisha Universität (1893)

矢部又吉
1888-1941

工手学校にて妻木に学び、卒業後ドイツでゼールに師事。帰国後、東京三菱銀行横浜中央支店ビルや川崎銀行などドイツ風の銀行建築を極める。

Yabe Matakichi (1888-1941), studierte an der Kôshu Gakkô bei Tsumaki und nach seiner Graduierung in Deutschland bei Seel. Nach der Rückkehr nach Japan perfektioniert er Bankgebäude wie die Yokohama-Chûô-Filiale der Tokyo Mitsubishi Bank und Gebäude der Kawasaki Bank.

て「公債及債券額面金三千二十円」を寄贈している。翌年12月には渡辺特待生規定が設けられ、さらに1905年7月に第1回渡辺特待生が選抜された。奨学金に関しては妻木の没後の1917年に妻木特待生制度も設立されている。

以上のように、妻木は工部大学校造家学科の先輩である辰野、片山とともに、工手学校の教育と経営の両面で大きく貢献した。辰野が妻木の追悼記事で工手学校の会計主任としての業績を高く評価しているのは、国会議事堂の件では鋭く対立しながらも（こちらの方はまったく触れていない）、工手学校の運営で苦楽をともにしたことを偲んでのことだろうか。

4. 工手学校における妻木の弟子・矢部又吉

工手学校では、妻木の薫陶を受けた「弟子」といってもよい人々がそこから巣立っていった。たとえば、原虎之助、大高精、河口庄一といった人々がいる。とりわけ、1906年から5年間、「師匠」と同じくベルリン・シャルロッテンブルクの工科大学校建築学科に留学した矢部又吉は特筆に値するだろう。矢部が在籍していた記録は現在のベルリン工科大学には残されていない。第二次世界大戦の独ソ戦でベルリンが壊滅した時に焼失したと思われる。矢部は学業だけではなく、かつて妻木とともにエンデとベックマンの事務所で働いていたリヒャルト・ゼール（Ludwig Richard SEEL, 1854-1922）の事務所で実務も経験して

sich die Verbindung Tsumakis mit der Kôshu Gakkô. Am 24. Mai 1901 stirbt der Vorstandsvorsitzende Watanabe und im September 1903 übernimmt Tsumaki mit Miyoshi die öffentliche Vertretung der Urheber des „Watanabe Hiromoto Stipendienfonds" und spendet gemeinsam mit ihm „öffentliche Anleihen und Schuldverschreibungen im Nominalwert von 3.020 Yen". Im Dezember des Folgejahres werden die Statuten für die Watanabe Begabtenförderung festgesetzt und im Juli 1905 wird ihr erster Empfänger ausgewählt. Als Stipendum wird nach Tsumakis Tod im Jahr 1917 auch ein Begabtenfördungssystem in seinem Namen geschaffen.

Das Obenstehende zeigt den großen Beitrag, den Tsumaki gemeinsam mit Tatsuno und Katayama, seinen ehemaligen Kommilitonen an der Kaiserlichen Ingenieurschule, zur Ausbildung und Verwaltung der Kôshu Gakkô leistete. Dass Tatsuno in seinem Nachruf auf Tsumaki dessen Verdienste als Leiter der Rechnungsprüfung der Kôshu Gakkô so lobend hervorhebt, obwohl er in Bezug auf das Parlamentsgebäude mit ihm in scharfem Konflikt stand (diesen Aspekt blende ich hier aus), war sicher der Tatsache geschuldet, dass sie gemeinsam Freud und Leid bei der Verwaltung der Kôshu Gakkô geteilt hatten.

4. Tsumakis Jünger an der Kôshu Gakkô: Yabe Matakichi

Die an der Kôshu Gakkô von Tsumaki geformten „Jünger" ziehen von dort hinaus in die Welt. Unter ihnen sind z.B. Hara Toranosuke, Ôdaka Kiyoshi und Kawaguchi Shôichi. Besonders erwähnenswert ist Yabe Matakichi, der ab 1906 fünf Jahre lang ebenfalls an Abteilung für Architektur der Technischen Hochschule Berlin in Scharlottenburg für den „Meister"-titel studiert. Ein Eintrag über Yabes Einschreibung bzw. Studium ist an der heutigen Technischen Universität Berlin nicht erhalten. Vermutlich sind

いる。ゼールは、エンデとベックマンが1888年に東京の官庁集中計画を引き受けた際、来日し、この事業が頓挫した後も日本に留まって建築設計事務所を営んでいたが、1903年にゲオルク・デラランデ（Georg de LALANDE, 1872-1914）に後を託してドイツに帰国していた。矢部の渡独はその3年後である。ベルリン・ツォー駅近くの当時のカントシュトラーセ161/4に居住していたことが知られる※16。1909年に同校を卒業し帰国した。この経歴から、妻木に始まるいわゆる「ドイツ派」に連なる建築家として知られている。

帰国後、矢部は妻を通じた縁で川崎銀行系の仕事を多く手がけた。とはいえ、歴史的建造物としては「まともな状態」で現存している作品は多くはない。1927年に竣工した川崎銀行本店は代表作といってもよいだろう。しかし1986年に取り壊され、現在のスターツ日本橋ビルにディテールが少々利用されているだけである。それもピラスター柱礎に円柱を継ぐという、およそ西洋建築史の知識を疑われるような処置が施されている。厚みのあるコリント式ジャイアント・オーダーによるピラスターが立ち並んだ、妻木の横浜正金銀行本店のそれを思わせる細部の立体性の豊かな作品で、当時の様式の捉え方としてはヨーロッパ復興式、すなわち、広い意味での「ルネサンス」なのだろうが、今ではネオ・バロック様式と評したほうがよいだろう。エンタシスのついたコリント式ピラスターの力強い輪郭は、ネオ・バロックの中でもベルリン大聖堂や帝国議会議事堂のようなドイツのネオ・バロックに連なるのではないだろうか。この強力な力を放出していたファサードの四分の一ほどは博物館明治村に復元された。

1922年に竣工した川崎銀行横浜支店の方はもう少しまとまった残り方である。1989年（平成元年）、内部は消失してガラスのカーテンウォールを備えた高層ビルとなったものの、正面ファサードはほぼ保たれた（現日本興亜火災横浜ビル）。奇しくもその東隣には妻木の代表作・横浜正金銀行本店が建っている（現神奈川県立歴史博物館）。こちらの方はルネサンス建築に特徴的な3層構成となっており、1層目のルスティカ仕上

die Dokumente im Zweiten Weltkrieg, als Berlin im Deutsch-Sowjetischen Krieg zerstört wurde, verbrannt. Yabe sammelt nicht nur im Schulbetrieb Erfahrungen, sondern auch im Büro von Ludwig Richard Seel (1854-1922), der gemeinsam mit Tsumaki in Endes und Böckmanns Büro gearbeitet hatte. Als Ende und Böckmann 1888 den Sammelauftrag für Regierungsgebäude annehmen, reist Seel nach Japan und bleibt auch nach dem ersten Rückschlag des Projekts vor Ort und unterhält ein Architekturbüro, das er 1903, als er nach Deutschland zurückkehrt, Georg De Lalande (1872-1914) überlässt. Drei Jahre später reist Yabe nach Deutschland. Es ist bekannt, dass er in der damaligen Kantstraße 161/4 in der Nähe des Bahnhofs Berlin-Zoo gewohnt hat.16) 1909 schließt er die Technische Hochschule ab und kehrt nach Japan zurück. Aufgrund dieser Laufbahn kennt man ihn allgemein als Architekten in der Linie der mit Tsumaki beginnenden „Deutschen Schule".

Nach seiner Rückkehr nimmt Yabe viele Bauprojekte der Kawasaki Bank in Angriff, die er durch die Kontakte seine Frau vermittelt bekommt. Dennoch gibt es nicht viele Werke, die als historische Bauten in „ordentlichem Zustand" erhalten geblieben sind. Als bedeutendes Bauwerk wäre sicher die 1927 fertiggestellte Hauptniederlassung der Kawasaki Bank zu nennen. Doch diese wurde 1986 abgerissen und nur einzelne Details wurden im neu errichteten STARTS Nihonbashi Bld. wiederverwendet. Hier wurden Säulen auf die Pilastersockel des ursprünglichen Gebäudes gestellt; diese Verfahrensweise stellt das Vorhandensein von Kenntnissen der westlichen Architekturgeschichte in Frage. Als Bauwerk mit in korinthischer Kollossalordnung nebeneinander gereihten Pilastern sowie einer an Tsumakis Yokohama Specie Bank erinnernden, reichen Plastizität im Detail war das Gebäude im damaligen Stilverständnis dem „european revivalism", d.h. im weiteren Sinne der „Renaissance" zuzuordnen, während es heute eher dem Neo-Barock zugeordnet wird. Die kraftvolle Kontur der mit Entasis versehenen korinthischen Pilaster schließt sich auch im Neo-Barock wohl eher dem des Berliner Domes oder des Reichstages an. Ein Viertel dieser, eine enorme Kraftfülle ausstrahlenden Fassade wurde im Museumspark Meiji-Mura (Meiji-Dorf) wieder aufgebaut.

Die 1922 fertiggestellte Yokohama-Filiale der Kawasaki Bank ist in etwas kompakterem Zustand erhalten. Nachdem ihr Inneres 1989 bei einem Brand verloren ging, wurde sie zwar in ein Hochhaus mit gläserner Vorhangfassade umgebaut, ihre ursprüngliche Frontfassade blieb jedoch fast vollständig erhalten (heute das Nihon Kôa Kasai Yokohama Bld. der Sompo Japan Insurance Inc.). Durch einen Zufall steht gleich nebenan Tsumakis Meisterwerk, die Hauptniederlassung der Yokohama Specie Bank (das heutige Museum

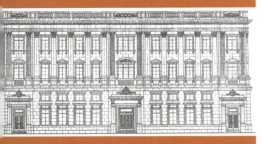

川崎銀行本店立面図
「川崎銀行」(川崎銀行本店の平面図6面、立面図1面、正面詳細1面、竣工写真4枚)『建築雑誌』41(500)、1927年9月より

Frontalriss der Hauptniederlassung der Kawasaki Bank aus „Kawasaki Bank (6 Grundrisse, 1 Frontalriss, 1 Detailzeichnung der Frontfassade, 4 Fotos bei Fertigstellung)", in *Kenchiku Zasshi* 41:500 (September 1927).

川崎銀行本店のピラスター柱礎に対し、新たに円柱を継いでいる。
Auf die Pilastersockel der Hauptniederlassung der Kawasaki Bank wurden Säulen gesetzt.

旧川崎銀行横浜支店（1922）
Die ehemalige Yokohama-Filiale der Kawasaki Bank (1922).

げともども、16世紀イタリアのパラッツォ建築（都市の富裕な人々の邸宅）を思わせる。一方、保存状態が比較的良いものとしては、1999年に登録有形文化財となった川崎貯蓄銀行福島出張所（現ミナミ株式会社）がある。道路に対して緩やかな円弧を描くように突出するファサードが特徴で、まさにネオ・バロック様式といってよいだろう。

一方、1927年に建設された旧川崎銀行千葉支店は1994年に千葉市立美術館内にいわば「鞘堂」のような形で取り込まれて保存されている。こちらの方はイオニア式のハーフ・コラムをまとったデザインであり、当時の様式感においてはヨーロッパ復興式ということだろうが、新古典主義といった方が現代では通りがよいだろう。

以上の作品からはイタリア風ネオ・ルネサンス、ドイツ風ネオ・バロックや新古典主義などの様式を十全に駆使した様が見て取れ、当時の建築家の中でも古典主義様式のデザインに関しては群を抜く技量を持った建築家の一人だと評することができる。その背景として、第一世代の建築家の中では曾禰達三とともに古典主義デザインについて最も通じていた妻木の教育と影響が指摘できるだろう。

für Kulturgeschichte der Präfektur Kanagawa). Die Yokohama-Filiale der Kawasaki Bank hat einen für die Renaissance charakteristischen, dreistufigen Aufbau, deren Ausfertigung der Rustika im ersten Stockwerk an die italienische Palazzo-Architektur (Residenzen reicher Städter) des 16. Jahrhunderts erinnert. Andererseits ist die Zweigstelle Fukushima der Kawasaki Chochiku Bank (heute Firmengebäude der MINAMI Co., Ltd.) in relativ gutem Zustand erhalten und wurde 1999 als materielles Kulturgut eingetragen. Charakteristisch ist seine in leichtem Kreisbogen zur Straße gewölbte Fassade, die wohl eindeutig dem Neo-Barock zuzuordnen ist.

Darüberhinaus blieb auch die 1927 erbaute Chiba-Filiale der Kawasaki Bank erhalten und wurde 1994 in das Kunstmuseum der Stadt Chiba, das sie gewissenmaßen als „Schutzhalle" umgibt, integriert. Das mit ionischen Halbsäulen gegliederte Design und wurde damals dem „european revivalism" zugeordnet; heute ist der Begriff Neo-Klassizismus eingängiger.

Anhand der obengenannten Bauwerke lässt sich Yabe als Architekt würdigen, der die Stilrichtungen der italienischen Neo-Renaissance, des deutschen Neo-Barocks und des Neo-Klassizismus hinreichend beherrschte und mit seinen Fertigkeiten im klassizistischen Design zeitgenössige Architekten übertraf. Im Hintergrund dieser Errungenschaften lässt sich der Einfluß der Ausbildung unter Tsumaki benennen, der als Architekt der ersten Generation neben Sone Tatsuzô zu den im klassizistischen Design bewandertsten zählte.

参考文献

※ 1　中島智章「工手学校と妻木頼黄」『妻木頼黄の都市と建築』日本建築学会編 pp.68-74、2014 年
※ 2　大熊喜邦、辰野金吾、片山東熊、曾禰達蔵、中村達太郎、古市公威、石黒五十二、矢橋賢吉、小林金平「雑記：妻木博士を弔ふ」『建築雑誌』30(359)、pp.1-20、1915 年 12 月、p.7
※ 3　同書、p.5
※ 4　建築学会編「時報」『建築雑誌』19(228)、pp.842-852、1905 年 12 月、p.848
※ 5　大熊喜邦他、p.16
※ 6　文化庁「旧横浜正金銀行本店本館」『国指定文化財等データベース』(http://kunishitei.bunka.go.jp/bsys/index_pc.html、2017 年 2 月 6 日閲覧)のデータによる。
※ 7　たとえば、藤森照信『日本の近代建築』(下)、岩波書店、1993 年を参照。
※ 8　妻木頼黄の生涯については、堀勇良「妻木頼黄について」『妻木頼黄の都市と建築』、pp.6-26 にまとまっている。これは、堀「妻木頼黄に関する 9 断章」、博物館明治村編『明治建築をつくった人々その 4　妻木頼黄と臨時建築局　国会議事堂への系譜』、1990 年を改稿して再録したものである。
※ 9　エンデとベックマンの経歴については、堀内正昭「エンデ・ベックマンの経歴について」『日本建築学会関東支部研究報告集』、pp.269-272、1985 年を参照。
※ 10　エンデとベックマンの作品については、堀内『明治のお雇い建築家エンデ＆ベックマン』、井上書院、1989 年、堀内「ドイツにおけるエンデ＆ベックマンの建築遺構について」『日本建築学会大会学術講演梗概集』(北海道)、pp.481-482、1995 年 8 月を参照。
※ 11　工手学校の沿革については、茅原健『工手学校―旧幕臣たちの技術者教育』(中公新書ラクレ)、中央公論新社、2007 年、工学院大学学園百二十五年史編纂委員会編『工学院大学学園百二十五年史 - 工手学校から受け継ぐ実学教育の伝統』、中央公論新社、2012 年、および、NICHE 編『工手学校―日本の近代建築を支えた建築家の系譜―工学院大学』、彰国社、2012 年を参照。
※ 12　工手学校編『工手学校一覧』、1894 年 (明治 27 年)、pp.1-2、および、工手学校編『工手学校一覧』、1908 年 (明治 41 年)、pp.3-4
※ 13　建築学会編「時報」、『建築雑紙』14(158)、pp.51-55、1900 年 2 月、pp.54-55
※ 14　妻木頼黄家資料番号 62「褒状」
※ 15　伊東忠太「『アーキテクチュール』の本義を論して其譯字を撰定し我か造家學會の改名を望む」『建築雑誌』8(90)、pp.195-197、1894 年 6 月
※ 16　Rudolf HARTMANN *Japanische Studenten an deutschen Universitäten und Hochschulen, 1868-1914*、Berlin、2005 年、p.215

Literaturhinweise

1) Nakajima Tomoaki, „Kôshu Gakkô to Tsumaki Yorinaka" (Die Kôshu Gakkô und Tsumaki Yorinaka), in AIJ (Hrg.), *Tsumaki Yorinaka no toshi to kenchiku* (Tsumaki Yorinakas Stadt und Architektur), 2014, S.68-74.
2) Ôkuma Yoshikuni, Tatsuno Kingo, Katayama Tôkuma, Sone Tatsuzô, Nakamura Tatsutarô, Furu'ichi Kô'i, Ishiguro Isoji, Yabashi Kenkichi, Kobayashi Kimpei, "Zakki Tsumaki hakase wo toburau" (Verschiedenes: Trauer um Doktor Tsumaki), in *Kenchiku Zasshi* 30:359 (Dezember 1915), S. 1-20; Zitat auf S.
3) Ebenda, S. 5.
4) AIJ (Hrg.), "Jihô" (Nachrichten), in *Kenchiku Zasshi* 19:228 (Dezember 1905), S. 842-852; Zitat auf S. 848.
5) Ôkuma u.a., S. 16.
6) Monkachô (Japanisches Kultusministerium), "Kyû Yokohama Sei Ginkô honten honkan" (Das Hauptgebäude der ehemaligen Hauptniederlassung der Yokohama Specie Bank), in *Kuni shitei bunkazai tô dêtabêsu* (Datenbank staatlich geschützter Kulturgüter), http://kunishitei.bunka.go.jp/bsys/index_pc.html (letzter Zugriff am 6. Februar 2017).
7) Fujimori Terunobu, *Nihon no kindai kenchiku (ge taishô, shôwa hen)* (Moderne Architektur Japans, Teil 2: Taishô- und Shôwa-Zeit), Iwanami Shoten, 1993.
8) Zu Tsumakis Leben: Siehe Hori Takeyoshi, „Tsumaki Yorinaka nitsuite" (Über Tsumaki Yorinaka), in AIJ (Hrg.), *Tsumaki Yorinaka no toshi to kenchiku* (Tsumaki Yorinakas Stadt und Architektur), 2014, S. 6-26; reproduziert als: Derselbe, „Tsumaki Yorinaka ni kansuru kyû danshô" (9 Zitate zu Tsumaki Yorinaka), in Museumspark Meiji-Mura (Hrg.), *Meiji kenchiku wo tsukutta hitobito sono yon: Tsumaki Yorinaka to rinji kenchikukyoku, kokkai gijidô he no keifu* (Die Erbauer der Meiji-Architektur, Teil 4: Tsumaki Yorinaka und das provisorische Bauamt, Stammbaum zum Parlamentsgebäude), 1990.
9) Zu Ende und Böckmanns Laufbahn: Siehe Horiuchi Masaaki, „Ende to Bekkuman no keireki nitsuite" (Zur Laufbahn von Ende und Böckmann), in *Nihon Kenchiku Gakkai Kantô-shibu kenkyû hôkokushû* (Gesammelte Vorträge des Bezirks Kantô des AIJ), 1985, S. 269-272.
10) Zu Ende und Böckmanns Bauwerken: Siehe Horiuchi Masaaki, *Meiji no oyatoi kenchikuka Ende to Bekkuman* (Die in der Meiji-Zeit in den Dienst genommenen Architekten Ende und Böckmann), Inoue Shoten, 1989; Derselbe, „Doitsu ni okeru Ende to Bekkuman no kenchiku ikô nitsuite" (Die architektonischen Hinterlassenschaften von Ende und Böckmann in Deutschland), in *Nihon Kenchiku Gakkai taikai gakujutsu kôen kôgaishû* (Gesammelte Kurzfassungen der Vorträge auf dem Jahrestreffen des AIJ), August 1995, S. 481-482.
11) Zur Entwicklung der Kôshu Gakkô: Siehe Kyahara Ken, *Kôshu Gakkô: Kyûbakushin-tachi no gijutsusha kyôiku* (Die Kôshu Gakkô: Die Ausbildung von Technikern aus den Reihen der ehemaligen Shôgunatsvasallen), Chûô Kôron, 2007. Kôgakuin Daigaku Gakuen 125 Nenshi Hensan Iinkai (Hrg.), *Kôgakuin Daigaku Gakuen 125 Nenshi: Kôte Gakkô kara uketsugu jitsugaku kyôiku no dentô* (Die 125-jährige Geschichte der Kôgakuin Universität: Die von der Kôte Gakkô übernommene Tradition der angewandten Wissenschaft), Chûô Kôron Shinsha, 2012. NICHE (Hrg.), *Kôte Gakkô: Nihon no kindai kenchiku wo sasaeta kenchikuka no keifu* (Die Kôshu Gakkô: Stammbaum der Architekten, die die moderne Architektur in Japan trugen), Shôkokusha, 2012.
12) Kôshu Gakkô (Hrg.), *Kôshu Gakkô Ichiran* (Register der Kôshu Gakkô), 1894, S. 1-2. Kôshu Gakkô (Hrg.), *Kôshu Gakkô Ichiran* (Register der Kôshu Gakkô), 1908, S. 3-4.
13) AIJ (Hrg.), "Jihô" (Nachrichten), in *Kenchiku Zasshi* 14:158 (Februar 1900), S. 51-55, Zitat auf S. 54f.
14) Tsumaki Yorinaka ke shiryô bangô 62 „Hôjô" (Verdiensturkunde, registriert als Nr. 62 der Materialien aus dem Haus von Tsumaki Yorinaka).
15) Itô Chûta, „,Âkitekuchûru' no hongi wo ronjite sono yakuji wo senteishi waga Zôka Gakkai no kaimei wo nozomu" (Darlegung der eigentlichen Bedeutung des Wortes ‚architecture' sowie Festlegung der Schriftzeichen für dessen Übersetzung und Bitte um die Umbenennung unseres Bau-Instituts), in *Kenchiku Zasshi* 8:90 (Juni 1894), S. 195-197.
16) Rudolf Hartmann, *Japanische Studenten an deutschen Universitäten und Hochschulen, 1868-1914*, Berlin 2005, S. 215.

中島 智章　Tomoaki Nakashima

1993	東京大学工学部建築学科 卒業
1995	東京大学大学院工学系研究科建築学専攻修士課程 修了
2001	東京大学大学院工学系研究科建築学専攻博士課程 修了
2001-2002	日本学術振興会特別研究員 (PD)
2002-2005	工学院大学工学部建築学科講師 (専任)
2005	工学院大学工学部建築学科助教授
2007	工学院大学工学部建築学科准教授
2011	工学院大学建築学部建築デザイン学科准教授
1993	Abschluss des Studiums an der Abteilung für Architektur der Fakultät für Ingenieurwissenschaften der Staatlichen Universität Tokyo
1995	Abschluss des M.A.-Studiums an des Graduiertenkollegs für Ingenieurwissenschaften (Richtung Architektur) der Staatlichen Universität Tokyo
2001	Abschluss des Ph.D.-Studiums an des Graduiertenkollegs für Ingenieurwissenschaften (Richtung Architektur) der Staatlichen Universität Tokyo
2001-2002	Postdoc-Förderung durch JSPS
2002-2005	Dozent der Abteilung für Architektur der Fakultät für Ingenieurwissenschaften der Kogakuin Universität
2005	Wissenschaftlicher Assistent der Abteilung für Architektur der Fakultät für Ingenieurwissenschaften der Kogakuin Universität
2007	Associate Professor der Abteilung für Architektur der Fakultät für Ingenieurwissenschaften der Kogakuin Universität
2011	Associate Professor der Abteilung für Architekturdesign der Fakultät für Architektur der Kogakuin Universität

ヴィルヘルム・ベックマンの作品を訪ねて

Eine Inspektion der Werke Wilhelm Böckmanns

中島 智章
Tomoaki Nakashima

ベックマン自邸
Böckmanns Wohnhaus

BERLIN

ヘルマン・エンデとヴィルヘルム・ベックマンは、ベルリンにおける最初期の建築設計事務所を営み、ドイツでは大規模公共建築事業に携わることはなかったが、住宅建築を中心に多くの建築作品を手掛け、いくばくかが現存している。ベルリン動物園アンティロープ舎、旧フォン・デア・ハイト邸、東京の旧司法省庁舎の他、ベルリン都心に位置するベックマンの自邸兼事務所、ポツダムの住宅地に建つベックマン別邸、及び、ポツダムの別の場所に建つ別邸付属屋がある[※1]。

ベルリン都心フォスシュトラーセ33番地の自邸は、現在、フォスシュトラーセに残る唯一の歴史的建造物で、1884年から1886年にかけて建設された。間口16メートル、奥行き76メートルで、当初の平面図と現在の航空写真を比較すると建築線は変わってないようだが、当時のものが残っているのはファサードとフォスシュトラーセに面した諸室のみである。当時は1階が銀行店舗、2階と3階が自邸で、さらに屋根裏部屋が設けられていた。本作が竣工した直後、渡独していた、妻木頼黄と渡辺譲を除く河合浩蔵ら17名の日本人職工がここで起居したという。

ファサード・デザインは1階を基壇風仕上げとし、2階上部にコーニス、3階上部にエンタブレチュアを巡らせた3層構成のネオ・ルネサンス様式である。2階と3階の中央部は外壁面から突出しており、オーダー風柱形装飾とヘルメス柱が施されている。3階のヘルメス柱などの台座のコーニスと両脇の2階の上部コーニスが一体化している他は、この中央突出部とファサード全体の関連性は薄い。これはルネサンス建築というよりはバロック建築の特徴である。もっとも、エンデとベックマンの時代には「バロック様式」という類型はあまり認識されておらず、当時の「ルネサンス様式」（わが国では「ヨーロッパ復興式」ともいう）が現在のルネサンス、バロック、新古典主義までを包含していた以上、彼らの認識では「後期ルネサンス様式」ということになるだろう。

一方、2棟の別邸はポツダム市のノイバーベルスベルクに建設された7棟の内

Hermann Ende und Wilhelm Böckmann eröffneten eins der ersten Architekturbüros in Berlin und waren in Deutschland nicht an Großprojekten öffentlicher Bauten beteiligt, sondern entwarfen hauptsächlich Bauten im Bereich der Wohnhausarchitektur, von denen heute nur noch wenige erhalten sind. Neben dem Antilopenhaus im Zoologischen Garten Berlin, der ehemaligen Villa von der Heydt und dem ehemaligen Justizministerium in Tokyo sind Böckmanns Wohnhaus (und gleichzeitiges Büro) im Zentrum von Berlin, das Landhaus Böckmanns (Villa Böckmann) in Potsdam und das in Potsdam an anderem Ort gelegene Nebengebäude (Wärterhaus) des Landhauses erhalten.[1)]

Böckmanns Wohnhaus in der Voßstraße 33 im Zentrum von Berlin ist heute das einzige historische Gebäude in der Voßstraße und wurde von 1884 bis 1886 erbaut. Es ist 16 m breit und 76 m tief und scheint sich, wenn man das Luftbild von heute mit dem Grundriss bei der Erbauung vergleicht, architektonisch nicht verändert zu haben. Dennoch sind an historischer Bausubstanz nur die Fassade und einige Zimmer zur Voßstraße hin erhalten. Nach der Fertigstellung befand sich im Erdgeschoss eine Bankfiliale, im 1. und 2. Stock Böckmanns Wohnung; darüber gab es noch Dachkammern. Neben Kawai Kôzô schlugen hier insgesamt 17 japanische Arbeiter ihr Lager auf, Tsumaki Yorinaka und Watanabe Yuzuru jedoch nicht.

Im Fassadendesign ist das Erdgeschoss als Sockel gestaltet, von dem sich über das Gesims im 1. Stock und das Gebälk im oberen Teil des 2. Stocks eine dreistufige Konstruktion im Stil der Neo-Renaissance erstreckt. Die Mitte des 1. und 2. Stock des Gebäudes springt zur Straßenseite hervor; in Säulenordnung sind Verzierungen und Hermen angebracht. Das Gesims, das durch die Sockel der Hermen im 2. Stock gebildet wird, und das Gesims der äußeren Seiten im 1. Stock bilden ein Ganzes und sind nur bedingt mit dem Vorsprung in der Mitte verbunden. Dies ist eher für das Barock als die Renaissance charackteristisch. Allerdings wurde die Kategorie „Barock" zu Endes und Böckmanns Zeit noch nicht als solche wahrgenommen. Was damals als „Renaissance" (in Japan „European Revival") deklariert wurde, umfasste die heutigen Stile Renaissance, Barock und Neoklassizismus, so dass das Haus in Endes und Böckmanns Verständnis der „Spätrenaissance" entsprach.

Andererseits gehören die beiden Gebäude des Landhauses von Böckmann zu insgesamt sieben in

ベックマン別邸 1
Landhaus Böckmanns 1

POTSDAM

のもので、それぞれ、カール・マルクス通り、ブライトシャイト通りに現存する。前者は1874年に建設された、半地下1階を備える2階建の一戸建住宅である。左右非対称のファサードであり、本格的な様式建築のディテールがみられるのは、1階正面向かって左側の突出部のみで、4本の簡素なコリント式ハーフ・コラムが施されている。コラム直上にはエンタブレチュアが巡らされており、そのコーニスが1階上部全体を巡るコーニスと繋がっていて、突出部と全体の関係はフォスシュトラーセの自邸よりも密接である。一方、1886年に建設された後者は守衛所のみ現存する。守衛所のデザインは古典主義建築の系譜ではなく、ハーフティンバーの民家系のデザインである。

Potsdam-Neubabelsberg errichteten Gebäuden, die an der Karl-Marx-Straße bzw. der Breitscheid-Straße erhalten sind. Das Landhaus wurde 1874 als zweigeschössiges Wohnhaus mit Souterrain gebaut. Es hat eine unsymmetrische Fassade und weist nur am Erker des ersten Stockes architektonische Detailarbeit auf, wo vier einfache korinthische Halbsäulen eingearbeitet wurden. Direkt über den vier Säulen beginnt das Gebälk, dessen Gesims mit dem Gesims des oberen Teils des ersten Stockes verbunden ist, so dass Erker und Ganzes enger miteinander verbunden sind als beim Haus in der Voßstraße. Von einem zweiten 1886 errichteten Haus ist nur das Wärterhaus (Nebengebäude) erhalten geblieben. Dieses zeigt keine Verbindung zum klassizistischen Stil, sondern wurde als Fachwerk-Bauernhaus entworfen.

参考文献

※1　堀内正昭：「ドイツにおけるエンデ＆ベックマンの建築遺構について」、『日本建築学会大会学術講演梗概集』F-2（1995）、pp.481-482、1995年8月、堀内：「ベルリンの旧ベックマン邸（1886年）の保存状況と文化財的価値」、『日本建築学会関東支部研究報告集』（2000年度）、pp.405-408、2001年3月、および、堀内：「旧W.ベックマン邸（ベルリン、1886年）の文化財としての価値について」、『日本建築学会計画系論文集』第553号、pp.297-302、2002年3月を参照。

Literaturhinweise

1) Horiuchi Masaaki, „Doitsu ni okeru Ende to Bekkuman no kenchiku ikô nitsuite" (Zu den architektonischen Hinterlassenschaften von Ende & Böckmann in Deutschland), in *Nihon Kenchiku Gakkai taikai gakujutsu kôen kôgaishû* (Gesammelte Kurzfassungen der Vorträge auf dem Jahrestreffen des AIJ), August 1995, S. 481-482; derselbe, „Berurin no kyû Bekkuman tei (1886 nen) no hozon jôkyô to bunkazai-teki kachi" (Der Zustand des ehemaligen Wohnhauses von Böckmann in Berlin (1886) und sein Wert als Kulturgut), in *Nihon Kenchiku Gakkai Kantô-shibu kenkyû hôkokushû* (Gesammelte Vorträge des Bezirks Kantô des AIJ), 2000, S. 405-408; derselbe, „Berurin no kyû Bekkuman tei (1886 nen) no bunkazai toshite no kachi nitsuite" (Zum Wert des ehemaligen Wohnhauses von Böckmann in Berlin (1886) als Kulturgut), in *Nihon Kenchiku Gakkai keikaku-kei rombunshû* (Gesammelte Projektaufsätze des AIJ) 553, März 2002, S. 297-302.

ベックマン別邸2　守衛所
Landhaus Böckmanns 2 Wärterhaus

ブルーノ・タウト と矢部又吉

Bruno Taut und Yabe Matakichi

中島 智章
Tomoaki Nakashima

column 3 — 01

今回のドイツ特集の2本の柱は妻木頼黄とブルーノ・タウト（Bruno TAUT, 1880-1938）で、それぞれ直接の関わりはないようにみえるが、じつは、妻木頼黄が関わったエンデ＆ベックマンによる官庁集中計画の一環として、後にタウトも加わるドイツ工作連盟（Deutscher Werkbund）の創設メンバーであるヘルマン・ムテジウス（Hermann MUTHESIUS, 1861-1927）も来日していて、間接的には繋がっている。そして、タウト来日時の日記を紐解いてみると、妻木の弟子としてベルリンに留学した矢部又吉（1888-1941）と川崎家を通じてコンタクトがあったことが分かる[※1]。

矢部はドイツ留学から帰国すると、この川崎家の当時の当主・2代目八右衛門（1866-1947）と密接な関係を持ち、川崎銀行本店（ファサードの一部が博物館明治村に移築されて現存）をはじめとする川崎財閥系の銀行建築を多く手掛けた。矢部とタウトの関わりは、昭和10年（1935年）3月に両者が川崎家の一族の邸宅の設計を、それぞれ異なる線から依頼されたことにより生じた。タウトの日記によると、タウトは「銀行家川崎氏の息子さん」、矢部はその父の方からの話だったという[※2]。

タウトは1935年3月4日の記事で、この「息子さん」は「川崎男爵の息子さん」の「従兄弟」と記している。一方、同年3月19日の記事で、タウトは「息子さん」の父の「長男」（「息子さん」の兄）の存在に言及している。3月4日の記事では、タウトが「川崎男爵の息子さん」のために邸宅の設計案を作成したこと、3月19日の記事では「長男」のためにアメリカ人建築家が邸宅の設計案を作成したことに触れている。以上を勘案すると、「銀行家川崎氏」と「川崎男爵」は同一人物で、2代目八右衛門を指し、「長男」は守之助（1905-77）、その邸宅（川崎守之助邸）を設計したのはアントニン・レーモンド（Antonin RAYMOND, 1888-1976）、「銀行家川崎氏の息子さん」は守之助の弟たちのいずれかということになる。また、「息子さん」の「従兄弟（川崎男爵の息子さん）」は、2代目八右衛門の兄たる秀衛の養子になった七三郎（後に日本火災海上保険社長）と思われる[※3]。

本件についてのタウトの言及は3月4日、19日の他、25日の記事にもみられ、19日と25日には2代目八右衛門とその息子の臨席の下、タウトと矢部が顔を合わせていることが分かる。これらの記事から読み取られるのは、矢部案を押す2代目八右衛門とタウト案を押す息子の対立であり、タウト自身も矢部案を「一九〇三年のライト流行を思出させるような作品」と述べて、要するに一世代前の古いデザインだとしてあまり高く評価していないように読める。ただ、日本でいわゆる「ライト式」のデザインが流行したのは、帝国ホテル本館（1923年竣工）直前あたりから昭和初期にかけてであり[※4]、昭和10年の段階ではその最盛期ではないにせよ、タウトが仄めかすほど古いデザインというわけではないだろう。だが、結局、両案とも実現することはなかったようである。

1935年3月4日（月）

それからまたこんな話も起きている。銀行家川崎氏の息子さんは、豫て私を信頼している樣子であったが、お父さんに內證で私を訪ね、建築費三萬圓の自邸を設計してほしいというのである。私は、設計には自分が當るけれども、現場監督と細部の處理は久米氏に依賴することを提案した。ところがお父さんの方は、銀行附の建築家である矢部氏との協同を強く主張するので親子の意見が合わず、息子さんはひどく困っている。取敢えず久米氏にこの仕事のことを話したら、同氏は『もちろん貴方がおやりなさい』と言ってくれた。だからついには設計は引受けることになると思う。息子さんは、別に出來上っている二通りの設計圖を見せ、『私としては是非貴方にやって頂きたいのです』と言う。私がいつかこの人の從兄弟（川崎男爵の息子さん）のために設計した家がひどく氣に入ったらしいのである。

3月19日（火）

川崎氏のお父さんを銀行に訪ね、息子さんの邸宅の設計について話合った。同氏は地震を極度に恐れているらしく、コンクリート構造を一必要以上に一堅牢にしてほしいという、すると私の設計圖は、この點ではまるで『冗談』みたいだ。ところで川崎氏が私の仕事に對して一度も『有難う』と言わないのはどうしたことだろう。息子さんは、銀行から私をすぐ街へ連れ出した、建築家矢部氏の態度も腑に落ちない。私は息子さんを帝國ホテルの喫茶室に誘って、日本の建築家の社會的地位の低いことを指摘し、幸いお父さんは大きな金力をお持ちなのだから、こういう不合理について十分考慮してほしいと要望した。若い川崎氏は私の意見に贊意を表し、父は外人の建築家に懲りたことがある（これは長男の邸宅をアメリカの或る建築家に依賴したことを指しているらしい）、しかし今度の場合は父もよく了解していると思う、また貴方は矢部氏を信賴されてよい、などと言った。しかし私は設計圖を取戾して, あとは成行にまかせる決心をした。

3月25日（月）

上京して川崎氏を訪ねる、今日はいつもより多少慇懃であった、私が持參した設計圖（補正を加えたもの）を見て、『結構です』と言うだけであった。居合わせた矢部氏の圖面を見せて貰ったが、一九〇三年のライト流行を思出させるような作品だ。最後に川崎氏は、とにかく四通りの設計圖があるのだから、ゆっくり『考えて』みたいと言う。だがそれでは話が違うのだ、先達っては、二十五日に私の補正圖を見た上で決定すると言っていたのだから。それでも息子さんはまだ希望を捨て切れないと見え、『父は貴方の設計に決めるでしょう』と言ったが、私はもうこれでお仕事だと思っている、こういういきさつの背後には、國粹主義が潛んでいるのだ。そこで私はこの設計圖を私の許可なしに流用するようなことがないようにと十分に念を押し、そのことを息子さんに約束させた。有望な、しかも第１級の仕事が、育つのを侍たずに葬り去られたのはこれで三度目だ。

Montag, 4. März 1935

„Der junge Kawasaki, der zu mir besonderes Vertrauen zu haben scheint und mich ohne Wissen seines Vaters, eines sehr reichen Bankiers, besuchte, gab mir den Auftrag zum Entwurf eines Hauses für 30.000 Yen Baukosten. Ich wollte durchaus Kume für Bauleitung und Details, aber sein Vater dringt auf die Zusammenarbeit mit dem Vertrauensarchitekten der Bank Yabe. Ich nannte es als Bedingung; der junge Mann kam traurig von seinem Vater. Menschlich rührende Situation. Schließlich fuhren wir zu Yabe, der gut deutsch spricht und auch gebildeten Eindruck macht. Ich erzählte alles Kume; er: selbstverständlich machen Sie es!— Und so werde ich es machen. Er ist wie der japanische Berthold; er hat schon zwei Projekte und kommt zu mir: ich will es von Ihnen haben;— weil er in mein Projekt für seinen Vetter, der nach Europa reist, anscheinend verliebt ist."(In der dt. Ausgabe 8. März 1935, Bd. 3, S. 40-41)

Dienstag, 19. März

„Vom 18. Bis 22. [3.] in Tokio. Projekt Kawasaki gefiel. Nur unwesentliche Nachträge nötig, nach ihnen eventuell Auftrag (vielleicht morgen). Der alte Bankpräsident, echter Japaner im Kimono, handelte ein bißchen und hat vor allem schreckliche Besorgnis vor Erdbeben. Soll die Betonkonstruktion über Sicherheit hinaus verstärken. Was ich nun gezeichnet habe, ist fast ein Witz; aber ob es ihm morgen genügen wird? Alles war allright. Doch am nächsten Morgen erinnerte ich mich: der alte Herr sagte nicht einmal „Danke!", der junge führte mich an der Reihe der Bankautos einfach auf die Straße, und der Architekt Yabe kam mir auch so komisch vor (spricht prima Deutsch). Ich bat darauf den jungen Kawasaki zum Kaffee ins Imperial Hotel und sagte ihm, daß die japanischen Architekten eine sehr schlechte soziale Stellung haben müssen, die ich keineswegs in Kauf nehme, daß sein Vater wohl eine Geldmacht hat, daß ich aber die Kultur repräsentiere, und das sei mehr u. dgl. Er stimmte zu, meinte sein Vater hätte schlechte Erfahrungen gemacht (anscheinend am meisten beim Bau für seinen ersten Sohn durch den Neuamerikaner Raymond—am Ende hat der in Japan ähnliche unheilvolle Wirkungen wie seinerzeit May in Rußland), nach dem Auftrag, vielleicht morgen, würde sich der Alte nicht mehr kümmern, und Yabe könnte ich vertrauen. Ich war entschlossen, mir die Zeichnungen zurückgeben und die Sache fahren zu lassen… " (In der dt. Ausgabe unter 18. bis 22. März 1935, Bd. 3, S. 45)

Montag, 25. März

"Vom 25. bis 27. [3.] wieder in Tokio wegen der Konferenz mit Kawasakis. Der „Präsident" des Banktrusts, der große Millionär, diesmal freundlicher, hatte keine Einwände zu meinem Nachtrag, sagte: gut. Zeigte Projekt des dabei sitzenden Architekten Yabe: etwa Wright-Mode von 1903, und dann Effekt: man will es sich „überlegen", weil man vier Projekte hätte – entgegen der Zusage beim vorigen Mal, daß man sich am 25. anhand meines Nachtrages entscheiden möchte. Ich glaube aber, daß dahinter Nationalismus steckt. Betonte, daß man von meiner Arbeit nichts verwenden dürfe; vielleicht dachte man: nebbich [unleserlich]- der Sohn versprach, es nur mit meiner Erlaubnis zu tun. Ich übergab ihm noch meine Bedingungen, und ebenso Yabe, der ja mit mir die Bauleitung machen sollte. Drittes Begräbnis Erster Klasse—einer verheißungsvollen Arbeit." (In der dt. Ausgabe, Bd. 3, S. 47-48)

イラスト：杉原有紀
Illustration: Yuki Sugihara

Tsumaki Yorinaka und Bruno Taut (1880-1938) bilden die beiden Säulen dieser Sonderausgabe und es scheint, als ob es zwischen beiden keinen direkten Zusammenhang gäbe. Doch über Hermann Muthesius (1861-1927), der Gründungsmitglied des Deutschen Werkbundes war, dem Taut später auch beitritt, und als Beteiligter an Böckmann und Endes Großprojekt öffentlicher Gebäude, zu dem auch Tsumaki Yorinaka beitrug, nach Japan kam, gibt es eine indirekte Verbindung zwischen Taut und Tsumaki. Eine genaue Lektüre des Tagebuchs von Taut, das er während seines Aufenthaltes in Japan führte, zeigt, dass eine weitere Verbindung über Yabe Matakichi (1888-1941), der als Tsumakis Schüler nach Berlin ging, sowie über das Haus Kawasaki bestand. [1]

Als Yabe von seinen Studium in Deutschland zurück kehrt, hält er engen Kontakt mit dem damaligen Familienoberhaupt (der 2. Generation) der Familie Kawasaki, Kawasaki Hachiemon (1866-1947) und erhält auch nach der Hauptniederlassung der Kawasaki Bank (ein Teil der Fasade ist noch im Museumsdorf Meiji-Mura erhalten) viele weitere Aufträge für Bankfilialen des Kawasaki-Firmenkonglomerats. Die Verbindung zwischen Yabe und Taut beginnt im März 1935 als beide Entwürfe für eine Villa der Familie Kawasaki entwerfen; beide wurden über unterschiedliche Wege beauftragt. Taut schreibt in seinem Tagebuch, dass er vom „Sohn des Bankiers Kawasaki" beauftragt wurde, Yabe sagt, er sei vom Vater angesprochen worden.[2]

Am 4. März 1935 notiert Taut im Tagebuch, dass dieser „Sohn" ein „Cousin" des „Sohnes von Baron Kawasaki" sei. Am 19. März desselben Jahres spricht er jedoch von einem „ersten Sohn" des Vaters (d.h. dem Bruder des „Sohnes"). Am 4. März schreibt er, dass er eine Villa für den „Sohn von Baron Kawasaki" entworfen habe, am 19. März, dass ein amerikanischer Architekt eine Villa für den „ersten Sohn" entworfen habe. Daraus ergibt sich, dass der „Bankier Kawasaki" und „Baron Kawasaki" ein und dieselbe Person sind und damit Hachiemon d. J. gemeint ist. Der „erste Sohn" ist Morinosuke (1905-1977), dessen Villa (Villa Kawasaki Morinosuke) von Antonin Raymond (1888-1976) entworfen wurde. Der „Sohn des Bankiers Kawasaki" ist dann einer der jüngeren Brüder Morinosukes. Der „Vetter" des „Sohnes" (von Baron Kawasaki) ist demnach aller Wahrscheinlichkeit der von Hachiemons älterem Bruder Shûhei adoptierte Shichisaburô.[3]

Außer den obengenannten Einträgen macht Taut hierzu auch noch am 25. März eine Notiz. Aus den Einträgen vom 19. und 25. März geht hervor, dass Taut und Yabe sich einander im Beisein von Hachiemon d. J. und dessen Sohn vorgestellt haben. Herauslesen lässt sich weiter, dass Hachiemon d. J. Yabes Entwurfs favorisierte, während sein Sohn Tauts Entwurf unterstützte. Über Yabes Entwurf schreibt Taut: „Etwa Wright-Mode von 1903." Es scheint, als ob Taut den Entwurf als eine Generation veraltet nicht allzu hoch schätzte. Andererseits wurde Design im „Wright-Stil" erst seit kurz vor der Fertigstellung des Hauptgebäudes des Imperial Hotel (1923) bis in die frühe Shôwa-Zeit (1926-1989) wirklich populär.[4] Auch wenn der Stil 1936 bereits seinen Zenit überschritten hatte, so war er dennoch noch nicht so veraltet, dass Taut dies andeuten müsste. Letztenendes scheint keiner der beiden Entwürfe realisiert worden zu sein.

日本語のタウトの日記は翻訳者の篠田英雄が詳細な説明を加えたため、「川崎男爵」をはじめ多くの人物や事物に関する詳細な記述がある。しかしドイツ語の日記には「川崎」として紹介されるにとどまっている。

Der Übersetzer von Tauts Tagebuch, Shinoda Hideo, fügte dem Text zur genaueren Beschreibung von Personen detaillierte Erklärungen hinzu, so auch im Fall von "Kawasaki", dem im deutschen Original kein "Baron" vorangestellt wurde.

参考文献
※１ 川崎家は水戸藩出身で、川崎八右衛門守安（1834-1907）が明治7年（1874年）に川崎組を創設して「川崎金融財閥」の礎が築かれた。川崎組は明治13年（1880年）に川崎銀行となり、それを中心とした金融機関グループを形成し、昭和初期には「八大財閥」の一つにまでなったが、昭和18年（1943年）に川崎銀行（当時の名称は第百銀行）が三菱銀行に合併され、「川崎」の名は消滅した。現在の常陽銀行、千葉銀行、足利銀行、横浜銀行、三菱ＵＦＪ信託銀行、マニュライフ生命保険、損保ジャパン日本興亜は、それぞれかつてのグループ企業がその前身、またはその一部の前身である。以上、川崎定徳株式会社：「会社沿革」、http://www.kawasakiteitoku.co.jp/roots（2017年6月17日閲覧）、および、菊地浩之：『日本の15大財閥 現代企業のルーツをひもとく』、平凡社、2009年、pp.204-212を参照。
※２ タウト、ブルーノ：『日本―タウトの日記―1935年〜6年』、篠田英雄訳、岩波書店、1975年、pp.59-72
※３ 『人事興信録』第10版、1934年、カ 152-153、および、『人事興信録』第11版、1937年、カ 216を参照。問題は「川崎男爵」である。『人事興信録』第10版（1934年）と同第11版（1937年）に掲載されている川崎氏全員を確認しても、川崎金融財閥と縁の近い「川崎男爵」は載っていない。掲載されている「川崎男爵」は、薩州財閥（川崎造船財閥）当主の川崎武之助、および、川崎鉄鋼工場主の川崎寛正だけであり、川崎金融財閥との縁戚関係はない。２代目八右衛門の妻は男爵郷誠之助妹の幸だが、初代、２代目とも男爵にはなっていない。ドイツ語原文には「男爵」との記述はないので、邦訳者の誤解だと思われ、おそらくは当主の２代目八右衛門のことだろう。もしそうなら、２代目八右衛門の息子たち、長男・守之助、次男・大次郎、四男・謙吉、五男・隆三郎、六男・善資と七三郎の関係、すなわち、「川崎男爵の息子さん」と「銀行家川崎氏の息子さん」の関係が兄弟でもあり従兄弟でもあるというタウトの記述に矛盾はない。
※４ 井上祐一、初田亨、内田青蔵：「大正・昭和初期における、いわゆる「ライト式」の用語の使用について」、『日本建築学会計画系論文集』571、pp.137-142、2003年9月を参照。

Literaturhinweise
1) Die Familie Kawasaki stammt aus dem Mito-Clan; Kawasaki Hachiemon Shuan (1834-1907) gründete 1874 die Firma Kawasaki-gumi und legte damit den Grundstein für das „Kawasaki-Finanzkonglomerat". Aus Kawasaki-gumi wurde 1880 Kawasaki Bank, um die herum eine Gruppe von Finanzinstituten aufgebaut wurde, die in der frühen Shôwa-Zeit zu einem der „acht großen Konglomerate" heranwuchs. 1943 fusionierte die Kawasaki Bank (damals Daihyaku Ginkô) mit der Mitsubishi Bank und verlor dabei den Namen „Kawasaki". Auch Vorläufer der folgenden Finanzinstitute gehörten ganz oder teilweise zu Kawasaki-Firmengruppe: Joyo Bank, Chiba Bank, Ashikaga Bank, Yokohama Bank, MUFG, Manulife Life Insurance Co. und Sompo Japan Nipponkoa. Siehe Abschnitt „Firmengeschichte" (*kaisha enkaku*) der Kawasaki Teitoku AG unter: http://www.kawasakiteitoku.co.jp/roots.html (letzter Zugriff am 17. Juni 2017) sowie Kikuchi Hiroyuki *Nihon no 15 dai zaibatsu: gendai kigyô no rūtsu wo himotoku* (Die 15 größten Konglomerate in Japan: Suche nach den Wurzeln der heutigen Unternehmen), Heibonsha, 2009, S. 204-212.
2) Bruno Taut, *Nihon: Tauto no nikki 1935-1936* (Bruno Taut in Japan: Das Tagebuch 1935-1936), übersetzt von Shinoda Hideo, Iwanami Shoten, 1975, S. 59-72.
3) *Jinji kōshin roku* (Personenlexikon), 10. Auflage, 1934, ka 152-153, bzw. *Jinji kōshin roku* (Personenlexikon), 11. Auflage, 1937, ka 216. Problematisch ist die Bezeichnung „Baron Kawasaki". In beiden Ausgaben des Personenlexikons findet sich kein „Baron Kawasaki" unter den Kawasaki-Einträgen, die in Verbindung zum Kawasaki-Finanzkonglomerat stehen. Als „Baron Kawasaki" sind nur das Familienoberhaupt des Sasshû-Konglomerats (Kawasaki-Schiffbaukonglomerat), Kawasaki Takenosuke, und der Inhaber der Kawasaki Eisen- und Stahlfabrik (KTK), Kawasaki Hiromasa, gelistet. Die Ehefrau von Hachiemon d. J., Sachi, ist zwar die jüngere Schwester von Baron Gô Seinosuke, doch weder Hachiemon d. Ä. noch d. J. sind Barone. Hier handelt es sich deshalb entweder um einen Fehler Tauts oder des Übersetzers, d.h. aller Wahrscheinlichkeit ist Hachiemon d. J. gemeint. Neben seinem ältesten Sohn Morinosuke hatte er vier weitere Söhne (Daijirô, Kenkichi, Ryûsaburô und Zensuke), denen gegenüber Shichisaburô als „Baron Kawasakis Sohn" und „Sohn des Bankiers Kawasaki" gleichzeitig Bruder und Vetter war, so dass sich die Eintragung in Tauts Tagebuch nicht widerspricht.
4) Inoue Yū'ichi, Hatsuda Tôru, Uchida Seizô, „Taishô/Shôwa-ki ni okeru, iwayuru ‚raito shiki' no yōgo nitsuite" (Zum Begriff ‚Wright-Stil' in der Taishô- und Shôwa-Zeit), in *Nihon Kenchiku Gakkai Keikaku-kei Ronbun-shū* 571 (Sept. 2003), S. 137-142

島薗家住宅主屋（1932年建設、1941年増築）
東京帝国大学医学部教授のために矢部又吉が設計したネオ・ロマネスク風の邸宅建築。当初は陸屋根平屋建だったが、9年後に2階部が増築された。文化庁の文化財データベースによると増築部も矢部によるという。おそらく、現存する唯一の矢部による住宅建築。

Das Shimazono Haus (1932 erbaut, 1941 erweitert)
Für den Professor der Medizinischen Fakultät der Kaiserlichen Universität Tokyo entwarf Yabe Matakichi ein Wohnhaus im neoromanischen Stil. Es war ursprünglich ein einstöckiges Haus mit Flachdach, wurde nach neun Jahren jedoch um ein zweites Stockwerk erweitert. Der Datenbank für Kulturgut des Kultusministeriums zufolge wurde auch der Erweiterungsbau von Yabe realisiert. Es ist vermutlich das einzige erhaltene Wohnhaus von Yabe.

明治時代の建築における独日関係

その足跡をたどって

Deutsch-Japanische Beziehungen in der Architektur der Meiji-Zeit

Eine Spurensuche

ベアーテ・ヴォンデ
Beate Wonde

序文　鷗外の八面六臂の働き

　半年がかりの改修工事を経て、ベルリン、フンボルト大学付属森鷗外記念館※1が2017年3月リニューアル・オープンした。装いを新たにした常設展示は驚きを持って迎えられ、その企画内容並びに展示形態が大いに注目を集めている。さらに、まったく初めて二か国語による展示が行われ、ドイツ語・日本語による解説で一貫してドイツと日本というヨーロッパとアジア両大陸からの訪問者に語りかけている。1870年代の会社創設ブーム時代に建てられたベルリンのアルトバウ（旧築）住宅－1887年に鷗外が最初にベルリンで下宿した場所だが－ここに、クリスティーナ・ナヴァッロ Cristina Navarro とカルラ・イザーン Carla Isern のデザイン会社 Studio IN が、パネルは、MADOKA 和紙からなる障子風のものを用いて、明るい、ほのかな日本的雰囲気を生み出した。そこでは、人生の様々なひとコマやコンテクストにおける鷗外の宇宙（コスモス）が訪れる人びとに伝わってくる。オーガナイザーとしてこの展示を手掛けた二人の女性デザイナーが何より目指したのは、森鷗外の業績の全体像を伝えることだった。とういのも、ベルリンは小説『舞姫』（1890年）の中で綴られる架空の恋物語と共に人々の心の中に根付いているが、彼のドイツ滞在ははるかにそれ以上のものだったからだ。

　「森鷗外　異文化との出会い」と銘打った新しい常設展示ではアイデンティティーの変化を追っていく。この変化は他との出会いから生じ、学問と文化の比類なき伝達という歴史的コンテクストの中に鷗外の創造をくるみこむ。その中心にあったのは「ベルリン大学」で、19世紀末、公式には約750名（非公式には約1500名）の日本人留学生を受け入れていた。（ドイツの大学の学籍登録簿

Vorbemerkung: Ôgais Vielfalt

Nach halbjährigem Umbau ist die Mori-Ôgai-Gedenkstätte[1)] der Humboldt-Universität zu Berlin seit März 2017 wieder für Besucher eröffnet und überrascht mit einer neuen interkulturellen Dauerausstellung, die sowohl vom inhaltlichen Konzept als auch von der Gestaltung her viel Aufmerksamkeit auf sich zieht. Es ist darüber hinaus die erste bilinguale Ausstellung überhaupt, die konsequent mit Texten auf deutsch und japanisch Gäste beider Kontinente anspricht. In einer Berliner Gründerzeit-Altbauwohnung - Ôgais erster Unterkunft in Berlin 1887 – hat die Gestalterfirma Studio IN von Cristina Navarro und Carla Isern mit shôjiartigen Paneelen, die aus bedrucktem Madoca-Japan-Papier bestehen, ein helles, leichtes Japan-Flair geschaffen, auf dem sich Ôgais Kosmos in wechselnden Lebensabschnitten und Kontexten vermittelt. Der Autorin dieses Beitrages kam es als Kuratorin der Ausstellung vor allem darauf an, ein umfassendes Bild des Wirkens von Mori Ôgai zu vermitteln, das in Bezug auf Deutschland eben weitaus mehr war als die im öffentlichen Bewusstsein verbreitete Identifizierung seines Berlin-Aufenthaltes mit einer fiktiven romantischen Liebesgeschichte in *Das Ballettmädchen/Die Tänzerin* (*Maihime*, 1890).

Die neue Dauerausstellung unter dem Titel „Zwischen den Kulturen – Mori Ôgai 1862-1922" (auf Japanisch: I bunka to no deai) geht dem Identitätswandel nach, der sich aus der Begegnung mit dem Anderen ergibt und bettet

には1870年から第一次世界大戦までの間に17名の日本人建築家の名が見え、その大半はベルリン工科大学で学んでいた）※2。この日本とヨーロッパの出会いがどのように作用したのか、展示では、個々の地域や分野を超える経験を人生の中心に据えた genius loci（ゲニウス・ロキ）森鷗外を例に取り、彼のベルリン滞在に焦点を当ててこのテーマを取り扱っている。

最後の展示室では鷗外の多面性・八面六臂の働きに光を当てている。文学と医学という彼の両専門分野と並んで、演劇人、椋鳥通信執筆者、美術解剖学、クラウゼヴィッツとゲーテの翻訳者など彼の持つ別の多くの顔が紹介されている。

新常設展ではスペースの都合で、これまでの鷗外研究ではあまり明らかになっていない「鷗外と建築」というテーマを取り上げることは断念せざるをえなかった。この寄稿論文でいささかなりと知ってもらえると嬉しい。鷗外と聞くと文学を思い浮かべ、ただちに建築と結びつくことはないが、彼が－独自の市街地図のスケッチも含め－都市計画・劇場・校舎・工場・住宅等の衛生、下水問題、その他諸問題についての論文や講演を通じ、建築物が作り出す東京の街並みの変化と衛生志向の建築の形成にかなりの影響を与えたことは、認めざるを得ない。

森鷗外『妄想』1911年

自分は失望を以て故郷の人に迎へられた。それは無埋もない。自分のやうな洋行帰りはこれまで例の無い事であつたからである。これまでの洋行帰りは、希望に輝く顔をして、行李の中から道具を出して、何か新しい手品を取り立てて御覧に入れることになつてゐた。自分は丁度その反対の事をしたのである。

東京では都会改造の議論が盛んになつてゐて、アメリカのＡとかＢと

秋山清水の油彩による50才の森鷗外の肖像画
Der 50jährige Mori Ôgai, Ölporträt von Akiyama Seisui, 1992

かの何号町かにある、独逸人の謂ふ Wolkenkratzer のやうな家を建てたいと、ハイカラア連が云つてゐた。その時

Ôgais Schaffen ein in den historischen Kontext eines einzigartigen Wissenschafts- und Kulturtransfers Ende des 19. Jahrhunderts, in dessen Mittelpunkt die „Berliner Universität" mit etwa 750 offiziell eingeschriebenen (inoffiziell etwa 1500) japanischen Auslandsstudenten stand. (In den Immatrikulationsregistern deutscher Universitäten finden sich zwischen 1870 und dem Ersten Weltkrieg die Namen von 17 japanischen Architekten, deren Mehrzahl an der Technischen Hochschule Berlin studierte.)2) In der Ausstellung werden die Wirkungen dieser Begegnung Japan-Europa exemplarisch am genius loci Mori Ôgai behandelt mit Fokus auf seinem Berlin-Aufenthalt.

Der letzte Raum der Ausstellung ist Ôgais Vielfalt gewidmet. Neben seinen beiden Hauptbetätigungsfeldern, der Literatur und der Medizin, werden auch andere seiner vielen Gesichter vorgestellt, z.B. als Theatermann, als interkultureller Korrespondent (Mukudori tsûshin), als Lehrer für Künstleranatomie und als Übersetzer von Clausewitz und Goethe.

Aus Platzgründen musste leider auf das bislang von der Ôgai-Forschung wenig erschlossene Thema „Ôgai und Architektur" verzichtet werden. Einen kleinen Einblick soll dieser Beitrag geben. Auch wenn man den Namen Ôgai eher mit dem Literaten und nicht spontan mit Architektur verbindet, kommt man nicht umhin anzuerkennen, dass er mit seinen Artikeln und Vorträgen zur Stadtplanung - bis hin zum Entwurf eigener Stadtkarten -, zur Hygiene von Theatern, Schulgebäuden, Fabriken, Wohnhäusern, der Frage der Kanalisation u.v.a.m. einen maßgeblichen Einfluss auf die Veränderung des architektonischen Stadtbildes Tokyos und die Herausbildung einer hygiene-orientierten Architektur hatte.

Mir begegneten die Menschen der Heimat mit Enttäuschung. Das war ihnen auch nicht vorzuwerfen, denn einen solchen Europaheimkehrer wie mich hatte es bis dahin noch nicht gegeben. Bisher pflegten die aus dem Westen heimkehrenden mit hoffnungsstrahlenden Gesichtern aus ihren Koffern Geräte hervorzuholen und irgendwelche neuartigen Taschenspielereien vorzuführen. Ich tat genau das Gegenteil.

In Tōkyō war die Diskussion über die Reform der Stadtstruktur auf ihrem Höhepunkt. Die Modernisten wollten

自分は「都会といふものは、狭い地面に多く人が住むだけ人死が多い、殊に子供が多く死ぬる、今まで横に並んでゐた家を、竪に積み畳ねるよりは、上水や下水でも改良するが好からう」と云つた。又建築に制裁を加へようとする委員が出来てゐて、東京の家の軒の高さを一定して、整然たる外観の美を成さうと云つてゐた。その時自分は「そんな兵隊の並んだやうな町は美しくは無い、強ひて西洋風にしたいなら、寧ろ反対に軒の高さどころか、あらゆる建築の様式を一軒づつ別にさせて、ヱネチアの町のやうに参差錯落たる美観を造るやうにでも心掛けたら好からう」と云つた。（中略）

そんな風に、人の改良しようとしてゐる、あらゆる方面に向つて、自分は本の李阿弥説を唱へた。そして保守党の仲間に逐ひ込まれた。洋行帰りの保守主義者は、後には別な動機で流行し出したが、元祖は自分であつたかも知れない。※3

森林太郎（鷗外※4）の建築と衛生

「日本の現在は改革・改良の時代である。公衆衛生の分野にもこれが求められる。ヨーロッパ風の食事と衣服、ヨーロッパの建築を手本とした建築様式の変革は現下の主要問題に属する。特に住環境に関するなら、木造建築が日本におけるほぼ唯一の建築様式であった一方、東京ではすでに過去十年の間にレンガ造りの家が建てられている。日本の都市における低所得者層向けの賃貸住宅の建築においても、いくつかの都市（神奈川、大阪など）で衛生上の措置をとることが規格化された。目下、内務省に首都東京の改造計画も提出されている。」※5

このような意見をもって、鷗外は、1888 年の帰国前にドイツ語で執筆しドイツで出版された最後のドイツ語の論文 "Ethnographisch-hygieische Studie über Wohnhäuser in Japan"「日本の家屋の民学的・衛生学的考察」（略して「日本家屋説」または「日本家屋論」と言われている）を書き出している※6。一読して驚かされるのは、彼が自分の論点をどのようにして日本の様々な新聞雑誌の記事で裏付けているのかということだ。これは今までの鷗外研究ではあまり解明されていないテーマで、彼の『獨逸日記』にもあまりヒントは出てこない。1884 年から 1888 年までのドイツ滞在期間、鷗外は遠く離れた日本の出来事にどのくらい通じていたのだろう？ありとあらゆる分野についての日本の状況を、生の情報として、そして、日本に赴く西洋人の見解に対する、いわば代替案として紹介する手助けをしてくれた情報提供者／情報源のすべてを、彼はどこから得たのだろう？彼はどの程度正確にドイツの状況を理解していたのだろう？

何はともあれ我々にわかっているのは、彼がウンテー・デン・リンデン通りとフリードリッヒ通りの交差点にある、

Häuser, wie es sie in der soundsovielten Straße in A oder B in Amerika gibt, – das was die Deutschen Wolkenkratzer nennen – hinstellen. Damals entgegnete ich: »Wenn auf engem Raum viele Menschen wohnen, sind die Todesfälle entsprechend häufig. Vor allem sterben viele Kinder.

Statt die bisher nebeneinander stehenden Häuser aufeinander zu stellen, sollte man lieber die Wasserversorgung und die Abwasserkanäle verbessern.« Dann gab es eine Kommission, die den Bauten Beschränkungen auferlegen wollte und meinte, man solle die Höhe der Dächer in Tōkyō vereinheitlichen und dadurch einen geordneten, schönen Anblick schaffen. Ich sagte damals: »Solche wie Regimenter dastehende Häuserreihen sind nicht schön. Will man Tōkyō unbedingt nach westlichem Stil ausrichten, dann sollte man gerade umgekehrt nicht etwa nur die Häuser verschieden hoch, sondern alle Gebäude von Haus zu Haus stilistisch unterschiedlich gestalten lassen und so versuchen, eine Schönheit der Vielfalt und des Durcheinanders wie in Venedig zu schaffen.«

[...] So vertrat ich in allen möglichen Dingen, die die Leute reformieren wollten, einen Standpunkt, der alles beim Alten beließ. Und ich wurde zu den Konservativen gerechnet. Später gab es häufiger Leute, die – aus anderen Motiven – als Konservative aus dem Westen heimkamen. Vielleicht war ich der erste von dieser Sorte.[3]

Zitat: Mori Ôgai: Illusionen (Môzô, 1911)

Architektur und Hygiene bei Mori Rintarô (Ôgai)[4]

„Die Gegenwart Japans ist eine Zeit der Neuerungen und Verbesserungen. Das Streben hiernach dehnt sich auch auf das Gebiet der öffentliche Gesundheitspflege aus. Die Einführung der europäischen Nahrung und Kleidung, die Umgestaltung der Bauart nach europäischem Muster gehören zu den Hauptfragen der Zeit. Was speciell die Wohnverhältnisse anbetrifft, so wurden in Tokyo bereits im vorigen Decennium Häuser aus Backsteinen gebaut, während die Holzbauten bis dahin fast die einzige Bauart Japans waren. Auch wurde die Bauart der Mietwohnungen, welche in den japanischen Städten für die ärmeren Klassen der Bewohner bestimmt sind, in einigen Städten (z.B. Kanagawa, Osaka) nach sanitären Maasregeln normirt. Gegenwärtig liegen auch die Pläne der Umgestaltung der Hautstadt Tokyo dem Ministerium des Innern vor."[5]

Mit diesen Gedanken beginnt Ôgai

エンデ＆ベックマン Ende & Böckmann 設計によるカフェ・バウアー Cafe Bauer の席に腰かけて、ドイツの新聞だけでなく東京日日新聞も読むのが好きだった、ということだ。カフェ・バウアーは当時ベルリンの人気スポットで、1884 年には他に先駆けて電燈が灯り、世界各国から人々が訪れていた。というのも、このモダンなウィーン風コーヒーハウスでは当時すでに、インターネットもないのに 600 を超える国内外の新聞を読むことができたのだ！

鷗外がはじめて日本家屋の伝統建築について出版できたのは、病理学者・人類学者・衛生学者にして政治家のルドルフ・ヴィルヒョウ Rudolf Virchow のお陰だった。ヴィルヒョウはホーブレヒト Hobrecht の同志で、ふたりはベルリン開発計画と下水道建設を実行するために尽力した。ヴィルヒョウは若き鷗外を人類学者アドルフ・バスティア

エンデ＆ベックマン設計によるカフェ・バウアー
Cafe Bauer Unter den Linden, entworfen von Böckmann & Ende

die „Ethnographisch-hygienische Studie über Wohnhäuser in Japan", den letzten seiner zahlreichen, auf deutsch verfassten und in Berlin publizierten Artikel vor der Rückkehr nach Japan 1888.[6] Erstaunlich ist auf den ersten Blick, wie er seine Argumentation mit verschiedensten Zeitungs- und Zeitschriftenartikeln aus Japan belegt – ein bislang in der Ôgai-Forschung relativ unerschlossenes Thema, über das auch sein Deutschlandtagebuch wenig Auskunft gibt: wie nah war Ôgai trotz der räumlichen Entfernung in der Deutschlandzeit 1884-88 am Geschehen in Japan? Woher erhielt er all diese Quellen, die ihm halfen, die Situation in Japan auf verschiedensten Gebieten aus erster Hand und in gewisser Weise auch als Gegenentwurf zur Sicht westlicher Japanreisender vorzustellen? Wie genau kannte er die Situation in Deutschland?

Was wir in jedem Fall wissen, ist, dass er gern in dem von Ende & Böckmann erbauten Cafe Bauer an der Kreuzung Unter den Linden / Friedrichstraße saß, nicht nur um dort deutsche Zeitungen, sondern auch die Nichinichi Shimbun zu lesen. Das Cafe Bauer war seinerzeit eine Berliner Attraktion, verfügte es doch seit 1884 als erstes über elektrisches Licht und internationales Publikum. Denn in diesem modernen Kaffeehaus Wiener Art konnte man damals bereits auch ohne Internet das Weltgeschehen in über 600 (!) in- und ausländischen Zeitungen verfolgen.

Zu verdanken hat Ôgai seine erste Publikation zur traditionellen Architektur japanischer Häuser dem Pathologen, Anthroplogen, Hygieniker und Politiker Rudolf Virchow, dem Mitstreiter Hobrechts bei der Durchsetzung von Bebauungsplänen und der Kanalisation für Berlin. Virchow machte den jungen Ôgai mit dem Anthropologen Adolf Bastian bekannt, welchen er am folgenden Tag im ebenfalls von Ende & Böckmann erbauten Völkerkundemuseums, heute Gropius-Bau, aufsuchte. In Ôgais *Deutschlandtagebuch 1884-1888* liest sich das wie folgt:

14. Mai 1888
Ich habe den aus dem Süden zurückgekehrten berühmten Wissenschaftler Virchow in seiner Wohnung in der Schellingstraße 10 besucht. Meine Studie über japanische Wohnhäuser hatte ich mitgenommen, um ihn zu bitten, sie sich einmal durchzulesen… Virchow hat mich freundlich empfangen und sich einige Stunden mit mir in aller Ruhe unterhalten.

ン Adolf Bastian に紹介し、鷗外は翌日、同じくエンデ＆ベックマンの設計になる民族学博物館－今日のグロピウス・バウ Gropius-Bau －にバスティアンを訪ねた。鷗外の『獨逸日記』には次のような記述がある。

(1888年)「五月十四日。南方より還れる名士ヰルヒヨオ Virchow を其シエルリング街 Schellingstrasse 10 の居に訪ひ、自著日本家屋論を携へて閲を請ふ。ヰルヒヨオの還るや、國會の政友は定額規則 Etatsgesetz の闕の爲に其演説を求め、病王は英醫 Mackenzie の治を主するありと雖、猶其解屍學上の審査に待つことあり。斯くまで引く手許多なる中に、大學の講筵をば、即時に皆開けり。是れ世の驚嘆する所なり。今白面の一書生來りて拙陋なる著作の閲を請へるに、ヰルヒヨオ乃ち喜び迓へて數刻の閑談あり、遂に稿本を留めしめ、一閱の後人類學會 Anthropologische Gesellschaft に送り、印刷せしめんと約す。實に多々益々辨ずと謂ふ可きなり。翌日舘に至り、バスチヤンを見る。（後略）」

建築衛生についての論文で、鷗外は日本の伝統的木造建築は日本の気候と地震の危険に最もよく対応していると、その長所を挙げると共に、襖や障子は換気と空気濾過性に優れ、つまりは空気中のカビを減らす効果があるとも述べている。

論文の第 E 節で彼は低所得層向けの日本での「賃貸住宅」である長屋に焦点を当てている。ここで彼は、同時代ベルリン市の建築監督官だったジェームズ・ホープレヒト James Hobrecht と同じ理想に燃えて筆を進めている。ホープレヒトはベルリンに（放射型）下水道システムを構築しただけではなく、それに先立つ 1862 年（鷗外生誕年）に発効した『大ベルリン環状計画』（いわゆるホープレヒト計画）も彼が中心となって練り上げたものだった。この計画は社会格差の是正と国民の健康促進を支援するもので、ベルリン・ブロック方式と呼ばれる道に沿って 4－5 階建ての石作りの集合住宅が、ロの字型に建てられ、その中心部が広場や庭になるような建築方式の採用と兵舎式賃貸集合住宅（ミーツカゼルネ）の中庭側に窓を設けることが盛り込まれていたが、厳しい経済的現実の前に、結局は潰えてしまった※7。両者が重点を置いていたのは、端的に言うなら、貧しい層も含めた住環境の改良、つまり、明かりと空気と消火装置なのだ。

これについて鷗外は帰国から間もない 1889 年 1 月 5 日、『東京醫事新誌』に「市区改正ハ果シテ衛生上ノ問題ニ非ザルカ」※8 という論文を載せることになる。

1888 年の民族学研究についての彼の文章を今日読んでいると、思わずクスっと笑ってしまう箇所もある。例えば、日

Schließlich hat er das Manuskript dabehalten und mir versprochen, es nach der Durchsicht an die Anthropologische Gesellschaft zu schicken und drucken zu lassen. Von ihm kann man wirklich sagen, dass er umso mehr schafft, je mehr Arbeit er hat.: …Am nächsten Tag war ich im Museum bei Bastian. …

In seinem architektur-hygienischen Aufsatz beschreibt Ôgai die Vorzüge der traditionellen Holzbauweise in Japan, die den klimatischen Bedingungen und der latenten Gefahr von Erdbeben am besten entspricht, sowie die Vorteile der Verwendung von Papierschiebetüren und Pappwänden (Shôji u.a.) für den Luftaustausch bzw. die Luftfiltration, also die Verminderung von Keimen in der Luft.

In Absatz E. widmet er sich den kasernenartigen „Miethwohnungen" der ärmeren Schichten. Dabei geht Ôgai mit demselben Idealismus zu Werke wie seinerzeit der Berliner Stadtbaurat James Hobrecht, auf den nicht nur die Berliner Kanalisation (Radialsystem) zurückgeht, sondern auch der vorangegangene, in Ôgais Geburtsjahr 1862 in Kraft getretene *„Bebauungsplan von den Umgebungen Berlins"*, der sozialen Ausgleich und die Volksgesundheit fördern sollte, die typisch Berliner Blockbebauung und Fenster in den Innenhöfen der Mietskasernen vorsah, letztlich aber an wirtschaftlichen Realitäten scheiterte.[7)] Beiden ging es kurz gesagt um die Verbesserung der Wohnbedingungen auch der ärmeren Bevölkerung, um Licht, Luft und Löschgerät.

Gleich nach seiner Rückkehr wird Ôgai sich am 5. Januar 1889 in der Tokyoter *Neuen Zeitschrift für Medizin (TokyoIjishinshi)* dazu zu Wort melden mit dem Artikel *Die Flächenreform als Frage der Hygiene (Shiku kaisei wa hatashite eiseijô no mondai ni arazaruka)*.[8)]

Über manche Textstellen in der ethnografischen Studie von 1888 muss man heute schmunzeln, z.B. wenn man Ôgais Visionen zu den künftigen Sitzgewohnheiten der Japaner liest. Eines von vielen Themen, die damals zur Diskussion standen und eben nicht eindeutig vorhergesehen werden konnten.

"Was das Sitzen auf dem Fußboden betrifft, so theile ich die Ansicht Vieler, die

本人の座る習慣について彼が抱いていた将来のビジョンを読んだときなどだ。これなど、当時議論されてはいたものの、はっきりとは予見できない多くのテーマのひとつだ。

「床に座ることに関して自分は、我が国のこの習慣が下肢の発達に良くない影響を及ぼしているという多くの者の意見に与する。椅子の使用は、柔らかい畳がこれに耐えられないのはもっともなことではあるが、日本の次世代のためには必要なことである」※9

将来の演劇改革者らしく、鷗外は早くから日本の芝居小屋に対する構造上ならびに衛生上の要請と取り組んでいる。日本の伝統を考慮にいれて述べた彼の言葉をかいつまんで紹介すると、
「西洋の劇場で空気中の二酸化炭素含有量を調査した結果と日本の芝居小屋での結果をふまえて、ヨーロッパの劇場では、上にいく程、つまり値段も高くなる桟敷席では空気中の炭酸量が多くなり、下の席では炭酸量が少なくなるのに対し、建物の構造がことなる日本の劇部（つまり芝居小屋）では、左右の桟敷席とその下の高土間での空気中の炭酸量（二酸化炭素のこと）は、値段の安い平土間より少なくなるという逆の結果が出ている。これは、日本の芝居小屋では、桟敷席の後ろの壁には戸があり、時々開かれるからであり、また、その戸の外は外廊下になっており常に外気が通っていることが原因だと思われるし、また興業が朝から夕刻まで続くという、日本の演劇固有の特徴も無視してはならない※10」とのことだ。

帰国後、鷗外は演劇改革運動の流れの中で「文芸ジャンルとしての演劇から観客席も含めた劇場構造に及び、さらに劇場の防火上・衛生学上の問題にまで至る」「包括的な劇場改革コンセプトを構想することになる。」※11 繰り返し彼は、劇場は火災に強く、換気が良くなければならぬと説いた。

1883年のベルリン衛生博覧会でシュミット＆ネッケルマン Schmidt & Neckelmann 社が耐火性に優れた劇場雛形案を発表しており、鷗外はそれにインスピレーションを得ていた。「火災及び衛生上の面でも水準の高い上演を可能にする」※12 劇場雛形案の日本版は、鷗外の手から羽ばたき、衛生新誌第28号の中で「劇場の雛形」※13 という論文となって登場する。衛生新誌には医師、建築家、都市計画に携わる人々に向けたコラムが設けられており、これらの人々が衛生・安全性研究の最新状況に習熟できるようになっていた。

同様に「劇場の大きさ」※14 の中で、1897年鷗外はさらに、最高の耐火性を備えた衛生的な建物を建てよという要求を表明した。日本に劇場を建てる際に

diesem Landesbrauch einen nachtheiligen Einfluss auf die Entwickelung der unteren Extremitäten zuschreiben. Der Gebrauch von Stühlen, welche die zarten Binsenmatten begreiflicherweise nicht Stand halten können, ist – zu Gunsten der kommenden Generation Japans – eine Notwendigkeit."9)

Als künftiger Theaterreformer beschäftigt Ôgai sich schon früh mit den baulichen und hygienischen Anforderungen an Theatergebäude. Für das traditionelle Japan stellt er fest:

"Der Bau eines Theaters ist ein barrackenartiger, und der geringere Kohlensäuregehalt in den Seitenlogen und dem direct darunter befindlichen Hochpaterre, welcher den Verhältnissen im europäischen Theater nicht entspricht, mag wohl davon herrühren, dass beide von aussen zu mit Fenstern versehen sind, die zeitweise geöffnet werden. Ferner muss man eine Eigenthümlichkeit des japanischen Theaters nicht ausser Acht lassen, dass nämlich eine Aufführung vom Morgen bis zum Abend dauert."10)

Nach seiner Rückkehr wird Ôgai im Zuge der Theater-Reformbewegung Gesamtkonzepte entwickeln, *"die den Bogen schlagen vom literarischen Genre über die Bühnenkonstruktion und den Zuschauerraum bis hin zu ganz speziellen Belangen, die Fragen der Feuersicherheit und Hygieneanforderungen von Schauspielhäusern betreffen."* 11) Immer wieder verweist er darauf, dass Theater brandsicher und gut gelüftet sein müssen.

Auf der Berliner Hygiene-Ausstellung 1883 hatte die Firma Schmidt & Neckelmann den Entwurf einer feuersicheren Musterbühne präsentiert, von dem Ôgai sich inspirieren ließ. Das japanische Pendant, das *"alle Vorzüge höchster Feuersicherheit und öffentlicher Hygiene in sich vereinte und gleichzeitig einem maximalen künstlerischem Niveau Rechnung trug"*12), findet sich aus Ôgais Hand dann in der 28. Ausgabe der *Neuen Zeitschrift für Hygiene* in seinem Artikel *Musterbühne (Gekijô no hinagata)*.13) Die Zeitschrift bot eine Plattform für Ärzte, Architekten und Stadtplaner, um sich mit dem neuesten Stand der Hygiene- und Sicherheitsforschung vertraut zu machen.

In einer vergleichenden Studie *Die Größe von Theaterbauten (Gekijo no ôkisa)*14) verleiht Ôgai 1897 weiterhin

なすべきこととして、プロイセン警察が1889年11月22日ポツダムとベルリンに発令した「劇場、サーカス施設及び公開集会場所の建築と設備に関する警察令」※15から、彼は安全性規範の神髄となる部分を借用した。

衛生新誌について調査した際もそうだったのだが、明治時代、いかに多くの専門家たちが密に共同作業をし、分野を越えて意見交換をしていたかに感銘を受ける。「建築」というキーワードで鷗外の名を見出すことはまずないが、その代り、思いもかけないところで彼の名に遭遇する。証拠となる文書があまり残っていないため、いつ誰が誰に影響を与えたのか、どのような人間的・精神的ネットワークがあったのかは、今となっては推測するしかない。例えば1893年3月8日、鷗外は地学協会の会合で68名の会員の前で「建築衛生に関する談話」と題する講演を行っている※16。余談ながら、この会合には建築家、伊東忠太も参加していた。ここで鷗外は、機会あるごとに主張していたように、工場建設にあたっては風向きについても留意し住宅地に有害な排気が流れ込むことがないよう訴えた。彼は埃を減らすため道路をアスファルトで舗装することを奨励し、湿度を下げするため病院や校舎の換気を良くすることや、太陽の光をとり入れることを勧めている。特に新築家屋では、塗装工事が完了した後、ある一定期間を置き、健康に害が及ぶことがないことを示す何らかの基準に達してから入居すべきであるとも述べている。彼は適切な道幅についての問題も議論したし、ヨーロッパの屋根裏部屋や地下居住室を良くない例に挙げ、西洋風建物とその部屋の好ましい高さ（2.70m）も推奨した。※17 しかし、彼が最も影響力を発揮したのは小池正直と共同で発行し、その後も版を重ねた教科書『衛生新篇』を通じてであった。建築様式・建造物のタイプ・建築規制についての章は、鷗外が1891年に発表した「屋式略説」※18という論文と類似していることから、鷗外の筆によるものと考えられている。

本稿最初の方で触れた日本の住宅に関する研究に、自身を保守主義者の元祖と形容していた鷗外は次のような将来への予測とともに1888年ベルリンにて終止符を打っている。以下に要約する。
「日本の権威者らは狭い土地に今より多くの人間が居を構えることができるよう、多層階建て住宅の建造を奨励し住居の集中化に向けた努力がなされている。ヨーロッパでは都市計画に関して分散化が叫ばれているのに対してである。（中略）目下日本人が空想している石造りの多層階建築が立ち並ぶ新たな日本の都会像は、必要悪の所作だと自分は思いたい」※19

別の論文の脚注では、ヨーロッパ流な

seiner Forderung nach einer hygienischen Architektur mit höchsten Brandschutzkriterien Ausdruck. Aus der preußischen „*Polizei=Verordnung betreffend die bauliche Anlage und die innere Einrichtung von Theatern, Circusgebäuden und öffentlichen Versammlungsräumen*" für Potsdam und Berlin vom 22. November 1889 übernahm er wesentliche Sicherheitsnormen für seine Empfehlungen beim Bau von Theatern in Japan.

Wie schon bei der *Neuen Zeitschrift für Hygiene* beeindruckt bei der Recherche, wie eng in der Meiji-Zeit verschiedenste Spezialisten zusammenarbeiteten, sich interdisziplinär austauschten. Sucht man unter dem Stichwort „Architektur" wird man bei Ôgai kaum fündig - dafür an Stellen, wo man es kaum erwartet. Heute kann man aufgrund der wenigen schriftlichen Zeugnisse oft nur Vermutungen anstellen, wer wen wann beeinflusste, welche personellen und geistigen Verflechtungen es gab. Am 8. März 1893 hielt Ôgai z.B. in Tokyo einen Vortrag *Gespräche über Architektur-Hygiene* (*Kenchiku eisei ni kansuru danwa*) vor 68 Mitgliedern der *Geologischen Gesellschaft* (*chigaku kyôkai*), bei der auch der Architekt Itô Chûta auftrat.[15)] Hier appelliert er wie bei anderen Anlässen, beim Bau von Fabriken die Windrichtung zu beachten, so dass giftige, schädliche Luft nicht in die Wohnviertel weht. Er empfiehlt Straßen zu asphaltieren, um die Staubmenge zu reduzieren, spricht sich eine gute Belüftung der Krankenhauszimmer und Schulgebäude aus, um die Luftfeuchtigkeit zu verringern und Sonnenlicht herein zu lassen. Vor allem soll nach Neubau und Malerarbeiten eine gewisse Zeit abgewartet werden und der Einzug erst dann erfolgen, wenn gewisse nicht mehr gesundheitsschädliche Standards erreicht sind. Auch Fragen einer angemessenen Straßenbreite diskutiert er und gibt Empfehlungen für eine günstige Gebäude- oder Zimmerhöhe (bei ihm 2,70 m), indem er auf das negative Beispiel von Mansardenzimmern und Kellerwohnungen in Europa verweist.[16)] Den größten Einfluss übt er jedoch über sein gemeinsam mit Koike Masanao herausgegebenes, mehrfach aufgelegtes Standartwerk *Neue Abhandlungen zur Hygiene* (*Eisei shimpen*) aus. Der Abschnitt zu Baustil, Gebäudetypen und Bauregulierungen wird Ôgai

ら何でも無条件に取り入れる風潮に対し、彼はもう一度断固として抗議している。「自分としては次のことを指摘せずにはいられぬ。我が国同胞たちがヨーロッパ科学の長所を一刻も早く利用せんとして精力の限りを尽くし追及している現状においては、古くからの習慣の改変への提言が日本においては時としてあまりにも活発に行われるため、提言された革新への検証が後手に回るきらいがある。何百年間もしっかりと守られてきた風俗習慣には良い核があるに違いないことを、決して忘れてはならぬ。さもなくば、これら風俗習慣がかくも長く維持されることはなかったはずだ」※20

啓蒙者であると同時に翻訳者として双方向において極めて活動的であった人物、双方の文化事情に最もよく通じ、やみくもな異文化の真似には反対し、常に適切な統合を追い求めた人物、その人物の口からどのようにして日本に関する知識がドイツへ、また、ドイツに関する知識が日本へ入ったのかという観点について論ずるのは、このくらいにしておこう。

ベルリンの交友関係

ヨーロッパ大都市との遭遇それ自体はもとより、そこにあるまったく異なる建築を目の当たりにして、19世紀末ヨーロッパに滞在した日本人の誰もが、何らかの意味で建築の問題と向き合うことを余儀なくされた。若き鷗外がベルリンで青木周蔵と建築について意見を交わしたかどうかはわからない。わかっているのは、1884年10月13日にベルリンに到着した鷗外が、翌日すでにこのドイツ公使をフォス通り7番地の公使館に訪ね※21、いろいろ助言をもらっていたことだけだ。とはいえ、鷗外の日記によると、これ以降一度しか青木には会っていない。だが青木自身が建築に非常な関心を寄せていたことは疑いの余地がない。栃木県那須塩原市にある洋館の旧青木家別邸は、彼が1888年、ベルリン時代の知人、松ヶ崎萬長※22に建てさせたものだ。この館は現在多額の費用をかけて修復されており、国の重要文化財に指定されている。松ヶ崎は同1888年、設立したての日本造家学会会長に青木を据えることに成功した。同時に政府レベルで青木は、東京に国会議事堂と司法省庁を建てる構想の実現に向けて積極的に関与していた。松ヶ崎は明治時代において最も長くベルリンに滞在した日本人のひとりであろう。彼は岩倉使節団とともにドイツに渡り、1885年まで工科大学のヘルマン・エンデ Hermann Ende のもとで学んだ。そのおかげで彼の恩師は後に東京の官庁集中計画を託されることになった。

鷗外の獨逸日記に松ヶ崎の名は登場しない。代わりに、鷗外と同時期ベルリンに滞在していた妻木頼黄※23の名が見える。日記によれば両者は1887年4月

zugeschrieben wegen der Ähnlichkeiten zu einem Aufsatz von 1891 *Ausführungen zur Bebauungsplanung (Okushiki ryakusetsu)*.

Die eingangs erwähnte Studie zu Wohnhäusern in Japan beendete Ōgai, der sich selbst als ersten Konservativen bezeichnete, 1888 in Berlin noch mit folgendem Ausblick:

„Hingegen haben die Autoritäten in Japan die Erbauung mehrstöckiger Wohnungen vorgeschlagen, damit auf einem kleineren Stück Boden eine grössere Anzahl Menschen Unterkunft fände. Man bemüht sich dort demnach, die Centralisierung der Wohnungen zu bewirken, während man in Europa nach Decentralisierung derselben strebt... Ich bin daher geneigt, das Gesammtbild der neuen Metropole Japans mit mehrstöckigen Steinhäusern, womit sich jetzt die Phantasie der Japaner beschäftigt, nur als ein nothwendiges Übel zu betrachten."[17]

In der Fußnote eines anderen Artikels spricht er sich noch einmal dezidiert gegen die unkritische Übernahme alles Europäischen aus:

„Ich kann nicht unterlassen, hier darauf aufmerksam zu machen, dass bei dem höchst energischen Bestreben meiner Landsleute sich so schnell als möglich alle Vortheile der europäischen Wissenschaft zu Nutz zu machen, in Japan ab und zu Vorschläge zur Aenderung altbewährter Bräuche mit solcher Lebhaftigkeit ausgeführt werden, dass eine Prüfung der vorgeschlagenen Neuerung oft zu spät kommt. Man sollte nie vergessen, dass Sitten und Gebräuche, die sich viele Jahrhunderte auf das beste bewährt haben, einen guten Kern haben müssen, sonst hätten sie sich nicht so lange erhalten."[18]

Soviel zu einem Aspekt, wie Wissen über Japan nach Deutschland und umgekehrt über Deutschland nach Japan gelangte aus dem Munde desjenigen, der in beiden Richtungen äußerst aktiv war als Aufklärer und Übersetzer gleichermaßen, und der sich in beiden Kulturen bestens auskannte, gegen blinde Übernahme und stets auf der Suche nach einer angemessenen Synthese war.

Berliner Bekanntschaften

In gewisser Weise zwang die Begegnung mit einer europäischen Großstadt an sich, ihrer so andersartigen Architektur wohl jeden in Europa

29日ベルリンで出会っている。

「島田を訪ふ。小倉、妻木、加治等在り。小倉は自ら政治學を修むと稱する少年成。妻木は建築家、加治は畫工なり」※24

異国で、まったく異なる職種を代表する者同士が活発に交流し、その関係が一般に帰国後も続くというのは、明治時代異国に暮らした日本人の人間関係における極めて本質的な特徴で、視野を広め、安定したネットワークの構築に役立った。

ベルリンーミッテ地区のひとつの建物が建築の歴史を物語る

日本に石造りの多層階建築が益々広まっていった背景には、鷗外とは逆の方向に旅し、彼がドイツにいた時期、地球の反対側に位置する日本にいた都市計画従事者と建築家の関与もあったのだ。(行き違い)

特にここでは4人の名が挙げられる。ヴィルヘルム・ベックマン Wilhelm Böckmann (1832-1902)、ヘルマン・グスタフ・ルイス・エンデ Hermann Gustav Louis Ende (1829-1907)、エンデの弟子のヘルマン・ムテジウス Hermann Muthesius (1861-1927)、そして、ジェームズ・ホープレヒト James Hobrecht (1825-1902)だ。

堀勇良の研究によると、19世紀、前述の4人も含めて17人のドイツ人が建築と都市計画の分野で様々なビジョンを実行に移すため日本に赴いている。最初に来日したのは1868年R.メンガー R. Menger で、最後は1898年フランツ・バルツァー Franz Baltzer だった。

ベルリンのエンデ＆ベックマンはドイツで最も名高い設計事務所のひとつで、最初ヴィルヘルム通り Wilhelmstraße とドロテーン通り Dorotheenstraße の交差点に居を構えていた。ベルリンだけでも150の建物が二人の手になる。1882年、彼らが作ったベルリンの帝国議事堂案は、コンペティションで2位を獲得した。このコンビが設計を手掛けた多くの有名な建物はベルリンの街並みを形作っていた。主だったものを挙げれば、ウンター・デン・リンデン Unter den Linden のドイツ銀行、ティーアガルテン Tiergarten 地区の数々の屋敷、動物園の象舎とアンテロープ舎、民族学博物館（今日のグロピウス・バウ）、セダンのパノラマ館 Sedan-Panorama ※25、そして、鷗外がよく新聞を読んでいたカフェ・バウアーなどであった。

エンデは工科大学の教授で、オットー・フォン・ビスマルク内閣でアドバイザーも務めていたが、後年芸術アカデミーの理事長に任じられた。松ヶ崎の仲介で、エンデ＆ベックマンは外務大臣井上馨より委託を受け、東京都市計画と国会議事堂、司法省、最高裁判所を含む、まった

---

weilenden Japaner Ende des 19. Jahrhunderts, sich in gewisser Weise mit baulichen Fragen auseinanderzusetzen. Ob der junge Ôgai sich in Berlin mit Aoki Shûzô über Architektur ausgetauscht hat, wissen wir nicht. Nur dass er den damaligen Gesandten bereits einen Tag nach seiner Ankunft am 13.10.1884 in der Gesandtschaft in der Voßstraße 7 besuchte[19] und Ratschläge von ihm erhielt. Allerdings hat er ihn laut Tagbuch danach nur noch einmal getroffen. Daran, dass Aoki selbst an Architektur äußerst interessiert war, besteht kein Zweifel. Sein Landhaus im westlichen Stil in Nasu/Präfektur Tochigi ließ er 1888 von seinem Bekannten aus der Berliner Zeit, dem Architekten Matsugasaki Tsumunaga[20], errichten. Es ist heute aufwendig restauriert und in die Liste der Wertvollen Kulturgüter Japans aufgenommen worden. Matsugasaki gelang es im selben Jahr 1888, Aoki als Vorsitzenden der neu gegründeten Architekten-Vereinigung Japans zu gewinnen. Gleichzeitig setzte Aoki sich auf Regierungsebene engagiert für die Verwirklichung der Entwürfe für das Parlamentsgebäude und den Justizpalast in Tokyo ein. Matsugasaki selbst gehört wohl zu den Japanern, die sich in der Meiji-Zeit am längsten in Berlin aufhielten. Er soll mit der Iwakura-Mission gekommen sein und blieb bis 1885, studierte unter Hermann Ende an der Technischen Hochschule (TH). Später verschaffte er seinem Lehrer die Aufträge für das neue Regierungsviertel in Tokyo.

In Ôgais Deutschlandtagebuch wird er nicht erwähnt. Dafür Tsumaki Yorinaka[21], der zur selben Zeit wie Ôgai in Berlin weilte. Laut Tagebuch sind sich die beiden am 29.4.1887 in Berlin begegnet:

„Ich habe Shimada besucht. Auch Ogura, Tsumaki und Kaji waren da. Ogura ist ein junger Mann, hat, wie er uns erzählte, Politologie studiert. Tsumaki ist Architekt und Kaji Maler."[22]

Der intensive Austausch zwischen Vertretern verschiedenster Berufsgruppen im Ausland, der in der Regel später in der Heimat fortgesetzt wird, ist ein besonders Wesensmerkmal der persönlichen Verflechtungen der Meiji-Auslandsjapaner und hat für einen weiten geistigen Horizont und ein stabiles Netzwerk gesorgt.

く新しい中央官庁街建設計画案を作成することになった。

このため1886年ベックマンが来日した。1886年6月20日付の手紙で彼は首相官邸での会議の模様を書き綴ったのち、こう付け加えた。「幸運なことに私は小柄な若い日本人建築家、河合氏という有能で勤勉な助手を見つけた。彼をドイツに連れて帰り、もっと建築を学ばせてやりたいものだ」※26

帰国を前にしたベックマンは日本人建築家3人と職人17人をベルリンに招く。その中に河合浩蔵も含まれており、彼は1887年から1889年までベルリン工科大学で学ぶことになる。一行は1887年1月ベルリンに到着し、まずは6週間集中的にドイツ語を学んだ。引き続き彼らは、レンガ積み工、レンガ製造工、家具職人、スレート屋根ふき職人など、それぞれの職種のマイスターのもとで実地に職業訓練を受けた。彼らは最初、フォス通り33番地、日本公使館向かいにあるベックマンの住宅の上階に住んでいた。この人々について多くはわかっていないが、若い建築家らはベックマンのプランをさらに練り上げ、1888年以降、日本で開発の指揮を引き受けることになる。職人らは1889年日本に帰国した。

1887年5月、ヘルマン・エンデはベ

ヘルマン・グスタフ・ルイス・エンデ
Hermann Gustav Louis Ende

ヴィルヘルム・ベックマン
Wilhelm Böckmann

Ein Haus in Berlin-Mitte erzählt Architekturgeschichte

Daran, dass der Bau von mehrstöckigen Steinhäusern sich doch mehr und mehr in Japan verbreitete, hatten auch Stadtplaner und Architekten Anteil, die in entgegengesetzte Richtung gereist waren und sich zu Ôgais Deutschlandzeit eine halbe Erdkugel entfernt in Japan aufhielten.

Insbesondere sind hier vier Namen zu nennen: Wilhelm Böckmann (1832-1902), Hermann Gustav Louis Ende (1829-1907), dessen Schüler Hermann Muthesius (1861-1927), und James Hobrecht (1825-1902).

Einer Studie von Hori Takeyoshi zufolge reisten im 19. Jahrhundert einschließlich der o.g. insgesamt 17 Deutsche nach Japan, um auf dem Gebiet der Architektur und des Städtebaus Visionen umzusetzen. Der Erste war 1868 R. Menger, der Letzte 1898 Franz Baltzer, ein Mitglied der Bauakademie.

Das Berliner Architekturbüro Ende & Böckmann zählte zu den renommiertesten in Deutschland und hatte seinen Sitz zunächst an der Kreuzung Wilhelmstr./Dorotheenstraße. Allein für Berlin werden den beiden 150 Gebäude zugeschrieben. Ihr Entwurf für das Reichstagsgebäude in Berlin errang 1882 den zweiten Platz in einem Wettbewerb. Eine Vielzahl von bekannten Gebäuden, die dieses Duo entworfen hat, prägten das Stadtbild Berlins: die Deutsche Bank Unter den Linden, Villen im Tiergarten, Elefantenhaus und Antilopenhaus des Zoos, das Museum für Völkerkunde, heute Gropius-Bau, das Sedan-Panorama und das Cafe Bauer, in dem Ôgai so gern Zeitung las.

Ende war Professor an der TH und als Berater für das Kabinett Otto v. Bismarcks tätig, später wurde er zum Präsidenten der Akademie der Künste ernannt. Durch Vermittlung von Matsugazaki erhalten Ende & Böckmann vom Außenminister Inoue Kaoru den Auftrag, einen Bebauungsplan und ein ganzes neues Regierungsviertel für Tokio zu entwerfen einschließlich der Gebäude für das Parlament, das Justizministerium und den Obersten Gerichtshof.

Zu diesem Zweck trifft Böckmann im April 1886 in Japan ein. Im Brief vom 20. Juni 1886 beschreibt er eine Sitzung beim Minister-Präsidenten und fügt hinzu:

„Glücklicherweise habe ich in einem kleinen jungen japanischen Architekten,

ベックマン邸 1880 年
Böckmanns Wohnhaus 1880

ルリン下水道の創建者ジェームズ・ホープレヒトとヘルマン・ムテジウスを伴い、ベックマンの設計案を修正するため日本に向かって旅立った。ベルリンに近代的下水道システムを構築するために大変な苦労をしたホープレヒトは、この日本滞在でゆっくりとその骨休みをしようと思っていたのだが、1年間の滞在中に日本政府から将来の上下水道について提言を求められることになる。

独日建築史にこういう一章があったことを証明するのは、今日では法務省の赤レンガ棟だけだ。これは1923年の関東大震災を耐え抜いた数少ない建物のひとつだ。

ベックマンとエンデが日本にもたらした、ベルリンの国会議事堂に似たこの歴史的建築様式は、当時のベルリンを代表する建物の様式に対応しており、鴎外のベルリン時代の学友、妻木頼黄らによって、その後もしばらく政府関係の建物で採用された。妻木、河合、渡辺譲の三名は日本の建築家の中で、いわばドイツ派を形成したと言えよう。のちに矢部又吉がドイツ派に加わった。矢部もまたエンデ&ベックマンのもとで、そして1907年から1910年まではベルリン工科大学で学び、東京の設計事務所の運営を控えめながら続けた。

1886年8月15日夕刻、ベックマンの奥方は夫の帰りを歓迎して玄関を赤提灯で飾った―赤提灯が日本でどういうお楽しみを意味しているかも知らずに。華やかにもエキゾチックな光の装飾はティーアガルテン地区に全くもってセンセーションを巻き起こした。ベックマンの日本旅行日記の最後には次のように綴られている。

「そして、ついに我が家だ！ 我が子たちのいるところ、みんな元気だ―喜びと、日本の提灯のきらめく明かりに顔を輝か

Herrn Kawai, eine tüchtige, fleissige Hülfe gefunden: ich hoffe ihn mit nach Deutschland zu seiner ferneren Ausbildung nehmen zu dürfen."[23]

Vor seiner Abreise aus Japan lädt Böckmann drei japanische Architekten und 17 Handwerker nach Berlin ein. Unter ihnen auch Kawai Kôzô, der von 1887-89 an der TH Berlin studieren wird. Die Gruppe trifft im Januar 1887 in Berlin ein und lernt zunächst sechs Wochen intensiv Deutsch. Anschließend erhalten sie bei Maurern, Ziegelbrennern, Schreinern und Schieferdeckern u.a. Handwerksmeistern eine praktische Ausbildung. Sie wohnen zunächst im oberen Stockwerk von Böckmanns Wohnhaus in der Voßstr. 33, gegenüber der japanischen Gesandtschaft. Viel ist über diese Gruppe nicht bekannt, außer dass die jungen japanischen Architekten die Pläne weiter ausarbeiten und ab 1888 in Japan die Bauleitung übernehmen sollten. Die Handwerker kehrten 1889 zurück.

Im Mai 1887 reist Hermann Ende mit James Hobrecht, dem Erbauer der Berliner Kanalisation, und Hermann Muthesius nach Japan für Nachbesserungen. Hobrecht, der sich den Japanaufenthalt als Auszeit nach den Strapazen der Umsetzung eines modernen Berliner Abwassersystems gegönnt hatte, wird während seines einjährigen Aufenthaltes von der japanischen Regierung um Vorschläge für eine künftige Kanalisation und das Wassersystem gebeten.

Von diesem Abschnitt deutsch-japanisch Architekturgeschichte zeugt heute nur noch das rote Ziegelstein-Gebäude des Justizministeriums. Es ist eines der wenigen, welches das große Erdbeben im Jahr 1923 überstand.

Der historische, dem Berliner Reichstag ähnelnde Stil, den Böckmann und Ende nach Japan brachten, entsprach dem der damaligen Berliner Repräsentationsbauten und wurde noch eine Weile von Nachfolgern wie Ôgais Berliner Kommilitonen Tsumaki Yorinaka bei Regierungsbauten fortgeführt. Tsumaki, Kawai und Watanabe Yuzuru bildeten quasi die deutsche Fraktion unter den Architekten Japans. Später stieß Yabe Matakichi dazu, der ebenfalls bei Ende & Böckmann und 1907-1910 an der Technischen Hochschule Berlin studierte und das Tokyoter Büro in bescheidenem Maße weiterführte.

Bei seiner Rückkehr aus Japan am

せながら」※27

　この建物は、しかしここ数十年間、輝かしい日を送っていない。1885年に建てられたベックマンのかつての住居、彼の設計アトリエでもあり、フォス通り33番地（当時ヴィルヘルム通りとフォス通りにあった中央官庁街の一角）に建つワインレッドのレンガ造りファサードの建物は、第二次世界大戦で榴弾の破片数発を受けたほかは、被害を免れた数少ない建物のひとつだ。振り返って見れば、この建物は歴史の波に翻弄されている。1935年以降、ドイツ国有鉄道がここに管理部門を置いた。1960年代からは、ベルリンの東部に位置し交通量の多いライプツィガー通りとポツダム広場にほど近いこの建物は、旧東ドイツのドイツ国有鉄道オフィスビルとして用いられ、建物の奥の方には企業所有の外来病院さえ増築された。

　ベルリンの壁崩壊後この建物は広大な更地に建つ唯一の建築物だった。1995年以降は空家となっていた。建物の前には、この世のものとも思えぬピンクやライトブルーの暖房用配管の群れがのたうちまわり、ベルリン中心部の一等地であるにもかかわらず、建物周辺は都市の中の砂漠という趣だった。理由の一つは国とドイツ鉄道株式会社との長年にわたる所有権争いであろう。そうこうしているうちに、どこかの会社がこの建物を「フォス・ヴィラ」に生まれ変わらせるため入手したらしかった。ともかく、建物の前面にかけられた宣伝用横断幕にはそう書かれていたし、すでにマンションとして売り出されていた。ある日、ドイツと日本の関係を今に伝えるこの重要な建物にかかっていた横断幕は消え、2014年9月、戦前有名だった「ヴェルトハイム百貨店 Kaufhaus Wertheim」の跡地に巨大ショッピングセンター、「モール・オブ・ベルリン Mall of Berlin」がオープンした。フォス通り33番地のベックマンの住宅は今やショッピングモールの一部で、一階にはショップが入っている。複合施設内にあっては、よほどしっかり見なければ、これが歴史ある建物だとはまず気付かない。しかし、これは、東ドイツ時代に作られた部分もあるとはいえ、多くの日本人にとっては鷗外の『舞姫』で馴染みのある、あの有名なホテル・カイザーホーフ Hotel Kaiserhof がまだそばに建っていた時代を、あるいは、まだ日本公使館が多くの省官庁と共に並んでいたあの時代を思い出させてくれる、ベルリン中心部で唯一の建物なのだ。

Abend des 15. August 1886 hatte Böckmanns Frau den Hauseingang zur Begrüßung mit roten Lampions geschmückt, nicht ahnend, auf was für Vergnügungen aka-chôchin in Japan hinweisen. Der festlich-exotische Lichterschmuck erregte durchaus Aufsehen im Tiergartenviertel. Am Ende seines *Japanischen Reisetagbuches* vermerkte Böckmann:

*„Und endlich mein Haus! Das Nest meiner Kinder, alle gesund – vor Freude und in glänzender Beleuchtung japanischer Ballons erstrahlend."*24)

　Strahlend sah das Haus allerdings in den letzten Jahrzehnten nicht aus. Das erst 1885 erbaute einstige Wohnhaus Böckmanns, das gleichzeitig Architektur-Atelier war, mit der weinroten Steinfassade in der Voßstraße 33 – damals im Regierungsviertel an der Wilhelmstraße/Voßstraße gelegen – ist eines der wenigen Gebäude, das bis auf ein paar Granatsplitter von den Zerstörungen des Zweiten Weltkrieges verschont blieb. Es kann inzwischen auf eine wechselhafte Geschichte zurückblicken. Ab 1935 nutze es die Reichsbahn als Sitz ihrer Direktion. Seit den 1960ern Jahren diente das im Ostteil der Stadt gelegene Haus in der Nähe der vielbefahrenen Leipziger Straße und des Potsdamer Platzes nun der Reichsbahn der DDR als Bürogebäude, im hinteren Teil wurde sogar eine betriebseigene Poliklinik angebaut.

　Nach dem Mauerfall befand sich dieses Haus als einziges auf einer riesigen Brache. Seit 1995 stand es leer. Vor dem Haus wanden sich rosa und hellblaue überirdische Heizungsrohre, ringsherum eine innerstädtische Wüste, obwohl es sich um ein Filetgrundstück im Herzen Berlins handelte. Ein Grund waren wohl langwierige Eigentumsstreitigkeiten zwischen dem Bund und der Deutschen Bahn AG. Zwischenzeitlich sah es aus, als habe eine Firma das Gebäude erworben, um es in die „Voß-Villa" zu verwandeln. Jedenfalls behaupteten Banner an der Außenfront dies und boten bereits Wohnungen zum Kauf an. Eines Tages verschwand die Werbung an dem für die deutsch-japanischen Beziehungen so wichtigen Gebäude, und im September 2014 wurde die *Mall of Berlin* eröffnet,

2016年モール・オブ・ベルリンの一画になった
2016, nachdem das Haus Teil des Einkaufszentrums „Mall of Berlin" wurde

ベックマン邸 1995 年
Böckmanns Wohnhaus 1995

ein riesiges Einkaufszentrum auf dem Grund des einstigen, in der Zeit vor dem Krieg berühmten *Kaufhauses Wertheim*. Böckmanns Haus Voßstr. 33 ist nun Teil des Ensembles der Shopping Mall und beherbergt im Erdgeschoss Läden. Wenn man nicht genau hinschaut, fällt es als historisches Gebäude in dem Gesamtkomplex kaum auf. Aber es ist das einzige inmitten von z.T. noch aus DDR-Zeiten stammenden Neubauten, das an eine Zeit erinnert, als in der Nachbarschaft noch das berühmte *Hotel Kaiserhof* stand, das vielen Japanern aus Ôgais *Ballettmädchen* (*Maihime*) ein Begriff ist, oder als sich dort noch die *Gesandtschaft von Japan* nebst Ministerien und anderen Regierungsgebäuden befanden.

文献 **Literatur**

- Böckmann, Wilhelm:"*Reise nach Japan*", Berlin, Reichsdruckerei, 1886 (Digitalisat in der Staatsbibliothek Berlin)
- Fujimori, Terunobu: „Die Beziehungen zwischen deutscher und japanischer Architektur im 19. Und 20. Jahrhundert". In: *Berlin-Toyko/Tokyo-Berlin. Die Kunst zweier Städte*. Katalog der Ausstellung in der Neuen Nationalgalerie Berlin vom 7. Juni bis 3. Oktober 2006. Hantje Cantz Verlag. Ostfildern: 2006, S. 20-27.
- Horiuchi, Masaaki: „Die Beziehungen der Berliner Baufirma Ende & Böckmann zu Japan". In: *Japan und Preußen*. Hg. Gerhard Krebs. Monographien aus dem Deutschen Institut für Japanstudien. Band 32. Iudicium Verlag, München: 2002, S. 319-328.
- Ishida, Yorifusa: „Ougai Mori's Essays on Urban Planning: Fucussing the Chapters of City and Housing in Textbook of Hygiene". In:*Comprehensive Urban Studies*, No. 63, Department of Architecture, Kogakuin University, 1997, pp.101-128.
- Itoda, Sôichirô 井戸田総一郎： „*Berlin & Tokyo – Theater und Hauptstadt* ベルリンと東京－演劇と都市 ", Iudicium Verlag, München: 2008.
- 井戸田総一郎：『演劇場裏の詩人森鷗外：若き日の演劇・劇場論を読む』/*Engeki jōri no shijin Mori Ôgai : wakaki hi no engeki, gekijōron o yomu*』慶應義塾大学出版会 , Keiô Gijuku Daigaku Shuppankai, 東京 Tokyo: 2012.
- 文京区立森鷗外記念館編：『ドクトル・リンタロウ　医学者としての鷗外』平成２７年度特別展カタログ、文京区立森鷗外記念館、東京　2015 年 .Bunkyo-kuritsu Mori Ôgai Kinenkan (hen):*Doktor Rintarō: igakusha to shite no Ôgai*" Heisei 27 nendo Tokubetsutenkatalog, Bunkyo-kuritsu Mori Ôgai Kinenkan, Tokyo, 2015.
- Lepik, Andres und Rosa Iride: „Berliner Architekten im Tokyo des späten 19. Jahrhundert". In: *Berlin-Toyko/Tokyo-Berlin. Die Kunst zweier Städte*. Katalog der Ausstellung in der Neuen Nationalgalerie Berlin vom 7. Juni bis 3. Oktober 2006. Hantje Cantz Verlag. Ostfildern: 2006. S. 76-81.
- Mori, Ôgai: „Illusionen". In: *Mori Ôgai Im Umbau*. Gesammelte Erzählungen. Ausgewählt aus dem Japanischen übertragen und erläutert von Wolfgang Schamoni. Insel Verlag, Frankfurt am Main: 1989.
- 森鴎外：『妄想』青空文庫（インターネット） Mori, Ôgai:"*Môsô*". In:Aozora Bunko (Internet)
- Mori Ôgai: „*Deutschlandtagebuch 1884-1888*". Hrsg. Und aus dem Japanischen übersetzt von Heike Schöche, konkursbuch Verlag Claudia Gehrke, Tübingen 2008.
- 森林太郎：『鷗外全集』 岩波書店、東京 1972.Mori, Rintarô: „*Ôgai zenshū*", Iwanami-Verlag, Tokyo: 1972.
- Strohmeyer, Klaus (Hrsg.): *" … Dschunken, Böte, Dampfer zogen hierhin, dorthin, das war nicht die kleine, - es war die weite, weite Welt, an deren Rand ich stand … "*: die Briefe des Berliner Stadtbaurates James Hobrecht von seiner "Dienst-Reise"nach Japan aus dem Jahr 1887". Kleine Schriftenreihe der Historischen Kommission zu Berlin, H. 2, Verlag für Berlin-Brandenburg; heute: BWV. Berliner Wissenschafts-Verlag. Potsdam: 2000.

執筆協力
藤村倫子（ベルリン森鷗外記念館）
Unser Dank gilt: Noriko Fujimura (Mori-Ôgai-Gedenkstätte der Humboldt-Universität zu Berlin)

※1 ベルリン中心部、国会議事堂とフンボルト大学付属病院シャリテー（Charité）の間に位置する。住所：Luisenstraße 39 (ルイーゼン通り 39 番地), 10117 Berlin　開館時間：月〜金　10〜14 時　ロンドン漱石記念館が閉館になって以降、日本国外における唯一の日本人作家のための施設
※2　Hartmann, Rudolf: Lexikon Japans Studierende Japans Studierende in Deutschland 1868–1914 (人名辞典　ドイツに留学した日本人留学生たち　1868-1914) https://themen.crossasia.org/japans-studierende　を参照
※3　森鷗外『妄想』、青空文庫からの抜粋　http://www.aozora.gr.jp/cards/000129/card683.html
※4　これ以降の文では読みやすさを優先し、若き日の林太郎のことであろうと医学者森博士のことであろうと、単に「鷗外」とのみ記す。
※5 「Ethnographisch-hygieische Studie über Wohnhäuser in Japan.(1888)」、『鷗外全集』第 28 巻、p.103 (原文はドイツ語 , ここでの邦訳：編集者)。
※6 1886 年 1 月 29 日にドレスデンの地質学会で講演した原稿をもとにしたこの論文はベルリン人類学会誌『Verhandlungen der Berliner Anthropologischen Gesellschaft』「1888 年 5 月 26 日会議」の項に掲載される。帰国後ドイツ語で著しドイツで出版した著作を集めてドイツ語のまま活字化される：Mori, Rintaro: *Japan und seine Gesundheitspflege* "(『日本とその衛生管理』)（文献参照）、pp.268 − 284
※7　Zawatka-Gerlach, Ulrich: Magistralen und Mietskasernen 幹線道路と団地アパート、Tagesspiegel ターゲスシュピーゲル紙、8 月 2 日 , 2012, p.10
※8　平成 27 年度特別「ドクトル・リンタロウ　医学者としての鷗外」カタログ、文京区立森鷗外記念館、東京　2015 年 , p.34
※9　Mori, Rintaro: *Japan und seine Gesundheitspflege* "(『日本とその衛生管理』), p.272　（原文はドイツ語、邦訳：編集者）
※10　同上、p.275、ならびに参照：「日本家屋説自抄」『鷗外全集』第 28 巻、p.45
※11　井戸田総一郎: Berlin & Tokyo – Theater und Hauptstadt　ベルリンと東京 – 劇場と都市 , Iudicium Verlag, München: 2008, p.98（ドイツ語）、p.122（日本語）
※12　同上、同ページ
※13　「劇場の雛形」、『鷗外全集』29 巻、pp.559-562
※14　「劇場の大きさ」『鷗外全集』第 24 巻、pp.623-635
※15　井戸田総一郎:『演劇場裏の詩人森鷗外：若き日の演劇・劇場論を読む』、慶應義塾大学出版会、東京：2012 年、p.61。原文：*"Polizei-Verordnung betreffend die bauliche Anlage und die innere Einrichtung von Theatern, Circusgebäuden und öffentlichen Versammlungsräumen"*
※16　「造家衛生の要旨」『鷗外全集』第 30 巻、pp.446-458　及び後記 p.647
※17　『建築雑誌』75 号、1893 年にこの催しについて短い記事が載っている。続く 76 号では書記の市東謙吉が筆記した鷗外の講演原稿が掲載されている。同じ内容が 1893 年 5 月『衛生療病志』41 号に「造家衛生の要旨」という題で再度掲載され、これによりさらに多くの読者を得た。
※18　「屋式略説」『鷗外全集』第 29 巻、pp.449-453
※19　Mori, Rintaro: *Japan und seine Gesundheitspflege* "(『日本とその衛生管理』), p.284　（原文はドイツ語）
※20　同上、pp.59-60　（原文はドイツ語、邦訳：編集者）
※21　日本公使館は鷗外の滞在時フォス通り 7 番地にあった。真向いのフォス通り 33 番地に 1885 年ベックマンが自宅を建てた。つまり、ベルリン滞在中、鷗外は公使館で開かれる大和会会合に参加するたび、ベックマンの家の前を通ったことになる。（鷗外）
※22　松ヶ崎萬長、　1858 年 10 月 13 日－1921 年 2 月 3 日、京都生まれ
※23　妻木頼黄、建築家、工学博士、1860 年 1 月 21 日－1916 年 10 月 10 日、ベルリン工科大学にて 1887 年冬季セメスターから 1888 年夏季セメスターまで工学（建築）を学ぶ。1882 年東京大学卒業後渡米、その後イギリス、フランス、ドイツ、イタリア歴訪。後に内務省、大蔵省勤務
※24　「獨逸日記」『鷗外全集』第 35 巻、p.164
※25　1883 年にアレキサンダー・プラッツ駅の正面に建てられた楕円形の巨大な建物。普仏戦争のセダンの戦いの光景をパノラマで見ることが出来た。
※26　ベックマン *"Reise nach Japan 日本への旅 "* pp. 90-91
※27　ベックマン *"Reise nach Japan 日本への旅 "* p.201

1) Mori Ôgai: Illusionen. In: Im Umbau. Gesammelte Erzählungen. Ausgewählt aus dem Japanischen übertragen und erläutert von Wolfgang Schamoni. Insel Verlag, Frankfurt am Main: 1989, S. 118/19
2) Im Herzen Berlins, zwischen Reichstagsgebäude und Charité gelegen. Luisenstr. 39, 10117 Berlin. Mo – Fr 10-14 Uhr geöffnet. Seit der Schließung des Natsume-Soseki-Museums in London die einzige Einrichtung für einen japanischen Schriftsteller außerhalb Japans.
3) Vgl. Hartmann, Rudolf: Lexikon Japans Studierend ein Deutschland 1868-1914. http://themen.crossasia.org/japans-studierende/
4) Im Folgenden der besseren Lesbarkeit halber kurz „Ôgai" genannt, auch wenn es sich um den jungen Rintarô oder den Mediziner Dr. Mori handelt.
5) *"Ethnographisch-hygieische Studie über Wohnhäuser in Japan.(1888)"*, Ôgai Zenshû 鷗外全集 , Bd.28, p.103.
6) In: Verhandlungen der Berliner Anthropologischen Gesellschaft, Sitzung vom 26. Mai 1888. Später abgedruckt in: Mori, Rintarô: Japan und seine Gesundheitspflege, Tokyo 1911, einer Sammlung seiner auf deutsch verfassten und publizierten Schriften (S. 268-284).
7) Vgl. Zawatka-Gerlach, Ulrich: Magistralen und Mietskasernen. Tagesspiegel 2. August 2012, S. 10
8) Vgl. Katalog der Sonderausstellung „Doktor Rintarô - Ôgai als Mediziner". Bunkyo-kuritsu Mori Ôgai Kinenkan, Tokyo, 2015. 文京区森鷗外記念館　平成 27 年度特別展「ドクトル・リンタロウ　医学者としての鷗外」文京区森鷗外記念館、東京　2015 年
9) Mori, Rintarô: Japan und seine Gesundheitspflege, S. 272
10) Ebenda S. 275
11) Itoda, Sôichirô: Berlin & Tokyo – Theater und Hauptstadt. Iudicium Verlag, München: 2008, S. 98
12) Ebenda
13) Gekijo no Hinagata『劇場の雛形』Ôgai-Gesamtausgabe/Ôgai zenshû Band 29
14) Vgl.『劇場の大きさ』Ôgai-Gesamtausgabe Band 24, S. 623-635
15) Vgl. Ôgai-Gesamtausgabe, Band 30, S. 446-458
16) In der „Zeitschrift für Architektur (kenchiku zasshi)" Nr. 75 von 1893 findet sich eine Notiz zu der Veranstaltung. In der folgenden Ausgabe Nr. 76 ist dann der Text von Ôgais Vortrag abgedruckt, vom Sekretär Ichitô Kenkichi mitgeschrieben. Der gleiche Inhalt wird im Mai 1893 noch einmal veröffentlicht in der Zeitschrift „Eisei ryôbôshi" Nr. 41 unter dem Titel „Zusammenfassung der hygienischen Anforderungen beim Häuserbau (Zôka eisei no yôshi)" und erreicht dadurch noch mehr Leser.
17) Mori, Rintarô: Japan und seine Gesundheitspflege S. 284
18) Ebenda S. 59/60
19) Die Gesandtschaft befand sich zu Ôgais Berliner Zeit in der Voßstraße 7. Direkt gegenüber baute Böckmann dann 1885 sein Wohnhaus in der Voßstraße 33, d.h. während seines Studiums in Berlin 1887/88 kam Ôgai bei jedem Treff des Yamato-kai in der Gesandtschaft an Böckmanns Haus vorbei.
20) MATSUGAZAKI Tsumunaga 松崎万長 Okt. 1858 – 3.2.1921 Kyôto
21) TSUMAKI Yorinaka 妻木頼黄 , Architekt, Dr. Ing., 21.1.1860-10.10.1916. WS 1887–SS 1888 Ingenieurwesen (Architektur) – TH Berlin. Ging 1882 nach Abschluss seines Studiums an der Universität Tokyo nach Amerika, reiste anschließend durch England, Frankreich, Deutschland und Italien, war später Mitarbeiter des Innen- und des Finanzministeriums.
22) Deutschlandtagebuch S.191
23) Böckmann S. 90/91
24) Böckmann S. 201

ベアーテ・ヴォンデ　Beate Wonde

1978　フンボルト大学日本学科卒業
1979-1981　早稲田大学に留学
1984　ベルリン森鷗外記念館キューレター
　　　60 余の特別展を企画開催し、また多くの雑誌への研究発表を通して鷗外や日独文化学術交流の紹介に努めている。

1978　Abschluss des Japanologie-Studiums an der Humboldt-Universität zu Berlin
1979-1981　Postgraduales Studium an der Waseda-Universität (Monbusho-Stipendiatin)
1984　Betreut seit Gründung die Mori-Ôgai-Gedenkstätte der Humboldt-Universität zu Berlin als interkulturelle museale Einrichtung. Neben über sechzig von ihr kuratierten Sonderausstellungen und den beiden Dauerausstellungen verfasste sie zahlreiche Publikationen zu Mori Ôgai und zum Themenbereich deutsch-japanischer Wissenschafts- und Kulturbeziehungen.

森鷗外と妻木頼黄の創作におけるつながり

Mori Ôgai und Tsumaki Yorinaka: Verbindungen in ihren Werken

香川 浩
Hiroshi Kagawa

column 3 — 02

陸

軍軍医・森林太郎は、ドイツ留学時の日記に次のように書いている。

明治二十年（1887年）四月二十九日。島田を訪ふ。小倉、妻木、加治等在り。小倉は自ら政治学を修むと稱する少年なり。妻木は建築家、加治は畫工なり。
（森鴎外全集　第35巻＜日記＞　岩波書店より）

当時ベルリンに滞在していた邦人との情報交換のためであろうか。「建築家の妻木」とは、妻木頼黄に違いなく、これが初対面であったかどうか分からないが、そのような書きぶりである。森林太郎（1862年生）と妻木頼黄（1859年生）は専門分野も異なり、早熟で2歳年を偽り12歳で医学校予科に入学した森に対し、19歳で工部大学校に入学するも中退し、アメリカのコーネル大学で学んだ妻木とは、それまで接点はなかったのではあるまいか。この二人は帰国後、様々な仕事で協働することになる。

ベルリンで森林太郎は、下水中の病原菌についての研究に携わった。留学中の一連の研究は、のちに東京の市区改正において、上下水道の整備やゾーニング、建築の採光や通風について、衛生学的な視点からの提案の基礎となるものであった。そして当時の東京府知事・芳川顕正が妻木頼黄に作成させた「東京建築条例」（これは施行されなかった）の会議にも委員として出席していたから、森と妻木のドイツ留学は、近代日本の都市計画と建築法制の成立に、大きな成果をもたらしたと言える。そんな優秀な官吏としての活動の一方で、のちに作家・森鷗外として発表する小説『舞姫』につながる悲恋の物語があった。青年・森林太郎は活力に満ちていた。

森林太郎に限らず、当時の日本からの

Der Militärarzt Mori Rintarô schreibt während seines Deutschlandaufenthalts Folgendes in sein Tagebuch:
29. April 1887 (Meiji 20)
„Ich habe Shimada besucht. Auch Ogura, Tsumaki und Kaji waren da. Ogura, ein junger Mann, hat, wie er uns erzählte, Politologie studiert. Tsumaki ist Architekt und Kaji Maler."
(Aus *Mori Ôgai Zenshû* (Mori Ôgais Gesammelte Werke) Bd. 35, Iwanami Shoten, 1975; dt. Text nach Mori Ôgai, *Deutschlandtagebuch, 1884–1888*. Herausgegeben und aus dem Japanischen übersetzt von Heike Schöche, Konkursbuch 1992, S. 191)

Vermutlich wollte er mit seinen zeitgleich in Berlin weilenden Landsleuten Informationen austauschen. Mit dem „Architekten Tsumaki" ist zweifellos Tsumaki Yorinaka gemeint. Ob es ihr erstes Zusammentreffen war ist unklar, doch der Eintrag erweckt diesen Eindruck. Mori Rintarô (1862 geboren) und Tsumaki Yorinaka (1859 geboren) waren auf verschiedene Bereiche spezialisiert und zwischen dem frühreifen Mori, der, sein Alter 2 Jahre älter angebend, mit 12 Jahren in den Vorbereitungskurs zur Medizinischen Hochschule eintrat, und Tsumaki, der das im Alter von 19 Jahren begonnene Studium an der Kaiserlichen Ingenieurschule abbrach und danach an der amerikanischen Cornell University studierte, hatte es bis dahin vermutlich keinen Kontakt gegeben. Doch nach ihrer Rückkehr nach Japan arbeiteten die beiden in verschieden Projekten zusammen.

In Berlin befasste sich Mori Rintarô mit der Erforschung von pathogenen Mikroorganismen im Abwasser. Die Forschungsergebnisse seines Auslandsstudiums bildeten später während der Neuorganisation der

留学生たちは、講義や実地研修について実に丁寧に記録を残している。半ば国家の近代化という使命を負う仕事であったから当然であるが、森の場合は専門分野以外にも、日常の出来事を含む膨大な記録があり、そのときの心象までもが窺える。もともと文学的な素養があったし、留学中の体験の全てが新しかったであろう。興味の対象は日々増えていったに違いない。

作家が実体験から小説を構想することは珍しいことではない。森林太郎の日々は、小説になりうる出来事があふれていた。森鷗外の作品には実体験を思わせるものが少なからずある。ただの小説家ならば、それもよかろう。しかし森林太郎は高級官吏なのである。登場人物のセリフには、かなり際どい表現があり、森林太郎自身の苦悩を作品に仮託したかのように読める。職場で問題となった作品もあった。それでも『舞姫』以来スキャンダラスな手法を好んで用いた。軍医・森林太郎とは別人格としての作家・森鷗外を巧みに使いこなしていたといえよう。

多芸多才な森林太郎は文筆活動のほか、明治42年に「東京方眼図」という地図まで出版している。当時欧州では一般的であった、地図に方眼（グリット）を加えたものである。地図を持っての散歩を好んでいたのであろう。森鷗外作品は場所の描写に詳しく、散歩文学的である。これは、妻木とともに携わった、都市計画や建築の仕事が影響したのだろう。

妻木頼黄との交流が素材となったように思わせる森鷗外作品がある。明治43年（1910年）に発表された『普請中』は、日本の官吏とかつて恋人であった西洋女性が、築地精養軒で会い、食事をともにするという短篇である。あたかも『舞姫』の登場人物が時を経て再会したような仕

築地精養軒　画像提供：イマジンネット画廊
„Tsukiji Seiyôkan" (das erste westliche Restaurant Japans) Foto: Imagine Net Gallery

Stadtbezirke Tokyos die Grundlage für seine aus hygienischer Sicht erstellten Vorschläge zum Ausbau und der Zoneneinteilung des Wasser- und Abwassersystems sowie zum Lichteinfall und der Luftzuvor von Gebäuden. Da Mori auch als Mitglied an den Sitzungen der Kommission zur Erarbeitung einer (letztlich nicht in Kraft gesetzten) „Bauverordnung für Tokyo" teilnahm, mit der Yoshikawa Akimasa, der damalige Gouverneur von Tokyo, Tsumaki Yorinaka beauftragt hatte, kann man durchaus sagen, dass der Studienaufenthalt der beiden in Deutschland großen Einfluß auf die Entwicklung der Stadtplanung und des Baurechtes im modernen Japan hatte. Neben dieser herausragenden Beamtentätigkeit finden wir bei Mori die Geschichte einer tragischen Liebe, die später vom Schriftsteller Mori Ôgai zum Roman *Die Tänzerin* (Maihime) verarbeitet wurde. Der junge Mori Rintarô strotzte vor Lebensenergie.

Nicht nur Mori Rintarô, sondern auch andere japanische Auslandsstudenten machten damals sehr detailgetreue Notizen von ihren Vorlesungen sowie ihrer Ausbildung an verschiedenen Arbeitsplätzen. Da ihr Auftrag darin bestand, ihren Teil zur Modernisierung des Staates beizutragen, war das selbstverständlich, doch Mori hinterließ darüber hinaus eine Fülle von Notizen außerhalb seines Fachgebietes, die Ereignisse des täglichen Lebens mit einschließen und Einblicke in seine damalige Vorstellungswelt erlauben. Er hatte bereits eine literarische Bildung genossen und während des Auslandsstudiums waren alles neu für ihn. Zweifelsohne erweiterte sich der Horizont seines Interesses so täglich.

Nicht selten bauen Schriftsteller ihre Romane auf tatsächlichen Erlebnissen auf. Der Alltag Rintarôs war voller Ereignisse, die Stoff für Romane boten.

Nicht wenige von Mori Ôgais Werken erinnern an tatsächlich Erlebtes. Bei einem einfachen Schriftsteller ist das unproblematisch, doch Mori Rintarô ist gleichzeitig ein hochrangiger Beamter. Die Dialoge seiner Helden enthalten recht riskante Formulierungen und lesen sich, als ob Mori Rintarô seine eigenen Leiden ins Werk übertragen hätte. Einige Werke wurden deshalb an seinem Arbeitsplatz zum Problem. Dennoch verwendete er seit seinem Roman *Die Tänzerin* am liebsten einen skandalösen Stil. Man kann sagen, der Militärarzt Mori Rintarô instrumentalisierte den Schriftsteller Mori Ôgai geschickt als separate Persönlichkeit.

Parallel zu seiner schriftstellerischen Tätigkeit veröffentlichte der vielseitig begabte Mori Rintarô 1909 (Meiji 42) eine *Gitternetzkarte von Tokyo* (Tôkyô Hôganzu). Dazu implementierte er das in Europa damals übliche Gitternetz. Er scheint gern mit der Karte in der

築地工手学校
Tsukiji Kōshu Gakkō

刺繍用型番（文京区森鷗外記念館蔵）
Stuickvorlage. Aus: Bunkyo city Mori Ogai Memorial Museum

立となっている。『舞姫』の主人公は恋人を捨てて日本に帰るが、留学帰りの森を追ってエリーゼ・ヴィーゲルト（Elise Wiegert）という女性が来日したのは事実で、その人が宿泊したのも築地精養軒なのだ。しかし『普請中』に描かれるのはあくまでも別人である。

　普請中とは舞台となる築地精養軒が一部工事中であることを示し、実際に築地精養軒はこの時期に建て替えている。主人公・渡辺参事官が「木挽町の河岸を、逓信省の方へ行きながら」精養軒に着くと、大工仕事の音が聞こえている。5時になれば帰ると給仕がいう。築地には妻木が教員を務める技術者養成校・工手学校があり、授業は夜間だったので、この大工たちは工手学校へ通っていたと考えても良い。精養軒のような洋風建築の仕事は、それなりの教育を受けたものでないと出来ないからである。いかにも妻木との関わりから描かれた舞台ではないか。

　食事中の二人の会話はどこか噛み合わない。

「日本はまだ普請中だ」男がいう
「キスをして上げてもよくって」女がいう
「ここは日本だ」男は二度繰り返す

『舞姫』の主人公・太田豊太郎とも、軍医・森林太郎とも思わせる男の台詞は、あまりに冷たい。過去への贖罪としての偽悪か、それとも…

　実は森林太郎はその後もエリーゼと文通を続けており、その手紙や写真を死ぬ前に焼却させたという。事実は灰になってしまったが、作品は結晶化したのである。しかし遺品の中に、意図的なのか偶然か、RM（森林太郎のイニシャル）という文字と馬蹄形（ドイツ人にとって幸

Hand spazieren gegangen zu sein. Die Werke von Mori Ôgai beschreiben Orte sehr genau, sind gewissenmaßen Spazierliteratur. Projekte der Stadtplanung und Architektur, an denen er mit Tsumaki beteiligt war, haben dazu sicher beigetragen.

Es gibt auch ein Werk von Mori Ôgai, in dem der Austausch mit Tsumaki Yorinaka als Stoff gedient haben könnte. Die 1910 (Meiji 43) veröffentlichte Erzählung *Im Umbau* (Fushinchû) ist ein kurzes Stück über einen japanischen Beamten, der im „Tsukiji Seiyôkan" (dem ersten westlichen Restaurant Japans) mit seiner früheren Geliebten, einer Europäerin, zusammentrifft und speist. Die Erzählung ist so aufgebaut, dass es scheint, als ob sich die beiden Hauptfiguren des Romans *Die Tänzerin* nach Jahren wiedersehen. Die männliche Hauptfigur desselben verlässt seine Geliebte zwar und kehrt nach Japan zurück, doch in der Realitiät folgte eine Frau namens Elise Wiegert dem vom Auslandsstudium zurückgekehrten Mori tatsächlich nach Japan und scheint im „Tsukiji Seiyôkan" ein Zimmer genommen zu haben. Dennoch wird in *Im Umbau* eine völlig andere Person beschrieben.

Der Titel *Im Umbau* verweist darauf, dass sich ein Teil des „Tsukiji Seiyôkan" im Umbau befand, und tatsächlich wurde es zu dieser Zeit gerade umgebaut. Als die Hauptfigur, Regierungsrat Watanabe, „von Kobiki-chô am Fluß entlang in Richtung des Ministeriums für Telekommunikation gehend" beim „Tsukiji Seiyôkan" ankommt, hört er den Lärm der Großbaustelle. Ein Kellner sagt ihm, dass die Bauarbeiter um 17 Uhr nach Hause gehen. In Tsukiji befand sich auch die Kôte Gakkô (als Technikerschule Vorläufer der heutigen Kogakuin Universität), deren Kurse abends stattfanden. Wir dürfen annehmen, dass die Bauarbeiter diese besuchten. Schließlich erforderte die Arbeit an einem westlichen Gebäude wie dem „Tsukiji Seiyôkan" eine entsprechende Ausbildung. Dieser Schauplatz wird also eng mit Tsumaki verknüpft beschrieben.

Während des Essen reden die beiden Hauptfiguren irgendwie aneinander vorbei.

„Japan ist noch im Umbau," sagt er.
„Soll ich dich küssen?" sagt sie.
„Wir sind hier in Japan," wiederholt er zweimal.

Die Worte des Mannes, der an die Hauptfigur aus *Die Tänzerin*, Ôta Toyotarô, ebenso erinnert wie an den Militärarzt Mori Rintarô, sind mehr als kaltherzig. Handelt es sich hier um dysphemische Rhetorik als Buße für Vergangenes? Oder?

Tatsächlich setzte Mori Rintarô seine Korrespondenz mit Elise auch

column 3 — 02

日本橋
Nihonbashi

ではないかと考えたが、はっきりしたことはわからない。ひとつ、興味深い口伝がある。現在の日本橋の意匠の監修は妻木頼黄によるもので、基本的には西洋的な石像であるが、麒麟や獅子という東洋的なモチーフが取り入れられている。この折衷的な表現に森鷗外のアドバイスがあったという。明治44年（1911年）4月3日の森林太郎の日記には次のように書かれている

神武天皇祭なり。午後日本橋開通式に征く。夜小金井良精25年祝会に上野精養軒にゆく。

当時の陸軍軍医総監であった人物が、単なる見物とは考え難い。やはり関係者として日本橋開通式典に列席したのではなかろうか。とすれば、先の口伝の蓋然性も高いと言えそうだ。森林太郎は東洋と西洋がともにある姿を望んだのだろうか。

せのシンボル）が組み込まれたモノグラムの刺繍用型板が残されている。これがエリーゼから贈られたものであるかは不明である。

では、建築家・妻木頼黄が森鷗外から受けた影響が何らかの形で残っているの

später noch fort, doch es heißt, er habe die Briefe und Fotos vor seinem Tod verbrannt. Die Wahrheit wurde so zwar zu Asche, doch seine Werke sind ihre Kristallisation. In Moris Nachlass ist, absichtlich oder zufällig, eine Stickvorlage für eine Monogram mit den Initialen RM (für Rintarô Mori) und einem Hufeisen (in Deutschland ein Symbol für Glück) erhalten geblieben. Unklar ist allerdings, ob es sich dabei um ein Geschenk von Elise handelt.

Ich habe versucht zu ergründen, ob der Einfluß von Mori Ôgai auf den Architekten Tsumaki Yorinaka in irgendeiner Form erhalten geblieben ist, konnte jedoch nichts Eindeutiges finden. Es gibt jedoch mündlich Überliefertes. Das Design der heutigen Nihonbashi-Brücke, bei der es sich um eine grundsätzlich westliche Steinbrücke handelt, die auch östliche Motive wie das „chinesische Einhorn" (*kirin*) und Löwen (*shishi*) einbezieht, wurde von Tsumaki Yorinaka überwacht. Es heißt, zu diesem eklektizistischen Design habe ihm Mori Ôgai geraten. In Mori Rintarôs Tagebuch vom 3. April 1911 (Meiji 44) steht Folgendes geschrieben:

„Es ist das Fest für den Kaiser Jinmu. Am Nachmittag werde ich zur Eröffnung der Nihonbashi-Brücke gehen. Abends gehe ich zum 25-jährigen Jubiläum von Koganei Yoshikiyo ins Ueno Seiyôkan."

Eine Persönlichkeit wie der damalige Generaloberarzt des Heeres wird wohl kaum zur bloßen Besichtigung dorthin gegangen sein. Ich vermute, dass er vielmehr als Beteiligter zu den geladenen Gästen der Eröffnungszeremonie für die Nihonbashi-Brücke gehörte. Damit würde sich auch die obengenannte mündliche Überlieferung als sehr wahrscheinlich erweisen. Mori Rintarô wünschte sich womöglich eine Form, die Ost und West vereint.

香川浩　Hiroshi Kagawa

1991　工学院大学建築学科卒業（波多江健郎研究室）
1994　芝浦工業大学大学院修士課程修了（三宅理一研究室）
中村勉総合計画事務所、東北芸術工科大学環境デザイン学科助手を経て、スタジオ香川主宰
DOCOMOMO Japan 幹事、工学院大学建築学部非常勤講師

1991　Abschluss eines B.A.-Studiums an der Abteilung für Architektur der Kogakuin Universität (Labor von Prof. Hatae Takeo)
1994　Abschluss eines M.A.-Studiums am Graduiertenkolleg des Shibaura Institute of Technology (Labor von Prof. Miyake Riichi)
nach einer Anstellung bei Ben Nakamura and Associates Inc., eine Assistenz an der Abteilung für Architektur und Umweltdesign der Tohoku Universität für Kunst und Design, derzeit Leiter des Studio Kagawa, Aufsichtsratmitglied von DOCOMOMO Japan und Lehrbeauftragter an der Abteilung für Architektur der Kogakuin Universität

近代建築を支えた建築家の系譜

輝かしき先輩たち

① 山本鑑之進　　日本近代建築の重要な場面に立ち会った
② 久保田小三郎　日本のアールヌーヴォーの誕生にその名を残す
③ 矢部又吉　　　銀行建築の傑作が外壁保存されて二一世紀に残る
④ 小林福太郎　　社寺建築に独自の道を切り開いた
⑤ 熊澤榮太郎　　大阪を本拠地に五〇件の建築を残した
⑥ 小林正紹　　　明治神宮外苑シンボル「絵画館」を設計した
⑦ 福井房一　　　工学院大学建築学部卒業の海外留学・第一号
⑧ 石川文二郎　　「高崎観音」を実施設計した
⑨ 内井進　　　　河村伊蔵を父に、内井昭蔵を息子に持つ
⑩ 友田薫　　　　江東楽天地は、今の東京ディズニーランドなのだ
⑪ 設楽貞雄　　　初代・通天閣は新しい時代のランドマークであった
⑫ 北湯口勇太郎　小坂町に、ぜひ一度、お出掛け下さい
⑬ 河口庄一　　　こんな摩訶不思議な建築、観たことない！
⑭ 大友弘　　　　松籟閣は"粋"の桃源郷であった
⑮ 佐藤信次郎　　岐阜建築界のパイオニア
⑯ 松田登三郎　　第一回卒業生の心意気、ここにあり
⑰ 内山熊八郎　　建築業界に全身全霊を捧げた

近代建築を支えた建築家の系譜

輝かしき先輩たち ⑱

類洲 環

"請負"の本道を貫き、"土建屋"からの脱皮に挑戦した

小川 清次郎
Seijiro OGAWA
1873 - 1950

惟えば社長殿は、明治四十二年業を興し、爾来着々歩を進め先ず斯界業者の品位向上と技術者としての自覚に意を致し、関係機関を通して業界に対する社会的認識を改むる事に鋭意力を尽されました。(弔辞：昭和25年6月22日、小川建設「小川建設60年のあゆみ」より)

生年が清次郎の運命を決める

　小川清次郎は、1873年(明治6年) 8月8日に東京府荏原郡世田谷村(現・世田谷区宮坂1丁目)に生まれた。小川家10代目・長次郎の長男であった。当時の世田谷村は、幕末～明治維新と続く大改革期の混乱も少なく、平和で穏やかな農村であった。小川家も農家を営んでいた。

　明治6年に、農家の長男に生まれたことに、清次郎の"運命"を感じてならない。というのは、「地租改正条例」が公布されたのが明治6年なのだ。明治政府が村ごとに土地台帳を作成し、地主に地価の3％の納金を課したのだ。今までは自家で作った米を年貢として納めていれば済んだところに、いきなりの貨幣流通経済が襲ってきたものだから、農民たちの日常生活は混乱を極めた。

　農民たちに追い討ちをかけたのが「松方デフレ」である。1881年の「明治14年の政変」で大蔵卿に就いた松方正義が行った「紙幣整理を中心とした財政政策」である。これにより何が起きたか？

　米や繭などの農産物価格の下落を招き、農村は一気に窮乏した。耐えうる体力を持たない農民は土地を捨て、村を出て行くしかなかった。

　小川家も瀬戸際に立たされた。が、ある人の助言により没落は免れた。世田谷村の代官職であった大場信愛である。大場は、こう指導した。長次郎を隠居させ、清次郎に家督相続させたのだ。これによって小川家は農業の再興が叶ったのだが、新当主、農業の道をとらなかった。清次郎が選んだ道は「建築」だった。農業を捨て、数多ある職業のなかで、なぜ建築をえらんだのか？大いに興味の湧くところだが、残念ながら、その想いを知る史料はない。

　清次郎は、開校4年目の工手学校建築学科に入学する。卒業は1891年(明治24年)。言わずもがなの第4回生である。22名の同窓生のなかには、「輝かしき先輩たち⑫」※1 で紹介した北湯口勇太郎、そして「旧香港上海銀行長崎支店」設計：下田菊太郎／竣工：1904年（明治37年）を施工した矢田鉄三がいた。

　卒業し、清次郎が就職したのは、清水組であった。清次郎は、清水組で、近代の西洋建築技術を習得するとともに、当時の社長であった清水釘吉より直接の薫陶を受け請負人としての人格形成を学んだ。

　清次郎の清水組時代の代表施工作品に

NICHE 04　277

「絹撚記念館」群馬県桐生市巴町 3-1832-13 ／桐生市近代化遺産

「旧横浜ゴム平塚製造所記念館」がある。設計：英国人技師のカリーとウィルソン、竣工：1906 年 (明治 39 年)、規模：木造平屋・塔屋付、建築面積：225.90㎡、屋根：平鉄板葺き、外壁：ドイツ下見板張り。ドーム型の塔屋、アーチ型の窓など、実に優雅な佇まいである。何よりも、現存しているのが嬉しいじゃありませんか。2004 年 (平成 16 年) に国登録有形文化財に指定された。

清次郎の現存する担当作品といえば「村井兄弟商会」もある。ただし門柱だけで、東京都渋谷区神南の「たばこと塩の博物館」のシンボルとして残されている。なぜ、門柱だけ残る「村井兄弟商会」をわざわざ記したかというと、この建築が清次郎の清水組・東京時代の最後となったからだ。清次郎は京都支店に赴任となる。

京都で、清次郎は「桂離宮」をはじめ数寄屋建築の粋を身につける。和・洋の建築技術を体得した折も折、清次郎は病に倒れる。病臥中、清次郎の脳裡を、これからの人生が想い巡った。そして、決意する。独立である。清水釘吉社長に提出した清次郎の退職届が、清次郎の"人となり"をよく物語っている。

○健康を害し、これ以上ご恩義に甘えられません。
○たとえ健康が回復しても、このままでは御社より受けるご信頼と責任に対し、自分の良心が許しません。
○しかし御社から充分納得お許しを得た上でなければ、自営は始めません。
○自営が許されたならば、今後は御社のお得意先関係の仕事は、いかによい勧誘があっても御社に無断で決して手を出しません。
○今後は清水組の営業精神を範とし、紳士的請負業者として、常に建築業の品位と信用の向上に特に全力を注ぎ、もってご恩返しをいたします。

何という律儀さ、折り目の正しさ。この道義感に充ちた姿勢に釘吉社長もいたく感嘆し、円満退社を承諾したばかりか、それから毎年、清水組が主催する新年会やら各種の大行事に、特別関係者として清次朗を招いたという。それは氏が逝去する 1948 年 (昭和 23 年) まで続いた。後述するが、清次郎は群馬県桐生市に活動の拠点を築くのだが、桐生進出も釘吉社長の口添えがあったからだという。

想えば、本欄の前回で紹介した内山熊八郎も、清水組で、釘吉社長の下で専務理事にまで大出世している。清水釘吉という人、社員のキャリアかノン・キャリアかなどは問わず、人格と実力に相応した待遇で処していっていたように思われる。上に立つというより、大会社を仕切る社長は、こうでなくてはいけません。

「大間々銀行営業所本館（現・大間々町歴史民俗館・コノドント館）」
群馬県山田郡大間々町1030／大間々町指定重要文化財

小川建設の社長さんは両毛出身ですか？

　清次郎は、芝区三田四国町に自宅を構えていたが、そこを事務所とし、小川建築事務所の看板を掲げた。清次郎、36歳であった。

　初仕事は、本郷根津八重垣町の「早苗商店」竣工：1910年（明治43年）。木造と土蔵の2棟で、設計も清次郎が行った。同時に、「永松別邸」（鎌倉／設計：小川建築事務所／木造）を仕上げた後、清次郎に大仕事が舞い込んだ。「四十銀行足利支店（現・第一銀行足利支店）」である。煉瓦造2階建て。前述したが、清水組の清水釘吉社長の推薦による受注であった。この工事をきっかけにして、清次郎は、「小川建設の社長さんは両毛出身ですか？」といわれるほどに群馬県と深く関わることになる。

　「四十銀行本店（現・第一銀行桐生支店）」1915年（大正4年）、「足利銀行桐生支店」1917年（大正6年）、「新田銀行（現・群馬銀行）」太田市／同年、「絹撚記念館」桐生市／同年、「大間々銀行営業所本館（現・大間々歴史民俗館・コノドント館）」大間々町／1912年（大正10年）……と矢継ぎ早に工事は続くが、ここで特筆しておかなければならない事項がある。「四十銀行足利支店」から「大間々銀行営業所本館」までの一連の建築の設計者である。──小林力雄という。

　この小林力雄、史料には、1888年（明治21年）に工手学校入学とある。しかし、卒業生名簿には、小林力雄の名はない。当時は2年制だから卒業は明治23年で、その欄には小林悉がある。力雄と悉は同一人物だろうか。力雄のご子孫である小林昭一郎・英子夫妻に訊ねたところ「力雄の書き残した履歴には『明治21年9月、築地工手学校入学。明治23年1月24日、工手学校卒業。同年5月23日、印鑑届』と明記されています」とのご返事をいただいた。ちなみに明治23年の卒業月日は2月9日と7月13日である。小林悉の名が記されているのは7月13日である。

　謎は解明されないままで申し訳ないが、小林力雄という人、様式建築を自家薬籠中の物として器用にこなした建築家である。「四十銀行本店」など堂々のゴシック建築である。どれも佳品で、なぜ近代建築史上に名前が登場しないのか不思議でならない。

　実際に、力雄と清次郎のコンビで現存する建築を、ご覧になっていただきたい。

　「大間々銀行営業所本館（現・大間々町歴史民俗館・コノドント館）」である。寄棟造2階建て、木骨石造タイル張り。煉瓦造のように見えるが、大谷石を積んだ耐火・耐震構造の木骨石造タイル張りというのが斬新で、"大先生"を引き合いに出して恐縮だが、辰野金吾の「東京駅」1914年（大正3年）に決してヒケ

「長林寺」栃木県足利市西宮町 2884 ／国登録有形文化財

「織姫神社」栃木県足利市西宮町 3889

をとっていない。

窓回りおよび軒回りには花崗岩を張り、立面の効果的なアクセントとなっている。執拗だが、いわゆる"大正ロマン"の香りをこれほど発揮している建築は珍しい。

正しい請負の実践

群馬県の東隣りの栃木県で、清次郎に施工を依頼した工手学校建築学科の出身者が、もう一人いた。小林福太郎（第20回生）である。両方、"小林"というのが因縁めいている。福太郎は「輝かしき先輩たち④」[※2]で紹介している。そこで、福太郎を「社寺建築に独自の道を切り拓いた」とリードしている。清次郎が手掛けたのも社寺である。

まず「長林寺」1929年（昭和4年）。福太郎は昭和4年前に5軒の社寺を設計しているが、「長林寺」は最初の鉄筋コンクリート造である（福太郎は生涯に84件の社寺建築を残す）。静謐な佇まいで、観る者を瞑想の世界に誘う。個人的な見解を述べてはいけないが、なかなかの傑作である。福太郎の名前も近代建築史上に登場していないのは不思議だ。

次は「織姫神社」1937年（昭和12年）。♪♪足利来るなら織姫様の赤いお宮を目じるしに……と「足利音頭」に唄われているように、深い山のなかで新緑を背にして朱色が鮮やかに効いている。というと、いかにも派手そうだが、意匠、架構など、実にストイックなまでに抑えている。2004年（平成16年）に国登録有形文化財に指定されている。小林福太郎という建築家、哲学者でもありそうだ。

建築作品を紹介する時の悲しい性で、どうしても設計者が中心となり、施工者には余り触れられない。今回の主人公は小川清次郎、施工者だ。すでに80年を越えて現存しているのだから、何よりも施工の技術が高かったかの証拠である。建築の表現は、施工に支えられている。もし建築が時代を語る、あるいは時代の証人であるとするならば、代弁しているのは施工者に他ならない。

小川建築事務所は、1924年（大正13年）に小川組に、さらに1948年（昭和23年）に小川建設に改組する。

小川清次郎が生涯に貫いたのは、「正しい請負の実践」だった。請負の仕事が、まだ土建屋と呼ばれていた時代だ。清次郎は土建屋からの脱皮に挑戦した。"請けて""負けない"ように、至誠の道を歩み、責任を果たすことを信条とした。律儀な清次郎、同業者にも信任が厚く、1943年（昭和18年）に東京土木建築工業組合（現・東京建設業協会）の監事に就任する。また、母校の工手学校から工学院大学への設置には一身を捧げ、校友会の理事、専務理事、副会長を歴任した。まさに「輝かしき先輩たち」の鑑である。

清次郎は1950年（昭和25年）6月19日に逝去する。享年78歳であった。小川建設は現在も中堅ゼネコンとして、堅実な仕事で定評を得ている。清次郎の"創業の精神"が生きている。

※本編の内容は、小川建設より借用させていただいた冊子『創業の精神〜創業者小川清次郎の精神』と、CD「小川建設60年のあゆみ」に多くを頼っている。改めてお礼を申し上げる。なお、小川清次郎と内山熊八郎、そして清水組社長・清水釘吉の関係だが、二人が清水組に在職中、釘吉はまだ社長ではない。釘吉が社長に就任したのは1936年（昭和11年）である。清次郎はとうにいないし、熊八郎はその年に退職している。だから、正確を期せば、二人にとって釘吉は上司であった。しかし、二人が、釘吉から深い薫陶を受けたのは間違いない。

「桐生市水道事務所 (現・桐生市立西公民館本館)」
群馬県桐生市永楽町 2-16 ／竣工：1932 年（昭和 7 年）／国登録有形文化財

「日本基督教団桐生教会」
群馬県桐生市錦町 1-3-52 ／設計・施工／竣工：1930 年（昭和 5 年）

「元宿浄水場旧事務所 (現・水道資料館)」
群馬県桐生市元宿町 14-37 ／竣工：1932 年（昭和 7 年）／登録有形文化財《建造物》

参考文献
※ 1　NICHE『工手学校―日本の近代建築を支えた建築家の系譜―工学院大学』pp.142-147、彰国社、2012 年
※ 2　同　pp.64-73

「桐生織物同業組合 (現・桐生織物記念館)」
群馬県桐生市永楽町 6-6 ／竣工：1934 年（昭和 9 年）／国登録有形文化財

類洲 環　Kan Ruisu

1945	東京都立川市生まれ
1964	昭和第一工業高等学校建築科卒業
1968	工学院大学建築学科 卒業 (堀越研究室)
1973	新建築社編集部入社
1997	環編集室設立
	著書『伽牙組忍法帳～いざ戦わん、真田新十勇士よ！』『西洋館炎上』『一小わくわくクラブ奮闘記 Part 2』『建築 21 世紀はこれからだ』

NICHE 04

表カバー写真：中島智章
Photo : Nakashima Tomoaki

ドイツ建築探訪！

ブルーノ・タウト再考
バウハウスとその時代
ドイツ派、妻木頼黄と矢部又吉

NICHE 04

2017年8月14日 第1刷 発行

編集・著作人　NICHE（工学院大学建築学部同窓会NICHE出版会）
制作　　　　株式会社ATELIER OPA
印刷所　　　シナノ書籍印刷株式会社
発行所　　　Opa Press
　　　　　　〒101-0047 東京都千代田区神田練塀町55-1101
　　　　　　電話 050-5583-6216　press@atelier-opa.com
発売所　　　丸善出版株式会社
　　　　　　〒101-0051 東京都千代田区神田神保町2-17神田神保町ビル
　　　　　　電話 03-3512-3256

本書の内容の一部あるいは全部を、無断で複写（コピー）、複製、および磁気または光記憶媒体等への入力を禁止します。許諾については上記発行所あてに御照会ください。

編集長　鈴木敏彦
NICHE編集部　大塚篤、大場光博、香川浩、楠昭、澤崎宏、柴田卓次、新海俊一、高木雅行、谷口宗彦、土屋和男、中島智章、濱田昭夫、平井充、類洲環

デザイン　石川宗孝（株式会社ATELIER OPA）
校正　　　杉原有紀（株式会社ATELIER OPA）

©工学院大学建築学部同窓会NICHE出版会　　ISBN 978-4-908390-02-9

ご協力に感謝します

井川博文、下間久美子、菅沼万里絵（文化庁）、後藤治（工学院大学）、水原冬実

Reportage zu deutscher Architektur!

Bruno Taut, neu betrachtet
Das Bauhaus und seine Zeit
Die deutsche Schule: Tsumaki Yorinaka und Yabe Matakichi

NICHE 04

Veröffentlichungsdatum: 14. Juli 2017 (1. Auflage)

Text & Edition : NICHE (Herausgeberkreis NICHE der Alumni-Vereinigung der Fakultät für Architektur der Kogakuin Universität)
Realisierung : ATELIER OPA, Ltd.
Druck : Shinano Co., Ltd.

Verlag : Opa Press
Kanda Neribei-chô 55-1101, Chiyoda-ku, Tôkyô-to, 101-0047 Japan
Tel. : + 81-50-5583-6216 press@atelier-opa.com

Vertrieb : Maruzen Publishing Co., Ltd.
Kanda Jimbocho Bldg., Kanda Jimbocho 2-17, Chiyoda-ku, Tôkyô-to, 101-0051 Japan
Tel. : + 81-3-3512-3256

Kein Teil dieses Buches darf in irgendeiner Form (Druck, Fotokopie oder einem anderen Verfahren) ohne schriftliche Genehmigung reproduziert oder in Medien der magnetischen und optischen Datenspeicherung eingelesen werden. Bitten um eine Sondergenehmigung sind an obige Adresse zu richten.

Chefredakteur : Suzuki Toshihiko
NICHE Redaktion :Ôtsuka Atsushi, Ôba Mitsuhiro, Kagawa Hiroshi, Kusunoki Akira, Sawazaki Hiroshi, Shibata Takuji, Shinkai Shun'ichi, Takagi Masayuki, Taniguchi Munehiko, Tsuchiya Kazuo, Nakajima Tomoaki, Hamada Akio, Hirai Mitsuru, Ruisu Kan

Design : Ishikawa Munetaka (ATELIER OPA Co., Ltd.)
Korrektur : Yuki Sugihara (ATELIER OPA Co., Ltd)
Übersetzung : Mira Sonntag, Hirata Takako

© Herausgeberkreis NICHE der Alumni-Vereinigung der Fakultät für Architektur der Kogakuin Universität
ISBN 978-4-908390-02-9

Unser Dank gilt:
Darko Radović (Keio University), Akademie der Kuenste, Berlin, Stiftung Bauhaus Dessau, Ernst-May-Gesellschaft e. v.

次回予告

イタリア建築探訪！

「辰野金吾のグランド・ツアー1882」
「ジョエ・コロンボ再考」

2018年6月末発行予定

日独翻訳　Japanisch Deutsch Übersetzer

ミラ・ゾンターク　Mira Sonntag

2017年	立教大学文学部キリスト教学科教授
2010年	立教大学文学部キリスト教学科准教授
2008年	東京大学にて博士号（文学）
2005年〜2010年	富坂キリスト教センターの研究主事・総主事
2000年〜2005年	東京大学大学院人文社会系研究科宗教学宗教史学専攻博士課程
1998年〜2000年	東京大学法学部・大学院法学政治学研究科研究生
1997年	ベルリン・フンボルト大学文学部修士（日本学、ロシア語、神学）

2017　Professorin der Abteilung für Christentumsstudien der Fakultät für Geisteswissenschaften der Rikkyo Universität
2010　Associate Professor der Rikkyo Universität
2008　Verleihung des Ph.D.-Grades (Kulturwissenschaft) durch die Staatlichen Universität Tokyo
2005-2010　Studienleiterin und geschäftsführende Direktorin des Tomisaka Christian Center, Tokyo
2000-2005　Ph.D.-Studium an der Staatlichen Universität Tokyo
1998　Forschungsaufenthalt an der Staatlichen Universität Tokyo
1997　Abschluss eines M.A.-Studiums am Zentrum für Sprache und Kultur Japans der Humboldt-Universität zu Berlin

独日翻訳　Deutsch Japanisch Übersetzer

平田 貴子　Hirata Takako